物业安全与消防设施设备管理研究

陈远栋　刘玮玮　李乃幸　主编

文化发展出版社
Cultural Development Press

图书在版编目（CIP）数据

物业安全与消防设施设备管理研究 / 陈远栋，刘玮玮，李乃幸主编 .—北京：文化发展出版社，2020. 6

ISBN 978-7-5142-2998-1

Ⅰ . ①物… Ⅱ . ①陈… ②刘… ③李… Ⅲ . ①物业管理－消防设备－设备管理－研究 Ⅳ . ① F293. 347 ② TU998. 13

中国版本图书馆 CIP 数据核字（2020）第 075550 号

物业安全与消防设施设备管理研究

主　　编：陈远栋　刘玮玮　李乃幸

责任编辑：唐小君　　　　　　责任校对：岳智勇

责任印制：邓辉明　　　　　　责任设计：侯　铮

出版发行：文化发展出版社有限公司（北京市翠微路 2 号　邮编：100036）

网　　址：www. wenhuafazhan. com　www. printhome. com　www. keyin. cn

经　　销：各地新华书店

印　　刷：阳谷毕升印务有限公司

开　　本：787mm×1092mm　1/16

字　　数：424 千字

印　　张：23

印　　次：2020 年 6 月第 1 版　2021 年 2 月第 2 次印刷

定　　价：60. 00 元

I S B N：978-7-5142-2998-1

◆ 如发现任何质量问题请与我社发行部联系。发行部电话：010-88275710

编委会

作　者	署名位置	工作单位
陈远栋	第一主编	深圳招商物业管理有限公司
刘玮玮	第二主编	合肥市瑶海区消防救援大队
李乃幸	第三主编	泰安万达广场商业管理有限公司
杨启超	副 主 编	赛飞特工程技术集团有限公司
肖吉鹏	编　　委	赛飞特工程技术集团有限公司

前言

物业安全与消防管理这一新兴行业经过二十余年的发展，已经取得了举世瞩目的成就，其社会意义和现实作用正逐步为社会所接受和认同，并已成为人们社会生活中不可缺少的重要内容，人们呼唤物业管理，业主、住户需要物业管理。物业管理虽然取得了很大成绩，已经形成一个行业，但当我们仔细研讨和反思物业管理的发展现状，特别是在研讨和反思物业管理的具体工作和实际困难时，我们却不能不承认当前中国大陆的物业管理依然处于发展的初期，其实践探索和理论总结依然相对肤浅和不足。

从目前物业安全与消防管理行业人员的构成看，从业人员都是从各行各业“转行”过来的，专业工作技能培训的不足严重制约着行业的发展。从业人员的劳动技能太低，可以说是用原始的劳动方法依靠人海战水来进行工作，从而导致了劳动成本的居高不下和工作失误的频频发生，这不符合物业管理这一微利服务行业的基本要求！从行业特点来看，物业安全与消防管理行业属于多学科知识综合运用的“通才”行业，作为物业公司的员工，不仅要有房屋建筑、机电设备、园林绿化、安全保卫、消防监控清洁保养等多方面的知识和技能，而且还需要结合物业安全与消防管理行业的特点在实践中综合运用上述专业知识来解决工作中的实际问题。由此衍生出来的许多物业管理知识和技能在中国目前物业管理专业知识、技能培训中尚属空白。

“物业安全与消防设施设备管理研究”是一门多学科、综合性.实践性较强的课程。全书从物业设备设施管理的基本理论和基本工作出发，论述整个物业设备设施管理的体系和内容，整合物业设备设施系统给了系统的结构、组成、功能及主要的设备设施。

运用物业设备设施管理的基础理论对相关设备设施的后期运行，维护、管理进行分析。

在现有各种物业设备管理教材的基础上，充分汲取了近年来使用的新设备、新材料、新技术、新工艺、新规范、新标准。

目录

第一章　物业安全概述……………………………………………… 001

第一节　物业安全管理概述 …………………………………………… 001
第二节　物业安全管理模式 …………………………………………… 003

第二章　物业安全应急系统建立…………………………………… 011

第一节　安全护卫系统 ………………………………………………… 011
第二节　消防安全系统 ………………………………………………… 017
第三节　建立危机管理预警系统 ……………………………………… 025

第三章　治安管理……………………………………………………… 028

第一节　治安管理概述 ………………………………………………… 028
第二节　治安巡逻管理 ………………………………………………… 039
第三节　安全出入管理 ………………………………………………… 048
第四节　安全监控管理 ………………………………………………… 056

第四章　公共安全防范系统管理…………………………………… 060

第一节　安全防范系统概述 …………………………………………… 060
第二节　入侵报警系统 ………………………………………………… 063
第三节　电视监控系统 ………………………………………………… 067

第四节　出入口控制系统 …………………………………… 071
第五节　电子巡更系统 ……………………………………… 076
第六节　停车场管理系统 …………………………………… 078
第七节　楼宇保安对讲系统 ………………………………… 080
第八节　安全防范系统的维护与管理 ……………………… 083

第五章　电气防火…………………………………… 092

第一节　电气线路防火 ……………………………………… 092
第二节　电气设备防火 ……………………………………… 095
第三节　静电及其防火措施 ………………………………… 101
第四节　雷电及其防火措施 ………………………………… 104

第六章　建筑防火…………………………………… 109

第一节　建筑防火基础 ……………………………………… 109
第二节　安全疏散设施 ……………………………………… 118
第三节　建筑内部装修防火 ………………………………… 125

第七章　建筑消防系统……………………………… 130

第一节　建筑消防系统概述 ………………………………… 130
第二节　消防给水系统 ……………………………………… 132
第三节　高层建筑的防火排烟 ……………………………… 139
第四节　火灾自动报警及联动控制系统 …………………… 144

第八章　消防规划与设计…………………………… 153

第一节　物业开发消防整体规划 …………………………… 153
第二节　建筑材料与耐火等级 ……………………………… 158
第三节　商住物业防火设计 ………………………………… 168
第四节　工业物业防火设计 ………………………………… 186
第五节　高层物业防火设计 ………………………………… 191
第六节　地下建筑与电气防火设计 ………………………… 200

第九章　消防设施设备……………………………………………… 211

第一节　火灾自动报警系统　……………………………………………… 211
第二节　消防联动控制系统　……………………………………………… 226
第三节　自动喷水灭火系统　……………………………………………… 237
第四节　气体自动灭火系统　……………………………………………… 259
第五节　消防给排水系统　………………………………………………… 268

第十章　消防管理……………………………………………………… 278

第一节　消防管理概述　…………………………………………………… 278
第二节　消防管理工作　…………………………………………………… 285
第三节　消防培训与演习　………………………………………………… 299
第四节　消防设施设备管理　……………………………………………… 308
第五节　火灾处理　………………………………………………………… 333

参考文献…………………………………………………………… 353

第一章　物业安全概述

第一节　物业安全管理概述

一、物业安全管理的含义

财产安全管理是一种行政工作，其中物业公司采取各种措施和措施来确保所有者和使用者的个人财产安全，并维持正常的工作和生活秩序。

财产安全管理涉及两个业务方面：“预防”和“保证”。“预防”是指物业公司必须采取措施来防止致命和危险事故。尝试采取所有可能的科学合理的处理和控制措施，以纠正发生的安全事件。

财产安全管理的目的是确保所有者和用户拥有安全舒适的工作和生活环境，以改善其生活质量和工作效率。财产安全管理主要是为了防止财产管辖范围内的火灾，盗窃，故意破坏和自然灾害，其中包括很多内容。

二、不同物业安全管理的要求

不同类型的物业安全管理的要求也不一样，依据全国物业管理优秀示范小区（工业区、大厦）标准，物业管理行业对安全管理（保安、车辆管理、消防）的具体要求如下：

（一）住宅小区

住宅小区的安全管理要求如下：

第一，社区默认情况下实施私有管理。

第二，有一个专业的安全团队实施24小时工作和巡逻系统，安全人员必须熟悉社区环境，文明，训练有素的标准化演讲和职责。

第三，存在明显的标志和具体的预防措施，以保护处于危险中的人身安全。

第四，消防设备和设施可随时使用而不会受到损坏，消防通道不会被堵塞，并且制定了消防应急计划。

第五，停车场管理系统完善，管理责任明确，可以进行车辆登记登记。

第六，非车辆车辆管理系统完整，停在固定位置并按顺序进行管理。

（二）工业区

工业区的安全管理要求如下：

第一，工业部门的管理基本上是封闭的。

第二，有一个专业的安全团队实施 24 小时值班和巡逻系统，安全人员必须熟悉环境，文明，训练有素的标准化演讲并对工业部门负责。

第三，根据行业特点制定安全防范措施，实行凭证通行制度，确保货物（产品，设备）被放行。

第四，进出工业园区的各种车辆受到有序管理，不会造成交通阻塞，也不会影响行人交通。

第五，工业区的停车场有专人管理，可以有序地进行管理。

第六，严格控制室内停车场，并进行移民登记。

第七，无动力车辆在中心设有停车场，实行管理制度，管理整齐，停车整齐，场地整洁。

第八，威胁人身安全的部门要有明确的标志和注意事项。

第九，消防中心每天 24 小时工作，消防系统设备齐全，随时可以使用。

第十，消防管理人员掌握了消防设备和设施的使用，可以及时处理各种问题。

第十一条，组织消防法规和消防知识的宣传和培训，明确各地区的消防人员。

第十二，创建紧急火灾应急计划，并在清晰的位置设置逃生地图，照明设备，道路标志和未损坏的紧急疏散路线。

第十三，工厂厂房装修必须报消防部门批准，装修过程必须严格监控，装修完成后，消防部门必须通过检查并通过使用。

第十四，该区域没有隐藏消防安全隐患，因此用户必须在消防部门签署消防责任书。

第十五，公共宿舍有严格的防火，电气使用管理规定以及室内布线插座安装规范，无隐患。

（三）大厦

大厦的安全管理要求如下：

第一，建筑物默认关闭。

第二，有一个专业的安全团队实施 24 小时值班和巡逻系统，并且安全官员熟悉建筑环境，文明，训练有素的标准化演讲和职责。

第三，根据建筑物的特征制定安全预防措施。

第四，所有进出建筑物的车辆均受到有序管理，不会造成交通阻塞，也不会影响行人交通。

第五，有专门的人来指导大楼外的停车场，有秩序的管理和有序的安排。

第六，严格控制室内停车场并登记门口。

第七，非机动车有中央停车场，实行管理制度，停车整齐，整洁。

第八，威胁人身安全的部门要有明确的标志和注意事项。

第九，消防中心每天 24 小时工作，消防系统设备齐全，随时可以使用。

第十，消防管理人员掌握了消防设备和设施的使用，可以及时处理各种问题。

第十一条，组织消防法规和消防知识的宣传和培训，明确各地区的消防人员。

第十二，紧急消防应急预案，消防疏散图，照明装置和导向标志已保留紧急疏散通道未阻塞。

第十三，没有火灾安全隐患。

第二节　物业安全管理模式

一、自主管理模式

自主管理模式是指物业公司成立专门的物业安全管理机构，由公司的主要领导负责物业安全管理的工作。

（一）保安部组织结构

物业公司保安部（有的企业称之为护卫部，也有的称之为秩序维护部）的班组设置应与其所管物业类型及规模相适应。以下介绍两种物业公司保安部的班组及人员结构图供参考：

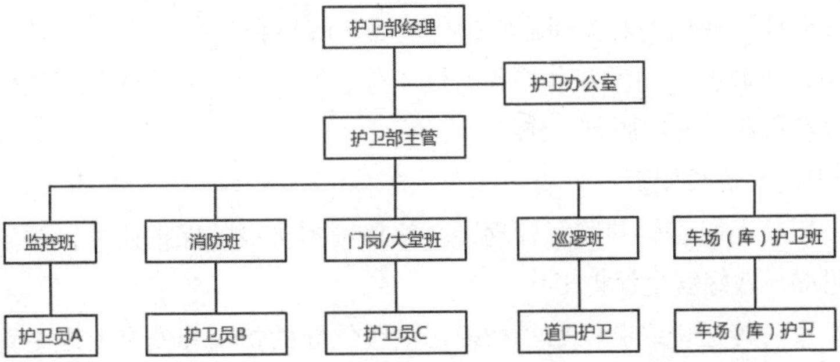

图 1-1　保安部组织结构图

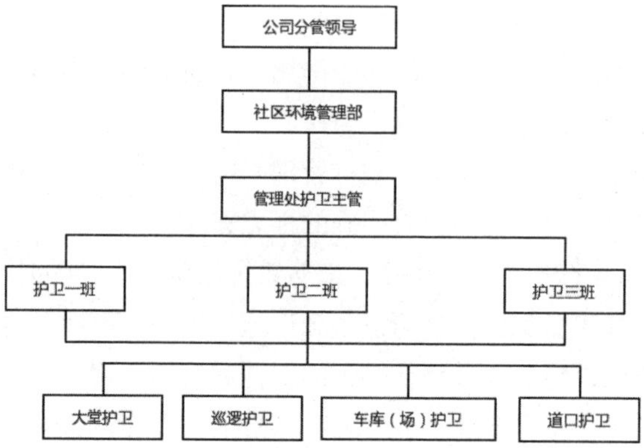

图 1-2　安全护卫系统组织结构图

（二）各岗位的职责

1. 护卫主管职责

第一，负责社区的安全管理（安全，生活秩序）并承担全部责任。

第二，为有效防止在管理领域可能发生的重大火灾事故和公共安全犯罪，它负责制定年度安全管理工作计划并组织具体实施。

第三，主持班长，班长和警卫会议，并在领导的指导下及时沟通。

第四，负责检查和监督各地保安人员的工作，并负责处理保安人员在工作中面临的难题。

第五，负责思想和专业培训，评估和评估保安人员。

第六，警卫负责出勤。

第七，负责设施，设备和设备的使用。

第八，领导者有责任因警卫队的疏忽和违反所有者 / 财产使用者的规则而付出或蒙受重大损失。

第九，对小区内的交通秩序、生活秩序进行巡查和督导。

第十，对业主提出的有关问题应进行说明、解释和解答。

第十一，协调各部门做好各项临时性工作，服从公司领导的各项工作安排，协助各部门做好物业的各项服务工作。

2. 护卫门岗班长职责

第一，服从上级主管的监督管理，全权负责本班级的保护任务，领导和监督全班级履行职责，做好安全保护工作。

第二，及时传达班级会议召集精神，上级领导的指示和安全上级主管会议的精神，研究和提出实施意见，并组织实施。

第三，严格执行公司准则的精神，并与的主管一起完成保安人员的所有工作。

第四，切实记录班级义务中面临和要解决的问题，并及时向上级报告。

第五，协调班级与另一个团队之间的各种关系。

第六，努力工作，遵守法律和纪律，保持僵硬，树立榜样，发挥榜样作用。

第七，熟悉保安员的职责，职责和程序，掌握管理领域保安员职责的法律和特征。

第八，对因重大错误或教室管理不善而严重违反法律和法规的责任。

第九，我负责全班的思想教育，员工培训和商业研究。

第十，负责全班的内部保健和素质教育。

第十一，负责管理好本岗位的设施、设备、器材的保养维护。

3. 护卫员门岗职责

第一，保安人员在值班时必须穿着制服，必要的设备和工作证。

第二，在工作时仔细检查的设备，设施和设备，进行良好的注册，并执行“四种预防”（防火，防盗，故意破坏和自然灾害预防）。

第三，严格执行监督员的指示和工作准备，遵守命令和管理。

第四，应该熟悉此职位中的业务和工作程序，在工作期间查找可疑的人，物体和物体，防止发生情况和事故，并进行充分的努力。

第五，严格执行对访客和车辆有效的证书注册制度。

第六，坚决完成这一职位，尽职完成所有任务。

第七，管理设备，设施和公共财产，负责区域内的设备维护和卫生，并且不要移动或滥用社区中的任何设施或财产。熟悉社区中消防系统和消防设备的安装设备；善于使用各种灭火设备，可以适当地处理事故。

第八，坚持自己的立场，加强界限。必须仔细处理和记录在邮局中出现的所有情况，并清楚识别非法活动的嫌疑人。

第九，严格执行转账系统和工作后规则。

第十，紧急或严重紧急情况下，及时向班长，班长和主管报告。

第十一，积极向业主 / 财产使用者推广法律法规合规知识以及消防安全和公共安全预防知识。

第十二，严格落实内务卫生管理制度；对个人物品要按规定整齐地摆放和存放；注意礼仪、礼节；不随地乱扔垃圾、杂物、烟蒂，不随地吐痰。

4. 护卫巡逻班长职责

第一，主持班级工作，按照安全主管的工作指令，领导和监督整个班级，执行工作，并成为好观察者。

第二，主持每周的班级会议，并及时传达主管和安全主管会议的精神，研究和提出实施意见，并组织实施。

第三，真正记录了本课中面临和处理的问题，并及时报告了主管或部门负责人等问题。

第四，负责协调该班级与其他团队之间的工作关系以及该班级员工之间的关系。

第五，致力于工作，遵守法律和纪律，严格遵守自己的规定，并在班长的指导下树立榜样。

第六，熟悉巡逻巡逻的职责，职责和程序，以及在管理领域的警卫职责的法律和特点。

第七，对班级职责造成的严重错误或管理不善违反法律法规负责。

第八，负责全班思想教育和培训，并定期对本班人员进行培训。

第九，调整车辆在社区中的位置，管理车库和停车位中的停车，并纠正非法停车和车辆停车。

第十，加强并及时纠正社区的交通秩序和环境卫生。

第十一，对小区内来往人员进行盘问，对公用设施、设备加强巡护。

第十二，对重大隐情和当班发现的重大问题及时报告并处理。

5. 护卫员巡逻岗位职责

第一，警卫人员应穿制服，必要的设备和工作证才能进入哨所。

第二，当值班时，应仔细检查当地的设备和设施，并执行“四种预防”（防火，防盗，防止破坏和自然灾害的预防）。如果发现不安全因素，请立即将其报告给主管，以识别情况，消除风险并确保社区安全。

第三，应该熟悉这篇文章的工作和程序，在工作期间，应该寻找可疑的人，物体和物体，并用敏锐的眼睛防止剧烈的事故。

四，设施，设备和公共财产管理社区内的所有设施和财产均不得随意移动或使用，应熟悉社区内消防系统和消防设备的安装和配置，并善于使用各种消防设备。可以正确处理该事件。

第五，跟踪职位，监督社区工作人员，请工作中的可疑人员，加强停车位和车辆活动管理，维护社区秩序，防止事故发生，处理各种情况。我们必须认真对待，妥善记录医疗义务，坚决逮捕涉嫌非法活动的嫌疑人。

第六，如果发生紧急情况或严重事故，应立即要求的显示器或主管报告。

第七，严格执行传播制度，做好传播记录。

第八，将预先向业主/财产使用者披露法律和秩序方面的知识，例如合规性和消防安全性。

第九，加强对电梯的监督和电梯的使用由于突然停电而导致的电梯停机必须迅速运抵现场，以对付它们并营救被困人员。

第十，公共设施设施和环境卫生的检查和登记。

第十一，停止社区的战斗和打架。

第十二，驱赶社区中闲散的人，例如出售广告，乞讨和分发。

第十三，将对建筑物进行一两次检查，以检查或驱逐建筑物的闲置员工，并通过违反影响其他人的工作和其他工作的行政法规来抑制所有者 / 财产的行为。请停下来将丢失的物品注册到受损区域，并报告给班长。

第十四，检查和管理当地的停车车辆和各种公共（消防）设施，以防止损失或损坏。

第十五，按规定安排运动和停车，确保消防通道畅通，防止交通事故。

第十六，烟雾报警器，强盗警察检查并重置。

第十七，回答访客的问题并在必要时指导他们。

第十八，它有助于检查后卫的任务情况并解决棘手的问题。

6. 监控室值班员职责

第一，认真学习业务，不断提高的业务技能，变得专业并且热爱的工作。

第二，监控中心实施全职值班系统。不允许工人在工作时间内离开办公室，必须遵守工作日的职责，创建日常工作记录，管理设备，保持设备完好并与维护部门合作。设备维修工作要做好。加工中。

第三，请勿将无关的员工带到监控中心，对他们保密，也不要将其工作任务和工作设施透露给他人。

第四，监视所有摄像机位置的图像，检查异常情况，及时通知监视器，并在警报信号出现时立即确认其真实性。

第五，在关键区域进行录音和视频录制，以备将来验证和使用。

第六，创建轮班工作记录，监视电梯的运行，收听电梯的报警电话，向有关部门报告情况，并联系电梯乘客和工程维护中心。

第七，发生事故和紧急情况时，必须按照紧急和消防计划进行处理。

第八，如果监视区域出现异常情况，例如火灾烟雾探测器警报，可疑人员的出现，则应立即来到班长检查发芽状态的事故。

第九，值班室禁止吸烟，禁止所有火焰，严禁严格存放易燃易爆危险品，并应在房间内提供便携式灭火设备。

第十，工作计算机主机的程序应严格保密，不得泄露给任何人。未经员工允许，除员工外，任何人都无法操作计算机。

第十一，在突然断电的情况下，必须立即通知巡逻人员去监视室，并带上设备门钥匙打开门。严格的移交程序和严格的签名程序才能获得单元门钥匙。需要加固密钥以防止个人分发和丢失。

第十二，严格门禁卡的制作、发放、收回制度，确保安全。

7. 道口岗护卫职责

第一，保持路口的交通秩序，并确保路口未被阻塞。

第二，如果发现异常情况，例如严格检查，确认，信用卡和进入停车场的车辆的车辆登记，则必须按照相关规定进行处理。

第三，仔细观察接近的车辆。如果发现接近的车辆损坏，则必须立即将其指出给车主或驾驶员，并且必须进行记录以防止由于责任不明确而引起纠纷。

第四，进入场地后，提醒车主（驾驶员）在指定路线上开车和停车。

第五，应该劝阻那些停在十字路口附近的人。

第六，提高警惕，观察十字路口周围的情况，停车并驱使闲散的惰轮在停车场，发现任何异常情况，并立即通知班长或巡逻站进行处理。

第七，私人停车位必须严格控制外国车辆的出入。

第八，坚持以下原则：临时停在停车场的车辆必须准确记录时间，按照规定的标准收费，禁止乱收费。

第九，严格执行移交制度，认真记录移交记录，使移交工作清晰，负责。

8. 车场（库）岗护卫职责

第一，记录车辆的出入并检查其外观。

第二，正确使用车辆命令手势来引导和停放车辆。

第三，违章车辆必须及时停车并纠正，并且必须在纠正之前进行救济。

第四，检查停放的汽车的状况。如果泄漏（油）或门（窗户）没有关闭，请通知驾驶员（所有者）或及时向员工报告。

第五，确保的摩托车或自行车停放在指定的位置。解锁时通知车主。

第六，提高车库（现场）值班室的清洁度。

第七，禁止在现场（车库）内存放易燃易爆危险物品，并定期检查防火措施是否完好有效。如果有损失，请及时报告给的上级以进行修理和更换。严禁用消防水冲洗汽车，严禁占用消防通道。

第八，工作人员应巡逻并仔细观察，始终观察车辆进入车库的状况和驾驶员的行为，如果发现不安全因素，应立即解决问题应该解决。

二、外包管理模式

外包管理模式是指物业公司的安全管理工作是通过委托外包的形式由专业的保

安公司来承担，物业公司只需要设置专门的人员来负责协调、监督、提高等工作。

在房地产管理企业的发展趋势中，向业主提供更多专业服务至关重要。特别是，一些中小型的物业管理公司因其成本，资源和其他限制而受累，阻碍了开发，并使业务运营变得困难。选择外包安全性可以改善可管理性，增加专业知识并降低运营成本，无疑这是一项业务发展战略。但必须善加控制，才能达到双赢的局面。以下简要解说其管理要点：

（一）前期筹备阶段

1．选择安全公司时要小心

当今的安全服务公司基本上是公共安全系统的分支机构，没有合法性等一系列问题。但是，服务质量，声誉和协调性存在差异。因此，选择合作伙伴时，必须采用投标方式,资产管理公司可以邀请三个或更多的安全服务公司投标。通过这种方式，可以通过投标评估，现场检查和价格比较来选择合作伙伴。通过招标选择的供应商通常会评价合作单位。此外，首选的安全服务公司在安全教育和社会可靠性方面具有更大的优势，在选择优秀的安全管理人员和控制安全来源方面发挥着重要作用。

2．必须签订合同

为了避免将来隐患，在签订合作协议时，必须明确规定双方的责任，权益。特别是，有关各方之间责任分担的规定必须明确规定。

3．要选择自己的安全人员，请访问安全服务公司总部。

通常，信誉良好的安全服务公司在雇用安全人员时有严格的要求，并且可以更好地控制所有链接。但是，作为资产管理公司，安全服务是资产管理的重要窗口。所以不要害怕这个问题。为了选择合适的人员，需要派人直接进入安全基地。这样，可以了解安全性的各个方面，还可以为公司选择满意的员工。

4．入学前必须接受的教育

当保安员全部挑选完成后，切勿急于进驻物管企业的楼盘。因为这个时候，保安员对前往工作的楼盘什么都不清楚，一旦上岗，很难保证服务质量。所以，为了保证服务质量，物管企业应该将保安员集中起来培训一段时间，由企业自己派讲师向他们培训物管企业的一些基本情况、服务内容、服务要求等业务知识。

（二）保安人员进驻物管企业初期阶段

1．进驻后的专业培训

除了入职前培训，在入职后 1 个月内进行培训非常重要。当前，安全卫士已经在工作，并且已经接受了一些基本的服务内容培训，但是他们在服务质量，服务技术和服务意识方面不够专业。为此，房地产管理公司需要加大培训力度，充分利用业余时间来培训保安人员，并准备好员工教他们的职位。一个月后，应进行评估，不合格的员工将被及时遣散。

2. 促进并坚决实施标准化系统

安全服务公司有自己的规则和规定，但是资产管理公司的服务确定安全公司系统和其他服务系统。因此，资产管理公司必须将其服务系统推广给保安人员，并长期实施并坚决实施，否则该系统将失效，安全只会对保安人员和保安人员起作用。

3. 确保生活设施和生活环境的质量

保安员的工资通常很低，但是工作并不容易。一天下来 8 小时比较困难。因此，物业管理企业应尽可能安排保安人员的生活环境，并在宿舍内安排电视机，热水器，电风扇等生活设施。第一，提高保安人员的安全性；第二，增加保安人员的安全性。

（三）正常管理运作阶段

1. 把握好双方接口之间的分寸

将安全外包之后，资产管理公司可以降低其业务成本并提高其服务专业知识。现在，一些房地产管理公司的经理认为安全是外包的，并且有人管理着安全的公司，他们很自在并且可以摆脱困境。实际上，安全服务公司有他们自己的管理保安人员的方式，并且在管理过程中，安全服务公司通常会限制保安人员的态度，工作范围，安全预防措施等。仅了解服务内容，服务特征，服务技术和其他公司方面是不够的。当物业管理公司分配商品时，中间会形成一个盲点，并会形成一个缺口。毕竟，真正受到影响的是物业管理公司。因此，对于资产管理公司，必须将安全卫士作为企业的雇员进行管理，并且应该很好地理解两个接口之间的位置。这样，物业管理公司付出了少量的管理时间，但是效果会很好，真正的利润也是物业管理公司。

2. 建立一条畅通的多层次的沟通途径

物业管理公司需要与安全服务公司从头到尾建立一个平滑且多层的沟通渠道。双方将定期开会，总结警卫的工作和生活条件。在总结问题要点的情况下，双方都需要制定一些纠正措施，并采取有效的预防措施，以避免问题再次发生。

第二章　物业安全应急系统建立

第一节　安全护卫系统

一、建立健全物业安全保卫组织机构

物业管理企业保安部的班组设置与其所管理物业的类型和规模有关，即物业面积越大、物业类型及配套设施越多，班组设置也就越多、越复杂。

其中安全巡逻班根据监视区域责任可划分为多个班组，而每个班组又可根据 24 小时值班需要，安排 3 ~ 4 个人员轮换班。

二、制定和完善各项安全护卫岗位责任制

（一）安全部经理职责

第一，对于公司管理的资产安全，有特定的领导职责。

第二，制定安全部的工作计划和目标并组织实施。

第三，主持部门的例行会议，沟通并执行总经理和高级主管部门的指示。

第四，参与重大事件和事故的调查处理。

第五，监督检查每个管理处的安全事务，及时解决任何问题或向公司领导汇报。

第六，制定并实施年度保安员培训，培训和评估计划。

第七，他负责制定和计划新财产的安全保护工作计划。

第八，对公司领导交办的其他事项负责。

（二）安全部助理经理职责

第一，协助管理人员进行安全培训，例如防盗，防火，故意破坏和自然灾害预防。

第二，分工负责专业培训和意识形态，政治教育或安全团队的培训。

第三，帮助管理员计划并实施新资产的安全和保护工作计划。

四是做好日常警卫工作的检查，指导，监督和评估。

第五，支持管理人员参与重大事件和重大事件的调查处理。

第六，完成管理员分配的其他任务。

（三）安全部助理员职责

第一，协助管理人员进行安全培训，例如防盗，防火，故意破坏和自然灾害预防。

第二，协助管理人员进行安全团队的思想以及政治和业务培训。

第三，协助管理人员进行例行检查，指导方针，监督和评估安全与防护。

第四，做好群众警卫的购买，核查，签发，保管和修理工作。

第五，善于接收，发送，存储和存储文档。

第六，负责部门的后台。

第七，完成管理员分配的其他任务。

（四）管理处安全护卫主管职责

第一，它负责管理该管理办公室资产区内的保安人员。

第二，他们将制定保安人员的工作计划，组织具体实施，并负责管理区域内的重大火灾和犯罪事件。

第三，他主持一次安全监控会议，以及时交付和传达参议院和安全部门的指示。

第四，它负责检查和监督各地警卫人员的工作，并负责处理警卫人员面临的难题。

第五，负责保安人员的专业培训和评估。

第六，负责零星安全保护用品的购买，验证和维护。

第七，领导者应对所有者（居民）的投诉或由于警卫人员的粗心和非法操作造成的重大损失负责。

（五）护卫班长职责

第一，主持班级工作，并严格遵守管理处处长和警卫人员的指示，领导和监督整个班级，履行职责，并使警卫人员保持良好状态。

第二，主持召开班会，及时传达上司的指示和警卫队长的定期会议精神，研究并提出实施意见，并组织实施。

第三，必须负责本班员工的出勤，并真实记录本班面临和解决的问题，并且必须将主要问题及时报告给代表。

第四，需要协调该班级与其他团队之间以及该班级员工之间的工作关系。

第五，致力于工作，遵守法律和纪律，严格，模范并在自己中起领导作用。

第六，熟悉警卫人员的职责，职责和程序，掌握行政区警卫人员的法律和特点。

第七，对因管理不善或严重违反班级法律和纪律造成的班级严重失误承担责任。

第八，负责整个班级。

第九，处理此过程中出现的常见问题的责任。

（六）护卫员职责

第一，保安人员在值班时必须穿着制服，必要的设备和工作证。

第二，在工作时，应仔细检查设备和设施，并执行“四种预防”（防火，防盗，防止破坏和自然灾害的预防）。如果发现不安全因素，请立即识别情况，消除风险并按时报告领导监督。

第三，应该熟悉这篇文章的任务和程序，在履行职责时用敏锐的眼神，寻找可疑的人，物体，事物，防止事故和事故发生，并做出充分的努力。

四，设施，设备和公共财产管理社区中的所有设施和财产均不应随意移动或使用，应熟悉当地的消防系统和消防设备的安装地点，并善于使用各种灭火设备。可以正确处理紧急情况。

第五，坚持岗位，扩大界限，认真处理岗位内发生的所有情况，并记录认为已被捕获的非法犯罪嫌疑人。

第六，如果发生紧急情况或严重事故，应立即向主管报告。

第七，严格执行运输制度。

第八，积极促进法律合规性和法律知识，并防止向业主（居民）发出命令。

（七）大堂岗岗位职责

第一，在 24 小时内密切监视保安人员的各种情况，寻找可疑或不安全的迹象，并通知值班经理立即对其进行处理。完成

第二，了解访客在大厅中的动态，在大厅中保持秩序，并监视和维护电梯的正常运行。

第三，密切注意人员进入大厅，严格执行参观登记制度。

第四，他们熟悉通常与建筑物中业主（居民）的人文状况有关的社会关系。

第五，要认真维护业务记录，严格执行转移制度，确保转移明确，责任明确。继任者在担任职务之前不能被解雇。

第六，在释放任何类型的人员进入建筑物进行操作之前，必须根据相关规定仔细进行检查和注册。

第七，对于业主（住户）搬家，必须按照管理处出具的通知单核对无误后方可放行。

（八）道口岗岗位职责

第一，保持路口的交通秩序，并确保路口未被阻塞。

第二，检查，验证，更新和注册进入和离开停车场的车辆。

第三，仔细观察接近的车辆。如果发现接近的车辆损坏，必须立即将其指出给车主或驾驶员，责任不明确，因此必须做好记录以防止纠纷。

第四，进入场地后，提醒车主（驾驶员）在指定路线上开车和停车。

第五，应该劝阻那些停在十字路口附近的人。

第六，私家停车场应严格控制外国车辆的出入。

第七，进入停车场的外国车辆必须遵守以下原则：必须按照规定的标准收费，并且不收取发票和任意费用。

第八，严格执行移交制度，认真记录移交记录，使移交工作清晰，负责。

（九）车库（场）岗岗位职责

第一，记录车辆的出入并检查其外观。

第二，命令车辆进入并停放。

第三，必须及时停止和改装非法车辆，并且必须在改装前进行礼炮。

第四，检查停放车辆的停车状态。如果发现泄漏（油）或门（窗户）没有关闭，请通知驾驶员（所有者）或向管理处报告。

第五，确保的摩托车或自行车停放在指定的位置，并在解锁时及时通知车主。

第六，使的车库（现场）值班室清洁卫生。

第七，定期检查消防设施是否完好有效，如果有损失，请及时报告给主管，以进行及时维护和更换，不要用消防车清洗。

第八，医务人员应注意巡逻，仔细观察，车辆进入车库的状况以及驾驶员的行为，并随时向监控人员或主管报告问题。

（十）巡逻岗岗位职责

第一，监视所在地区的人员和车辆的活动，维护当地秩序并防止事故发生。

第二，检查并登记公共设施和设备。

第三，询问并检查所在地区的可疑人员和物品。

第四，停止在该地区的战斗和麻烦。

第五，驱逐其他人，例如销售，乞讨和广告。

第六，每个班次要进行一到两次建筑物检查，并且必须由业主（居民）防止和审问建筑物内休闲人员的讯问或撤离，并且不得违反行政法规，并且不影响其他人的工作和休息。

第七，检查并保养停在所在地区的车辆，以防止丢失或损坏。

第八，直驱车辆沿规定的路线行驶和停车，确保消防通道畅通，并防止交通事故。

第九，负责火警和强盗警察的识别和处置。

第十，回答访客的问题并在必要时指导他们。

第十一，它有助于检查警卫的工作情况并处理棘手的问题。

（十一）监控岗岗位职责

第一，工作人员应精通监视室中每个系统的简单操作原理，性能和例行维护，维护和操作方法。

第二，工作人员必须每天24小时坚持其职位，并密切监视社区中的各种情况。请随时报告动态情况，直到问题解决。

第三，注意社区访客的动态，维护社区秩序，监督和维护电梯的正常运行。

第四，熟悉经常与建筑物中客户情况互动的社交关系。

第五，除了紧急情况外，不应在监视室使用忙碌的电话。

第六，在规定的时间更换录像带并播放社区背景音乐。严禁使用监视设备来接收，记录和播放与工作无关的音乐和录像带。

第七，组织者发出警报信号时，应立即去负责人检查情况，如属真，则立即发出虚假警报，如属真，应立即通知负责人遵循应急程序。

第八，不准进入监控室的人员不得进入，请保持房间整洁。请勿在监视室中大笑，造成麻烦，阅读报纸或杂志或从事其他与业务相关的工作。

第九，认真做好义务记录，严格执行传递制度，确保传递清晰，责任追究。

三、做好群防群治工作

（一）密切联系辖区内用户，做好群防群治工作

资产安全管理是一个全面的系统项目，通常，资产管理公司仅负责其所管理资产的公共领域的安全。为了确保财产的安全使用和用户个人财产的安全，仅依靠财产管理公司的安全部队是不够的。应该建立安全防范措施。

（二）与周边单位建立联防联保制度

与物业周边单位建立联防联保制度，与物业所在地公安机关建立良好的工作关系。

四、完善小区的安全技术防范体系

社区安全技术预防是指利用现代科学技术和各种安全技术和设备，以防止对居住社区的入侵，盗窃和破坏，并确保个人及其生命财产安全的全面性是的多功能预防系统。完整的社区安全技术防范系统，包括警报预警系统，电子监控系统，电子防盗系统，门禁管理系统，电子检查系统，可视对讲系统建设，家庭防盗报警系统和门禁系统（包括门禁）社区报警中心建立停车场管理系统）。

（一）周界防越报警系统

建立了跨界防范警报系统，以防止人们通过异常进入和离开社区进入和离开社

区，防止非法设备进入辖区并从事破坏性活动，并避免随意越过栅栏或栅栏。不要让它。

越界保护报警系统包括红外多光束对光探测器，外围控制器，中央电子地图，声光报警器和强光灯。万一有人闯入，将触发社区墙壁周围的红外多光束在线探测器，该探测器立即发送警报信号并将其发送到周围的控制器，并通过网络的电子地图和社区中心发送到中央控制室。警报点位置显示在显示屏上。在现场连接声光警报器（白天）或强光警报器（夜间）可以执行抑制和抑制功能，同时提醒相关人员注意并实现信号。大规模的预防和治疗，实际上起到了预防作用。

（二）电子监控系统（闭路电视监控系统）

电子监控系统由电子摄像头、显示屏幕、录像机、中央微处理机、中央供电器等主要部分构成。

电子监控系统的组成与功能

序号	组成部分	功能
1	电子摄像头	电子摄像头（探头）一般安装在大门口、电梯口、电梯内、停车场、各楼层公共走道、大堂、主要通道等重要部位。为确保辖区内的安全，摄像头的分布应该要监视所有的公共部位，避免出现死角
2	显示屏幕	显示屏幕在中央监控室内，将输入的电子信号转换成图像并在屏幕上显示出来。屏幕数量可以与摄像头一对一，又可以一对多。当布置的摄像头较多时，可采用一个屏幕显示 4 ～ 16 个画面或自动滚动切换画面。如果出现异常状况，还可以对画面实行单一摄像头专录或定格
3	录像机	由于录像机、屏幕众多，一般无法全面、有效地看清所有的画面。通过录像，可以将监控范围的情况实时录下，并随时提供给有关单位、人员以备查阅
4	中央微处理机	整个监控系统的核心是中央微处理机，一般设在监控室或中央控制室内。它既能对整个小区、大楼、停车场的多路摄像头的信号进行编组、分路，并在指定的显示屏上显示，又能通过键盘操作，对每组监控线路的滚动间隔时间、显示时间等进行设定，对摄像头进行多功能的调试、处理，如上下移动、左右跟踪扫描等

闭路电视系统为保安人员监控辖区情况提供了方便，使保安人员可以监控控制中心整个辖区的情况，大大提高了保安效率。接收到来自警报系统和门禁系统的警告信号后，除了监视系统的常规监视功能外，还可以执行实时视频录制，并在发生警报时记录现场情况，以供以后分析和播放。

（三）电子防盗报警系统

电子防盗警报系统由各种类型的探测器，信号传输系统和监视主机组成。该探测器可以使用先进的电子，红外，超声波，微波，光电成像精密仪器等技术。如果有人及时进入和离开关键部件,检测系统会通过传输系统发送监视信号并防止盗窃。组织者发出警报，警卫可以做出相应反应。

（四）门禁管理系统

门禁管理系统由控制器，门禁读卡器，警报传感器，警报器，电磁锁，退出按钮和门传感器组成。该系统的主要功能是提供完整的功能，以监视和控制人员进出特定区域，实时控制加固区域的位置，通过物体和花费时间。通常，控制器可以识别三种类型的IC卡，包括用户卡，专用卡和设置卡。出入境人员只要能出示任何证件即可输入，系统会同时自动记录IC卡的身份，时间等。

（五）电子巡查系统

电子检查系统由移动电话，壁式单元和输出设备组成。手机由巡逻警卫控制，并且在需要巡逻的地方安装了壁挂式支架，例如监视关键部件和死角。当巡逻警卫到达指定的安全检查点时，只需将手机插入墙机孔中，手机就可以记录巡逻警卫的信号，日期和时间。主管可以通过电话显示屏或专用打印机输出记录，以检查巡逻情况。电子巡逻系统无法主动进行安全监控,它们只是用于支持安全巡逻的控制方法。

（六）楼宇可视对讲系统

可视对讲系统是一种现代化的楼宇控制系统，可在居民和访客之间提供图像和语音通信。在访客门上输入房东的房间号，然后致电居民。当村民听到铃声时，他们可以在屏幕上看到并与访客聊天。居民可以按下解锁按钮为访客打开和关闭大门，也可以不理会访客或向警方寻求帮助。

社区中的主机可以与社区管理中心中的管理主机进行连接，管理人员可以在每个社区中查看和收听主机的图像和呼叫。发生紧急情况（火灾，紧急情况，警察等）时，居民可以致电管理中心，经理也可以通过拨打分机号码与居民联系。

第二节　消防安全系统

一、建立消防网络组织

（一）消防组织结构图

物业公司的消防管理部门一般从属于公司的安全保卫部门，即在保安部设有消防班。但是实际上，消防工作并不是某一个部门的事，而是全公司的事。按照《中华人民共和国消防法》的规定，企业应建立消防网络，对于公司的各级人员——消防安全领导小组、消防兼职领导、消防中心、消防队员、义务消防队员等也都要明确其消防职责，并以文件的形式体现出来。

（二）各级人员的消防职责

以下为物业公司各级人员的消防职责。

物业项目各级人员的消防职责

序号	各级人员	消防职责
1	消防安全领导小组职责	（1）贯彻执行上级有关住宅区物业管理和工程施工一系列安全生产方针、法规、规定和技术规程及有关消防工作指示，建立健全和落实本行业的安全责任制，制定、发放公司安全生产管理制度，并组织实施 （2）督促检查公司各部门对本行业安全管理法规、规定、技术规程的执行情况并采取整改措施消除事故隐患、改善安全条件的实施情况，审定各部门改善劳动条件的规划和年度安全技术措施计划，全面研究安全管理工作，总结交流先进经验 （3）做好对员工进行安全生产法规、规定和技术规程的宣传教育工作，在发生伤亡事故和造成较大经济损失时，及时抢救，并负责善后处理、结案等工作：按“事故原因分析不清不放过，事故责任者和群众没有受到教育不放过，没有制定出防范措施不放过”的“三不放过”原则，严肃处理 （4）高度重视安全生产管理工作，认真贯彻“安全第一，预防为主”的方针，改善安全条件，消除事故隐患，在计划、布置、检查、总结评比生产时，同时计划、布置、检查、总结评比安全工作，以确保安全生产管理“五同时”（同时计划、同时布置、同时检查、同时总结、同时评比）的实施 （5）公司法人代表是消防安全第一责任人，各部、室、管理处负责人是消防安全直接责任人，均必须增强消防安全意识，强化管理，把该项工作落到实处，确保住宅区及施工现场实现安全生产、安全管理，从而全面提高管理服务质量
2	消防兼职领导	（1）直接向公司防火责任人负责，对公司所属各部、室、管理处进行消防安全检查、监督，传达公司有关消防安全工作的指令 （2）每月定期检查一次分级防火落实情况，发现隐患按“三定”（定措施、定负责人、定时限）的要求整改，并进行验证 （3）制定“防火安全评比制度”，增强各部、室、管理处的消防意识 （4）制定培训计划，定期对公司员工进行集中培训及相关的演练 （5）检查各部、室、管理处消防设施、设备的维护和定期保养工作，对需整改、完善的场所和设备设施进行监督，检查验证 （6）在发生火灾时，应立即赶到火灾现场，组织、指挥人员进行灭火 （7）调查火灾事故原因，对因防火工作失职的人员进行通报，提出相关处理意见，报请公司安全领导小组处理 （8）定期向公司安全领导小组汇报有关消防工作情况，以及有关公司“防火管理制度”的实施状况，使公司防火工作在生产、管理中得以保证

续表

序号	各级人员	消防职责
3	消防中心	（1）认真学习并贯彻执行国家制定的各种消防法律、法规，掌握辖区内的实际情况，提高消防安全意识 （2）制定辖区各种防火安全制度，督促检查业户贯彻落实防火安全工作的情况 （3）负责检查辖区各部位的防火安全以及各种消防设备、灭火器材的配备情况，发现隐患及时督促相关部门整改 （4）负责调配补充消防灭火器材等设备，并定期进行消防设备检测、保养和维修等工作，及时排除消防设备故障 （5）负责 24 小时监视消防电脑主机，发现火警、火灾及其他问题，应立即向当值主管及经理报告，并提出处理方案 （6）负责制定辖区重点部位的灭火方案，负责辖区内用火部位安全监督 （7）负责对辖区人员进行消防宣传教育 （8）积极组织专职消防人员定期检查消防设备和大厦各重点部位，如油库、厨房、公共场所的灭火器材装置，楼层消防屏蔽及报警，排烟系统、对讲系统，查看周围有无火种，防止火灾事故的发生 （9）重大节假日，组织人员进行安全大检查，发现火险隐患及时通知有关部门及业户进行整改，并将整改情况报告物业总经理和物业经理 （10）建立健全辖区的消防管理业务档案 （11）负责将每天辖区内的消防情况报告给部门经理 （12）负责处理消防中心值班时所发生的任何火灾、火情事故，并及时报告给有关领导
4	消防安全员	（1）向公司领导负责，定时向本部门辖区管理处主任、公司安全领导小组汇报安全生产规章制度的执行情况，针对辖区内的安全状况拟定防范措施、隐患整改方案，报公司安全领导小组审批 （2）参与制定防止伤害、防止火灾、防止职业危害的措施，并督促实施辖区所属危险岗位、危险设备的安全操作规程 （3）经常对辖区内及施工现场住宅的用电、用气设施和电梯进行安全检查，发现事故隐患及时组织各专业人员处理，重大问题应以书面形式及时逐级上报，一旦发生事故应及时上报公司安全领导小组，并立刻组织现场抢救，参与伤亡事故的调查、处理和统计工作 （4）对于特种作业人员，严格按照国家劳动部颁发的《特种作业人员安全技术培训考核管理规定》持证上岗，严禁无证操作：督促相关人员取得“特种作业人员操作证”，对特种作业人员定期进行复审，复审不合格的不准上岗 （5）协助公司安全领导小组对员工、业户的安全生产、安全管理做好培训、宣传、教育工作 （6）就辖区内住宅区及施工场地的安全情况，每季度向公司领导小组做一次书面汇报

续表

序号	各级人员	消防职责
5	各部门经理	（1）组织本部门员工认真贯彻执行上级有关防火措施 （2）在安排日常工作时，要向员工具体交代防火注意事项和规定，经常检查危险场所，并采取预防措施确保安全 （3）结合岗位工作，经常向员工和业户进行防火宣传，使其认真遵守防火规章制度 （4）经常组织消防安全检查，发现问题及时处理，并及时向主管部门领导报告 （5）组织员工熟悉并保管好消防设施和器材，管理好本部门的重点防火区域和部位 （6）发现火警要积极组织员工和业户撤离现场并即刻报警，扑救初起火灾
6	义务消防员（管理处所有员工）	（1）义务消防队员要始终保持高度警惕、忠于职守，随时准备投入到消防战斗中 （2）学习消防知识，熟悉消防法规，掌握责任区消防设备（施）的基本功能、位置：各种灭火器具摆放点位及使用方法；手动报警器报警方法；消防疏散通道位置及疏通方法：破门救灾方法：消火栓、水℃带连接使用方法：紧急灭火程序 （3）落实消防法规：制止任何违反消防安全法规的行为；发现火险隐患迅速报告 （4）爱护消防设施（备），发现消防设施（备）遭破（损）坏，应立即报告消防控制中心进行处理 （5）积极参加管理处及公司组织的消防灭火训练，自觉接受相关业务培训 （6）积极参加灭火战斗，树立不怕吃苦、不怕牺牲、连续作战的作风，抢救、疏散受灾人员及物资 （7）灭火过程中必须坚决服从命令、听从指挥、维护火场秩序、保护火灾现场；同时保护自身安全 （8）积极参加消防安全宣传教育活动，提高全员防火意识

二、灭火组织

（一）灭火的组织结构

物业公司灭火的组织结构一般是“一部、六组”模式，即：指挥部、灭火行动组、疏散引导组、通信联络组、安全防护组、救护组和后勤保障组。以下提供某写字楼物业的灭火组织结构（见下表）。当然，不同类型的物业，各组的组成人员必须根据具体情况来定。

某写字楼物业的灭火组织结构组成

结构形式		人员组成及职责
一部	指挥部	总指挥：总经理 副总指挥：副总经理 指挥部办公室负责人：护卫部经理 成员：综合办公室主任、工程部经理、客物部经理、中控室主管、护卫部主管

续表

结构形式		人员组成及职责
六部	灭火行动组	由护卫部20人担任 负责人：护卫部带班主管、护卫班长为义务消防队队长 职责：扑灭火灾和防止火势蔓延
	疏散引导组	各客户行政负责人25人，客物部4人 负责人：客物部带班经理、各客户主管行政负责人 职责：引导客户从消防安全通道疏散到安全地方，避免拥挤损伤
	通信联络组	中控室1人，着火单位通信联络人2人 负责人：中控室主管、客户行政负责人、保安部 职责：保证各组与指挥部的通信联络及情况的反馈
	安全防护组	护卫部5人 负责人：由护卫部主管负责 职责：守护大厦各个出口，防止坏人进行破坏
	救护组	工程部综合维修4人、综合办公室2人、财务部2人 负责人：综合办公室主任 职责：救护受伤人员
	后勤保障部	工程部10人 负责人：工程部带班经理或主管 职责：提供水、供火场用灭火器、断电及抢险工具等

（二）各级人员在扑救火灾中的主要职责

物业项目责任区内一旦发生火灾，管理处经理、护卫主管及班组负责人应迅速赶赴现场，切实履行职责，组织、指挥或参加灭火抢险战斗。

各级人员在扑救火灾中的主要职责

序号	各级人员	消防职责
1	管理处经理职责	（1）负责组织、指挥本单位员工进行灭火救人工作 （2）接到火灾消息后，立即赶到消防监控中心或着火现场组织灭火救人工作 （3）组织火情侦察，掌握火灾态势，确定火场主要危险，有效组织抢险力量，根据救人、灭火现场情况，果断发出通知并组织人员疏散或报告公安消防部门的命令 （4）向各部门、班组明确下达启动风机、供水和救人、灭火、疏散物资的命令，并密切关注命令执行情况和火灾发展态势 （5）当公安消防队到达现场时，立即向带队指挥员报告情况，服从其统一指挥调度，全力协同作战

续表

序号	各级人员	消防职责
2	护卫 主管	（I）在灭火过程中，护卫主管必须当好管理处经理的参谋与助手，无条件执行管理处经理的命令，并负责具体的组织与实施。 （2）组织力量严密监视火势的发展，及时向管理处经理报告火场变化情况，提出相应的对策建议 （3）正确传达管理处经理的战斗命令，并注意跟踪检查，及时向管理处经理反馈执行情况 （4）组织火场警戒工作和现场救护工作 （5）组织现场的清扫与保护工作 （6）当管理处经理不在现场时，由护卫主管代行管理处经理职责
3	消防控制 中心值班 员	（1）发现或接到火警信号后，立即通知当班巡逻员前往报警点查验 （2）火灾确认后，立即发出警报，随后迅速向管理处经理报告。同时通知消防队员紧急赶赴现场扑救 （3）根据管理处经理的命令，执行播报程序、消防设备启动程序，向各部门、班组和相关人员通报火灾情况，或向公安消防部门报警。检查通信设备，保持联络畅通 （4）负责现场与消防控制中心之间、火场指挥员与各班组长之间的通信联络工作，传达命令，通报情况，做好火场记录
4	维修 班长	（1）负责指挥全班做好火场灭火战斗保障工作。 （2）保证持续供水 （3）保证防、排烟机械设备的正常启动运行，迅速切断火灾现场的电源，关闭电梯和煤气阀 （4）根据火场需要，及时组织并持续供应灭火器材，负责重要设备的保护与疏散工作
5	各班（组） 负责人	（1I）当责任区域发生火灾时，组织指挥本班（组）员工投入灭火救人工作 i （2）当公司其他管理处发生火灾，接到支援的命令时，立即带领班（组）员工携带灭火器材，奔赴现场协同作战 （3）进行火警侦察。确认着火后，立即报告消防控制中心，迅速采取救人灭火和保护、疏散物资的措施 （4）确定水枪阵地、使用灭火器材和清除遮挡物的地点和范围 （5）向本班（组）和前来支援的班（组）下达战斗命令，检查执行情况 （6）根据火场态势及时调整力量部署，组织人员做好排烟工作 （7）确定需要疏散的重要物资、设备，向火场指挥员提出疏散物资的工具、技术力量的需求，并按照分工具体组织实施 （8）确定疏散人员的安全出口和疏散路线，组织人员引导、护送群众有秩序地撤离危险区域，逐房检查有无遗漏的（老、弱，病、残、幼等）人员 （9）接待并安置好从上层疏散下来的群众 （10）当火场发生意外情况，来不及请示时，立即采取相应的紧急措施，事后及时向管理处经理报告 （11）采取有效保护措施，避免人员伤亡

续表

序号	各级人员	消防职责
6	员工	（1）坚守岗位，听从指挥。明确自己和本班（组）的战斗任务，坚决执行命令 （2）当接到火警信号而班组长又不在时，应自动携带灭火器材赶赴着火现场，迅速投入到灭火战斗中 （3）组织人员疏散时，必须逐房检查，防止疏漏 （4）组织群众自救时，要尽力稳定自救人员的情绪，做好保护工作 （5）为自救人员准备好救生器材，防止轻生或自伤事故的发生 （6）使用水枪时，要注意利用掩蔽物体，尽量接近火源，充分发挥水枪的作用，禁止盲目射水，避免水源损失 （7）灭火战斗中，要正确使用消防器材，并注意保护自身安全

三、完善消防物防系统

（一）消防系统

消防系统的组成及功能如下表所示：

消防系统的组成及功能

序号	类别	组成部分	功能
1	火灾自动报警系统	火灾自动报警系统由探测器（感烟探测器、感温探测器、火焰探测器）、手动报警装置（手动报警按钮）、报警控制器（区域报警器、集中报警器、控制中心报警器）组成	发生火灾时，探测器将火灾信号传输到报警控制器，通过声光信号表现出来，并在控制面板上显示火灾发生的部位，从而实现火警预报。同时，也可以通过手动报警按钮来完成手动报警的功能
2	消火栓系统	消火栓系统由消防泵、稳压泵（或稳压罐）、消火栓箱、消火栓阀门、接口水枪、水带、消火栓报警按钮、消火栓系统控制柜等组成	消火栓系统管道中充满有压力的水，如系统有微量泄漏，可以靠稳压泵或稳压罐来保持系统的水和压力。当发生火灾时，应第一打开消火栓箱，按要求接好接口、水带，将水枪对准火源，打开消火栓阀门，水枪立即有水喷出：按下消火栓按钮时，通过消火栓启动消防泵向管道中供水
3	自动喷水灭火系统	自动喷水灭火系统由闭式喷头、水流指示器、湿式报警阀、压力开关、稳压泵、喷淋泵、喷淋控制柜等组成	自动喷水灭火系统处于正常工作状态时，管道内有一定压力的水。当有火灾发生，火场温度达到闭式喷头的温度时玻璃泡破碎，喷头喷水；管道中的水由静态变为动态，水流指示器动作，将信号传输到消防中心的消防控制柜上报警。当湿式报警装置报警、压力开关动作后，通过控制柜启动喷淋泵为管道供水，完成系统的灭火动作

续表

序号	类别	组成部分	功能
4	防排烟系统	防排烟系统由排烟阀、手动控制装置、排烟机、防排烟控制柜等组成	当火灾发生时，防排烟控制柜接到火灾信号，发出打开排烟机的指令，火灾区开始排烟。也可人为地通过手动控制装置进行人工操作，完成排烟工作
5	防火卷帘门系统	防火卷帘门系统由感烟探测器、感温探测器、控制按钮、电，机、限位开关、卷帘门控制柜等组成	能在火灾发生时起防火分区隔断的作用。火灾发生时，感烟探测器报警，火灾信号送到卷帘门控制柜，控制柜随即发出启动信号，卷帘门自动降到距地 1.8 米的位置（特殊部位的卷帘门也可一步到底），如果感温探测器再报警，卷帘门才降到底
6	消防事故广播及对讲系统	消防事故广播及对讲系统由扩音机、扬声器、切换模块、消防广播控制柜等组成	当消防值班人员得到火情后，可以通过电话与各防火分区通话，了解火灾情况，用以处理火灾事故；也可通过广播及时通知有关人员采取相应措施，进行疏散

（二）物业小区常用消防器材

资产管理部门的所有员工应熟悉并掌握常用消防设备的使用和维护，并保持敏感和有效。在日常巡逻中，保安人员必须在公共场所定期检查消防设备，保持严格的记录以备记录并防止人身伤害。在资产管理领域工作时，各个管理部门的员工应注意保护消防设备。

（三）火灾事故照明和疏散指示标志

为了防止火灾时触电并通过电气设备和电线扩大火灾，必须及时切断火区的电源，在夜间或烟火密集时容易造成混淆，这对于疏散和灭火非常有用。有困难。因此，必须设置火灾事故照明和疏散指示。对火灾事故照明和疏散指示标志有以下一些要求。

1．事故照明

事故照明是指在发生火灾时，正常照明电源和其他非消防电源均停用，通过应急照明保证仍需工作的场所和人员走道的照明。

在疏散楼梯，人行道和消防电梯以及人口稠密的区域发生火灾时，如果发生火灾则无法关闭电源，还必须在配电室，消防员，消防泵房和自备发电机室中提供事故照明。

疏散人员的应急照明设备主要确保过道中有必要的照明设备。在消防室，消防泵房，配电室和自备发电机室中，部件工作时，入射光的最小照度应与正常光的最小照度相同。

2. 疏散指示标志

疏散指示应放在过道的墙壁和拐角处，楼梯的门口上方和圆形通道上，它们之间的距离不应超过 20 米，并且地面到 1.5 至 1.8 米的距离，应标明“EXIT”（出口）的字样，显示红色容易识别。

四、做好消防档案的管理

消防文件是文档文件，记录了物业管理区域防火要点和消防安全操作的基础，物业管理服务公司必须设置防火管理文件。消防部门的内容可以根据社区情况确定，一般消防部门应包括以下内容：

消防档案的内容组成

序号	组成类别	内容说明
1	消防设施档案	消防设施档案的内容包括消防通道畅通情况、消火栓完好情况、消防水池的储水情况、灭火器的放置位置是否合适、消防器材的数量及布置是否合理、消防设施更新记录等
2	防火档案	防火档案包括消防负责人及管理人员名单、物业管理区域平面图、建筑结构图、交通和水源情况、消防管理制度、火险隐患、消防设备状况、重点消防部位、前期消防工作概况等。以上内容都应详细记录在档案中，以备查阅；同时，还应根据档案记载的前期消防工作概况，定期进行研究，不断提高消防管理水平
3	火灾档案	火灾档案包括一般火灾的报告表和调查记载资料；火灾扑救的情况报告；对火灾责任人的追查、处理有关材料；火险隐患整改通知书等

第三节　建立危机管理预警系统

一、物业公司应急组织架构及职责

物业公司的紧急工作组由物业公司的代表领导，由各个部门，项目经理和骨干员工组成。同时，将在房地产管理项目（监控中心）安装 24 小时应急电话，并根据应急服务进行模拟培训，以提高应急服务管理团队的应急响应能力，增强应急服务管理意识，制定应急响应计划、确保足够可执行。

应急组织人员的职责说明如下表所示。

应急组织成员的职责说明

序号	成员	职责说明
1	组长	负责定时召开消防应急领导小组会议，传达上级相关文件与会议精神，部署、检查落实消防安全事宜，宣布紧急状态的启动和解除，全面指挥、调动应急组织，调配应急资源，按应急程序组织实施应急抢险
2	副组长	负责应急预案工作的具体落实，做好相关应急准备，协助组长做好应急救援的具体指挥工作，若组长不在，由副组长全权负责应急救援工作
3	领导小组各成员	具体负责火险发生时突发事件的处理、报告、监控与协调，为保证领导小组紧急指令的畅通和顺利落实做好宣传、教育、检查等工作，努力将火灾事故的损害减小到最低限度
4	务职能部门	在突发事件中，遇到不可抗拒和事态发生并发展到物业管理处难以承受和无法及时组织救援时，各职能部门根据公司总指挥的命令，协调本公司各下属单位做好救援抢险、物资共享、人员救援、后备力量支持等

二、项目管理处应急组织架构及职责

房地产项目各个职能部门的员工是紧急服务的主要人员，管理人员起着关键作用，包括项目的指挥经理，清洁人员和维护人员。维护部门，维护部门和清洁部门的员工采取总体措施分配工作时间和准工作位置，以便有人可以一天 24 小时在整个值班室接听紧急电话。

管理处应急组织架构如下表所示。

管理处应急组织成员的职责说明

序号	成员	职责说明
1	安全管理预警小组	（1）负责组织有关部门制定应急抢救预案 （2）负责统一部署应急预案的实施工作及紧急处理措施 （3）负责调用本项目范围内各类物资、设备、人员和占用场地 （4）负责组织人员和物资疏散工作 （5）负责配合上级部门进行事故调查处理工作 （6）负责做好稳定生产秩序和伤亡人员的善后及安抚工作 （7）负责组织预案的演练，及时对预案进行调整、修订和补充
2	应急指挥部办公室	（1）应急指挥部办公室是本企业应急指挥部的日常办事机构，负责平时的应急准备工作，及应急事件的报告 （2）负责与外界的渠道沟通、引导公众舆论
3	机电设备保障组（机电维修部）	主要对事故现场、地形、设备、工艺熟悉，在具有防护措施的前提下，必要时深入事故发生中心区域，关闭系统，抢修设备，防止事故扩大，降低事故损失，抑制危害范围的扩大并负责事故调查工作

续表

序号	成员	职责说明
4	应急救援疏散组（秩序维护部）	（1）负责对火灾、泄漏事故的灭火、堵漏等任务，并对其他具有泄漏、火灾、爆炸等潜在危险点进行监控和保护，负责应急救援，采采取措施防止事故扩大、造成：次事故 （2）负责有关事故直接责任人的监护
5	现场秩序维护组（秩序维护部）	（1）负责维持治安，按事故的发展态势有计划地疏散人员，控制事故区域人员、车辆的进出 （2）参加事故调查
6	事后清洁处理组（保洁部、客服主管）	（1）负责急救行动，提供物质保证，其中包括应急抢险器材、救援防护器材、监测分析器材等 （2）负责组织落实救援人员的后勤保障和善后处理工作
7	机动协调组（综合部及其他部门后背员工）	（1）负责及时将所发生的事故情况报告主管 （2）负责向上级部门报告，并负责联给相关救援人员及时到位 （3）负责对受伤人员实施医疗救护，提供运送车辆，联系确定治疗医院，办理相关手续 （4）负责提出危险品储存区域及重点目标的建议 （5）负责各专业救援组与总调度室和领导小组之间的通信联络 （6）负责配合重大事故调查工作

三、报警程序

报警程序的分级原则如下表所示。

报警程序的分级原则

序号	报警程序级别	分级原则
1	Ⅰ级报警程序	在检查中发现并被及时纠正的问题，多指事件未发生时就被处理完成的
2	Ⅱ级报警程序	级报警程序已经发生的问题，及时处理完毕
3	Ⅲ级报警程序	级报警程序已经发生的问题，但不能及时解决的

第三章　治安管理

第一节　治安管理概述

一、治安管理的内涵

（一）治安管理的定义

治安管理是指负责治安管理的人员，为了维护物业内的治安秩序，对物业进行全范围的巡逻管理、安全出入管理，对出入物业的外来人员和物品进行登记和管理，同时对物业进行 24h 的安全闭路监控，及时发现可疑情况，并进行处理，确保物业内处于安全状态。

安全管理中负责治安管理的岗位主要有大堂岗、巡逻岗、流动岗等。部分物业不设大堂岗只设门岗，则由门岗兼顾大堂岗的职责。

（二）治安管理的范围

以下危害公共安全和社会秩序的行为在公共安全管理范围内。

1）使用高音量或高噪音的设备会影响他人的正常工作和休息。

2）将垃圾扔到楼下。

3）未经允许打开其他人的邮箱，然后打开其他人的邮件，电报，信件等。

4）枪支弹药的非法运输和储存：匕首和弹簧刀等管制刀的非法制造，销售和运输。

5）未经许可安装和使用电网。

6）非法侵入他人的房屋并损害他人的财产。

7）使用玩具枪在居民区进行各种射击活动。

8）制造和出售各种类型的赌博设备，或使用住宅进行赌博。

9）用你的房子躲藏各种罪犯和嫌疑犯。

10）将的房屋用作盗窃的依据。

11）制作，复制，出售，出租或分发色情书籍，色情照片和色情影片。

12）用家进行 home 活动。

13）在车辆和行人经过的地方建造；不应在沟，井，山脊或洞口上加盖或标志，也不得故意损坏或移动盖或标志。

14）故意损坏公用设施，例如邮箱，公用电话等；故意损坏路灯，消火栓，天线，电梯和其他辅助设备；故意损坏公共场所，例如花园，绿地，停车场和赌场。

二、治安管理常识

（一）违反治安管理行为的分类

有许多违反公共安全管理的行为。根据《治安管理条例》，因违反公安管理而长期斗争的实际情况，根据侵权行为，违反公安管理可分为八类：

1）干扰公共秩序。

2）干扰公共安全。

3）侵犯他人的人身权利

4）违反公共和私人财产。

5）干扰社会秩序。

6）违反消防管理规定

7）违反交通管理。

8）违反户籍或身份证的行为

此外，《治安管理条例》违反了政府法规，种植罂粟和其他制药产品，赌博，赌博，复制，出售，出租或散布介绍，保留或接受居民的条件。色情内容，色情内容，色情内容或其他色情内容分别受到管制。

（二）违反治安管理行为与犯罪行为的区别

1）不同的情节和对社会的不同危害程度。犯罪比违反公安管理的行为更为严重，社会损害比违反公安管理的行为更为严重。

2）违反其他法律。违反了刑事法规《中华人民共和国刑法》，违反了公共安全管理法规《治安管理条例》。

3）还有其他处罚。犯罪活动必须受到刑事处罚，公安人员的违法行为也必须受到公安人员的处罚。

（三）正当防卫的条件

合法辩护的出发点是保护合法权益。但是，在保护的同时，它对肇事者造成了一定的损害。因此，行使这项权利必须满足法律规定的条件。否则，无限制地损害权利和滥用对手不仅会达到打击非法犯罪的目的，而且还会损害国家和人民的利益。正当防卫的条件包括不法侵害和正当防卫两个方面的条件。

（1）正当防卫的不法侵害条件

1）为了进行适当的防卫，必须有实质性的侵犯。所谓的实际违法行为是使社会处于危险之中的行为。换句话说，危害社会的行为是客观存在的，不是客观想象和猜想的。

2）必须针对持续的违规行为采取适当的防卫措施。此条件与法律辩护时间有关。进行中的侵权是指侵权已经发生且尚未终止，并且该侵权目前处于执行阶段。例如，杀手拿着刀砍死受害者，强盗偷门并且扭锁。侵权尚未发生或已经结束，并且不是正在进行的侵权。在这种情况下执行的防卫措施不是合法的防卫。

（2）正当防卫的防卫条件

防卫行为是由违法行为引起的，具有两个条件：防卫目的和防卫限制。

1）必须对犯罪者进行适当的辩护。这种情况意味着无法对未犯非法侵权行为的其他人进行充分的防卫。适当防卫的目的是消除非法侵权，因此只能以不损害攻击者本人和损害他人合法权益的方式来进行。

由于法律责任和未达到精神病人年龄的人所犯的侵权行为，因此无法实施适当的辩护。如果情况紧急，可以进行紧急对冲。

2）不要超过要求适当防卫的限制，以避免过度损坏。合法辩护的强制性限制是有效防止非法侵权所必需的限制。确定适当辩护所需的限制是确定防卫行为是否可以有效地防止非法侵权，另一个是将防卫行为与侵权行为进行比较。在平等的情况下，可以认为有必要防止非法侵权。否则，可以保护次要的合法权益，对肇事者造成严重损失，或使用较弱的辩护方法来防止非法侵权，但是可以采取严格而密集的措施，以超出法律辩护的必要限制。

正当防卫的上述两个方面的四个条件作为一个有机联系的整体是必不可少的，只有同时满足这两个方面的四个条件时，才能建立正当防卫。否则，这是不公正的辩护。

（四）常见的非正当防卫

不合理的辩护是指“辩护”，其中犯罪者的行为不符合合法辩护的某些条件。不当的辩护是非法的，违者应承担后果。不能辩解的常见辩护是：

1）虚拟防卫。虚假辩护说，实际上不存在非法侵权的事实，但是由于肇事者的感知错误，可以想象或猜测存在侵权，并且可以对想象中或涉嫌侵权者进行侵权。

2）捍卫敌人的嘲讽。防卫性挑衅是指以“司法防卫”为借口伤害对手，使用故意挑衅，诱惑等手段迫使对手先进攻的行为。

3）偶尔防守。不当的防卫是指“防卫”行动，而不是违反行为。这包括高级防卫和防卫后情况。

4）外部防卫。外部辩护是辩护人针对除非法罪犯以外的任何人的罪行。

5）防卫抵抗。抗辩是指行为人对为保护自己的非法权益而执行义务或其他合法行为的人（例如，抵抗追捕公安人员的逃犯）所进行的抵抗或侵权。

6）相互跳动。罢工是双方相互斗争的行动。

7）防卫过多。过度的防卫意味着超出演员防卫的必要限制，从而对对手造成过度伤害。

（五）正当防卫在治安管理中的意义

由于法律制度的保护，合法辩护对公共安全管理非常重要。

1）适当的防卫可以确保有效的表现并积极应对非法活动。《中华人民共和国刑法》提供的适当辩护不仅是公民的公民权利，而且是公民对国家和社会的法律义务，一项光荣的行为并受到法律保护。在保安人员的工作中，当公共利益或他人自身的合法权益受到非法侵害时，可以将法律辩护作为消除非法侵害，公共利益以及自身和他人权利的武器。并确保的利益不受侵犯。

2）法律辩护可以预防非法犯罪并确保社会稳定。根据尽职调查规则，在适当辩护的过程中，所有公民均不依法对法律上对人造侵权者的生命或财产造成的损害承担法律责任。这样，犯错或企图自己行事的罪犯就会害怕轻易进行危害社会的活动，从而防止和减少非法犯罪的发生。

3）适当的辩护有助于提高公民的法律意识。一方面，合理辩护鼓励公民积极打击犯罪和犯罪，而公民严格遵守合理辩护的条件，防止情感使用，滥用情感辩护，要求超过限制。

（六）紧急避险

紧急避险是侵犯另一方的合法利益，以保护公共，私人或他人的权利及其他权利免受威胁的行为。

紧急避险的主要内容是：

1）必须威胁到即将发生的风险的合法利益。这里提到的危险与他人的入侵，自然力量的破坏以及动物的袭击有关。紧急对冲不能在法律诉讼中实施。

2）风险会出现，并且一定不能到达或超越，紧急对冲只能在这样的紧要时刻进行。

3）必须采取规避风险的措施，以防止损害合法权益，否则不允许紧急规避风险。

4）如果没有其他方法可以消除风险，并且这是不得已的方法，那么需要采取规避风险的措施。

5）紧急对冲必须是真实的，不能虚拟或推断。

6）规避风险的措施不得超过要求的限制。换句话说，他人的利益应该比保存的利益轻。否则，如果危害不构成必要程度，将承担刑事责任。《中华人民共和国刑法》第 18 条第 3 款关于避免人身风险的规定不适用于在其职责和业务中负有特定责任的人，并且他们不能以维护自己或其他权利为由而逃避其责任和义务。如果有后果，将承担法律责任。

三、治安管理的规定

（一）治安管理的公共规定

为了做好物业的治安管理，物业内的工作人员以及物业用户必须遵守一定的治安管理规定，下面列出了一般情况下的治安管理规定，以供读者参考。

1）行政办公室有效地控制住宿访客，必须指出要参观的房屋数量和房主姓名，并且只有在保安员批准后才能工作。不允许乞，流动商人和其他随便的人进出酒店。

2）建筑物中的装饰工人凭行政办公室发出的临时通行证进入建筑物。

3）管理办公室负责管理大楼中的汽车，摩托车和自行车，所有进出停车场的汽车都将予以签发和注册，并且自行车必须停放在指定位置。为了维持车辆的交通秩序并确保车辆的安全，不应随意停放车辆。

4）如果有大件有价值的物品正在移动，则如果房地产用户醒来，则必须有发行说明。

5）当房地产发生公安，火灾，交通等突发事件时，治安人员应依法采取适当措施，通知有关部门和后续行动，以保护物业用户的合法权益，并维持现场秩序。

6）财产使用者应与安全官员的安全管理部门密切合作，并在警卫出于任何原因与他们联系时提供积极支持。

7）物业用户必须及时向安全部门报告固定流动人员和临时居民，固定流动人员必须在三天内向安全大队报告，在十天内向临时居民报告。

8）动员公众参与预防公共安全，提高对预防公共安全的认识。

9）财产使用者必须有勇气制止并举报破坏财产或公共财产秩序并对公共安全构成隐患的人或事。如果发现紧急情况，有必要联系行政办公室或通知工作人员。

10）财产经营单位必须依法经营，遵守国家政策和法规，遵守行政机关的管理，不得从事非法商业活动。

11）保安员应严格执行规定，严禁打骂和无故刁难物业用户；不得扣押居民身份证，不得索要钱物，不得乱罚款，不得收款不给票据；抓到犯罪嫌疑人员不得殴打和擅自审讯；发现有治安、消防、交通案件，不得自行审理。否则，物业用户有权向管理处、治安大队或政府有关部门报告，客户服务中心、治安大队一经发现，查实后将给予严厉惩处，直至追究法律责任。

12）物业用户不得违反国家法律法规，不得违反行政机关颁布的各项规章制度，否则将依法受到处罚，直至追究法律责任。

13）对下列行为的行为人，保安员将给予劝阻，不听劝阻的，应采取强制措施予以坚决制止。

①随意停车。

②占用消防通道或其他公共场所。

③公共设施损坏。

④大声饮酒和麻烦。

⑤闯入他人的房屋并损害他人的财产。

⑥发出标准噪音，影响他人的休息和生活。

⑦用气枪在居民区射击。

14）严格执行国家公共安全法规，并与公共安全机构紧密合作，以保护财产使用者的生命和财产安全。

15）实行24小时巡逻制度，在固定岗，辖区巡逻流动岗检查，及时发现并制止公共秩序中的隐患。

（二）处理治安事件职责规程

1）当值班警卫发现或意识到有关爆炸，暴力，聚集等方面的法律法规后，必须立即通过对讲机或电话向工作检查员报告，以说明事件发生的地点，时间和原因。

2）完成工作的主管立即收到报告并跑到现场，根据事件的情况和严重程度向安全局主管报告，并寻求帮助。

3）随着形势的发展，安全部门负责人将及时向公司负责人和客户服务中心经理报告，并在必要时通知当地派出所或按“110”报告警报。

4）如果情况严重，有关人员应及时向公司负责人报告，公司负责人应到现场组织并指导抢救工作。安全人员可以在最短的时间内到达现场，保持现场订单，遵循统一的订单，系统地接受订单，整合布局，引导人员，避免混乱，有必要进行稳定的工作，以防止局势朝着更严重的方向发展。

5）安全人员应全面控制建筑物的所有进出口，以确保他们没有机会将谋杀武器带入建筑物并引起问题，同时加强边界并拦截所有可疑人员。

6）说服保安人员迅速离开现场并积极支持公安机关的工作，只有经过调查和取证后，保安人员才能撤离。

7）在善后工作和总结工作中做好事，发现潜在的安全风险，提出纠正措施，并及时报告情况，以免再次发生类似事件。

四、治安管理各岗位的职责

（一）大堂岗的职责与工作方法

（1）大堂岗的职责

1）自觉遵守国家的法律法规和公司的各项规章制度。

2）24h 将密切监视设施内的各种状况，发现可疑或不安全的迹象，立即与业务主管联系，通过对讲机及时向办公室报告，并完成处理。报告情况，直到。

3）了解大厅人员的动态，维护大厅秩序，监视并确保电梯的正常运行。

4）严格按照的要求着装、穿着整齐。

5）请勿擅自离开岗位，开怀大笑，开玩笑，看报纸，吃饭，睡觉，听广播，做与的义务无关的其他事情。

6）密切注意移民经理，严格执行上门登记制度，注意并加强观察，如果发现可疑的人和物，请进行必要的询问。请愿人不得进入该国，任何此职位范围以外的可疑问题和事件都必须立即报告，并必须进行工作记录。

7）房地产用户访问文件检查和商品访问文件检查，向用户提供咨询服务，提高公众和商业礼节，并从原则，方法和态度上解决问题。加快并熟悉业主在物业中的状况，包括业主家庭成员和通常的社会关系。

8）认真记录的工作，在接班人工作之前不能被解雇，并严格执行转移制度，以确保清楚的转移和明确的责任。

9）所有进入该物业进行经营的人员必须按照相关规定进行检查，并在放行前进行认真的注册。

10）对于移动房地产的用户，必须在发布证书之前去管理处或安全部门打开货物放行信息并仔细批准。

11）及时解锁物业的所有者或用户的门。

12）电子门锁必须由计算机控制，并且用户必须使用磁卡打开门锁。

13）当建筑物的使用者将物品移入建筑物或移出建筑物时或在发生火灾时，必须打开电子门，并对人员进行严密监视。如果发生犯罪事件（例如当人必须停止出门时），则应将电子门关闭。

14）严格监控大堂和电梯，以确保大堂井井有条，并且电梯运行正常。

15）严格禁止所有单位或个人在自己的住所邮箱中放置名片和传单等印刷品。保安人员负责及时通知用户通过对讲机接收邮政快递。

16）乘客负责转移电梯中的客流，乘客使用电梯运送散装货物，并在最大客流期间（8：00–13：00，14：00–19：00）运送货物这是禁止的。为了监督散装货物的运输，我们需要指示使用货运通道在最长的时间内排空货物，并使用指定的电梯进行运输。

17）装饰材料，装饰垃圾，生活垃圾可于 19:00 后通过指定的电梯运输，也可通过货物通道运输。

18）严格执行货物放行程序必须在公司的印刷产品清单中检查并放行公司的产品。所有家用电器和家具必须在发布前由客户服务部发布。

（2）大堂岗的值班制度

下面是某物业公司大堂岗的具体值班制度，仅供参考。

大堂的警卫每天 24 小时工作，三班倒，每班八班，从早上 7：00 到 15：00，从中间的 15：00 到 23：00，以及晚上的 23。是的。00–7：00。上午，中午和傍晚每三天三班。也就是说，轮换日期是每个月的 1 号，11 号和 21 号。

将在指定的时间内提供上门服务，服务时间（每个行政办公室可以根据实际情况进行调整）为 7：00 AM 至 8：00 AM，从 11：00 AM 至 12：00 PM，中间工作营业时间 16：00 am 18：30 0 非服务时间访客，公司领导应在进入酒店时站起来为站立服务。

有两种直立姿势：直立姿势和伸展姿势。站立位置在大厅值班室外面，远离大厅值班室，与大厅入口成 45 度角（每个行政办公室可以根据实际情况进行调整）。如果需要在工作时间以外提供服务，请站在办公桌前站起来。

（3）大堂岗的工作方法与技巧

1）检查的物品

①为了快速，主动地访问的用户，请他们礼貌地向展示出场门票，并确保按要求填写了物品履行清单，并且的公司已批准并签字。

②请根据门口中所述的内容仔细检查每个项目。

③在工作条件下包装或搬运货物时，请尽可能多地帮助用户。

④未经历发布过程的用户应要求用户返回公司并再次进行该过程。如果用户要求代管理商品，则需要知道商品是否有价值。另外，用户可以将货物存储在大厅服务台，以减少由货物引起的问题和投诉。

2）在非营业时间注册商业房地产访问权

①迅速站起来，微笑并礼貌地问客户。

②站起来并双手握住的 ID。

③如果操作方便，请帮助客户按电梯。

④地板公司的客户熟悉。友好的客户不需要显示其 ID，他们可以通过参考先前注册的号码进行注册。

⑤如果同一公司有两个或两个以上员工，则必须注册两个或两个以上的人员。

离开住所时，只能注册一个人，并且在备注栏中注明性别和人数。

⑥如果客户没有通行证或被要求在没有协调登记的情况下进入地板加班，则程序如下。

需要在公司不加班的情况下加班的客户应与公司的紧急联系人联系，并要求他们提供反馈，然后再进行检查。如果紧急联络员同意加班，服务员将与他一起上楼以控制出入并进入房间监视消防中心。

b。被迫上楼并加班而没有协调注册的客户，立即通知安全团队负责人处理此事，并联系消防中心以查看是否有打开门的钥匙。如果显示器出现故障，可以通过电话致电公司的紧急联系人以听取他们的意见。请耐心等待此类事故，不要与客户打架。

3）审讯可疑人员

①善于侦察和观察，并能对不良情况迅速做出反应。

②确定销售人员。推销员带着一个装有传单的公文包进入大厅后，通常希望看到公司的水牌。这些人应该详细询问，并建议他们实际是销售人员时离开财产。

③识别伪造的 ID。观察证书和证件上图片的外观，并仔细检查其功能，图片上是否有可疑标记，盖章是否清晰等。请注意，证书的出生日期与持有人的实际年龄之间存在明显的差距。证书持有人的口音是否与住所或身份证上的地址相符。

④当发现可疑的人或物体时，请将其稳定或保持安静，并立即通知安全部门并进行处理。

4）密切监视大厅和电梯

①注意所有进出建筑物的人员，特别是外人员，如果发现可疑情况，应立即通知的巡逻警卫或班长。如果出现意外情况，有必要按照相关规定进行处理并创建工作记录。

②通过闭路电视监控系统严密监视电梯的状况，如果发现电梯被困，应立即安慰乘客，立即修理电梯，并及时报告组长和管理室，以支持后勤工作。请填写病历并填写事故报告表以如实报告。

（4）大堂岗工作的注意事项

1）欢迎服务的语言应该正确，态度应该正确。不要把目光移开，用亲切的眼神看客户。

2）开门的动作应自然，快速，稳定，关门时应轻巧，以免产生很大的噪音。

3）在常备服务时间内，如果访客在进入和离开建筑物时需要登记或归还文件，则可以返回其工作地点（办公桌）进行处理。注册人员说：“对不起，请稍等”，迅速离开办公室（舞台），为访客打开门。

4）请勿在站立服务时间内分发报纸，杂志或其他非紧急工作。

5）不准与闲杂人员闲聊、嬉笑、逗闹，回答物业用户、领导、同事及访客的询问应简洁。

6）进入建筑物进行操作的外人必须在行政办公室按照相关程序进行仔细的注册，并且在操作完成后，可以在行政办公室确认公共设施未受到破坏后将其释放。

（5）大堂岗的工作规程

1）准备工作。

2）访客注册。所有外来人员必须在注册后使用有效的身份证件实施进入建筑物的系统，仔细填写“访问登记表”，并妥善处理诸如强迫他人未经注册进入建筑物的事故。

3）必须在建筑物内打开所有者（居民）的门锁。必须从计算机上尽可能控制电子门锁，以便可以使用磁卡打开门锁。当所有者（居民）将物品移入建筑物或从建筑物移出或发生火灾时，必须打开电子门，并且必须严密监视进出人员。如果发生犯罪事件（例如当人必须停止出门时），则应将电子门关闭。

4）严格监控大厅和电梯，以确保大厅运行正常且电梯运行正常。

（二）门岗的职责与工作内容

（1）一般门岗的职责

1）如有必要，请询问有关人员进出建筑物的口头指示，并进行良好的指导。向访问者提供有效的凭据，填写访问者注册表，解释访问原因，并要求受访者登记名称，地址，电话等

2）防止无关的人和未经授权的人进入。

3）房地产车辆管理条例对房地产的通过顺序进行了规定，并且相关车辆不得进入房地产。

4）负责登记闭路监控。

5）酒店负责管理邮件注册和货运登记。

6）警卫哨所应保持整洁，无关人员不得进入警卫哨所。

7）实行进出车辆登记制度和停车收费制度。携带易燃，易爆，有毒，有害和其他污染物的车辆不得进入物业管理区域。

8）在工作中，必须以公民身份，礼貌和热情回答业主提出的各种问题。

9）严格控制装饰施工人员在夜间离开大件物品。

10）负责来访人员的接待，指导和询问，严密监视移民人员，不接待闲散人员。

11）负责注册，验证，接收和接收移民物品。

12）必须管理门上的相关物品和设施，并在发现门丢失或损坏后报告给相关人员。

13）负责监控登机口环境，并与有关部门合作处理时间异常。

14）它负责关闭和打开门灯和相关设备。

15）了解社区中有关单位的情况，并熟悉通行的基本条件，行李凭单的样式以及单位人员的特征。

16）负责火灾，公共安全事件，刑事案件，社区边界以及与其他办公室的合作等紧急情况。

17）必须检查保安员的撤离证明并收拾衣服。

（2）综合物业门岗的职责

对于拥有多个出入口的开放或半开放物业，如商业物业及综合性物业，通常需要相应地设置多处门岗。

下面是某一综合物业的门岗职责，该物业共设立了三个门岗，而未设大堂岗。门岗分为一号岗、二号岗、三号岗，分别位于不同的出入口，其职责范围如下：

1）一号门岗的职责

①负责维护物业门前、大门的安全秩序，负责疏导门前交通，指挥车辆停放，保证客户出行和进入物业畅通有序。工作时间为 7：00 ~ 18：30。

②值班人员的站姿应端正，精神饱满，精力集中，不与无关人员闲聊，不为他人存放私人物品。

③严禁无关人员在门口逗留、打闹，严禁携带易燃易爆物品进入大厦，严禁在门前存放自行车。

④客户向外搬出物品时，须收取物品携出单方可放行。

⑤如有机动车停放在台阶上时，应请车主将车停放在台阶下；当有衣着不整的人员进入物业时，保安员应上前阻拦，请其在楼外等候，随后保安员负责联系要找的用户到楼外接待。用户携物出门，无物品携出单的，请其补办。用户有自行车停放时，劝其将自行车存在自行车棚内。

2）二号门岗的职责

①负责维护大门正门、门前及大厅秩序，做到客户出入物业畅通无阻；负责疏导出租车、快递等车辆停放，保证门前车辆畅通无拥堵，无摆放不整齐现象。二号门岗实行 24h 值班制。

②在员工们岗开放时间，除总经理、安全部经理或其他部门须迎送客户外，严禁本公司员工由此门岗出入。

③严禁携带易燃、易爆等危险物品进入物业。

④休息日、节假日及非工作时间对客户实施验证登记制度，由客户进行登记。对由此门岗搬出物品的客户收取物品携出单。

⑤大厅内做到秩序井然，沙发上无躺卧、吸烟、吃饭、嬉笑打闹行为，夜间值勤保安员严禁在沙发上躺卧。

⑥常见问题的处理方法为：出租车下客时，将车辆停放在路中，如造成交通堵塞，应立即上前疏导。出租车不按规定停放的，应立即上前纠正。机动车停放不到位，有时停到出租车位，造成纠纷的，应立即上前纠正。客户从正门搬出物品却无出门条时，告其补办。

3）三号门岗的职责

①负责维护客户进出货物、车辆的停放、搬运秩序，保证通道畅通。

②检查施工人员出入证，施工人员凭证进入物业施工。并督促施工人员在规定时间向内、向外搬运施工材料及垃圾。

③未经保安部经理同意，严禁携带易燃、易爆等危险物品进入物业。

④客户向物业内搬运货物时，保安员必须指引客户用货梯，禁止使用客梯。

⑤对到物业公司内送餐者，应收送餐证，否则不准进入。

⑥禁止非拉运货物的车辆停到三号门岗。

⑦不准停放自行车和摩托车。

第二节　治安巡逻管理

一、治安巡逻概述

（一）巡逻的时间及规律

（1）时间表

在正常情况下，巡逻人员实行 24 小时制。早班从 8：00 到 16：00，中班是从 16：00 到 24：00，晚班是从 24：00 到 8：00。中班和晚班每 10 天更换一次。

（2）社区巡逻

1）巡逻期。每 20 分钟检查一次巡逻，每小时检查一次，走廊和每周范围内每个建筑物的屋顶。

2）巡逻规律。没有设置固定的路径，但不保留“死角”和“偏转角”。

（3）建筑物巡逻

1）巡逻期。每 90 分钟检查一次。

2）巡逻规律。从屋顶开始，从每个楼层地下巡逻，从上到下依次巡逻。

（二）巡逻的工作要点

1）巡逻人员应在巡逻过程中多看点并倾听，以确保巡逻工作完成。

2）检查安全性，防盗，防火，防洪等。如果发现问题，必须立即处理并报告给高级和相关部门。

3）如果发现可疑人员，则需要对证书进行交叉检查和验证，并在必要时验证的财产。应当说服在社区中摆摊的小型供应商和销售代表离开该区域，如果员工漫游，则应根据需要进行处理。

4）监督建筑物内的装修工作，并管理或停止由于加班装饰而中断交通或发出噪音并影响他人的装修工作。

5）检查范围包括所有楼层，机房，斜坡，车库和周围的建筑物。

6）如发现巡逻和遍历路线检查存在问题，应及时解决，如果发现主要问题，应通知管理人员，并在巡逻过程中清除盲点；

7）在检查过程中要专心思考，“看，听，闻，问，想，做”，及时汇报常见问题，并注意消防设施设备的完整性拜托

④交叉筛选。与可疑人员的交叉筛查

⑤考虑一下。分析情况，找出解决问题的方法。

⑥自己动手。如果发现问题，则必须及时处理（例如立即报告火灾警报并采取适当行动，发现公共设施受到破坏，记录并报告给相关部门以进行及时处理，从地面容易看到烟头，纸片等）。

8）在旅途中要保持礼貌和礼貌的态度，认真回答住宿人员和其他住宿人员的问题，并提供周到的服务。

9）当收到警察和火灾警报信息时，必须立即到达现场以了解情况并采取纠正措施。

10）为了创造一个安静，和平的财产环境，巡逻人员必须穿着安全制服和对讲机进行检查。

11）设置巡逻路线和时间，并根据实际情况调整巡逻路线。

12）在移交过程中，巡逻监视员检查了每个哨所，看移交是否清晰，表格是否完整，看守的着装和外观是否合规，问题已得到立即纠正。

13）如果在此类课程中出现难题，则应立即提供监视器，并按照相关规定进行处理。如果无法解决，请向管理处报告并记录。

（三）综合物业的巡逻要求

综合物业的治安管理较一般物业的复杂，因此综合物业对治安巡逻工作的要求更高，要求巡逻保安员时刻提高警惕，注意可疑人员的行动。

1）保安员巡逻时不得少于两人，白天巡逻次数不得少于 3 次，夜间不得少于 4 次，并将每次巡视检查作好记录，填写在值班日志上。对于写字楼的巡逻，23：00 后巡视要记录加班客户，填写 23：00 后客户加班登记表，并由加班人代表签字确认。

2）巡逻方式可由上至下也可由下至上交叉进行，发现有未锁门的或门未锁严的应立即报告班长，班长核实后，报值班经理处理。严禁私自进入物业用户的房间，发现楼内设施有损坏情况时应及时上报，并通知相关部门进行维修。

3）对休息日和非工作时间施工的单位，要查看其是否持有经批准的施工加班申请表。

4）发现有反常情况和意外事件时，除及时报告外，还要采取必要措施，防止势态恶化。

①处理案件和事故时，要保护现场，迅速上报安全部，积极向有关部门提供情况，协助其调查侦破。

②发现有盗窃、滋事、斗殴、谋杀、破坏、放火等犯罪现象，要挺身而出，坚决果断地采取措施，抓获犯罪分子。

5）对重点部位要勤查、勤看、细查、细看，掌握消防器材的性能和消防常识，能扑灭初期火灾。

二、治安巡逻的基本任务

（一）预防和制止违反治安管理的行为及犯罪行为

（1）预防和制止干扰公共秩序的行为

干扰公共秩序包括：

1）扰乱社区秩序，使社区的工作，生产和业务无法正常开展。

2）扰乱所在社区的公共交通秩序。

3）帮派打架，挑衅，侮辱妇女或其他非法活动。

4）处理或歪曲事实，故意散布谣言，或破坏社区生活和工作秩序。

5）错误报告风险并引起混乱。

（2）预防和阻止干扰公共安全的行为

干扰公共安全的行为包括：

1）非法运输或存放枪支弹药或其他违反枪支管制规定的行为。

2）违反关于爆炸性，高毒性，易燃，放射性和其他危险物质管理的规定，生产，销售，储存，运输，运输或使用危险物质。

3）非法制造，销售或运输匕首，三角架刀，弹簧刀或其他控制刀。

4）未经授权安装和使用电网。

5）请勿在车辆和行人经过的地方用建筑保护板，标志或围栏覆盖沟槽，井，山脊或洞穴，或故意损坏或移动保护板，标志或围栏。

（3）防止和阻止侵犯他人的人身权利

侵犯他人的人身权利包括以下类别：

1）击中某人，轻伤。

2）非法限制他人的“个人自由或侵犯他人的房屋”的独立性。

3）公开侮辱他人，操纵事实或诽谤他人。

4）写威胁信，威胁他人安全或破坏正常生活。

5)通过强迫或欺骗18岁以下的年轻人进行恐惧和残酷对待程序,破坏身心健康。

6）未经许可，可以隐藏，销毁或打开他人的邮件和电报。

（4）预防和阻止干扰社会管理秩序的行为

干扰社会管理秩序的行为包括以下类别：

1）故意隐藏，破坏，赠与或故意窃取被盗或隐藏的物体。

2）倒卖火车票，船票，文化表演票或体育赛事票等。

3）违反政府禁令，吸食鸦片，吗啡和其他毒品注射。

4）偷车。

5）对路灯，邮政信箱，公用电话或其他公共设施中的破坏行为。

6）违反财产管理规定，并破坏草，花和树木。

7）违反财产管理法规，在住宅设施中使用音频设备以及超额付款不会停止并影响工作或其余人口。

（5）预防和制止违反消防法规的行为

违反消防法规的类别包括以下类别：

1）在使用易燃易爆物质，吸烟和火焰的地方违反禁令。

2）故意阻塞火通道或破坏火场的秩序。

3）拒绝消防令会影响火灾和救灾。

4）指示或强迫他人违反消防安全法规并承担风险。

5）防止消防车违反消防安全法规，保护消防街道或建筑物棚架，挖沟或堵塞建筑物墙壁。

6）消灭，消灭或破坏消防栓，水泵，水塔，水箱和其他消防设施，以及将消防设备和其他用途的设备改装后，应通知公安机关。

（6）预防和中止违反户籍或居民身份证管理和出租房屋管理规定的行为。

违反户籍或居民身份证管理和出租房屋管理法规的类别包括以下类别：

1）伪造的帐户或使用他人的帐户ID或居民ID。

2）故意更改的帐户证书。

3）出租房屋或床铺作为人们的住所，而无需按照规定注册居民帐户。

（二）维护物业内的正常秩序

1）保护各种公共安全事件发生的现场，引导公众并维护秩序。

2）保持交通秩序在酒店内。

3）帮助建筑物中的居民向警察报告。

4）为行人和财产使用者提供指导，帮助突然受伤或生病等无助的人，帮助残疾人，老年人和儿童。

5）拿走剩余的物品，并将其退还给所有者或寄回。

6）检查设施的安全性，并提醒有关部门，商店和用户消除上述风险。

三、治安巡逻的规程

（一）巡逻时的文明用语

保安员要上前先向客人敬礼，然后问“先生 / 小姐好”，再提出问题或服务内容，用以下文明用语。

1）请……谢谢合作。

2）我能为做些什么？

3）请稍候。

4）请问有出门条吗？没有请补办，谢谢。

5）对不起，这里不能……请……谢谢合作。

6）请使用货梯，谢谢。

（二）巡逻时处理各种情况的规程

（1）劝离推销员

1）礼貌地说，物业销售将严重影响的正常业务和生活。

2）推销员必须写一份质押书，避免再次进入推销。

3）登记销售员的有效凭证。

4）劝推销员离开物业。

（2）盘查可疑人员

1）礼貌地盘问。

2）仔细观察可疑者的面部表情和表情。如果他的表情令人尴尬，并且他的讲话不同意或没有身份证，他将被带到安全部门进行调查。

3）及时联系消防人员控制中心，以识别地板上可疑的人员活动，然后前往活动室以查询财产是否丢失。

4）根据调查情况进行处理。

（3）查看用户是否锁门

1）参观建筑物时，一一推拉房间的门，并确保门已正确锁定。如果确定用户没有锁门（推或打开门），则不要关闭门。可以打开或打开某些密码，因为它们没有通过电子密码锁锁定在适当的位置，但是在关闭时会关闭。

2）不得在有人到达或其他人进入或进入的房间进行检查之前离开未锁定用户的房间门。

（4）对于夜间有人在物业内办公或从事其他活动的检查

1）仔细观察室内工作人员的活动，并检查是否有异常或非法行为，例如上锁，翻转和复制锁。

2）在不惊吓房间内人员的情况下，使用对讲机快速联系在大厅工作的员工，以查看公司是否有加班登记。如果在大厅登记了加班，并且加班员工的特征与室内员工的特征相同，并且没有异常行为，则可以提出要求，但是需要告知消防中心要注意。在征得用户的同意后，我礼貌地问一下它是否可以帮助用户，例如按门或按门铃，进入房间以及电源是否断电。听用户的解释，观察他的表情正常。扫描无疑是用户必须填写的加班登记。如有疑问，在用户出示其身份证进行注册后，班长将与公司的紧急联系人联系，以确认该雇员是公司的雇员。如果是公司员工，则可以允许加班。如果不是公司员工，则应检查公司员工，请值班经理问值班经理，并咨询公司的紧急联系人，以决定是否将其送到派出所。

（5）发现可疑爆炸物品

1）仔细检查货物包装或仔细观察，然后单击秒针以查看其是否爆炸。

2）如果被判定为爆炸物，应立即将班长通知警察，警察必须派遣一名成员处理该爆炸，同时保护和撤离周围所有人员。

3）如果爆炸物装在箱子或桶中，但没有爆炸一会儿，则可以小心地将其放置在财产周围的空旷处，并且警卫必须撤离。

4）如果是爆炸装置，请立即撤离人员并进入危险区域。

5）控制爆炸物放置的嫌疑人应由公安机关处理。

（6）对安全部标志的检查

1）安全部标志分为消防标志和交通标志两类。

2）巡逻人员在巡视时检查标志是否正确清晰，如有问题应及时补贴和更换，或通知有关部门及人员。

3）当标志变更时，要及时在台账上做好变更记录。

4）安全部经理负责监督检查安全部标志的巡视检查及记录情况。

（三）楼内巡逻的规程

1）保安员对管辖区域进行 24h 巡视检查，每班在楼内巡逻 1 ～ 2 次。楼内巡逻一般简称为巡楼。

2）巡楼保安员乘电梯到天台，从上至下认真仔细地巡视一遍，发现不安全因素或问题时应及时处理，并报告班长或管理处，做好值班记录。

3）在检查电梯发动机舱和水箱等门的暗角时，如果发现不安全因素，则应联系电梯工作人员，液压技师等进行记录。

4）从屋顶走开，一步步检查地下室的楼梯。

5）每巡查五层楼到电表房打卡一次（无打卡钟的应做好巡楼记录），打卡间隔时间至少为 5min。

6）巡查每层楼时，要多观察有无异常情况，多听有无异常响动，多嗅有无异常气味等。当发现有住户室内冒烟并伴有焦煳味，歹徒撬门行劫行凶，可疑人员在楼道徘徊，室内有水溢出门外，住户房门大开，呼叫无人应答，住户室内有打闹、哭叫、呼救声等情况时，应立即采取行动。

7）及时发现并消除隐患。巡逻时，应仔细检查房屋的主体，公共设施，消防和防盗设施是否完好无损。如果发生损坏或异常情况，请填写故障通知表。

8）仔细检查地下室的重室，包括发电机室，泵房，高低压配电室和消防中心。特别是在台风或下雨的情况下，有必要加强检查并为紧急情况做准备。

9）保安员工作时必须携手电筒（夜间使用警棍）、对讲机和巡逻记录本，并做好巡逻记录。

10）对于办公室物业，应尽可能避免在办公室中奔跑，以免在发生可疑情况时惊吓到客户。

11）检查监视设施（例如消火栓，探测器，摄像机，灭火器，疏散指示器，喇叭，防火门，排烟挡板等）是否有障碍物，缺陷或人为移动。如果发现异常，请立即报告部门负责人

12）确保公共通道，办公楼通道和防火通道未被阻塞，并且积聚了易燃，易爆和腐蚀性物质。

13）如果夜间检查出现异常，以确保每个区域的门都已关闭并锁上，则应进行检查，并通知任务管理员，并且警卫不得进入用户房间。

14）检查所有隐藏的和死角，以防止人员躲藏。

15）检查过程中发现的工程问题，例如照明，流水，泄漏或清洁，客户投诉等，应记录在巡逻中，并报告给值班经理。

四、治安巡逻情况检查

（一）巡逻保安员的检查标准

（1）仪表仪态

1）根据需要完全佩戴。

2）精力充沛，姿势良好。

3）文明大方。

4）请勿将手放在背后或把手放在口袋中。

（2）工作要求

1）服从领导并服从命令。

2）熟练掌握资产管理的基本情况，包括用户的基本情况，建筑结构，防盗消防设备，主要通道的具体位置，发电机室，配电室，泵房，消防中心等关键位置。预防。

3）熟练发现，分析和处理各种隐患和紧急情况，并具有分析，判断和处理问题的能力。

4）熟悉停车场的基本情况。

5）可以成功完成所需的检查。

（3）服务态度和要求

1）微笑服务。

2）为房地产用户提供积极，热情，耐心和周到的服务。

3）要有礼貌。

4）不要吵架或与房地产用户争吵。

5）按时巡逻并按时登录到指定位置。

6）在家中未发生盗窃。

7）停车场中的汽车没有损坏，没有交通事故，汽车也没有丢失。

8）如果收到了物业用户的警报，请在 2 分钟内到达现场并进行报告。

9）处理各种侵权行为时，我们需要文明，礼貌，及时，有效，灵活和尊重的原则。

10）及时发现各种事故的隐患，避免因值班事故。

（二）巡逻情况的检查程序

1）在移交过渡期间，巡逻监视器将检查每个岗位，以确保移交清晰，表格完整以及警卫人员的着装和外观是否合规。如果发现问题，应立即纠正。

2）清楚地告知上一类的巡逻人员。巡逻的内容包括公安，消防，设备，设施（例如消火栓，煤气系统等）和车辆的停车条件，巡逻的频率取决于财产的性质和物业公司的状况。

3）巡逻队长将访问每个职位一次，并填写巡逻记录表。

4）如果在检查过程中不足，违反纪律或违反规定，应准备纠正措施和业务记录，并报告给管理办公室。

5）如果该班级出现难题，应立即提供该班级的监护人，并按照相关规定进行处理。

五、治安巡逻签到制度

1）登录人员必须如实填写巡逻记录表，发现虚假事实必须按照有关规定认真对待。

2）24 小时连续巡逻登录系统，特殊规定除外。

3）填写表格之前，需要检查设备或零件是否处于正常状态。登录不是为了目的，而是为了检查监督人员的责任和检查强度。

4）此类巡逻期间发生的任何事情均由巡逻人员负责。

5）安全主管将不时检查建筑物的入住状态，并发现应及时处理违规行为。

6）检验登录和电子巡逻是准时和标准化的。

7）签到箱的位置、签到的路线、签到的频率由各管理处根据实际情况制定。一般情况下，小区每 $20000m^2$ 安装 1 个签到箱，大厦每座每五层楼安装 1 个。签到箱的型号应统一，钥匙应统一（尽量能共用），具体位置由管理处确定。

8）签到箱钥匙的保管。为方便签到、检查，安全部主管、班长、保安队长和一个班次治安巡逻员各配备一把钥匙；班次轮换时由班长收齐后统一交到下一班的班长。

9）在巡逻期间，保安员每小时打开一次签到箱，对登录卡进行一次签名，然后每 90 分钟登录一次建筑物。即使在负责区域内有多个签到箱，每个登录卡也无法同时登录。

10）安全队长将在每次巡逻期间至少进行一次检查，对每个职责区域进行一次随机检查，并由班长进行两次或更多次全面检查。物业管理部门，管理办公室的经理和管家必须在晚上进行现场检查。

11）签到人和调查员都必须在签名卡上签名并注明时间，如果发现某人不合格，则建筑物管理员可以将其直接写在签名卡上，而安全团队负责人可以将其用作评估的依据。

12）必须将未通过测试的人记录为一次失败。

13）安全团队负责人每周与登录卡一起发送和接收一次登录卡，安全团队负责人将其保存一个月。

第三节　安全出入管理

一、物业用户出入管理

（一）物业用户出入的服务规程

1）保安人员应熟悉提供服务的建筑物使用者的基本情况，包括姓名，建筑物数量，人口状况，亲戚和朋友状况，身体特征，经常访问建筑物的时间等。建筑物用户，公司负责人和员工进入和离开建筑物无需登记。

2）当物业用户离开大厅时，保安人员点头微笑，微笑着说：“你早了！”“你好！”必须与“早上好！”打个招呼。他积极地点点头，微笑，打招呼和打招呼。“你回来了！”

3）如果财产使用者和搬运重物的访客难以进出门，则保安人员应积极打开门并站在门外，以做出“请”手势。当物业使用者和访客说“谢谢！”时，警卫们清晰而认真地回应“是的，谢谢！”

4）如果有房地产用户搬家或有新的房地产用户搬家，保安人员将在管理处完成相关程序，然后开门，积极维护大厅和电梯的秩序，并提醒他们搬动房地产。必须要求用户使用私人电梯来避免混乱并记录大厅中的移动。

5）在强盗警察或火灾警报器等特殊情况下，警卫必须关闭门并协助其他警卫，直到警报被清除为止。

（二）出入证相关表格

（1）出入证发放与回收登记表

物业用户进人物业，需要对其发放人证，对于在某一段时间经常进出物业的装修人员，可发放临时出人证，但装修完毕后，须将出人证收回。

（2）出入证没收登记表

对于违反管理规定或使用虚假身份证明等的外来人员，应没收其出人证，并根据原因填写出入证没收登记表。

二、外来人员出入管理

（一）外来人员的出入服务规程

1）外来客人（亲戚朋友的所有者或居民，各种来访者，装修队和其他亲戚，物业公司雇员的亲戚朋友等）必须实施并遵守有效的财产出入境识别系统。“证据，登记和确认，合理的职务和活动，出发声明”的原则。

2）当客人拜访时，警卫点头并微笑，“好（先生）！谁在拜访什么楼层和建筑物？”“通过内部通信与朋友联系。”“对不起，等待中。感谢的配合。上楼”“对不起。确认注册是我们的业务系统。“其他。有话提醒或道歉。

3）已批准注册的有效文件包括身份证，临时居留许可证，边境许可证，回程许可证和带有照片的照片，并由公安机关盖章加盖边境许可证。

4）仔细检查文件，并在访问登记表上记录并披露文件编号，受访单位，家庭名称，访问原因，时间等，如下所示。

5）与房地产用户建立直接对讲设施的工作应与房地产用户联系，只有在获得同意后方可释放外部人员。

6）带有可疑标志的外人必须通知班长或检察官安全官，并负责由班长或检察官安全官进行监视。

7）严禁外人进入房地产销售，废物收集和收集。

8）未按照规定强行进入财产的外人，必须在必要时向班长，管理处经理和警察部门或“110”警报中心报告。

9）如果财产使用者有亲戚，朋友或访客，则保安人员必须正式出示有效的ID进行注册，并向财产使用者提供必要的解释，以消除财产使用者的投诉。

10）如果有人陪同物业公司（管理处）陪同财产检查，参观和学习，则警卫人员应立即向访客致敬并欢迎其提出询问。访客离开后，将清楚记录访客人数，单位和位置，以备将来参考。

11）访客单位和受访者姓名不明的人：与受访家庭联系后，该家庭不同意访客的位置，拒绝出示身份证，并且不接受合理的注册。携带许多传单和小型广告易燃易爆危险品（经批准负责施工的公司负责人除外）；如果保安人员在受伤或给承租人造成不便并向承租人解释后获得许可，他们有权拒绝。

12）访客在离开时必须向保安人员报告，返回访客的许可，并在离开之前接受检出的物品。

13）当外人离开旅馆时，警卫必须立即批准被拘留的证件，并将其退还给访客。“谢谢的合作！”“你好！”“走好！”。

（二）暂住人员的出入管理规定

（1）出租屋暂住人员的“出租屋治安管理许可证”及“暂住证”的办理

1）在居住的7天内，将通知向物业中出租房屋的临时居民申请两张证书。

2）审查当地的公共住房管理规定和方法，以申请临时居留许可，由业主填写的租赁住房申请，由业主和租户签署的租赁协议以及由公共安全责任或临时居民填写的临时安全登记表。并批准相关申请。

3）必须将有关审批的相关申请和申请费发送到当地派出所。

4）在房主或房客申请临时居民许可证的 15 天内，将颁发“出租房屋公共安全管理许可证”，并在 3 天内颁发“临时居住许可证”。

5）《出租房屋公共安全管理许可证》的有效期分为一年半，《暂住证》的有效期为三个月，六个月和一年。

如果租赁房屋安全管理许可证已过期或“临时居留许可证”已过期，则将在年度审查或重新颁发证书的前 7 天通知租赁房屋临时工人。

（2）对暂住人员的管理

1）准确识别和登记租住房屋中临时居民的分布和流动性，并填写租户登记表。

2）如果获得批准，请不定期检查管辖范围内的出租房屋临时居民，并填写“出租房屋登记表”。

3）及时确定辖区内临时住房租户的安置。

4）支持公安机关对辖区内租赁房屋的临时住户进行核实，否则申请《房屋租赁临时居住证》。

5）卫生，电气安全，临时居民变更，出租房屋的公共安全责任管理，租户或临时居民活动的识别，防止违法和犯罪行为。

（三）施工人员的出入管理规定

1）施工人员必须获得施工许可证才能接收房地产。当天当每个人第一次进入酒店时，都必须有意识地进行检查和登记。禁止施工人员在乘客电梯中搬运货物，所有这些都必须在货运电梯中搬运。

2）整天在房地产中工作或参观建筑工地扔掉垃圾的建筑工人可以注册并使用建筑单位的身份证进入。如果不是首次在房地产建筑中申请建筑许可，则可以使用身份证进行注册，但是需要在同一天限制访问权限。

3）任何借出他人文件的建筑商必须收集其文件并将其从其财产中删除。安全监视器将这种情况通知施工人员。

4）从施工现场带走的电动工具必须前往安全部才能申请进口订单，否则建筑商不得擅自拆除施工工具。

5）如果需要对居住区的所有者和租户进行装修，则必须在施工日期，时间和施工人员清单的一到三天之前向建筑物提交建筑物登记表。

6）进出该区域的施工人员必须配合保安人员的识别和登记，并严格按照建筑物登记表进出该区域。

7）施工人员不得在施工区域外徘徊。

（四）送餐人员的出入管理规定

1）未经安全部批准不允许送餐人员进入物业，经批准的送餐单位和送餐人员应在物业公司安全部备案，领取临时出入证。

2）送餐人员必须佩戴临时通行证才能进入和退出指定的出入口。

3）餐饮服务商必须将载货电梯带到地板上来用餐，并且不能进入与服务无关的地板。

4）餐馆应整洁，不得穿着背心，短裤或拖鞋进入旅馆。

5）厨师必须自觉保持酒店的清洁，用手提箱打包午餐，并且不污染工业环境。

6）任何违反上述规则的人都将受到保安人员的指控和纠正。

（五）保安员验证准则

1）在验证过程中，需要一个一个地左右移动，举手，使用标准化的服务条款，继续笑，并要求提供 ID（例如，“好，请向我显示的 ID”）。行为：

①与客户的距离在 60 厘米以内。

②用手指指着对方。

③互相推动。

④侮辱他人，嘲笑他人，侮辱他人，“不同”或“不喜欢进入”，并说其他与当前服务意识不相容或有利于当前服务意识的语言。

⑤进行倾斜或刺激性的肢体运动。

2）在检查之前，需要评估客户是社区居民，房地产中心，公司员工还是已经熟悉此人的人。如果上述条件存在，则必须标记该条件，以便一个微笑的人或一个微笑的人可以进入。要礼貌，友善和尊重。

3）由认证人员出示证书后，需要双手导入证书并快速，仔细地检查以下内容：

①不论是社区居民单位提交的文件，入境许可证还是其他房地产临时证明。

②身份证上的照片和姓名是否与我的身份匹配？

③有效期限是否已过。

④是否有任何改动或伪造的迹象？

⑤安全部门或其他部门的印章是否有效。

4）确认证书后，客户应双手回到客户的手中并表示感谢，输入并邀请礼物（举起手指的左 / 右手用 5 根手指指出社区）并邀请。并通过监视器在相关单位中进行了检查。

三、商业物业人员出入管理

（一）商业物业人员出入管理规定

1）为了使商业房地产能够正常进入，每个交叉路口都可以设置不同的进入功能，从而保护房地产用户的正常进入，并有效防止外人越境进入未经授权的进入，欺诈和混乱。

2）商业服务的客户服务中心有一个客户服务人员，负责接待访客和发行通行证。大堂的客户服务人员负责识别，验证和释放进出建筑物的人员和物品，并严格控制进出。

3）入口应由人员和材料控制 24 小时，在装修期间，应与施工单位和装修单位协调临时入场许可证。

4）值班人员应严格登记和管理外人通道，访客应填写访问登记表，并记录其姓名，工作单位，证件编号以及受访者的姓名和地址。操作员可以通过对讲机通话，并在确认后进入。

5）在注册之前，保安人员必须仔细检查文件，如果不匹配，则访客必须拒绝进入，并且所有销售代表或其他一般人员均不得进入。

6）当 VIP 来访时，保安人员必须立即致敬，发行临时 VIP 卡并记录访客人数和设备，以备将来参考。

7）必须彻底跟踪逐出的材料，并由所有者签名和核实注册的材料处理和释放说明。

8）值班的保安人员应仔细检查所有者的签名是否有效，并仔细检查所寄出的材料是否与“材料处理和释放”中列出的材料相符。保安人员发布的签名。

（二）人流高峰期的出入管理规定

商业物业与一般物业不同的是在上下班时间会出现人流高峰期，为了提高通行效率，减少因人流、物流所造成的管理压力，并对物品的漏检、漏查做到有效控制，应加强人流高峰期安全力量，在正常情况下保安员执行三班运转制。在不增加保安员的情况下，实行早晚班、机动班人员互补支援的办法，在上班高峰期 7：30–8：30 和下班高峰期 17：30–18：30 的各一个小时内除早晚班正常保安员外，还应安排其他保安队的领班带队加强对物业秩序的维护。

（三）非办公时间出入管理规定

为了加强商业物业非办公时间的管理，保证物业用户的财产安全，应制订商业物业非办公时间来访人员和加班人员登记管理规定。

（1）来访人员登记管理规定

1）在工作时间以外进入或离开酒店的任何人都必须在大厅接待处出示并注册身份证或有效 ID，并诚实回答保安员的询问。

2）访客不见面时应立即离开并以任何理由留在办公室。

3）如果建筑警卫认为出于安全或其他原因有必要，可以随时要求访客离开建筑物。

（2）加班人员登记管理规定

1）认真核查客服部签发的客户延时服务通知单并作为延时单位加班人员进入物业放行的凭证，延时结束后，应及时催促客户离场；加班持证人员信息如与延时服务通知单不符，客户应进行登记，作为临时加班备查单。

2）临时到物业办事的客户，进入物业时须出示物业公司统一发放的出入证或所在公司工作证，并申报滞留时间，进行登记。

3）加班工人不得在办公室外游荡。

4）加班人员应服从管理，并配合检查员和值班人员的例行检查。

5）建筑物的强制性安全保护，如果出于建筑物安全或其他原因的需要，有责任的雇员可以随时致电加班雇员以离开财产。

（3）来访人员和加班人员共同遵守的规定

1）禁止在物业内留宿。

2）禁止将枪支、弹药、易燃易爆等违禁物品带入物业。

3）禁止在物业内从事非法活动。

4）禁止在物业内进行推销。

5）除非紧急情况，否则不得在物业中使用消防设施。

6）任何穿着蓬乱衣服或不知道其身份的人均不得进入酒店。

7）访客和加班员工必须在规定的时间之前离开旅馆。

8）必须由保安人员和监视人员有意识地检查和注册访客拥有的所有物品。

9）如果要在工作时间以外携带贵重物品和大件物品，则需要提前与物业公司的安全部门填写表格以取出货物，并且只有在对所有者的单位进行涂装后才能取出房地产。

四、物品出入管理

（一）物品出入管理人员的职责

1）安全部负责审查和发布文章演示单。

2）安全部门负责检查，检查取出的物品的类型和数量，并根据物品分离条回收释放文件。

3）安全部门负责人负责检查实施情况。

4）安全部的值班主管和保安员负责管理物品的进出。

5）根据所有者（居民）或建筑单位经理的身份证或工作许可证，可以出具物品说明。

（二）需要签发物品放行条的物品

1）照相机，台式计算机，家用电器，复印机，打印机和其他尺寸为20厘米或更大的电器。

2）装饰材料，工具，机械，器具等

3）消防设备，消防设施及其他相关物品。

4）健身器材和手工艺品（超过20厘米）。

5）计算机和相关设备。

6）大件行李（手袋除外，仅可注册，不可托运）。

7）家具，古董和大型装饰品。

8）其他要检查的项目。

（三）住宅物业的物品出入管理

1）安全部的保安员、大堂值班人员对物品出入要严格控制。

2）运送家具、大型设备等应提前一天申请，运送货物不得堵塞出入口及通道。

3）当客户或其他人将物品移至社区（大厅）时，值班人员必须礼貌地询问物品是什么以及将物品移至何处。如有必要，可以完成检查请求，并在确认没有危险物品后将其释放。

4）当租住房屋中的房客搬家时，房主（房客）必须在场，要搬家的物品的详细信息必须在物品放行栏中列出，并且房主可以不署名。

5）当房客或访客进入社区并携带易燃，易爆，剧毒等危险物品时，警卫人员必须礼貌地拒绝将这些物品带入社区。

6）如果房地产用户将商品移出社区，则必须提前到管理办公室进行注册和注册，并且管理办公室必须在发布说明上签名。

7）如果物业用户离开居住区，则相关办公室必须在三天前清算并登记相关费用，然后在行政办公室签署发布说明。

8）当财产使用者或访客离开该财产所在的区域时，警卫人员必须礼貌地检查释放程序，并仔细检查被移走物品的名称和数量是否与被移走施加的物品相匹配。如果确认正确，则会提供下达信息，并且已删除项目的名称，数量和日期将显示在下达记录栏中的记录栏中，并签名以确认。

9）放行货物后，保安员应在及时的登记表中记录货物的类型和数量。

10）下班前，保安人员应收集所有释放说明并将其释放到监视器，这些注释必须提交给办公室进行统一保管。

11）请勿将物体堆叠在过道中，以免房地产用户在移动物体时不会影响他人。

12）严禁将车辆停放在装有货物的过道上。

13）必须注意保护公共设施，以防止在运输过程中碰撞损坏。否则，将获得奖励。

14）在运输过程中，应注意保持环境卫生，并且不得产生很大的噪音，以免影响社区的整洁度和其他所有者的正常生活。

15）为配合辖区民警和居委会的工作，对人口进行有效控制，小区业主搬出/搬入的登记内容可供辖区民警、居委会在必要时参考。

16）管理处保安员有责任对所有携带物品搬出的人员进行盘查。盘查时应注意礼节，不得无故刁难当事人。大门岗值勤保安员须密切注意进出车辆及人员，发现情况应及时检查处理。

17）经询问、核实，发现有犯罪嫌疑行为的，须立即报警并及时移交派出所处理。

（四）商业物业的物品出入管理

1）客户在正常办公时间内，须带（运）出少量物品的，承办人应到安全部办理出入手续，并持盖有其公司公章或负责人签字的出门条（在物业公司备案），出门时交保安员验收。

2）客户有大件物品，如沙发、办公桌椅、文件柜、计算机、复印机（配件）、保险柜及其他贵重物品等须搬出物业或大型搬迁，必须到管理处办理物品放行条。该放行条须有客户单位公章或负责人签字，并经客户服务部审核认为可以放行后，加盖部门印章方为有效，有效期为当天。其他任何部门及人员不得擅自批准放行。

3）如客户将大量货物带出，须提前到客户服务部申请使用专用电梯，在出门时须将出门条交保安员验收。

4）客户在非办公时间带出大件物品的，当值保安员有权截留其所带出的物品。

5）所有运载大件货物的公司必须在指定时间内搬到指定的过道和货梯。如果公共设施在运输过程中损坏，则必须根据价格赔偿。

6）雇用外部搬运工时，客户必须确保进入建筑物区域，以防止走到非入口楼层，并向物业提交姓名，身份证号码，人数和其他信息。

7）携带大件物品的任何人必须服从管理人员，并如实回答警卫的问题。

8）客户可以乘坐乘客梯子。

9）安全部必须仔细检查并确认客户运输的物品的数量和类型。至于物品的发行说明，安全局不仅要仔细检查物品的范围和数量，而且还要根据发出的物品数量全额收集物品，这是安全部的一项评估。对于客户签发的运输证书，安全部门必须检查传递者的有效放行证书并保留证书编号。

10）保安人员负责检查发行单和客户服务部门的编号，以及下个月要由客户服务部门确认的存档。如果由于某种原因不使用客户处理的释放单，则客户服务部门和安全部门应注意连接并与客户联系。

第四节　安全监控管理

一、安全监控的工作要点

1）已建立了安全监视系统，以监视 24 小时的工作职责，以全面了解并密切监视建筑物内外的安全状况。

2）实施一个八小时轮班制，该系统可以监控工作时间内的工作时间，这可以激励在工作时间内工作的员工。强烈建议员工保持高度界限，了解社会保障趋势，了解设防地点的情况，明确设防的目的和要求，恪守职责，恪守职责并严格离开职位。应该被禁止。

3）除监控室，消防主管，安全主管，安全官员和工程部门维护人员外，其他人员不得进入中央控制室。未经批准的房间人员的批准和监视房间人员将记录在移民登记表上。

4）在工作日内，工作人员应与巡逻人员保持密切联系，并按规定相互交流有关安全信息。

5）员工应每天检查闭路监控系统和警报系统，如果发现任何问题，将通知工程部门及时维修和维护闭路电视监控系统和红外监控系统的时间。需要将其发送给维护人员。操作上要保证技术国防装备的可靠性。

6）如果要在维护期间终止维护，消防或监视设备或警报设备，则必须根据相应部门（部门）代表签署的通知将其封锁，而不能以口头通知代替。代表负责配置实施。

7）工作人员应精通控制设备的操作规则和技术，以消除简单的设备故障。

8）万一警报监控系统出现故障，官员应立即向消防主管报告，消防主管应向工程部门报告维修，未经许可不得擅自处理。

9）不应将录像机和监视设备的电视屏幕用于娱乐，例如观看视频和玩视频游戏。

10）如果发生警报，警务人员应保持冷静，确定警报的位置和类型，明确检查并记录。

11）如果有必要对入侵做出反应，值班人员必须立即向紧急情况指挥官，等候人员和其他有关人员报告。

12）派出应急人员后，工作人员应经常使用监控设备了解案发现场和周围情况，并随时向应急人员报告情况并做好记录。

13）闭路监视需要24小时的视频，并且视频数据的存储时间超过1个月（尤其对于甲方而言）。如果发现录像带的录像带性能下降，值班人员必须及时更换新的录像带，以确保录像质量，以便在发生某些事件时可以更改录像数据以达到技术防御的效果。在此基础上找到重要的线索。

14）为了确保监控中心的正常运作，安全部相关人员应做好各自的工作，不同岗位的具体任务请参照监控中心作业指导书。

二、监控移情的处理方法

1）如有异常情况，应立即向巡逻警卫及有关部门报告，并按照应急计划进行操作。

2）坚守岗位，加强监视，继续跟踪，及时向指挥中心提供事态发展的最新情况。

3）立即组织力量以控制发芽状态下的异常状况。

4）向主管当局报告，调查原因，准备报告并提交给主管当局进行记录。

5）确保在电源故障后设置省电状态，并关闭相关的电源开关。

6）进行定点监视时，在记录过程中应将画面切换到监视器，并以定点监视区域的记录容量为准。

三、监控中心的管理制度

1）监视中心（也称为中央控制室）工作24小时，不断监视屏幕，并禁止其离开或睡觉。

2）监控中心是安全预防措施的重要组成部分，必须按照规定使用火和电，并且严禁无关人员维护和使用设备。

3）员工必须妥善保管监视设备，请勿擅自拆卸，修理，改装设备，以及更改功能，使用，软件和其他设置。未经允许，请勿更改相机的监视范围，角度，监视器显示范围或检查画面的内容。严格按照技术手册进行操作。

4）监视设备是一项重要的安全预防措施，未经许可不得停止机器并将其用于其他目的，并且必须经过部门负责人的批准。

5）监控中心的呼叫专用于接收警报，警报（包括内部通话）和紧急呼叫，不允许个人呼叫。工作时间不应超过2分钟。

四、监控中心监控员的职责

1）熟悉公司安全技术保护体系的基本原理和功能，熟悉操作方法和程序，并及时报告缺陷，以确保设备的正常运行。

2）负责闭路电视监控系统的运行，值班以及运行和维护，监控社区的安全预防措施，并向相关人员报告可疑情况。

3）定期检查并维护硬盘上的信息，并在的主管的许可下帮助公安部门或其他部门检索视频信息。

4）确保根据需要显示成像范围，并且在监视器屏幕上显示设置和检查范围。

5）定期对监控设备进行维护，检查和测试，以确保设备没有损坏。

6）负责入侵报警系统的运行，维护，报警处理和验证，以确保报警系统连续有效地运行。

7）认真做好安全设备的运行，保养和工作记录，并在通过设备和工作条件时做好工作。

8）帮助确保每个帖子的安全，以处理突发情况并执行紧急程序。

9）保持严格的工作态度和严格的商业行为在工作期间，不应做任何与工作无关的事情，例如饮酒，吸烟，看报纸，听音乐。

10）设备的转让必须由转让城市进行，并且如果发生损坏或丢失，必须将其提交给主管，如果继承人未到，则不得转让。

11）根据其他人提供的信息和在显示屏上观察到的可疑情况，有必要计划时间，位置和时间表以及时记录和记录视频。如果通过电话举报案件，发现刑事案件，公安案件，火灾，事故等，则必须立即按照程序举报和处理。

12）监视访问控制系统并确定访问控制的操作状态。

13）仔细存储，保护光盘信息，防止丢失，更改，编辑，出租，提取和恢复录像带必须得到部门主管的批准。

14）监视室监视的监视范围和摄像头的切换时间是机密信息，严禁外部传输，不能将监视情况介绍给无关的人。

15）禁止严格遵守监视设备的操作程序，并不得调整和修改中央控制计算机系统。

16）完成在时间，质量和数量上都出色的领导者分配的其他任务。

五、监控录像带的管理

（1）监控录像带的管理规定

录像带监视是特定时间和地点特定情况的物理记录，是分析事件的原因，过程和后果的非常重要的参考，并且包含在司法证据中。因此，以下规则应适用于监视录像带的存储和使用：

1）录制每个盒带后，需要填写一张记录表以监视盒式录像带的使用情况，并在盒式磁带上标记开始时间，位置和位置。保留期通常为 15 天。行政办公室的安全员在开始重用过程之前已寻找并确认没有紧急情况要保留。

2）管理办公室应具有用于复制和存储重要情况的特殊录像带。所谓的紧急情况视频是指带有可疑或可能在现场发生的标志的公共安全事件和犯罪事件，包括可疑人员或事件，并分析事故发生的原因，过程，后果和后果（事故）。实时录像以及相关人员可以帮助处理事后发生的事件（突发事件）。

3）对于在紧急情况下录制的录像带，应保留该磁带，直到问题得到解决为止，并将紧急情况下的录像带复制到特殊的录像带上，从而导致发生严重情况。确认副本已完成后，管理办公室的负责人必须同意，并且原始磁带可以转移到重用程序中。

4）应对紧急情况下的特殊录像带目录进行编辑，以妥善保存，并定期检查以防止丢失或损坏。

5）如果长期存储范围中包含特殊的录像带，则存储时间至少应为 1 年。

6）未经安全管理员同意，任何人都无法观看监视视频的内容。

（2）更换录像带的记录

更换录像带时，要对更换录像带的时间、号码、更换人进行记录，填写在更换录像带记录表内。

第四章　公共安全防范系统管理

第一节　安全防范系统概述

安全防范系统是随着智能建筑智能化的发展而兴起的一个行业，近几十年来，随着生活水平的不断提高，人们对自身的生命和财产的安全日益重视，安全防范系统逐渐从专业领域向民用领域转化，并取得突飞猛进的发展。

一、安全防范基础

（一）安全防范系统的基本概念

1. 安全防范

安全防范是指一切以保障安全为目的的防被盗、防侵入、防破坏和安全检查等的方法和措施。安全防范包括人工防范、技术防范和物理防范三大类。

人工防范是指依靠人力资源进行防范，如住宅小区的保安站岗、人员巡更等。

物理防范是以实体进行防护从而阻隔犯罪的，其主要措施如使用保险柜、周界栅栏、防盗门等。

技术防范则以各种技术设备、集成系统和网络来构成安全保证的屏障，它以现代物理和电子技术及时发现侵入破坏行为，产生声光报警阻吓犯罪，实录事发现场图像和声音提供破案凭证，提醒值班人员采取适当的物理防范措施。技术防范方式目前已被广泛地认同和使用。

2. 安全防范系统

安全防范系统是指以维护社会公共安全和预防、制止重大治安事故为目的，综合运用技防产品和其他相关产品所组成的电子系统或网络。

（二）防护对象的风险等级和防护级别

根据受到威胁和承受风险程度的大小，被防护对象分为高风险目标和一般目标。高风险目标一般有文物保护单位、博物馆、银行营业场所、民用机场、铁路车站、重要物资储备仓库等。

高风险防护对象的风险等级分为三级，按风险由大到小定为一级风险、二级风险和三级风险。

安全防范系统的防护级别应与风险等级相对应，防护级别也分为三级，按其防护能力由高到低定为一级防护、二级防护和三级防护。

（三）安全防范系统的功能

1. 防范

安全防范系统使入侵者在尚未进入时就能被察觉，从而采取措施。把入侵者拒之门外的设施主要是机械式的，例如安全栅、防盗门、保险柜等。为了实现防范，报警系统应具有布防和撤防功能，即当夜间、非工作时间或工作人员离开时应能实施布防，保持对防范区域的警戒。

2. 报警

当发现安全受到破坏时，系统应能在保安中心和有关地方发出各种特定的声光报警，并把报警信号通过网络送到有关保安部门。

3. 监视与记录

在发生报警的同时，系统应能迅速地把出事现场的图像和声音传送到保安中心进行监视，并实时记录下来。

此外，系统应有自检和防破坏功能，一旦线路遭到破坏，系统能触发报警信号。

二、安全防范系统的构成

（一）安全防范的结构模式

在智能建筑和社区安全防范中，形成了融防盗报警、视频监控、出入口控制、访客查询、保安巡更、停车库（场）管理等集系统综合监控与管理于一身的集成式安全技术防范系统。

安全防范的结构模式主要有以下三种：

第一，分散式安全技术防范系统：各子系统分别单独设置，各自独立运行或实行简单的联动。

第二，组合式安全技术防范综合管理系统：各子系统分别单独设置，通过专用的通信接口与专用的软件将各子系统联网，实现全系统的集中管理和集中控制。

第三，集成式安全技术防范综合管理系统：各子系统分别单独设置，通过统一的通信平台和管理软件将各子系统联网，实现全系统的自动化管理和监控。

上述三种模式中，后者是安全技术防范系统发展的方向，一体化集成模式是目前正在发展中的一种高标准模式。

（二）常见安全防范子系统

1．入侵报警系统

入侵报警系统是利用传感器技术和电子信息技术探测并指示非法进入或试图非法进入设防区域的行为、处理报警信息、发出报警信息的电子系统或网络。系统工作时，预先对防范区域中一些特定的场所，如保险柜、住宅小区周界等安装的报警探测器进行布防，当该场所出现异常时发出报警，及时提醒值班人员关注，也可与电视监控系统联动拍摄情况异常时的图像。

2．闭路电视监控系统

电视监控系统是利用视频技术探测监视设防区域并实时显示记录现场图像的电子系统或网络。系统工作时，第一由安装在现场的前端摄像设备将防范区域的情况拍摄成视频信号，然后该视频信号经由传输设备送至处于监控中心内的显示和记录设备，供监控人员使用，监控人员则可以在监控中心通过对控制设备的操作完成对各设备的控制和图像切换。电视监控系统也可以与防盗防侵入探测报警系统等联动运行。

3．出入口控制系统

出入口控制系统又称门禁系统，是利用自定义符识别或模式识别技术对出入口目标进行识别并控制出入口执行机构启闭的电子系统或网络。主要用于对进出防范区域的人员和车辆进行管理，包括限制出入的权限，记录出入时间、出入口等，对车辆还有停车和收费问题的管理。

4．电子巡更系统

电子巡更系统是对保安巡查人员的巡查路线、方式及过程进行管理和控制的电子系统。该系统可按预先编制的保安巡查人员巡更软件程序，通过读卡器、信息采集器或其他方式对保安巡查人员的工作状态进行监督记录，并能对意外情况及时报警。

5．停车场管理系统

停车场管理系统是对进出停车场的车辆进行自动登录监控和管理的电子系统或网络。主要用于记录车辆出入时间、显示车位、停车收费等工作。

6．楼宇对讲系统

楼宇对讲系统是用户通过声音或图像信号对来访者进行身份确认并遥控开锁的电子系统。有的楼宇对讲系统还兼有将住户室内防盗、火灾、煤气及紧急求助信号传至小区监控中心的功能。

第二节　入侵报警系统

入侵警报系统使用物理方法和电子技术来自动检测来自武装监视区域的入侵，生成警报信号，帮助值班人员指示警报区域，并采取可能的安全措施。

入侵报警系统通常分为周界保护，建筑物的空间 / 空间保护和物理目标保护。该警报系统可以是独立系统，并且可以与闭路电视监控系统连接。当检测到警报或其他紧急情况时，电视监视系统会自动激活以实时记录现场，从而使管理机构能够尽快找到事故原因。

一、入侵报警系统结构、组成及功能

（一）系统的结构

入侵报警系统主要负责建筑内外各个点、线、面和区域的侦测任务。

（二）系统的组成

入侵报警系统一般由以下几部分组成：

第一，各种类型的探测器：按各种使用目的和防范要求，在报警系统的前端安装一定数量的各种类型探测器，负责监视保护区域现场的任何入侵活动。

第二，信号传输系统：包括有线传输和无线传输两大类，它是联络控制中心与探测器的物理通道，将探测器所感应到的入侵信息传送至监控中心。

第三，监控中心：包括控制主机和报警器，它负责监视从各种保护区域送来的探测信息，并经终端设备处理后，以声、光等形式报警或在报警屏显示、打印。

第四，报警验证：在较复杂的报警系统中要求对报警信号进行复核，以检验报警的准确性。

第五，安全警卫力量：对警情进行处理的保安队伍。

（三）系统的功能

入侵报警系统采用有线 / 无线传输方式，技术先进、性能可靠、使用方便，主要功能如下。

第一，防盗：若有非法入侵者，立即现场报警，同时向外发送报警信号。

第二，防火：通过火灾探测器及时探测室内火警，发出火灾报警信号。

第三，防可燃气体中毒：通过安装可燃气体探测器，能够探测到煤气、液化石油气、天然气等气体的泄漏，及时报警。

第四，求助：可用于家中老人、小孩意外事故和急病呼救报警。

二、入侵报警系统主要设备

（一）入侵探测器

1. 入侵探测器分类

按照防护的场所不同，入侵探测器一般分为点型、线型、面型和空间型四类。

2. 常用入侵探测器

第一，开关报警探测器。

开关报警器属于点控型报警器，经常用于被测对象的位置、形状等有明显变化的场合，如门、窗的开关，物体的移动，压力、振动的变化等。常见的开关报警探测器有磁控开关、微动开关、压力垫、易断金属导线等。

①磁控开关

电磁开关由两根引线和一块磁铁组成，该磁铁在装有惰性气体的玻璃管中也具有金属触点（也称为引线开关）。

在安装时，通常将其安装在可保护磁体的物体（门，窗等）的可移动位置，并将导管安装在固定位置（门框，窗框）。关闭门或窗时，必须将磁铁和磁簧开关的位置保持在适当的距离，以使磁簧开关的触点在磁场下稳定工作。当打开门窗时，磁场会从舌簧开关移开，舌簧开关上的触点断开，并且控制器会产生开路警报信号。门磁是典型的磁控开关。

②微动开关

微动开关是一种依靠外部机械力的推动实现电路通断的电路开关。

微动开关一般安放在被保护物之下，一旦保护物被意外移动或抬起时，引起报警装置产生声、光报警信号。

③易断金属导线

易断金属导线布设时，可将其一端困扰在被保护物体上，另一端安装在固定点上，一旦被保护物体移动时，金属线断开，控制电路通断发生变化，产生报警信号。

④压力垫

压力垫通常放在防范区域的地毯下面，当入侵者踏上地毯时，地毯相应部位受重力作用产生凹陷，使地毯下压力垫的两条金属带接触。控制电路通断发生变化，产生报警信号。

第二，玻璃破碎探测器。

玻璃破损检测器应尽可能靠近玻璃，以保护它们免受噪声干扰的源头，例如尖锐的金属震动，铃声和口哨声，以减少陡峭的警报。玻璃破损检测器是表面检测器。

第三，声控探测器。

声控探测器用微音器做传感器，用来监测入侵者在防范区域内走动或作案活动时发出的声响。声控探测器易产生误报，通常与其他类型的报警装置配合使用，作为报警复核装置，可以大大降低误报及漏报率。

第四，震动探测器。

玻璃破损探测器应尽可能靠近玻璃，以保护其免受噪声干扰，例如剧烈的金属振动，钟声和口哨声，以减少陡峭的警报。玻璃破损检测器是表面检测器。

第五，红外报警探测器。

①被动红外报警探测器

在室温条件下，任何物品均有辐射。温度越高的物体，红外辐射越强。人是恒温动物，红外辐射也最为稳定。所谓被动红外，即指探测器本身不发射任何能量而只被动接收、探测来自环境的红外辐射。探测器安装后数秒钟即已适应环境，在无人或动物进入探测区域时，现场的红外辐射稳定不变，一旦有人体红外线辐射进来，经光学系统聚焦就使热释电器件产生突变电信号，而发出警报。被动红外入侵探测器形成的警戒线一般可以达到数十米。

被动式红外探测器（英文缩写 PIR）根据其结构不同、警戒范围及探测距离也有所不同，大致可以分为单波束型和多波束型两种。单波束 PIR 作用距离较远，可长达百米。因此又称为直线远距离控制型被动红外探测器，适合保护狭长的走廊、通道以及封锁门窗和围墙。多波束型 PIR 的警戒视场角比单波束型大得多，水平可以大于 90°，垂直视场角最大也可以达到 90°，但作用距离较近。所有透镜都向内部设置的热释电器件聚焦，因此灵敏度较高，只要有人在透镜视场内走动就会报警。

手动报警探测器由于其出色的探测性能，易于放置和低廉的价格而被广泛使用。缺点是误报率高于主动检测。

②主动式红外探测器

有源红外探测器由红外发射器，红外接收器和警报控制器组成。放置在接收和发送端的光学系统通常使用光学透镜，这些光学透镜将红外辐射聚焦在相对较薄的平行光束上，从而可以大量传输红外能量。

红外光处于不可见光谱范围内，并且当某人通过不可见的遮挡线时，它必然会完全或部分遮挡红外光。从接收端输出的电信号的强度相应地改变，并且警报控制器被激活以发出警报信号。有源红外探测器在被小动物，树叶，沙子，灰尘，雨，雪和雾阻挡时，以及被人或大量物体阻挡时，不应发出警报。因此，有源检测器检测不在表面范围内的点之间的点。

有源红外探测器分为单光束，双光束和四光束。根据发射器和接收器的不同位置，反射安装方法的接收器分为相反的安装类型和反射安装方法，它们不直接接收发射器发出的红外线，而是接收反射器或适当的反射。物体反射的红外光束（例如，石灰漆，门板表面的软漆）。当反射面的位置和方向发生变化时，或者当红外发射和反射光束之一被遮挡时，会生成警报信号，从而使接收器无法接收红外反射光束。

有源红外探测器具有很高的探测可靠性。但是，要拥有一个空间，需要几个有源检测器，这很昂贵。主动探测器通常用于捍卫博物馆的各个珍贵文化古迹，阻挡工厂仓库的门窗，阻挡购物中心通道，阻挡停车入口，阻挡居家阳台等。

第六，微波探测器。

微波探测器分为雷达式和墙式两种。

①雷达式微波探测器

雷达式微波探测器是结合了微波发射和接收设备的探测器，其工作原理基于多普勒效应。微波信号被移动物体反射后，即遇到多普勒效应，反射的微波信号和发射的波信号的频率略有偏移。可以认为此时已发生警报。

微波波段的电磁波波长短，穿透力强，并且可以被玻璃，木板和砖墙等非金属材料穿透。因此，安装过程中请勿面对室外，以免因人员经过室外而引起误报。金属物体对微波具有强烈的反射作用，因此请确保在检测器的保护区域（例如铁柜）中不存在大面积（或大量）。否则，阴影区域会在其后面形成检测盲点，以防止出现漏洞。

②墙式微波探测器

墙式微波探测器采用场干扰原理或光束阻挡原理，是一种具有独立发射器和接收器的微波发射器。壁式微波探测器由微波发射器，发射天线，微波接收器，接收天线和警报控制器组成。

微波定向天线发射定向调制的微束，其工作频率通常从 9 至 11GHz 中选择，微波接收天线位于发射天线的对面。如果接收天线和发射天线之间有障碍物，或者有检测目标，则中断正常的微波传输，并减弱接收到的微波信号，以确定接收器和发射器之间是否存在干扰。

壁微波探测器在发射器和接收器之间的电磁场之间形成一条看不见的警告线，可以像栅栏一样宽数百米，2–4 米宽和 3–4 米高。因此，它被称为壁微波探测器或微波围栏。。

第七，双鉴探测器。

双重技术警报检测器，也称为双重检测器，复合检测器或组合检测器，结合了两种检测技术以“与”关系触发警报。也就是说，只有在短时间内同时或连续检测到目标时，才能发出两个检测器警报信号。常见的双重技术警报探测器是微波无源红外双重探测器和超声无源红外双重探测器。微波无源红外双探测器以真实的可靠性和误报率，表现最佳，使其广泛用于实际的工程项目中。

第八，周界报警探测器。

这类报警器可以固定安装在现有的围墙或栅栏上，有人翻越或破坏时即可报警。传感器也可以埋设在周界地段的地层下，当入侵者接近或越过周界时产生报警信号，

使值守及早发现，及时采取制止入侵的措施。常用的周界报警探测器有泄漏电缆传感器和平行线周界传感器。

（二）报警控制器

报警控制器是一种电子装置，它是在入侵报警系统中实施设置警戒、解除警戒、判断、测试、指示、传送报警信息以及完成某些控制功能的设备。通常安装在各单元大门内附近和墙上，以方便有控制权的人员在出入单元时进行设防和撤防。

防盗报警控制器按防护功能分为 A、B、C 三级：甲级为较低保护功能级；乙级为一般防护功能级；丙级为较高防护功能级。

一般的报警控制器具有以下几方面的功能：布防与撤防、布防延时、防破坏、报警联动、自检保护等。

（三）报警控制中心设备

报警控制中心设备主要是与各报警控制器联网的装有报警控制软件的计算机系统。它用来识别各报警控制器送来的报警信号，并通过软件转换为便于操作人员识别的报警信号，同时它还可以对各报警控制器进行设置和检测。

报警控制中心还应具备完善的事件记录设备，系统中发生的各种事件都应被完整、详细地记录。

第三节　电视监控系统

电视监视系统是安全技术预防系统的重要组成部分，它是高度集成的高级防御系统，可以直接控制摄像机和辅助设备（镜头，云台等）。在被监视的地方看到可以实时反映被监视的控制对象，图像和现实的一切，已经成为人们在现代管理中可以监视的非常有效的观察工具。

一、电视监控系统概述

（一）电视监控系统分类

电视监控系统按信号的传输方式分为闭路（有线）电视监控系统和无线电视监控系统。

无线电视监控系统的信号采用无线传输，不需布线，施工简单，但信号传输不够稳定，易受干扰，图像质量不如闭路电视监控系统，因此一般不采用。

闭路（有线）电视监控系统（Closed Circuit Television，CCTV）的信号由于采用有线传输，具有保密性强、不易受干扰、传输信号稳定可靠、图像质量高、设备投资少、不占用无线电资源等优点，应用十分广泛。

CCTV 按用途可分为工业电视系统和安防电视监控系统。

（二）电视监控系统的组成

电视监视系统由摄像头部分（有时是麦克风），传输部分，记录和控制部分以及显示部分组成。每个零件包含更多特定的设备或零件。

1．摄像机部分

摄像机部分是电视监控系统的前端，把它监视的内容变为图像信号，传送给控制中心的监视器上。对于摄像部分来说，在某些情况下，特别是在室外应用的情况下，为了防尘、防雨、抗高低温、抗腐蚀等，对摄像机及其镜头还应加装专门的防护罩，甚至对云台也要有相应的防护措施。摄像机部分主要由摄像机、镜头、云台、解码器和防护罩等组成。

2．传输部分

发送器是系统的图像信号路径。这里的传输部分通常是由要传输的信号（功率传输，视频传输，控制传输等）构成的所有传输系统的总和。关于传输方法，大多数视频监视系统当前使用视频基带传输。如果摄像机距离控制中心较远，则有射频传输或光纤传输，在特殊情况下，也可以使用无线电或微波传输。

3．记录和控制部分

控制部分主要的功能有：图像信号的切换、记录以及校正和补偿，摄像机及其辅助部件（如镜头、云台、防护罩等）的控制（遥控）等。控制部分主要由视频切换控制器、控制键盘、录像机等组成。

4．显示部分

显示部分一般由几台或多台监视器（或带视频输入的普通电视机）组成。它的功能是将传送过来的图像一一显示出来。

二、电视监控系统主要设备

（一）摄像机

摄像机是获取监视现场图像的前端设备，摄像机按摄像器件类型分为电真空管摄像机和电荷耦合器件（Charge Coupled Device，CCD）摄像机。CCD 摄像机以面阵 CCD 图像传感器为核心部件，外加同步信号产生电路、视频信号处理电路及电源等。近年来，新型的低成本 MOS 图像传感器有了较快速的发展，基于 MOS 图像传感器的摄像机已开始被应用于对图像质量要求不高的可视电话或会议电视系统中。

由于 MOS 图像传感器的分辨率和照度等主要指标目前还比不上 CCD 图像传感器，因此，在电视监控系统中使用的摄像机仍为 CCD 摄像机。

1．摄像机的分类

摄像机的分类方式有多种，如按图像色彩分类、按分辨率分类、按结构组成分类、按扫描制式分类、按摄像器件分类等，这里介绍几种常见的分类方式。

第一，按图像色彩分类：分为彩色摄像机、黑白摄像机、彩色/黑白两用摄像机。

第二，按图像信号处理方式分类：数字视频（DV）格式的全数字式摄像机、带数字信号处理功能的摄像机、模拟式摄像机。

第三，依分辨率灵敏度等划分：25 万像素，彩色分辨率为 330 线、黑白分辨率为 400 线以下的为低档型；影像像素在 38 万以上，彩色分辨率大于或等于 48° 线、黑白分辨率为 600 线以上的为高档型；两者之间的为中档型。

第四，按靶面大小划分：目前采用的芯片大多数为 l/3in 和 l/4in。

第五，按扫描制式划分：PAL 制，NTSC 制。

第六，按结构组成分类：普通单机型摄像机、机板型摄像机、球形摄像机、针孔摄像机等。

第七，按灵敏度划分：精通型、月光型、星光型、红外照明型。

2．摄像机的几个重要技术参数

第一，CCD 芯片的尺寸。

芯片的尺寸 CCD 的成像尺寸常用的有 1/2in、1/3in、1/4in 等，成像尺寸越小，摄像机的体积可以做得更小些。在相同的光学镜头下，成像尺寸越大，视场角越大。

第二，分辨率的选择。

评估相机分辨率的指标是水平分辨率。水平分辨率单位是线对，即成像后可以检查的黑白线对的数量。常用的黑白相机的分辨率为 420 至 650，颜色为 380 至 530。值越高，成像越清晰。

第三，成像灵敏度（照度）。

通常用最低环境照度要求来表明摄像机灵敏度，黑白摄像机的灵敏度大约是

0.02Lux ~ 0.5Lux（勒克斯），彩色摄像机多在 1Lux 以上。0.1Lux 的摄像机用于普通的监视场合；在夜间使用或环境光线较弱时，推荐使用 0.02Lux 的摄像机。与近红外灯配合使用时，也必须使用低照度的摄像机。

第四，电子快门。

电子快门的时间在 1/50s ~ 1/100000s，摄像机的电子快门一般设置为自动电子快门方式，可根据环境的亮暗自动调节快门时间，得到清晰的图像。有些摄像机允许用户自行手动调节快门时间，以适应某些特殊应用场合。

第五，制式。

摄像机同家用电视机、录像机一样，也有制式之分，有 PAL 制和 NTSC 制等。由于我国电视信号的制式是 PAL 制，所以摄像机一般选用 PAL 制。

3. 摄像机的部分功能

第一，自动增益控制（AGC）。

AGC 为英文 Automatic Gain Control 的缩写。摄像机的自动增益控制（AGC）具有 AGC 功能的摄像机，在低照度时的灵敏度会有所提高。

第二，自动白平衡。

对彩色摄像机而言，白平衡是衡量红、绿、蓝三种基色是否平衡的参数。彩色摄像机的自动白平衡就是让其实现自动调整。

第三，背光补偿。

背光补偿也称作逆光补偿或逆光补正，它可以有效补偿摄像机在逆光环境下拍摄时画面主体黑暗的缺陷。整个视场的可视性得到改善。有此功能的摄像机价格较高，设计系统时应尽量选择顺光布置摄像机。

（二）镜头

镜头是一种光学成像器件，是摄像机的眼睛，一般摄像机与镜头是可以根据需要进行不同组合的。监控图像的质量很大程度上取决于镜头的成像质量，要获得高质量的图像和摄像范围，镜头选择十分关键。

1. 镜头的分类

第一按焦距排序。它可以分为焦距，中焦距，长焦距和变焦镜头。

第二，根据视场的大小可分为广角标准远摄镜头。

第三，按结构分类：定光圈定焦镜头，手动光圈定焦镜头，自动光圈定焦镜头，手动变焦镜头，自动光圈电动变焦镜头，电动可变镜头（光圈，焦距、聚焦都是可变的）。

第四，按接口安装方式分类：可分为 C 安装座接口镜头和 CS 安装座接口镜头。

第五，按镜头参数可调项目分类：可分为固定镜头、一可变镜头、二可变镜头、三可变镜头。

选择合适的镜头与相机的质量直接相关，因此应根据实际应用合理选择镜头。

第六，按摄像机镜头规格分类：可分为 1in、2/3in.1/2in、1/3in，1/4in 等规格。镜头规格应与摄像机的靶面尺寸相对应，即摄像机靶面大小为 1/3in 时，镜头同样应选择 1/3in 的，否则不能获得良好的配合。

2. 镜头的技术指标

第一，焦距。

所谓焦距，就是指透镜中心到 CCD 光靶的距离。镜头的焦距是镜头的重要指标。镜头焦距的长度决定了成像介质（CCD）上物体的图像尺寸，即物体和图像的比例。当以相同距离拍摄同一被摄体时，镜头焦距较长的图像较大而镜头焦距较短的图像。较常见的焦距有 8mm、15mm 等。

镜头根据焦距是否可变分为定焦镜头和变焦镜头，在相同的技术水准条件下，变焦镜头的成像质量低于定焦镜头，大倍率变焦镜头的成像质量低于小倍率变焦镜头。

第二，光圈。

光圈是一种用于控制穿过镜头并进入身体感光表面（通常在镜头内部）的光量的设备。典型的一系列光圈值如下：F1，F1.4，F2，F2.8，F4，F5.6，F8 等光圈的 F 值越小，水平越高，进入同一单位时间内的光量越大。入射光的数量正好是下一级的两倍。例如，将光圈从 F8 调整到 F5.6 会使入射光量加倍，并逐步打开光圈。

光圈分为固定光圈、可变光圈、猫眼式光圈、瞬时光圈等几种。

在实际施工中，如果被监视场所的照度是恒定的，可选择固定光圈镜头；如果监视场所的照度是变化的（如室外），则应选择自动光圈镜头。这样才能获得清晰的图像。

第三，景深。

所谓景深，就是当镜头焦距对准某一点时，其前后的景物仍有一段清晰结像的范围，此段范围即景深。景深与镜头使用光圈、镜头焦距、拍摄距离以及对象质的要求有关，这些主要因素对景深的影响如下：光圈越大景深越小，光圈越小景深越大；镜头焦距越长景深越小，焦距越短景深越大；距离越远景深越大，距离越近景深越小。

第四节　出入口控制系统

出入口控制系统，俗称门禁系统，是一种通过采用现代电子与信息管理技术，以感应卡或生物识别等技术来取代钥匙开门的方式，在出入口对人（或物）的进、出进行控制的电子自动化系统。

一、出入口控制系统结构及组成

（一）识读单元

包括读卡机、密码键盘、生物识别设备等，它们用来接收人员输入的信息，再转换成电信号送到控制器中。

（二）传输单元

包括 RS-485 或 TCP 通信线、RS485-232 通信转换器等，用于信号传输和转换。

（三）管理／控制单元

包括控制器和监控计算机等。控制器从基础设备接收有关员工的信息，将其与自己存储的信息进行比较，做出判断，然后发送处理后的信息。受管计算机管理和转移系统中的所有控制器。命令控制，设置，接收信息，分析和处理系统中的所有信息。

（四）执行单元

包括电子门锁、出口按钮、报警传感器和报警喇叭等。电子门锁、出口按钮根据来自控制器或人的信号完成开锁、闭锁等工作；报警传感器和报警喇叭主要完成对门状态的检测并发出报警信号。

二、出入口控制系统的分类

（一）按识别方式分类

第一，确认的密码：确保输入的密码正确，以识别的访问权限。这些产品分为两类。一种是普通类型，另一种是折断的键盘类型（键盘上的数字不是固定的，并且会不时自动更改）。

第二，卡识别：通过读卡或通过读卡和密码来识别访问权限，根据卡的类型，读卡和密码又分为磁卡，射频卡等。

第三，生物特征：检查一个人的生物特征以识别访问权限。指纹类型，虹膜类型，面部识别类型等。

（二）按通信方式分类

第一，独立控制类型访问控制：管理门的机器，不能由计算机软件控制，看不到记录，它由控制器直接控制。特点是价格便宜，安装和维护简单，看不到记录，不适用于人员超过 50 人或经常移动（意味着频繁出入）或 5 门以上的项目。

第二，是 485 网络访问控制：一种可以与计算机通信的访问控制，可以由软件直接管理，包括卡和事件控制。因此，这里有方便的管理和集中控制功能，可以查看记录并分析记录以用于其他目的。它昂贵且难以安装和维护，但是具有增值服务，例如简单的培训和考勤。适用于人多，高机动性和门的项目。

第三，TCP/IP 网络访问控制：也称为以太网网络访问控制，它是一个可以连接到网络的访问控制系统，但是计算机和控制器通过网络电缆连接。除了 485 访问控制网络的所有优点外，还有更快的速度，更简单的安装以及可在区域或城市联网的大量网络。但是，要想获得高昂的设备价格，就需要计算机网络知识。适用于大型项目，大量人员，速度要求和跨区域项目的安装。

三、出入口控制系统功能及应用

（一）访问权限管理

第一，访问通道的访问管理：为每个可以访问但不能访问的通道进行设置。

第二，如何开始和结束频道管理：是授权用户开始和结束频道。通常，有三种方法：密码，读卡（生物），读卡（生物）+ 密码。

第三，第三，进出通道的时段管理：就是设置可以进出该通道的人在什么时间范围内可以进出。

（二）实时监视功能

系统管理员可以通过计算机实时检查每个门区域中的员工访问权限（同时显示图片），并检查每个门区域的状态（门打开和关闭，各种异常警报等）。紧急情况下打开或关闭所有门区域。

（三）访问记录查询功能

该系统可以存储所有访问和状态记录，可以根据不同的查询条件进行查询，并配备相应的考勤软件来获取考勤和门禁卡。

（四）异常警报功能

在异常情况下，访问控制软件可用于实施微计算机警报或其他听觉和视觉警报，例如非法入侵和未关闭的门超时。根据系统的不同，门禁系统还可以实现以下特殊警报功能。

第一，回传保护：使用双向读卡可以防止多次重复使用该卡。换句话说，将有效的卡刷入门后，需要在同一扇门中刷一次卡。再次刷卡进入门。否则，它将被视为非法卡，并且拒绝进入门。

第二，尾随保护功能：通常用于银行保险库（也称为 AB 门）中，并且必须与门磁铁一起使用。如果门传感器检测到一个门没有锁定，则另一扇门无法正常打开。只有将一扇门正确锁定后，才能正常打开另一扇门，以确保隔离安全通道，并防止犯罪分子进入以阻止犯罪拖延。

第三，威胁代码打开了大门。当收到警报信号时，可以采取适当的紧急措施，通常将威胁代码设置为 4 位数字。

（5）火灾警报监视联锁功能

万一发生火灾，门禁系统将自动打开所有电子锁，以允许内部人员逃生。监视联动通常意味着当有人刷卡（有效或无效）时，监视系统会自动记录当前情况，并在访问控制系统向发出警报时也记录该情况。

（6）网络配置管理监视功能

大多数访问控制系统只能由一台微型计算机管理，而高级系统则建立了一个完整的系统，用于在网络上的授权位置进行监视和查询管理，以及通过 Internet 进行远程配置管理，监视和查询。可以做的。

（七个）逻辑语句打开功能

所谓的逻辑开门功能只是意味着同一扇门将不得不刷卡（或以其他方式），以便多个人同时解锁电子控制门锁。

四、出入口控制系统常用设备

（一）密码键盘

密码键盘分为普通键盘型和乱序键盘型。

普通键盘具有操作简便，无需携带卡，成本低的优点。缺点是只能同时接受 3 套密码，容易泄漏，安全性差，无进出，只能单向控制。

键盘损坏的优点是易于操作，无需携带卡且安全系数稍高。密码很容易泄漏。像普通键盘一样，损坏的键盘没有进入和退出的功能，只能在一个方向上进行控制。

（二）读卡器

读卡器是卡片识别式出入口控制系统读取卡片中数据并向控制器传送数据的设备。

读卡器的工作原理如下：读卡器发射出电磁波在一定范围内产生磁场，当有卡进入该区域范围时，识别卡中的射频电路被磁场激发，从而发出射频电波将该卡的识别码传回读卡器。读卡器将收到的信号送至解码器，经解码后送到主机核查此编码是否正确，完成感应识别功能。

（三）卡片

开门的钥匙。可以在卡片上打印持卡人的个人照片，开门卡、胸卡合二为一。目前常用的卡片有：

1. 磁卡

是目前最常用的卡片系统，它利用磁感应对磁卡中磁性材料形成的密码进行辨识。

其优点为成本较低；安全性较好；可连微机；有开门记录。缺点为卡片设备有磨损，寿命较短；卡片易被复制；不易双向控制；卡片信息容易因外界磁场丢失，使卡片失效。

2．IC 卡

IC 卡有接触式与非接触式两种。

第一，接触式 IC 卡：该卡配有集成电路（IC），并通过卡的接触与读卡器交换信息。接触式 IC 卡的优点是高度机密，难以伪造或非法重写。缺点是仍然需要刷卡过程来减慢识别速度，并且如果 IC 卡的触点或读卡器的触点被灰尘覆盖，会影响正常的识别。

第二，非接触式 IC 卡：该卡使用电子电路和感应线圈，并使用读卡器本身产生的特殊振荡频率。当进入读卡器的能量范围时，会发生共振，并且感应电流会导致电子电路发出信号。当它到达读卡器时，接收到的信号被读卡器转换为卡数据，并发送到控制器进行比较。该卡的主要优点是该卡不与设备接触，使用寿命长，理论寿命超过 10 年。安全性高；它可以连接到微型计算机并具有开门记录。双向控制是可能的。很难复制卡。缺点是成本高。

（四）出入口控制器

访问控制系统的关键部分是访问控制系统，它处理，存储和控制整个系统的输入和输出信息。

按设计原理出入口控制器可分为一体式和普通式。

1．一体式控制器（控制器自带读卡器）

集成控制器设计的缺点是某些控制线必须暴露在门外，因为控制器必须安装在门外。内部人员无需卡或密码即可轻松打开门。

2．普通式控制器（控制器与读卡器分体）

通用控制器安装在室内，只有读卡器的输入线暴露在室外，所有其他控制线都在室内，并且读卡器传输数字信号。因此，没有有效的卡或密码，任何人都无法进入。这类系统应第一由用户选择。

（五）生物辨识设备

生物辨识设备包括指纹机读卡器、掌纹机、视网膜辨识机、声音辨识机等。是利用每个人独有的上述生物特征进行辨识的设备。生物辨识设备比较复杂且安全性很高，一般用于军政要害部门或者银行的金库等处。

（六）电控锁

电控锁是出入口控制系统中锁门的执行部件，主要有以下几种类型：

一，电磁锁：停电后电磁锁将打开门，符合消防要求。它配备有各种安装支架，供客户使用。该锁适用于单向木门，玻璃门，防火门和敞开式电动门。

二，阳极锁：阳极锁是一种断电开门，可以满足防火要求。它安装在门框的顶部。与电磁锁不同，阳极锁适用于双向木门，玻璃门，防火门，并具有门磁检测器，可随时检测门的安全状态。

三，阴极锁：普通阴极锁是一种可以打开和打开的门，适用于单向木门。关闭电源时，锁将被锁定，因此负锁必须配备 UPS 电源。

（七）系统主机

具有访问控制系统的管理软件计算机，通过通信协议连接到每个控制器，以形成访问控制系统。门禁系统管理软件的关键功能包括对门禁人员的实时监控，编辑每个门禁区域，系统编程，查询所有紧急情况以及实时查询员工的门禁信息。

（八）其他设备

第一，退出按钮：它安装在入口内部，只需单击一下即可打开门，适用于对出口没有限制的情况。

第二，门传感器：用于检测门的安全 / 打开状态。

第三，电源：整个系统的电源分为两种：普通和备用（包括电池）。

第五节　电子巡更系统

电子巡更系统是一种对巡更工作进行计划、监督和考核的管理系统，主要应用于大厦、厂区、库房和野外设备、管线等有固定巡更作业要求的行业中。系统可以对巡更结果进行自动化的处理，包括检查核对、结果存贮、结果查询和打印报表等功能。

一、电子巡更系统的分类和组成

（一）电子巡更系统的分类

目前，常见的电子巡更系统分为离线式巡更系统和在线式巡更系统两大类。而离线式电子巡更系统又分为接触式电子巡更系统和感应式电子巡更系统。

在电子巡更系统发展的早期，人们多采用在线式系统。线式系统实际上就是考勤机联网使用，也就是门禁系统在功能上的扩展。

离线式电子巡更系统无须布线，只要设置好巡更点，巡逻人员手持信息采集设备到每一个巡更点采集信息后，将信息通过传输器传输给计算机，就可以显示整个巡逻巡检过程。这种方式与在线式相比，优点在于易于携带，无须布线，安装简单，不受温度、湿度的影响，又不易被破坏，因此解决了投资昂贵的问题，并且系统扩容和线路变更的实现更为容易，缺点是不能实时管理（如有对讲机，可避免这一缺点）。目前离线式巡更已成为当前国内市场的主流产品。

（二）电子巡更系统的组成

1. 在线式电子巡更系统的组成

在线式电子巡更系统主要由巡更点、巡检卡、通信线路和系统管理软件四部分组成。

2. 离线式电子巡更系统的组成

离线式电子巡更系统主要由巡更点、巡检器、通信接口和系统管理软件四部分组成。

二、离线电子巡更系统的工作流程

巡逻人员手持巡检器，沿着规定的路线巡查。同时在规定的时间内到达巡检地点，用巡检器读取巡检点。检验员自动记录到达现场和检验员的时间，然后通过数据通信线路将检验员连接到计算机，并将数据上传到管理软件的数据库中。管理软件会自动分析和智能处理检查数据，以实现检查任务的科学管理。

三、电子巡更系统的主要设备

由于在线式电子巡更系统的设备与门禁系统相同，这里就不进行具体介绍。下面重点介绍离线式电子巡更系统的主要设备。

（一）数据采集设备

有接触式和非接触式两种，用于采集、贮存和传输巡查记录、巡查点地理信息和巡查人员的身份信息。

第一，巡更棒：用于接触式系统中，采用不锈钢外壳，防水、防振、防磁、防拆，坚固耐用，没有开关，也没有按钮。采集数据时，只需轻轻一碰信息钮听到“嘟”的一声，就可以了；传输数据只需将巡查棒插入通信座即可，使用非常方便。

第二，巡检器：用于非接触式系统中，采用无线能量传送和通信技术，采集数据时无须与电子标签接触，使用 USB 接口上传数据。

（二）信息标识设备

安置在巡逻路线上需要巡更巡检地方的电子标识。

第一，信息钮：信息钮也称 TM 卡，它的号码是全球唯一的。是一种接触式存储器，用于接触式巡更系统中，一般采用不锈钢外壳封装，具有防水、防磁、防振功能。在使用时分为人员信息钮和地点信息钮，分别存有巡查人员或巡查点的身份码，用于标识巡查人员身份或巡查地点。人员信息钮由巡查人员自身携带使用，地点信息钮可安装在任何需要巡查的地方，无须供电、连线，可用强力胶或双面胶安装在墙壁、电线杆或树上。

第二，电子标签：电子标签的作用与信息钮相同，但它是一种非接触式存储器，用于非接触式巡更系统中。

（三）数据下载转换器

在系统中通过它来将数据采集设备中存贮的巡更数据下载到管理计算机上。在接触式系统中采用通信座，在接触式系统中采用 USB 接口。

（四）系统主机

装有巡更系统管理软件的计算机。主要用于设置人员、地点信息，制订巡检计划，查询、备份巡检记录，分析、打印巡检记录等。

第六节　停车场管理系统

停车场管理系统从实质上说也是一种门禁系统，是对进、出停车场的车辆进行自动登录、监控、管理及收费的电子系统或网络。

一、停车场管理系统的组成

停车场管理系统主要由车辆出入的检测和控制子系统、车位显示和管理子系统、计时收费管理子系统和中央控制系统四部分组成。

（一）车辆出入的检测和控制子系统

车辆出入的检测和控制子系统主要用于对进出停车场的车辆进行识别、通行管理和图像记录等。一般由非接触感应式 ID 卡的读卡器、ID 卡出卡机、车辆探测器、自动道闸、车辆检测线圈、LED 显示屏、摄像头等组成。

（二）车位显示和管理子系统

主要是通过停车位上设置探测器来检测车位上是否有车停放，并通过管理系统将车位数显示出来。也有停车场是通过进出口检测器来加减进出车辆数，并与设定值比较，从而显示车位数。车位显示屏一般设在停车场入口处。

（三）计时收费管理子系统

停车场收费分为月（年）租费和临时停车收费两种。

月租费用户在缴纳月（年）租金后获得出入卡，系统对出入卡设置有效期，车辆出入检测和控制系统检测到有效卡后即可放行。

对于临时停车收费，从成本考虑，一般采用一次性磁卡、条码卡，通过“临时车票发放及检验装置”进行自动管理，设备包括自动磁卡（条码）吐票机和自动磁卡（条码）验票机。

（四）中央控制系统

主要是装有停车场管理软件的计算机，是停车场管理系统的中枢，负责系统的协调与管理，部分停车场管理软件还可以对停车收费进行设置。

二、停车场管理系统工作流程

（一）车辆进场过程

第一，当永久性用户的车辆进入停车场时，传感器会自动检测车辆的进入并确定卡的合法性。如果合法，屏障将打开，汽车将进入停车场。数字录像机会捕获汽车的图像并将其保存在计算机上。

第二，当临时用户的车辆进入停车场时，驾驶员按下发卡器按钮以获取临时卡。屏障打开，汽车进入停车场。数字录像机捕获车辆的图片并将其保存到计算机中，控制器在其中记录车辆进入的时间，并在连接时将其发送到计算机。

（二）车辆进场过程

第一，当永久用户的车辆离开停车场时，读取器会自动检测车辆的驶离并确定卡的合法性。如果合法，则打开障碍物，车辆离开停车场，数字录像机记录车辆的图像并将其保存在计算机上，控制器记录车辆离开的时间并将其在线时发送给计算机。

第二，当临时用户的车辆离开停车场时，控制器可以自动检测到临时卡并提示驾驶员支付费用，临时车必须将临时卡交还给警卫，必须付费。必须先确认安全性才能离开。当车辆离开停车场时，数字录像机会记录车辆的图片并将其存储在数字录像机中。控制器记录车辆离开的时间，并在连接后将其发送到数字录像机。

三、停车场管理系统主要设备

（一）自动道闸

自动道闸也称挡车器，由栏杆、壳体、液压驱动单元、平衡弹簧、防入侵阀、防紧急状态单元等部分组成。由系统控制它的动作，只对合法车辆放行。要求开闭速度快、噪声小、寿命长，可手动操作。

（二）车辆检测器

车辆检测器分为微波车辆检测器、地感线圈车辆检测器等，一般由机架、底板、中央处理器、检测卡以及接线端子组成。停车场管理系统的车辆检测器多用地感线圈车辆检测器。车辆通过地感线圈时，引起线圈电感量的变化，车辆检测器通过感知这种变化而探测车辆，它还可以用作控制自动道闸、出卡机、摄像机和车位计数等。

（三）出、入口控制机

出、入口控制机采用计算机控制和数据处理技术，内置读卡器、发卡机等设备，是停车场管理系统的车辆识和控制装置。负责对智能卡进行读写操作，控制发卡机发卡或收卡机收卡，与电脑、道闸、车位显示屏等设备通信、控制电子显示屏显示信息等。

（四）监控摄像机

主要摄取车辆图像，用于车辆识别和停放纠纷的处理等。

（五）车位显示屏

用于车位数量显示。

（六）临时车收费设备

包括自动磁卡（条码）吐票机和自动磁卡（条码）验票机，用于临时车计时收费。

（七）中央控制计算机

装有停车场系统管理软件，具有软硬件参数控制、信息交流与分析、命令发布、车辆图像对比、自动存储数据等功能。一般还配有打印机、发卡机等。

第七节　楼宇保安对讲系统

楼宇对讲系统是指在来访客人与住户之间提供双向通话或可视通话，并由住户遥控防盗门的开关及向保安中心进行紧急报警的一种安全防范系统。它是一种集单片机技术、双工对讲技术、CCD 摄像及视频显像技术、防盗报警技术于一身的综合性的智能化系统。

一、楼宇保安对讲系统的结构、组成及功能

（一）楼宇保安对讲系统的结构和组成

楼宇保安对讲系统的结构主要由总控中心的管理机、楼宇出入口的对讲主机、用户家中的对讲分机、楼层解码器、网络连接器、电控锁、闭门器、电源等通过专用网络组成。

（二）楼宇保安对讲系统的主要功能

1. 访客呼叫功能

在每个单元入口处均设置门口机，访客进入小区后，来到相应的单元时，通过门口机与住户通话，并可看到来访者的影像，由住户确认后开启单元电控门，可对小区的访客进行严格有效的出入控制，进一步保障小区的住户安全。

2. 住户呼叫功能

住户通过话机的呼叫按键可呼叫管理中心，并实现双向通话，从而确保住户在需要时能够及时得到物业的帮助。

3. 多路报警功能

室内分机可接门磁、红外报警探测器、火灾报警探测器、玻璃破碎探测器等安防设备，住户布防后，一旦发生警情，就会自动报送到管理中心，以便及时采取措施，减少住户损失。

4. 信息发布功能

目前部分可视对讲系统具有信息发布功能，管理员可将管理信息、提示信息、收费信息等发布到用户。

5. 备电应急功能

在停电时，必须有备用电源，保证系统不断电。

6. 自我诊断功能

系统具备自我诊断功能，便于维护。

二、楼宇保安对讲系统工作原理

单元门始终被锁定，以防止未经允许擅自进入建筑物。该建筑物的居民可以使用卡或密码自由地打开门。访客拜访时，访客必须按居民的房间号才能从大楼门外的对讲主机键盘拨打电话，并呼叫对讲分机进行拜访。受访家庭的业主通过对讲设备与访问者进行双向或视频通话，并通过访问者的语音或图像确认访问者的身份。确认访客可以进入后，房东使用对讲分机上的解锁按钮打开建筑物门上的电子门锁以允许进入。访客进入建筑物时，门将自动关闭。

居民社区的住宅安全管理部门通过社区安全对讲机管理主机，该对讲机可以实现访客与管理员，管理员与居民，访客与居民之间的呼叫，管理员打开门，而居民打开门。管理组织者还可以监视社区中每个住宅建筑物的安全对讲系统的运行状态，并接受居民的警报以寻求帮助等。

三、楼宇保安对讲系统主要设备

（一）室内分机

室内扩展主要包括两种产品：可视对讲和非可视对讲，可视对讲扩展分为彩色LCD和单色CRT显示器。

室内扩展的基本功能是对讲（可视对讲），解锁等。随着产品的不断硬化，许多产品具有监视，安全警报和禁用，家庭通信，信息接收，远程电话警报，图片消息提取和设备控制等功能。

设计中基本上有两种类型的室内机，一种是带软线的室内扩展，可以简化分支，但室内扩展的成本较高，另一种由门主机或分支进行编码。会的。室内扩展很简单。室内彩色液晶显示屏仍然依赖进口，价格昂贵，并且是限制彩色视频楼宇对讲系统应用的瓶颈。

（二）门口机

门电话，也称为对讲主机，安装在大楼安全门的入口，具有拨号，讲话，监视和解锁居民等功能。如果有人非法拆卸机器，则机器会带有防拆警报按钮并发出警报声。

1. 门口机的分类

第一，根据键盘类型将其分为直接主机和数字主机。

直按式主机的面板上有很多与住户对应的按钮，每个按钮对应一个住户，按动按钮可以呼叫指定住户。直按式主机最大的优点是操作方便，每一按键代表一个住户，按键上有住户房间号码的标注，操作简单。缺点是功能性不强。

数字式主机的面板上有数字键盘，根据住户房间号码的不同可以进行不同数字按键组合来呼叫住户。数字式主机最大的优点是功能性强，客户可以在主机上执行比如密码开锁等功能。缺点是操作比较繁杂，初次接触者不易掌握。

第二，根据用户数量，它分为单个家庭主机，多个家庭主机和建筑类型主机。

唯一主机通常用于只有一个居民的系统中，通常是别墅，仓库，工厂和其他地方，并且对应于这些主机的用户是唯一的，大多数单身家庭主机是直接新闻主机。

多户主机：在居民使用30岁以下的多户（超过10层）住宅中的主机的系统中，多户主机基本上是直接主机。

建筑物主机：主机通常用于高层（超过10层）高层住宅的30多个家庭的系统中，该主机的最大容量通常超过100。默认情况下，建筑主机是数字的。主持人

第三，按门口机功能：分成非可视主机、可视主机。

非可视主机：主机主要功能为呼叫住户、与住户通话、住户遥控开锁。此类型的主机的通道主要是控制通道（呼叫住户功能及开锁功能）和音频通道。

可视主机：主机的主要功能组成为呼叫住户、与住户通话、住户遥控开锁及住户可看到主机的视频信号。此类型的主机的通道主要是控制通道（呼叫住户功能及开锁）、音频通道及视频通道。可视主机又分为黑白主机和彩色主机。

2. 门口机的组成

主机包括面板、底盒、操作部分、音频部分、视频部分、控制部分。

（三）管理中心机

管理中心机除具有呼叫、报警接收的基本功能外，还具有视频监视、锁具控制等功能，是小区联网系统的基本设备，一般由中央处理器与相关的芯片、模块、电子元件所组成。目前，大多数系统不使用计算机作为管理中心，而将计算机用作管理中心大大扩展了楼宇对讲系统的功能，并允许集成巡逻等系统。与计算机关联的管理中心可以通过系统硬件来实现信息公开，社区信息查询，房地产服务，呼叫和警报记录查询以及记录发布查询。

（四）楼层解码器

用于门口机与室内机之间的通信，可接收来自门口机总线上的呼叫信息，解码后呼叫相应的室内分机。一般具有解码中继、短路隔离、室内机显像管供电等功能。

（五）网络连接器

用于连接楼内系统（门口主机等）和管理机之间的路由器 . 还可以提供门口机电源和开锁。

（六）闭门器

闭门器是可使对讲电控防盗门在开启后受到一定控制，能实现自动关闭的一种装置。它可调节关门速度，减少关门噪声。

（七）电源

主要为主机、分机、电控锁等提供电能，一般配有不间断电源箱，市电停电后能维持系统供电 24 小时以上。

第八节　安全防范系统的维护与管理

一、安全防范系统维护与管理的内容

（一）安全防范系统管理的一般要求

第一，做好安全防范工程的验收工作。按有关规定，安防工程施工完毕，试运行一个月后，便可组织验收。验收应由当地公安部门技防办、建设方、施工方、监

理公司、安防设备操作人员等组成验收小组进行验收。验收的内容包括各种验收材料是否齐全和是否符合要求、系统试运行情况、安防设备操作人员培训情况、设备安装质量、系统布线质量以及整个系统是否达到设计要求等。

第二，有条件的单位应设立安防中控室，便于集中管理和操作，节省人力物力，安防中控室严禁无关人员进入。安防中控室应安装静电地板，注意防潮，要定期做好房间及设备的清洁、除尘等工作，中控室应配置适合于电器设备的消防器材。

第三，建立 24 小时安防值班制度和交接班制度，值班人员不得擅自离岗，以便随时处理各种警情。

第四，建立健全培训制度，安防系统操作人员经培训考试合格后方可上岗。科学制定各系统操作规程，杜绝违规操作。

第五，自身没有维修保养条件的使用单位，应与施工单位签订售后服务合同，以便系统出现故障时得到及时的维修和处理。

（二）安全防范系统维护保养要求

第一，应该每年至少进行 2–4 次系统维护，并进行报告。

第二，每天检查一次系统运行，查找故障并立即进行处理，按时报告并记录在工作日志中。

第三，定期做好设备的清洁、调整、润滑等工作，保证电子系统运行环境的基本清洁，做到无烟雾、无灰尘。保持所有设备通风顺畅，以避免元器件发热而造成短路故障。

第四，系统主供电源及备用电源应保持清洁并切换灵活，各系统电源不得混用。

第五，系统参数未经主管工程师批准不得随意修改，如系统有关参数修改或重大维修都应记录在保养表格中并及时通知当值监控员。

第六，摄像机和报警探测器、矩阵开关、监视器等设备发生故障应立即修复或更换。系统线路故障必须以最快速度恢复，最长时间不能超过一个工作日。

二、安全防范系统常见故障及检修

（一）安全防范系统常用故障检修方法

1．观察法

观察法是用看、听、闻、摸等最基本的手段发现、检查、排除故障的一种方法。观察法一是观察系统的有关提示信息，如有无低电源报警、视频丢失报警等的信号提示；二是观察系统的参数设置是否正确，按钮、开关等是否处于适当的位置，以及各连接点有无松脱、断线等；三是观察系统运行时有无异常图像（如图像抖动、杂波、色彩失真等）、异常声音（如交流声、摩擦声）、异常气味（如烧焦味）、异常现象（如过热、振动）等。

2．静态测量法

（1）电阻测量法

电阻测量法一般是利用万用表电阻挡测量、判断线路两端有否短路和断路情况的方法。

（2）电压测量法

静态电压测量法利用万用表电压挡测量系统中有关设备的电源电压，以及设备内部的相关电压，通过测量出的电压判断系统不能正常工作是否是电源供电问题所致，或者设备内部相关部分的电压有无异常，以便查找故障部位和故障原因，从而排除故障。

（3）外加直流电压测量法

外加直流电压测量法是在被测电缆一端的芯线与外屏蔽层之间加上一个低的直流低电压时，测量线缆另一端芯线与外屏蔽层之间的电压。当测量端测得的电压值为 0V 时，表示线缆中间断路或严重短路；当测得电压远低于所加端电压值时，表示线缆中间短路；当测得电压基本等于加电端电压值时，表示线缆正常。

3．对比法

对比法又称比较法，就是将两个系统（故障系统和正常系统）进行比较，或者利用故障设备与同型号的正常设备进行比较，对可能出现故障的部位进行比较观察、对比和分析，从而找出故障原因的方法。

4．替换法

替换法是用同型号的良好设备或元器件替换初步怀疑有故障的设备或元器件，从而判断设备或元器件有无问题的方法。替换法可以帮助维修人员比较迅速地确定故障点。

（二）防盗报警系统常见故障及检修

1．中心系统故障

（1）中心机接收不到所有用户报警信息

可能的原因：通信线路上的干扰过大，电话线上的高噪声，电话线路的短路或断开，电话机上的防盗开关打开，通信站上的通信错误，主机警报中心上的通信编程错误以及串行端口关闭，串行电缆连接错误，串行端口损坏，计算机本身发生故障等。

排除方法：检查电话线的短路和开路，关闭电话的防盗开关，客户端主机的中央通信程序（中央电话号码，中央通信级别，中央通信格式，（用户号码，报告选配件等），打开中央软件中的串行端口，正确连接串行端口电缆，检查串行端口接口是否损坏，并验证计算机是否正常运行。检查中央软件是否为试用版，并检查软件的系统日志以查看该试用版是否到期。

（2）中心机接收到报警信息后，警情不能上 / 下传

可能的原因：来自中央通信线路的干扰太大，通信线路短路或断路，通信站出现通信错误，并且中央软件的转发号码输入错误。

如何排除：检查通信线路干扰是否太大。如果通信线路短路或断路，请正确输入中央软件的转发号码。

2．报警控制器故障

第一，警报控制器在激活后触发检测器，无法警报。

可能的原因：检测器与控制器之间的连接不正确，电线短路或断开，检测器的电源电压不足，线路电阻不正确或连接，记录或写入的区域属性不正确如果这样。

解决方法：检查检测器和控制器之间的连接是否正确，检查线路末端的电阻是否连接错误或不正确，使用万用表测试短路和开路电路，检测器的电源电压是否稳定确保它是（不低于 9V）等，如果编程错误，则需要正确重写检测器的属性。

第二，当控制器连接到外部警报器时，当警报外部警报器时没有声音。

可能的原因：警报器和控制器之间的连接线的正极和负极颠倒，连接线短路或断开，控制器输出电压不足，警报器输出程序未正确编程或未编程等。

如何排除：检查警报器连接的电线是否完全正常如果控制器发生警报，请使用万用表测试主机的外部警报器接口是否达到其额定电压输出。无输出表示未在警报器输出程序中编程控制器。此时，请正确编程程序。如果上述所有操作均正确无误，并且在发生控制器警报时仍未输出警笛，建议使用其他警笛或其他控制器进行测试。

第三，报警后，控制器无法进行私人或中央呼叫。

可能的原因：在编程过程中，对于个人或中央通信，可能没有为电话线过度干扰，电话线短路或断线，电话号码，通信类型，通信级别等。手机可能已启用防盗保护。

排除方法：检查电话线是否干扰很大，检查电话线是否短路或断开，以及所连接主机的通信线是否需要在拨打外部电话之前拨打代码。如有必要，请输入警报拨号电话。输入数字时，请正确输入密码。如果没有，请重新编程的个人或中心电话号码，通信级别和通信格式程序。

3．报警探测器故障

第一，将警报检测器连接到主机后，控制器可以工作，但是警报检测器可以工作，但是不会生成警报。

可能原因：报警探测器与控制器的连接有错误，报警探测器的防拆开关未闭合，线路有短路或断路现象，供电电压不足，报警探测器的防区属性未进行编程定义，

编程过程中编写的防区属性有错误等。

如何排除：在警报检测器和控制器之间正确连接线路和尾部电阻器（电阻的连接和大小取决于所使用的主机），检查短路和断路，并测试警报检测器。确保在防拆开关闭合的前提下关闭警报检测器的警报指示器，具体取决于电源电压是否处于额定电压，并正确地重新设置警报检测器的区域属性。

第二，当主机清除警报时，警报检测器将保留警报，而在发出警报时无法清除警报。

可能的原因：报警探测器处于开路状态，防区属性被设置成了 24 小时防区。

排除方法：检查警报检测器的原因是否断路并纠正原因。

（三）电视监控系统常见故障及检修

1．操作控制故障

第一，云台运转不灵或根本不能转动。

云台使用后不久就运转不灵或根本不能转动，排除产品质量的原因后，可能由以下几种原因造成。

①只允许摄像机正装（即摄像机座在云台转台的上部）的云台，在使用时采用了吊装的方式（即将摄像机装在云台台体的下方），致使云台运转负荷加大，传动机构损坏，甚至烧毁电机。

②摄像机和保护盖的总重量超过了云台的重量极限，因此云台电机无法在所有方向上旋转，尤其是在垂直方向上。

③由于正常或低温，不良的防水和防冻措施，导致室外平移 / 倾斜头出现故障或损坏。

排除方法：检查摄像机安装是否正确；云台承重与摄像机重量是否匹配；云台参数与环境条件不相适应。

第二，云台镜头遥控失灵。

故障原因：主要是距离太长，控制信号衰减太大，解码器接收到的控制信号太弱。

排除方法：将中继设备安装在一定距离处，以放大成型控制信号或使用光缆传输控制信号。

第三，矩阵操作键盘失灵。

故障原因：接线存在问题；操作键盘“死机”；键盘本身损坏。

排除方法：

①检查接线是否正确。

②键盘的操作使用说明上，一般都有解决“死机”的方法，便如“整机复位”等方式，可用此方法解决。

③如上述检查无问题，则可能是键盘本身损坏了，用另一台键盘替换。

2. 图像显示故障

第一，监视器上的图像对比度太小，使图像模糊。

故障原因：控制主机和监视器本身的质量，传输距离太长或视频传输线的衰减太大。

如何排除：检查控制主机和监视器，并安装设备进行线路放大和补偿。

第二，图像清晰度不高并且细节丢失。在严重的情况下，彩色信号会丢失或饱和度太小。

失败原因：默认情况下，图像信号的高频成分会衰减，导致信号丢失超过3mHz。在这种情况下，传输距离太长，中间没有放大补偿装置，视频传输电缆的分布电容太大，或者在传输链路期间传输线芯和屏蔽线之间集中的等效分布电容集中原因。

排除方法：加装线路放大和补偿的装置；更换质量更好的视频传输电缆。

第三，图像色调失真。

故障原因：传输线引起的信号高频段相移过大。

排除方法：加装相位补偿器。

第四，监视器上出现木纹状的干扰。

故障原因：

①视频传输电缆质量较差。屏蔽性能特别差。视频电缆的线路电阻太大，导致信号衰减很大。

②电源系统的原因是“不干净”。电源不是“干净的”。即，干扰信号被叠加在正常的电源（50 周期正弦波）上。来自该电源的大多数干扰信号来自该电网中的硅控制设备。特别是，高电流，高电压晶闸管设备严重污染了电网，导致同一电网的电源“干净”。

③系统附近有很强的干扰源。

排除方法：

①更换成符合要求的电缆；

②对整个系统采用净化电源或使用 UPS 供电；

③加强摄像机的屏蔽，以及对视频电缆线的管道进行接地处理等。

第五，显示器的波纹干扰范围很广。

故障原因：由于视频电缆的芯线与屏蔽网络之间的短路或开路而导致的故障。BNC 连接器或其他类型的视频连接器通常会发生这种情况。发生这种故障时，并不是整个系统中的所有信号都被破坏，而是通常仅在连接器损坏的通道上发生。

如何排除：逐一检查视频接口。

第六，显示器上的几个垂直条相互干扰。

故障原因：由于视频传输线的特征阻抗不是75° ，因此发生了阻抗不匹配。可以说，这种干扰现象的发生是由于视频电缆的特征阻抗和分布参数的组合引起的。

排除方法：采用“串联电阻”或“串联电阻”方法。

（四）出入口控制系统常见故障及检修

1．门禁控制器与系统主机不能通信

故障原因：控制器与电脑串口之间的接线不正确；控制器上跳线开关跳线错误；控制器至系统主机的距离超过了有效长度；计算机的串口连接不正常或者被其他程序占用；在软件设置中，设备地址号与实际设置、连接不对应。

排除方法：检查控制器与电脑串口接线及控制器上跳线开关设置是否正确；调整控制器至系统主机的通信距离；检查计算机的串口连接是否正常并关闭其他程序；检查软件设置中设备地址号与实际设置、连接是否对应。

2．将有效卡靠近读卡器，蜂鸣器将响起，LED 指示灯将变为绿色，并且门锁不会打开。

故障原因：控制器和电子锁之间的连接不正确。电子锁的电源有故障。电锁有故障。舌头和带扣是机械连接的。

措施：检查控制器和电子锁的连接，并确保电子锁的电源正常。排除电锁故障。

3．如果在读卡器中关闭了有效的卡，则蜂鸣器将鸣响，LED 指示灯不会改变，并且门也不会打开。

失败原因：读卡器和访问控制器之间的连接不正确，线路严重中断，阻止了读卡器数据发送到控制器。

如何排除：检查读卡器和访问控制器之间的连接，并去除线路干扰源。

4．门禁控制器始终处于良好状态，有一天，我突然发现所有有效的卡都无法打开门。

故障原因：操作员已将访问控制控制器设置为休息几天。操作员启动了访问控制设备或控制器发出初始化命令的其他原因。

排除方法：重新设置门禁控制器。

（五）停车场系统常见故障及检修

1．在使用中控制计算机不能与下位机进行通信

故障原因：系统中某设备损坏，导致系统死机所致。

排除方法：在怀疑设备端，用手摸485通信芯片（主板：IC9，临时卡计费器：IC2），如发热，则说明其已损坏；也可通过测量判断通信芯片好坏，更换相应芯片。

2. 地感线圈上有车，但不能取卡

故障原因：地感处理器与主板间接线不正确；停车场已满位；取卡按钮接线错误或接线松动；卡机内无卡或有卡堵在出卡通道；地感出现死机现象。

排除方法：检查地感处理器与主板间接线；查看车场停车情况，同时要检查是否在管理中心设置了本车场总车位数；检查取卡按钮接线；按下入口控制面板电路板上的重置按钮以重置刷卡机，并从刷卡机的出卡通道清除卡。手动初始化地面感应。如果错误经常发生，请减少对地面的探测。

3. 对合法卡，系统不开闸放行

故障原因：在管理软件中未将该类型的卡设置为确认开闸；主控制板与道闸间的控制线路连接错误。

排除方法：对管理软件重新设置；检查主控制板与道闸间的控制线路是否连接正确。

4. 道闸处于常开状态，不能关闸

故障原因：在软件中，对道闸进行了锁定操作；道闸下的地感出现死机现象；主控制板上开闸三极管被击穿。

排除方法：在软件中对其进行解锁操作；对地感进行手动复位；更换开闸三极管。

5. 道闸开闸后，车过不落杆

故障原因：地感线圈上可能有铁质物质；地感出现死机；地感控制器与道闸控制板间的接线有松动、断路等现象。

排除方法：清楚地感线圈上可能的铁质物质；对地感进行手动复位；排除地感控制器与道闸控制板间的线路故障。

（六）楼宇对讲系统常见故障及检修

1. 门口机不能与住户分机呼叫和对讲

这种故障分为门口机与某一台住户分机不能呼叫对讲或门口机与所有的住户分机均不能呼叫对讲两种情况。如果是第一种情况，故障原因可能是住户分机故障或线路故障，应检查用户分机好坏以及分机线路是否有短路、断路或与接线端子接触不良的情况。对于第二种情况，故障的排查重点应放在单元门口机上，应第一检查各住户分机编码设置是否正确，第二检查电源供电是否正常，最后检查门口机本身是否有问题。

2. 可视住户分机或管理机上无图像信号

图像信号由视频线传输。如果所有的可视住户分机上均无图像信号，则故障可能是门口机的摄像机烧毁或电源供电不正常，也可能在公共的视频线上。

如果只是某一台可视住户分机上无图像信号，则故障可能是住户分机本身有问题（如显像管烧毁或与接线端子接触不良）或电源供电不正常，也可能是由视频分配器接入住户的那段视频线短路、断路或与接线端子接触不良。

管理机与单元门口机之间的视频传输是通过联网视频线进行的。如果管理机与所有的住户分机上均无图像信号，则故障点可能是单元门口机。如果只是管理机上无图像信号，则应重点检查由单元门口机接入管理机的那段联网视频线有无短路、断路或与接线端子接触不良现象。

3．住户分机或管理机无法遥控开锁

住户分机或管理机遥控开锁信号由数据线传送至单元门口机，由单元门口机通过锁具控制线控制电锁相应动作。如果所有的可视住户分机均无法遥控开锁，则故障可能是电锁本身有问题（如继电器线圈烧毁或与接线端子接触不良），或是锁具控制线有短路、断路或与接线端子接触不良现象，还可能是公共的数据线，即由单元门口机接入层间解码器的那条数据线有短路、断路或与接线端子接触不良情况。

如果只是某一台住户分机无法遥控开锁，则故障可能是住户分机本身有问题（如开锁按钮接触不良等），也可能是由层间解码器接入住户的那段数据线有短路、断路或与接线端子接触不良情况。

管理机与单元门口机之间的数据传输是通过联网数据线进行的。如果管理机与所有的住户分机均无法遥控开锁，则故障点可能是单元门口机。如果只是管理机无法遥控开锁，则应重点检查由单元门口机接入管理机的那段联网数据线有无短路、断路或与接线端子接触不良现象。

第五章　电气防火

第一节　电气线路防火

一、电气火灾概述

电气火灾是指由于电气原因而引发的火灾。电气与电的意义相同，是指有电荷存在和电荷变化的现象。因此，引发火灾的电气原因，应包括电气线路、设备不良或安装使用不当及静电、雷电等。电气火灾具有以下特点：

（一）电气火灾的季节性特点

夏季和冬季多发生电气火灾。第一，夏季季风很多，当刮风和下雨时，架空线会断线，短路，并使电线倒置，从而引起火灾。安装在室外的电气设备（电机，制动开关，照明灯等）应避免雨淋和进水。在运行过程中发生损坏，短路和火灾。夏季高温会严重影响电气设备的发热。某些电气设备，例如变压器，电动机，电容器，电线和连接器，会在运行过程中产生热量并引起温度升高。第二，如果冬季寒冷的天气使高架船受风影响，则由于电线的碰撞，大雪，大风，倒塌，断线等事故而导致的电线放电会导致事故。冬季干燥的空气容易产生静电并引起火灾。

（二）电气火灾的时间性特点

在节日、假日或晚上经常发生许多火灾。一些电力运营商的注意力集中和粗心大意还会导致暂时停电，这些停电不能在节假日，节假日或工作之前正确处理电气设备和电源，并且不会切断电源。火由于火灾，灾难常常在假日或晚上无人值守，因此很难及时发现。

二、电气线路防火

电线用于传输电能，电线长，分支多，覆盖范围广，易于接触易燃材料，通常发生短路，过载和过大的接触电阻使得难以发现常见故障。电气火灾花，电弧，电线和电缆过热会引起火灾。根据公安部门消防部门的国家火灾统计，近年来，电线电缆火灾，快速燃烧，重大经济损失和严重后果之后，电气火灾的比例正在增加。

（一）短路

一种没有特定电负载或自身包含沿规定路径的电流的状态称为短路。例如，如果多条电源线彼此直接接触，或者中性线接地系统的相线接触地面。无论哪种类型短路，由于负载被短接，从电源到短路点阻抗很小，所以电路中将会出现很大的短路电流，其数值是正常工作电流的几倍到几十倍甚至上百倍。

1. 短路的火灾危险性。

第一，火花和电弧。当导线绝缘损坏或导线断裂引起短路时，在故障点处产生强烈的火花和电弧，同时使金属导线出现熔化。这些火花和电弧以及金属导线的熔粒均可引燃可燃物，从而引发火灾。

第二，过热或高温。短路时很大的电流使线路在短时间内产生大量热量，其温度急剧上升，引起绝缘材料或附近可燃物受热燃烧。

2. 短路的主要原因。

第一，导体的绝缘层会由于磨损，潮湿，腐蚀，鼠咬和老化而失去绝缘能力，从而导致相或接地之间的短路。

第二，绝缘导体会受到外部机械力的损坏，例如，电线被重物卷曲或被工具损坏时。

第三，电气设备的长期过载操作会导致老化并损坏传输线绝缘。

第四，过电压或雷击会损坏电线的绝缘，导致短路。

第五段是由于安装或维护过程中的接线或操作错误而引起的。

第六，架空线路线间距太小，档距（相邻两电杆之间的水平距离）过大，电线松弛，有可能发生两线相碰。

3. 短路的预防措施。

第一，必须严格执行电气安装的安装规定和技术管理规定，并且必须严格禁止非电气安装和维修。

第二，根据使用环境选择不同类型的电线（例如，普通绝缘电线可用于干燥和无尘的地方）保护绝缘电线（铝电线，塑料电线）是潮湿的地方应该用在将普通的绝缘电线放在钢管和塑料套管上。

第三，导线绝缘强度必须符合线路电源电压的要求。即用于 220 V 电压的绝缘导线应选用 250 V 级，用于 380 V 电压的绝缘导线应选用 500 V 级。

第四，架空线与各种设施之间必须保持恒定的水平和垂直距离，以确保架空线的安全运行并防止与车辆，树木，建筑物等碰撞而引起的短路。

（二）过负荷

当电流通过电线时，电线会由于电线的电阻而发热。长时间不使导线过热而允许的电流量称为导线的安全载流量。如果电线上的实际电流超过安全电流量，则称为过载。此时，电线温度超过最高允许温度，加速电线绝缘的老化。过载或长时间过载会导致绝缘层变质并损坏，导致短路和火灾。

1. 过负荷的火灾危险性。

第一，当配电线路过负荷时，导线的温度超过最高允许工作温度（如塑料绝缘导线允许长期工作温度为65℃），会使绝缘加速老化，甚至损坏，引起短路火灾事故。

第二，当配电线路过负荷严重时，导线的温度会达到导线绝缘材料的自燃点而发生燃烧，引燃导线周围的可燃物造成火灾。

2. 过负荷的主要原因。

第一，设计选择不合理，实际负载超过电气设备和配线的额定负载，如果导线的横截面太小，则与负载电流值不符。

第二，连接到配电线路的负载能力超出极限的线路上的电气设备过多或过多。

3. 过负荷的预防措施。

第一，必须根据导线的最大工作电流正确选择导线的横截面积。另外，电线的质量必须符合当前的国家技术标准。

第二，严禁使用铜线或铁线替换保险丝中的保险丝或更换大容量保险丝。

第三，未经许可，不能将电气设备添加到原始线路中。

第四，对生产线进行持续监控。在严重过载的情况下，有必要切断部分负载或增加导体横截面积。

（三）接触电阻过大

在电路中，有许多连接点，这些连接点不可避免地产生一定的电阻，称为接触电阻。如果接头处的连接良好，则接触电阻很小，可以忽略不计。如果连接不良或由于其他原因未正确接触接头，则接触电阻将显着增加，这称为过度接触电阻。

1. 接触电阻过大的火灾危险性

如果电线和电线或电线和开关，保险丝，刹车刀和负载未牢固地连接到电线，则连接的接触电阻将大大增加。当电流流动时，连接处会发生局部过热，这可能导致金属变色或熔化，同时在不良的接触表面产生火花。这会燃烧绝缘材料和可燃物并引起火灾。

2. 接触电阻过大的主要原因

第一，安装质量差，需要连接电线和电线，以及连接电线和电气设备。如果不拧紧螺栓或螺母，则如果两个导体之间的触点未牢固固定，则接触电阻会显着增加，尤其是在多尘环境中。

第二，诸如氧化物层，污垢和油之类的杂质附着到电线上。

第三，由于热，振动或不平坦的接触表面，接触点松动。

第四，由于接头处理不当，不同金属（如铜、铝）接触，产生电化学腐蚀，使连接处氧化。

3. 接触电阻过大的预防措施。

第一，电线与电线之间或电线与电线与电气设备的端子之间的连接必须牢固，牢固且稳定。

第二，当连接铜线和铝线时，通常应使用铜铝过渡接头。也可以将锡箔用于铜和铝的接头，或者将锡用于铜线的接头。

第三，该线不能通过大电流的连接器用作连接器，因此需要使用氧气焊接头并在连接时增加并拧紧弹性部分。

第四，定期检查并检查接头，以确保接触电阻不会增加。有必要加强对关键连接接头的监控。可以在容易产生过度接触电阻的零件上放置变色漆或温度测试蜡，以及时发现过热。

第二节　电气设备防火

一、变压器防火

1. 引起变压器火灾的主要原因。

第一，变压器过载，这导致温度升高和绝缘降低。变压器铁芯堆叠不良或芯片老化增加铁损，从而导致变压器过热。

第二，变压器线圈受到机械损坏或浸湿，导致层间短路或旋转并产生高热量。

第三，漏油以及来自变压器油箱，套管等的漏油会导致表面灰尘，并在暴露于火焰时燃烧。

第四，与变压器接线，分接开关等接触不良，会导致局部过热。

2. 预防变压器火灾的主要措施。

在安装之前，请第一检查变压器的绝缘，以确保所有部件都绝缘良好，并且变压器的额定电压与电源电压匹配。

第二，在安装过程中要注意牢固的布线和稳定的接地。

第三，在运行期间要注意变压器电流和电压的测量，以防止过载运行。

第四，必须加强对变压器零部件的检查，及时发现并及时处理损坏，漏油等异常情况。

第五，将油的温度调节到 85℃以下，并定期取样和测试油。如果发现机油或酸的质量超过规定值，请及时更换。

第六，变压器房的相应防火措施为：油浸式变压器应使用具有一流防火性能的建筑物，门不可燃或难以燃烧。而且必须有储油设施。变压器室应有良好的自然通风，室温应不超过 45℃（如果室温过高，可采用机械通风）；变压器外壳和墙壁必须保持一定距离并符合相关要求：不能将其他物品堆放在变压器室中，应保持清洁，地面上无油和水。

二、配电盘防火

配电盘是电气设备的电源和配电之间的中间链接，根据控制的设备，它可以分为照明配电盘和电源配电盘。

1. 引起配电盘发生火灾的主要原因。

第一，配电盘的布线与电器，仪表等接触不良，从而导致过大的接触电阻。

第二，开关，保险丝和仪表的选择与配电盘的实际容量不匹配。

第三，长期过载操作。

第四，保险丝的保险丝选择不符合要求。

第五，如果配电盘关闭或保险丝烧断，则在配电盘的配电盘上会产生火花和电弧。

2. 防止配电盘火灾的主要措施。

第一，配电盘的金属框架，铁面板的金属表面和面板设备的金属外壳应良好接地。

第二，配电盘中的电线必须绝缘，不能错误连接，丢失和错误连接。

第三，当配电盘中安装的各种刀闸和断路器处于断电状态时，刀片或活动部件不应工作。

第四，将交换机安装在有易燃灰尘和可燃纤维的地方时，必须用钢板密封交换机。

第五，在有爆炸危险的地方，应使用防爆配电盘。

第六，保持配电盘清洁，不要在其附近存放可燃物，例如衣服或手套。

第七，高压配电室必须采取严格的防火措施。高压配电室应为 1 级和 2 级防火建筑物，低压配电室的耐火性不得低于 3 级，并且配电室的窗户应避免雨雪，防水和小动物的侵害。当低压配电单元位于同一房间时，两个单元之间的距离应至少为 1m。充满油的电气设备，例如断路器和变压器，必须安装在两侧都有隔板的空间内。或者，如果防爆间隔内的机油总量超过 600 kg，则必须将其安装在单独的防爆室内，或安装一组总机油超过 60kg 的高压和低压配电单元，例如浸油的变压器。有一个储油设施或一个断油设施，连接母线，电缆和通风管道的孔以及穿过墙壁，地板和地板的剩余孔用耐火材料堵住，以防止充油设备着火后起火应该。拥有一定数量的灭火设备。

三、电焊设备防火

1. 电焊设备及其火灾危险性。

电焊有几种类型，目前使用最广泛的是电弧焊。电弧焊使用电极作为电路的电极，焊缝使用与另一电极接触电阻的原理来产生高温并在两个电极之间形成电弧。将金属熔化以进行焊接，通常称为电焊。

用于焊接的主要设备是电焊机。在电焊过程中，电弧温度可达到 3000℃～6000℃，大量产生火花，焊接温度很高，容易点燃易燃材料，并有引起火灾的危险。

2. 电焊设备和电焊的防火措施。

第一，焊接设备必须处于良好状态。应当确保电焊机和电源线的绝缘，应使用铜丝作为导线，并具有足够的横截面，以防止绝缘在使用过程中因过载而损坏。如果电线断裂，必须及时更换或丢弃。

第二，应使用螺栓或螺母拧紧焊机和焊钳与焊丝的连接，以免产生易燃易燃易爆物质。

第三，电焊机在运行过程中经常与电气设备接触，因此，他们需要了解并掌握与本项目有关的电气设备的结构和原理，并且要善于基本操作，维护和安全用电。

第四，要建立安全用电的各项规章制度，严格执行安全运行规程和输电制度，建立事后责任制。

第五，有必要在特殊建筑物中进行电弧焊。严禁将工厂中的金属部件，管道，轨道或其他金属物体用作导体。

四、照明装置防火

可以将其他形式的能量转换为光能并提供光通量的设备和设备统称为光源。其中，电能可以转换为光能，提供光通量的设备和器具称为电光源。电光源按其工作原理主要分成两大类：一类是热辐射光源，即利用电流的热效应，将具有耐高温、低挥发性的灯丝加热到白炽化程度而产生可见光，常见的有白炽灯、卤钨灯等；二类是气体放电光源，即利用电场对气体的作用，使气体电离，电子离子撞击荧光粉产生可见光，常用的有荧光灯（日光灯）等。

照明灯具是指控制光源发光及其分布的一种装置。其主要作用有：固定光源，使光有效射向需要光的地点和提高光源的利用率，装饰照明场所，防止光源引起的眩光，保护光源不受外力、潮湿和有害气体的影响。灯具的最基本组成部分是灯座，再配以灯架和灯罩及其附件组装而成。

照明电光源和照明灯具构成照明装置。照明装置在工作过程中，其电光源一般要产生大量的热，使装置具有较高的温度，存在着很大的火灾危险性。照明设备广泛用于各种生产和生活区域，因此人们普通且容易忽视消防安全，这增加了发生火灾的可能性。照明设备引起的火灾事故很多，损失严重。

（一）常用照明电光源

1. 白炽灯

第一，结构。白炽灯主要由灯头、灯丝、玻璃壳组成。灯头有插口式和螺口式两种，功率大的灯泡一般采用螺口灯头。灯丝一般都用高熔点、低挥发的钨丝制成。玻璃壳用普通玻璃制作，玻璃颜色不同，灯光颜色也不同。小功率灯泡的玻璃壳内抽成真空，大功率灯泡的玻璃壳内充有貌气或氮气等惰性气体，使钨不易挥发。

第二，工作原理。灯丝通过电流时被加热至白炽状态而发光，此时灯丝温度可达 2 000×3 ~ 3 000×3。输入白炽灯的电能只有 20% 以下转化为光能，80% 以上转换为红外线辐射能和热能，且白炽灯在使用过程中灯丝不断挥发，挥发出来的钨沉积在玻璃壳内，使灯泡发黑。

第三，特点。白炽灯具有价格便宜、起动迅速、便于调光、安装方便等优点。但耗电量大、发光效率低且使用寿命短是其最大缺点。

2. 卤钨灯

第一，结构。卤钨灯主要由电极、灯丝、石英管组成。用于普通照明的卤镣灯。灯管内抽成真空后充以微量的卤素和氧气，由于灯管尺寸小，机械强度高，充人的惰性气体压力较高，能有效地抑制灯丝的挥发，所以卤钧灯较白炽灯使用寿命要长。

第二，工作原理。卤钧灯的发光原理与白炽灯相同，但其性能比白炽灯有所改进，主要是卤钙循环的作用。所谓卤钙循环是指：当卤钧灯点燃后，灯丝温度很高，灯管温度也超过 600℃，这时挥发出的钙和卤素在靠近灯管壁附近化合成卤化钙，使钙不致沉积在管壁上，有效地防止了灯管发黑，提高了发光效率。卤化鸨又在高温灯丝附近被分解，其中有些钙回到灯丝上去。正是由于卤鸨循环作用，卤钙灯管在整个使用期间保持良好的透明度，使卤钙灯发光效率、光通量稳定，光色、寿命比白炽灯都有所改善。

第三，特点。卤钧灯与白炽灯相比具有体积小，光通量稳定，光色好，光效高和寿命长等优点，但对电压波动比较敏感，耐震性也比较差。安装必须保持水平，倾斜角不得大于 ±4 度。

第四，分类。卤钙灯根据充入灯泡内卤素不同，分为碘鸨灯和漠钧灯。漠钙灯光效比碘钙灯高 4% ~ 5%，色温也有所提高。漠钙灯寿命一般小于 1 000 小时，碘钙灯寿命大于 1 000 小时。

3. 荧光灯

第一，种类。荧光灯有普通荧光灯（又称日光灯）、圆形管荧光灯（又称环形管荧光灯）、H 型荧光灯、双曲荧光灯和双 D 荧光灯等几种类型。其中普通荧光灯是一种应用比较普遍的电光源。

第二，结构。普通荧光灯由直管式荧光灯管、荧光灯镇流器、启辉器及电容器组成。直管式荧光灯管由灯头、热阴极（灯丝）和内壁涂有荧光粉的玻璃管等组成。热阴极为涂有热发射电子物质的鸨丝，管内抽真空后充入气压很低的汞蒸气和情性气体氢。镇流器是荧光灯的主要附件，用来提供灯管和控制灯管的工作电流。它分为电感式和电子式两种类型。

电感式镇流器需要和启辉器及灯管配套工作，启辉器作为预热启动用。通常使用的电感式镇流器功率因数仅在 0.42–0.67 之间，需要电容器补偿来提高功率因数。

电子式镇流器存在电感器与电容器串联的电路，利用串联谐振原理使功率因数大于 0.9，且具有过热过压过流等多种保护功能。其能耗为同功率电感式镇流器的 70%，稳定性高，能低压启动，无频闪，无噪声，外壳温升低，有较强的环境温度适应能力。

第三，工作原理。普通荧光灯是利用管内低压汞蒸气，放电过程中汞原子被电离时辐射出的紫外线去激发内壁上的荧光粉而发出近似日光可见光的一种气体放电灯。其点燃过程不再详述。

第四，特点。荧光灯具有光色好、光效高、用电省、寿命较长，表面温度低等优点，因此被广泛应用于各类建筑物的室内照明。

（二）照明装置的火灾危险性

1. 白炽灯引起火灾原因。

第一，灯泡烤燃易燃、可燃物。白炽灯工作时它的表面温度很高，功率越大，使用时间越长，则温度就越高。

若功率较大的灯泡紧贴可燃物或埋入可燃物以及用纸或布帛作灯罩，往往会烤着可燃物而引发火灾。

第二，灯泡破碎，灯丝产生火花引燃可燃物。大功率灯泡受热不均匀或水滴溅在高温灯泡的表面上以及供电电压超过额定电压较多，都能使灯泡玻璃爆碎或破碎，导致灯丝与空气接触，发生瞬间燃烧产生火花，掉落在下面的可燃物上起火。

第三，易燃的灰尘和可燃纤维会积聚在灯泡中并燃烧。

第四，不良的接触可能导致灯头的触点发热或产生火花，如果灯头和玻璃外壳松动，则灯头可能会扭曲并引起短路。

2. 卤钨灯引起火灾原因。

用于普通照明用的卤鸨灯灯管管壁温度高达 600℃以上，若接近易燃物或安装在木质灯架及易燃的建筑物上，都可引起火灾。

3. 荧光灯引起火灾原因。

普通荧光灯引起火灾是由于镇流器过热燃烧和灯管与灯座接触不良产生火花而造成。当镇流器工作，散热条件差或光管合理不一致时，它还会消耗功率并具有一定的温度，并且附近电路的故障将导致内部温度升高，这将损坏线圈的绝缘，从而使线圈短路如果形成，则可能会发生高温，导致周围的可燃物燃烧，从而引起火灾。

（三）防止照明装置引起火灾的措施

针对照明装置发生火灾事故的原因，在设计、安装、使用电灯和照明灯具时，应认真采取以下防火措施：

第一，根据使用环境的性质选择正确的灯具类型。在潮湿和潮湿的环境中使用防潮灯。户外照明需要安装防水灯。

第二，保持白炽灯灯泡，卤素灯与可燃建筑组件或其他可燃材料之间的所需防火间隔距离。通常，功率为 40W 或更高的白炽灯泡至少应为 30 厘米，卤素灯至少应为 50 厘米。如果不能满足该要求，则应采取绝缘措施（例如，在石棉布或照明设备的热部件与易燃部件或其他易燃材料之间进行通风和冷却）。

第三，照明灯应使用拉动开关或墙壁开关。开关必须用日志块固定。地面上的拉动开关的高度至少应为 1.8 米，地面上的墙壁开关的高度至少应为 1.2 米。

第四，正对灯泡的下面，不应堆放纸张、布、衣服、棉花包等可燃物品，以防灯泡破碎时掉落火花，引起火灾。在可能遇到碰撞地点，灯泡要有坚固的玻璃罩或金属保护网。

第五，在 36V 及以下的照明电路中，要选用足够导线截面。同时，导线外还要有金属管、塑料管或橡皮水软袋进行保护，并与其他导线有明显的区别标志。

第六，为了保证安全，储存可燃、易燃物的库房内，不应安装卤钨灯；卤钙灯和额定功率大于 100W 的白炽灯的吸顶灯、槽灯、嵌入灯的引入线，要采用瓷管、石棉、玻璃丝等不燃材料进行隔热保护。

第七，白炽灯、荧光灯的镇流器、卤鸨灯等，不要安装在可燃建筑构件或可燃装饰上。

第八，如果照明设备和附件有缺陷，则必须及时修理，切勿使用。各种灯，尤其是大功率灯，在不需要时都应关闭。

第三节 静电及其防火措施

一、静电的产生与特性

1. 静电的产生

静电是指由两种不同材料之间的摩擦产生的相对静电荷，其中失去电子的材料带正电，而获得电子的材料带负电。另外，当两种材料紧密接触然后分离时，当材料被加热，加压或撞击，材料被电解并且被另一种带电物体感应时，也会产生静电。

静电现象是常见的充电现象。例如，在干燥的天气中，用塑料梳子梳理头发会给带来明显的“噪音”释放，如果在冬天的夜晚脱掉毛衣，则会看到一小块明亮的蓝色火焰。在某些区域，客人握手并且双方突然缩水或几乎突然弹出。在生活中，由于受力有限，这些静态现象通常不会造成太大伤害。

2. 静电的特性。

静电从整体上讲，具有电压高、能量小，而危害大的特性。

第一，静电的电量小而静电电压高。由于电压高，则易引起放电，并产生火花，这对于危险场所有可能引起火灾。

第二，静电产生后，在一定的条件下会发生放电。有几种类型的静电放电，例如电晕放电，电刷放电，电刷放电传播，火花放电和雷电放电。

电晕放电是指发生在带电体尖端附近局部区域内的放电。放电时伴有淡蓝色光和嘶嘶声。例如金属导体的尖端电荷集中，很容易发生电晕放电，放电时有极大的危险性，特别是在爆炸和火灾危险场所。

刷形放电是指在绝缘体一侧出现多火花分支的击穿放电。放电时伴有声光，有引燃危险。

传播形刷形放电是指绝缘体背面紧贴有金属导体时，沿绝缘体正面出现多火花分支的击穿放电。放电时伴有较强声光，其引燃危险大。

火花放电是指火花集中的击穿。放电时伴有短促的爆裂声和明亮的闪光，其引燃危险很大。

雷形放电是指由空间悬浮带电粒子构成的放电。放电时伴有较强声光，其引燃危险大。

第三，静电会发生静电感应。静电感应是指在静电场中的导体表面感应出电荷而使导体带电，这是静电的一个特有的性质。在工作场所中很可能会产生静电，静电的感应会给导体或人造成电荷，而高电压可能会导致火花放电。这是一个极其危险而又被人们往往忽略的危险因素。

第四，绝缘体上的静电消失或泄漏得很慢。当绝缘体上产生静电过程停止后，在较长的一段时间，仍然存在着静电的危险，这点需特别注意，必须设置消除静电的装置。

第五，静电屏蔽是指一个接地的金属屏蔽罩用以隔离内外电场的相互影响。通常桶形或空腔的导体，其内部有电荷时，必定在外壳感应出电荷，但当外表面接地时，则外部的电荷为零，且不影响内部的电荷。

二、静电的火灾危险性

在许多静电危害中，火灾和爆炸是最严重的。尽管产生静电后产生的电量很小，但由于高压容易产生火花放电，如果所有可燃物质都在现场并且可燃物质形成爆炸性混合物（爆炸性气体，蒸气和爆炸性粉尘），则可能是由于静电引起的。火花引起的爆炸或起火。因静电引起爆炸或火灾的惨重事故，屡见不鲜且触目惊心。

三、静电防火措施

尽管静电有引起火灾和爆炸的危害，但是人类还是掌握了战胜及降伏它的方法。防止及控制静电的基本方法有泄漏法、工艺控制法和中和法等。

（一）泄漏法

所谓泄漏就是把静电泄掉，泄漏法包括接地、增湿、降低电阻率等。

1. 防静电接地

接地是防止静电积累、消除危害的简便有效方法。接地将静电从带电体通过接地装置或接地导体引入，从而更快地接地，这可以防止在带电体上大量积聚静电。

第一，需要将所有可能产生静电的设备，设备和装置以及所有运输和储存各种易燃易爆气体和液体的设备可靠接地。

第二，为了防止由于电位差引起的放电，必须将两个或多个静电产生的零件，设备和装置与地面连接在同一位置。装有液体的金属管和金属容器必须牢固连接并通过金属接地。否则它将无法正常工作。

第三，具有爆炸危险并具有重大政治意义的地方或建筑物的地板必须由导电材料（例如导电混凝土和橡胶）制成，并且地面也必须接地。

第四，工人可以在有静电危险的地方穿着防静电工作服和工作靴。应注意不要穿着由聚酯，尼龙，聚酯制成的衣服，手套，袜子或围巾。

2．增加空气湿度

加湿是引起静电泄漏的一种方法，适合从绝缘体中去除静电。加湿主要是为了增加沿绝缘子表面的静态泄漏，而不是增加通过空气的泄漏。因此，加湿有效地去除了绝缘体的静电，该静电易于在表面上形成水膜或容易被诸如橡胶的水润湿，并且不能在表面上形成水膜或被诸如纯聚酯的水润湿。加湿绝缘体是有效的。静电消除无效。从消除静电危害的角度讲，一般应保持相对湿度在 70℃以上为好。增湿的具体方法可采用通风系统进行调湿、地面洒水以及喷放水蒸气等。

3．降低电阻率

添加导电填料是指在易产生静电的绝缘材料中掺入导电性能良好的物质的方法来降低电阻率，如在橡胶的炼制过程中，掺入一定量的石墨粉，使橡胶的电阻率降低，而成为导电橡胶。

防静电剂以油脂为原料，主要成分为铉盐，其作用是使化纤、橡胶、塑料等物体的表面吸附空气中的水分，增加表面电导率如在感光胶片上涂防静电剂，可使表面电阻率大大下降而减少静电的积累。

（二）工艺控制法

工艺控制法是指控制工艺过程，限制静电的产生，使之不超过安全限度。

1．降低摩擦速度或流速

限制易燃可燃液体在管道中的流速，可以减少静电的产生和积累。如管径为 12 毫米的乙丑管道，其流速不应大于 1 ～ 1.5m/s。

2．清除杂质

清除管道内杂质或积水，有利于消除静电。

（三）中和法

所谓中和是指正电荷和负电荷的中和，静电中和是通过电子和离子进行的。静态中和由静态中和器执行。

四、医院和电子计算机房静电防火

1．医院静电防火

第一，医院放射科胶片室。胶片必须放在纸袋里储存，这不仅是为了保护胶片，更重要的是防止胶片相互摩擦，产生静电。

第二，医院手术室。手术室内的火灾危险性，主要同使用易燃易爆的麻醉剂有关。手术室内应有效地消除静电，应采用特制的导电水软袋，或在乙醚的导管内或导管外加设一条导线与麻醉机连通；麻醉机和手术床接上一条多股金属软线与大地连通；在麻醉师和医务人员的脚下，应铺接地的铜板或金属网，并穿能导电的拖鞋，不得穿塑料垫的鞋，以消除机械设备和人体上静电。所使用的床单、敷料等都应是纯棉织品，所有人员不准穿涤纶一类合成纤维衣服进手术室。

2. 电了计算机房静电防火。

第一，机房内宜选用具有防火性能的抗静电活动地板或水泥地板，以消除静电。

第二，机房内室温保持在 10 ~ 27℃间，相对湿度应保持在 60% ~ 80%。机房内防止有害气体（如 SO_2、H_2S 等）侵入，并应有良好防尘措施。

第三，严格禁止在机房中存放腐蚀性和易燃材料。维护期间，请勿使用易燃溶剂，例如汽油，酒精，丙酮，苯和甲苯。如果确实需要这项工作，则应采用有限数量的方法，每次带来的数量不应超过 100 克。严禁使用可燃材料清洁带电设备。

第四节　雷电及其防火措施

一、雷电的形成、特点和分类

1. 雷电的形成。

雷电是大气中的自然放电现象。形成过程通常可以描述为：云是由从地面蒸发的水蒸气形成的。随着水蒸气的上升，它与顶部的冷空气接触并凝结成小滴，形成积云。此外，水平移动的冷或热块会在前界面形成积云。当云中的水滴在强气流中飞翔时，它们会分为大滴和小滴。较小的液滴被气流携带，形成负电荷，较大的液滴形成冰晶并带正电荷，这可以认为是在液滴冻结过程中发生了电荷转移。当强劲的气流移动水时，会形成相反电荷的雷云。可以看出，水汽和强气流是形成雷暴的基本条件。

随着电荷的增加，雷暴的可能性逐渐增加。不同电荷的雷云或雷云和突出物在某种程度上相互靠近，会产生强烈的放电，同时产生强烈的闪光。在放电过程中，温度可能高达 20000℃，因此在加热时，空气急剧膨胀，从而引起轰鸣声。电闪雷声。

2. 雷电的特点

第一，电压高、电流大、能量释放时间短，因此破坏力相当大。

第二，电流幅值大，冲击性强。

第三，雷电流上升的速度即陡度大。

第四，雷电的冲击电压高，一般为几十至几千千伏。

第五，放电时间短，一般为十几微秒，最大为 500 毫秒。

3．雷电的种类

根据雷电的不同形状，大致可分为片状雷、线状雷和球状雷三种形式。最常见的是线状雷，有时也能见到片状雷，个别情况下还会出现球状雷。

第一，线性雷声。线性地雷共有三种类型：直线型地雷，导向型地雷和雷电侵入波。

直接雷电是雷暴直接在地面上发射建筑物或其他物体的现象。当雷电直接袭击建筑物或其他物体时，它们会产生大雷电流，并产生高电压阻抗降。直接的雷击很容易达到建筑物顶部或高层建筑物侧面上的悬垂物。

感应雷电也称为雷电感应，分为两种类型：静电感应雷电和电磁感应雷电。静电感应雷雨接近地面时会发生闪电，静电感应会在建筑物中引起许多异质电荷。如果沿着电线和金属管将高地电位引入房间，则可能会发生放电，导致火灾和爆炸，从而危及人身安全。

电磁感应的雷击是指这样的事实，当雷击时，雷电流会迅速变化并产生在周围空间中迅速变化的强磁场，而地面或建筑物中的金属导体则通过电磁感应产生电动势。它是一种开环导体，可能会导致开口中的过电压或火花放电。

闪电入侵也被称为潜在的大量入侵。当架空线或金属管道雷击并向附近发出雷暴雨时，架空线或金属管道会产生较高的电动势，该电动势会迅速沿线或管道传递到建筑物中。闪电会引起火灾和电击。

第二，球形雷声。球形雷电是一种特殊的闪电现象，直径为几厘米到几十米的紫色或红色发光球体，通常持续 3 到 5 秒钟，通常沿着地面滚动或漂浮在空中。有时会通过空隙进入房间并撞到建筑物或其他物体，所以会被释放，经常引起燃烧和闪电。

第三，片状雷。片状雷是在云间发生，对人们影响不大，但能干扰通信。

二、雷电的火灾危险性

雷电有很大的破坏力。当直击雷放电、球状雷侵入及雷电流转化的高温、冲击电压击穿电气设备的绝缘而短路时，均可能引起爆炸和火灾。因此，雷电的火灾危险性主要表现在雷电放电时所出现的各种物理效应和作用。

1．雷电的热效应

遭受雷击的建筑物，树木等可以通过强雷电流产生大量热量，但它们不易在短时间内释放，从而导致金属熔化并烧毁。雷电流流过易燃易爆物品时，会发生火灾和爆炸等严重事故。

2. 雷电的电磁效应

雷电电流非常大且变化迅速，在其周围会产生强大的电磁场，从而在附近的导体上产生较高的感应电压，其幅值可能会达到几十伏。它足以穿透通用电气设备的绝缘层，从而引起短路并引起火灾和爆炸。有时高压会沿着电线或金属管流入建筑物，从而导致设备和事故。

3. 雷电的机械效应

雷电流温度很高，当它通过树木或墙壁时，其内部水分受热急剧气化或分解出气体剧烈膨胀，产生强大的机械力，使树木或建筑物遭受破坏。强大的雷电流通过电气设备会产生强大的电动力使电气设备变形损坏。

三、建筑物的防蓄

（一）建筑物的防雷分类

根据建筑物的重要性，建筑物的使用特性，雷电事故的可能性和后果以及防雷要求，建筑物的防雷等级分为三类。

1. 第一类防雷建筑物。

第一，如果在建筑物中制造，使用或存储大量爆炸物，或者在正常环境中会形成爆炸混合物，则由电气火灾花引起的爆炸会造成严重的伤害和伤害。

第二，特殊用途的建筑物，例如市政厅办公楼，大型展览馆和展览馆大楼，大型火车站，国际机场，电信枢纽，国有酒店和大型旅游大楼。

第三，受主要国家文化古迹保护的建筑物和构筑物。

第四，超高层建筑。

2. 第二类防雷建筑物

第一，它们与第一类（1）的特征相同，但不会造成重大损害和人员伤亡。

第二，重要或人口稠密的大型建筑物，例如地方和省级办公大楼，大型地方集会，展览和展览，体育，交通，电信，广播，商业和剧院。

第三，受国家文化财产保护的建筑物。

高度为 50 米或以上的四层，十九层或更高的住宅建筑物以及其他民用和一般工业建筑物。

3. 第三类防雷建筑物。

第一，一般建筑物不属于 I 或 II 类雷电保护，但需要雷电保护。

第二，高度超过 20 米的民用和通用工业建筑要比其他建筑或建筑群的边缘高。在雷电强烈的地区，高度可以超过 15 米，在雷电较小的地区，高度可以超过 20 米。

第三，是高度至少为 15 米的孤立建筑物或结构，例如烟囱和水塔。在雷电和闪电较低的区域，高度可能超过 20 米。

这是雷击最严重的地区中的第四座历史建筑，或者雷击较多的地区中更重要的建筑。

（二）建筑物的防雷措施

建筑物的防雷措施必须根据环境条件，雷电活动和建筑物特性采取不同的措施。I 级和 II 级防雷建筑物必须采取防止雷电侵入的措施，III 级防雷等级建筑物必须采取措施防止雷电从低压架空线进入。

1．防止直接雷击的措施

为避免雷电袭击，需要为建筑物配备防雷装置。完整的防雷装置由三部分组成：空气终端装置，引下线和接地装置。空气终端系统用于扑灭闪电，是直接接触闪电的部件。基本形式是避雷针，避雷针和避雷针，它们安装在建筑物的顶部，由金属材料制成，建筑物的金属屋顶和金属部件（例如金属烟囱，金属栏杆，通风管等）也可以加倍。暴露狂。避雷器通过引下线连接到接地装置，引下线的作用是形成雷电路径，通常由圆钢或扁钢制成。建筑物中的钢筋混凝土中建筑物的金属零件和钢筋可以用作避雷导体，并且可以通过焊接形成电气路径。接地装置是埋入的金属导体，其功能是快速将雷电流排到地面，并将雷电保护限制在过大的接地电压下。接地装置通常由垂直埋角钢，圆钢，钢管或水平埋扁钢和圆钢组成，钢筋也可用于钢筋混凝土基础和建筑物中埋入地下的金属零件。

防直击雷常采用以下措施：

第一，安装避雷针。避雷针为针型导体，独立且高于被保护建筑物，或安装在建筑物突出部位，像伞一样保护下面的建筑物免遭直接雷击。该装置常用于第一、二类防雷建筑物。

第二，安装避雷带。常用圆钢或扁钢做成的条形长带，装于建筑物易遭受雷电直击的部位，如屋顶女儿墙、屋檐屋角、屋脊、山墙等凸出部位。这种方法常用于二、三类防雷建筑物。

第三，设置笼网。近年来，高层建筑发展之快如同雨后春笋，笼网就是利用高层建筑结构配筋所形成的笼做接闪器。在雷电到来时，笼网虽具有较高的电位，但笼内人体却不带电，因此，建筑物及建筑物内的人体受到保护。为了防雷效果更好，人们同时在高层建筑顶上加上防雷带，用建筑物主盘作引下线，将整个钢筋与其他钢筋网连接，这样组成了一个全方位防雷体系，防止了高层建筑雷电侧击的可能性，从而更完整地达到了高层建筑的防雷效果。

第四，充分利用建筑物屋面上的金属部件吸收雷电。如金属面、屋面的金属栏杆等，利用这些金属作为接闪器，将雷电引入地下。

第五，对一类防雷建筑物而言，引下线距墙面及接地装置距地下金属管道和电缆应大于 2 米。

第六，对于一类防雷建筑物及高在 30 米以上的高层建筑而言，建筑物的钢门窗、室内金属设备均应接地。

第七，当建筑物为高层一、二类防雷建筑物，自 30 米以上每三层沿建筑物四周设均压带。

2. 防止感应雷措施

为了防止感应雷，常采用如下措施：

第一，为了收集感应的静电，可以在建筑物的屋顶上安装一个收集电荷的设备（例如，避雷器等）。如果建筑物上方的雷暴放电的强电场突然消失，则建筑物的剩余电荷会通过引下线迅速进入地面，从而避免并损害了建筑物的高电势。

第二，将室内一切金属设备和管道接地。金属管道的出、入口处及管道的接头、阀门、三通等均应用导线跨接后接地。

第三，接地装置应沿建筑物四周环形敷设，防感应雷措施多用于一、二类防雷保护建筑物。

3. 防止雷电波侵入的措施。

为防止高电位冲击波的引入，一般采取如下措施：

第一，安装避雷器。当线路上因雷击产生高电位时，经避雷器对地放电，从而保护了电气设备免遭破坏。

第二，当采用架空进线时，进线杆前 50 厘米内每根电杆均应接地。

第三，架空引入室内的金属管道，应在室外每隔 25 米接地一次，入户接地电阻 R 应小于 20 欧姆。

总之，为了使防雷设备充分利用适当的保护功能，它不仅必须具有合理的设计和正确的结构，而且还必须加强日常维护。防雷装置的检查涉及两个方面：外观检查和测量。通常，可以使用接地欧姆表来测量各种建筑物的防雷接地电阻是否满足要求，并且每三年进行一次接地电阻检测。

目视检查主要包括空气终端和引下线等各种组件的连接是否稳定，是否存在机械损坏，腐蚀，生锈等，以及支撑是否牢固。对于发现的其他问题，有必要使用其他维修方法，例如加强，加固，调整，使用保护性漆膜上漆，局部更换等，以使其正常工作，并且应当每年进行一次外观检查。雷雨过后，需要巡逻雷电防护装置，发现问题并及时进行处理。

第六章　建筑防火

第一节　建筑防火基础

一、建筑物的耐火等级

由于各类建筑的用途、重要程度、火灾危险性、结构形式、层数或高度等方面的不同，所以对建筑物耐火能力的要求和采取的防火措施也不同。任何建筑物都是由墙、梁、柱、楼板等建筑构件组成的。而一座建筑物的耐火能力又是由组成该建筑物的墙、梁、柱、楼板等主要建筑构件的耐火能力决定的。建筑构件的耐火能力主要取决于组成构件的建筑材料的燃烧性能和构件的耐火极限。

（一）建筑材料的燃烧性能

供建筑使用的材料统称建筑材料。建筑材料的燃烧性能是指其燃烧或遇火时所发生的一切物理和（或）化学变化，该项性能主要取决材料的可燃程度及对火焰的传播速度。目前，我国将建筑材料分为四个级别：

第一，不燃性建筑材料，如砖、钢材、石材等。

第二，难燃性建筑材料，如经过阻燃处理的木材、沥青混凝土等。

第三，可燃性建筑材料，如竹子、木板、纤维板等。

第四，易燃性建筑材料，如油毡等。

（二）建筑构件的燃烧性能

组成建筑物的建筑物组件各不相同，但根据燃烧性能通常分为三类。

第一，由不可燃建筑材料（例如，不可燃物体，金属，砖和石头）制成的组件被称为不可燃物体，并且这些组件不会着火，并且在火或空气中暴露于高温时会轻微燃烧，例如钢梁，砖墙等。

第二，不可燃材料，由不可燃建筑材料制成的组件或由可燃建筑材料制成并受不可燃建筑材料保护的组件称为不可燃材料。当暴露于火或空气中的高温下时，这些组分难以点燃，轻微点燃和碳化。消除火势可立即停止燃烧或微点火，例如木龙骨，板条石膏隔墙，水泥碎料板等。

第三，燃烧器是一种由可燃建筑材料制成的部件，被称为燃烧器。这种类型的材料是指在暴露于火或空气中的高温时会点燃，并在去除火源后继续燃烧的材料。

（三）建筑构件的耐火极限

耐火性是建筑构件耐火性的主要指标。建筑构件的耐火极限是指从构件着火到失去稳定性，完整性或绝缘性的时间，通常在标准耐火测试中持续数小时。稳定性是指耐火性，是指在标准耐火试验条件下，承重或承重建筑构件在一定时间内承受倒塌的能力。完整性是指防火完整性，即在标准防火测试条件下的建筑物隔离。当一侧将火和热气暴露于火中时，防止火和热气渗透或出现在背面的组件的功能；隔热层起到防火作用，即在标准的防火测试条件下没有建筑物隔断的情况下。火的背面在一侧暴露于火的一定时间内不超过规定值的能力。

（四）建筑物的耐火等级

建筑物的耐火等级是指建筑物在火灾高温的持续作用下，墙、梁、柱、楼板等主要建筑构件，在一定时间内不被破坏并延缓和阻止火势的蔓延，为疏散人员、抢救物资和扑灭火灾赢得时间的综合参数，是衡量建筑物抵御火灾能力的综合指标。

建筑设计的防火规范将建筑物的耐火性分为 4 级。第一级是最高，耐火性最强，第四级是最低，耐火性最低。建筑物的耐火等级取决于组成建筑物的建筑物的防火性能和耐火性，因此，每个防火建筑物的主要构件的耐火性和耐火性也要相应定义。1 类建筑物的主要建筑组件均为可燃材料，2 类耐火建筑物的主要建筑组件为不可燃的，但难以从外部燃烧的天花板除外。这座砖砌的四星级防火建筑由木屋顶桁架，木梁和阻燃隔墙组成。另外，根据建筑物的使用性质、火灾危险性、疏散和扑救难度，把高层民用建筑（10 层及其以上住宅或高度超过 24m 的其他民用建筑称为高层建筑）分为两类，其中建筑高度超过 50 米的商业楼、综合楼及高级住宅、旅馆等为一类高层建筑，10 层至 18 层的普通住宅等为二类高层建筑。不同类别的高层建筑在耐火极限等消防措施方面有不同的要求，规定一类高层建筑的耐火等级应为一级，二类高层建筑的耐火等级不应低于二级。

建筑物的耐火等级是以楼板为基准进行划分的，因为楼板是直接承受载荷的建筑构件，所以楼板的安全代表整个建筑的安全，楼板的耐火极限代表整个建筑的耐火性能。对其他构件的耐火极限要求，则根据建筑物遭受火灾时可能造成的危害和结构受力的主次地位的不同，有不同的要求。如梁承受楼板传来的载荷，梁的耐火极限要高于楼板，才能保证安全。

二、建筑物的防火间距

（一）防火间距的概念

防火间距是指两栋建（构）筑物之间，为防止建筑物间的火势蔓延，适应火灾扑救、人员安全疏散等，在建筑物之间留出的必要间隔距离。从建筑物到周围建筑物或生产，运输，储存和设施的消防安全距离。国家法规对不同建筑物之间，不同类型的植物之间以及存储设施之间的防火距离有明确的规定。设置防火距离的主要目的是：

第一，建筑物之间必须有一定的防火距离，以有效防止火势蔓延。因此，如果发生建筑物火灾，则热辐射不会燃烧，也不会引起防火街道以外的其他相邻建筑物燃烧。如果没有足够的防火距离，则在发生火灾时可能会导致“灼伤营地”。

第二，设置防火距离会产生火灾和灭火条件。发生火灾时，消防车很容易接近火源，并且有足够的空间放置灭火设备以满足消防队的需要。

（二）影响防火间距的基本因素

我们已经知道，火的传播途径主要有热传导、热对流、热辐射、飞火，但火灾向相邻建筑物蔓延的主要途径是热对流、热辐射、飞火。它们有时是单一地作用于建筑物 . 有时则是几种方式同时起作用。下面分别讨论火灾时它们对相邻建筑物的影响。

1. 热对流

因为高温烟气有向上升腾的特性，所以由高温烟气所形成的对流热通过建筑物内的电梯井、通风管道、走廊等，在建筑物内使火灾蔓延。当热气流和高温烟气形成的火焰从建筑物外墙的门、窗等洞口喷射出去向上升腾时，容易将上层房间点燃，引火势向上层蔓延。而对相邻建筑物影响不大，能够直接引燃相邻建筑物的情形并不多见。所以当火灾向相邻建筑物蔓延时，热对流对相邻建筑物影响较小。

2. 飞火

一般说来飞火本身携带的热量不多，很难单独对其他建筑物造成危害。但飞火是点火源，在火猛风大的情况下，飞火常易使已经受到较强热辐射的相邻建筑物起火。经验说明飞火在有风的条件下，可以影响到下风方向几十米、几百米甚至更远的建筑物。但在考虑防火间距时，不能以飞火因素作为依据。因为这不符合节约用地的原则。

3. 热辐射

火灾中辐射热主要来自燃烧的火焰，火焰温度越高，热辐射强度越大。热辐射强度是指单位时间内，单位体积表面积所辐射的热量。热辐射强度正比于温度的 4 次方。当火焰热辐射强度比较高时，虽然两相邻建筑物之间有一定距离，热辐射仍然能将防火间距内的相邻建筑物引燃起火。相邻建筑物距离燃烧的建筑物越近，所接受的辐射热就越多，被引燃的时间也就越短。可见，火灾中对相邻建筑物威胁最大的是热辐射。热辐射是影响防火间距的主要因素。防火间距也主要是为了避免热辐射对相邻建筑物的威胁和满足消防扑救的需要。

4. 建筑物内可燃物的种类和数量

在着火的情况下，建筑物中的可燃材料类型不同，因此，如果数量相同，则火焰温度将不同，因此散热强度也将不同。汽油和丑陋之类的可燃液体比木材和纸燃烧得更快，并且比木材和纸产生更多的热量，因此散热强度也比木材和纸要强。通常，火灾时的热辐射强度大小与建筑物中的可燃材料数量成正比。数量越多，发热量越大，对相邻建筑物的威胁也越大。

5. 相邻建筑物的高度

一般来说较高建筑物着火对较低建筑物威胁要小些，而较低建筑物着火对较高建筑物威胁较大。

另外，建筑物外墙门窗口大小，建筑物内消防设施水平以及建筑物发生火灾后是否及时扑救、火灾延续时间的长短也是影响防火间距的因素。

（三）确定防火间距的基本原则

我国现行的规范对各类建筑物之间的最小防火间距都已制定了相应的规定。我们确定防火间距应遵循的基本原则是：

第一，防止火灾蔓延，主要考虑热辐射的作用。一、二级耐火等级的低层民用建筑应保持 7 ~ 10 米的防火间距。

第二，满足消防扑救的需要，建筑物的高度不同，救火所需使用的消防车也不同。消防间隔距离必须满足消防车最大工作半径的要求，最小消防间隔距离必须能够通过消防车，通常为 4 米。

第三，有必要在节约土地的前提下尽可能多地节约土地，土地是宝贵的资源。火隔离距离是基于在消防队条件下防止火势蔓延的原理。

第四，防火间隔距离应根据相邻建筑物外墙之间的最短距离来计算。

三、消防车道

消防车道是供消防车灭火时通行的道路。保证消防车在火灾时，能够迅速地到达火场和能够顺利地到天然水源或消防水池进行补给取水。我国建筑设计防火规范对应设置消防车道的各类建筑及所应设置的消防车道的形式等等都有具体的规定。对消防车道的基本要求如下：

第一，消防车道的宽度不能小于消防车车体的宽度，一般应大于、等于 3.5 米。

道路上空 4 米以下范围内，不应有建筑物。

第二，当消防车穿过单元门时，门的宽度和高度必须大于 4 米，并且门扇之间的宽度必须至少为 3.5 米。

第三，消防车下方的管道和沟渠必须能够承受消防车的最大负载压力且不塌陷。禁止有树木，架空线等妨碍升起的消防车在消防车与建筑物之间的操作。

第四，圆形防火通道中必须至少有两条道路与其他道路相连。末道消防车道应设置返回区或面积大于 12m × 12m 的返回区。大型消防车的回车场面积必须至少为 15m × 15m。

四、建筑物的防火分区

（一）防火分区的概念

建筑物中的防火室是使用同类的耐火构件或防火隔板来定义的，可以在特定时间内防止火势蔓延至同一建筑物的其余部分。防火区具有水平防火区和垂直防火区。水平防火区是指每个楼层被防火隔板水平分隔的防火区。垂直防火隔断是指地板，窗户墙和其他耐火的其他防火隔断，是指建筑物在垂直方向上的防火分隔。

为了便于火灾区域内的人员迅速安全疏散和充分发挥消防部门扑救、控制火灾的能力，对建筑物划分防火分区是很重要的安全措施，具有非常巨大的作用，主要体现在以下两个方面。

第一，在建筑物面积很大时，当其中某一处发生火灾时，若没有适当的防火分区的分隔，火灾便会以热传导、热对流、热辐射等方式迅速向水平和垂直方向的其他空间蔓延，最后发展成为整座建筑物的火灾。

第二，建筑物设置防火分区后，便于人员的安全疏散。因为当某一分区发生火灾后，由于防火分隔物的作用，在一定时间内和它相邻的其他分区是安全的。因此，处在发生火灾分区火场内的人员可以迅速疏散到这些安全区来。

（二）防火分隔物

通过防火墙对建筑物进行分区。防火隔板具有一定的防火强度，可以防止火势蔓延，防止火势在一定时间内蔓延。目前，以下防火隔墙主要用于建筑物：

1. 防火墙

防火墙是水平防火分区的主要防火分区，它由不燃材料制成，安装成通过减少或避免建筑物，构筑物和设备着火和冒烟的危险来阻止或防止火灾蔓延。室外垂直隔板或某种耐火等级的墙壁直接放置在建筑物基础或钢筋混凝土框架上。防火墙是主要的防火分区，可防止火势蔓延，阻挡火势和烟雾以及辐射热，并防止火势和烟雾蔓延到其他区域。防火墙可以分为内部墙防火墙，外部墙防火墙和室外独立防火墙。

防火墙的防火极限为 3 小时，在建筑结构中，超过 21 厘米的普通砖墙和钢筋混凝土墙可以达到防火墙的防火极限，可以将其视为防火墙。防火墙不应安装门，窗和孔。打开时应使用甲级防火门窗，并且应能够自行关闭。

2. 防火门

防火门是指在一定时期内可以用框架满足防火，完整性和绝缘要求的门。防火门是建筑物中的主要防火隔离设施，通常安装在防火区和楼梯入口之间的防火墙中，除了正常的门功能外，重要的是要在一定时间内防止火势蔓延。散发烟气的特殊功能。防火门根据其防火极限分为 A，B 和丙级，甲级防火门的耐火等级超过 1.2 小时，乙级防火门的等级超过 0.9 小时，丙级防火门的等级超过 0.6 小时。防火门根据使用的材料分为钢质防火门，木材防火门和复合防火门。钢质防火门通常由用于门框，门板和骨架的钢制成，门扇中充满不燃材料。合格的钢质防火门具有指定的防火极限，并且可以满足防火稳定性，完整性和绝缘性能的要求。木质防火门由防火阻燃材料制成。防火门的主要作用是防止火势和烟雾蔓延，并为员工疏散提供安全的疏散条件。

为充分发挥防火门阻火防烟的作用和便于疏散使用，防火门的开启方向应与人流的疏散方向一致，并在关闭后能从任何一侧手动开启。用于疏散走道、楼梯间的防火门应安装闭门器，使防火门能自行关闭，经常处于关闭状态。经常处于开启状态的防火门在发生火灾时，应具有自行关闭和信号反馈功能。即能将关闭信号传送到消防控制室。

3. 防火窗

防火窗是可以在一定时间内满足防火和完整性要求的窗户。它通常安装在防火墙或防火门中。根据用途不同，可分为固定窗框防火窗和可移动窗框防火窗。根据耐火极限，它可以分为 A，B 和 C 类。 甲级防火窗的耐火性为 1.2 小时，乙级为 0.9 小时，丙级为 0.6 小时。防火窗户也有钢制和木质制，由钢制窗框，钢制底盘和防火玻璃（铅玻璃或胶合板玻璃）组成。夹层玻璃是指结合有防火胶的多层平板玻璃。固定式防火窗在正常情况下具有照明功能，可以防止和防止火灾期间的火势蔓延。打开的防火窗有一个框格，可以在正常环境下进行轻微通风。发生火灾时可用作火隔离设备。

4. 防火卷帘

防火卷帘是一种可以在一定时间内满足防火稳定性和防火完整性要求的卷帘。防火帘是一种可移动的防火隔断，并且是现代建筑中经常使用的防火隔断功能之一。防火帘通常安装在建筑物的自动扶梯，中庭以及每个楼层的通道，房间的通道和开口等上，并布置成可防止火灾期间火灾的蔓延。在现代建筑中，防火卷帘通常位于大型开放空间中，例如购物中心的营业场所和展览厅。这样，建筑空间的完整性通常不受影响并且易于使用。发生火灾时，防火帘会自动掉落，而不是掉落在防火墙上，以防止起火。

防火帘由帘板板，支架，卷轴，导轨，电气控制箱和其他组件组成。按帘板构造可分为普通型钢质防火卷帘和复合型钢质防火卷帘。前者由单片钢板制成；后者由双片钢板制成，中间加隔热材料。防火卷帘按控制启闭的方式分，有手动、自动（联动）两种方式。旨动方式是卷帘的控制由火灾自动报警系统联动控制，卷帘接受指令自动放下进行防火分隔，而且在卷帘动作时伴有声、光报警声，提醒人们迅速撤离到安全地带。防火卷帘按开启方向分，有上下启闭、水平启闭和侧向开闭三种形式。上下启闭是经常采用的形式。

疏散百叶窗安装在疏散通道中，百叶窗的两侧设有火灾探测器，警报器和开关设备，可以自动，手动和机械地控制打开和关闭功能。疏散时紧急使用。当防火卷帘更换防火墙时，如果防火极限不超过 3.0 小时，通常在两侧均设有自动洒水水幕系统以提供保护。疏散通道和消防电梯前的防火帘在着陆时必须具有短期停滞功能，并且必须在两侧手动控制以确保员工安全疏散。自动扶梯及其他部件周围的防火百叶应与火灾探测器连接，发生火灾时，应采用一级降落控制方法。

此外，安装在建筑物通风和回风管道中的防火阀和安装在排烟系统管道中的排烟防火阀是防止火灾和蔓延火灾的阀门。防火墙。防火帘和水帘通常在重要公共建筑的防火分区中用作防火分区。

五、建筑物的防烟分区

着火的热烟是迅速蔓延的主要原因之一。烟雾中的有毒有害气体对人有强烈刺激作用，并可能导致中毒或窒息。显示火灾统计；超过 80%的火灾造成的人员伤亡与燃烧的物质没有直接接触，而主要是由于窒息或有毒烟雾造成的死亡。

（一）烟气在建筑物内的流动

在建筑火灾中，火灾中产生的高温烟气，因为其密度比冷空气小，在浮力的作用下向上升腾，遇到顶棚或楼板时，则转变方向形成烟气的水平扩散。在烟气的流动扩散过程中，一方面总有冷空气与其混合，另一方面又受到楼板、顶棚等建筑构件的冷却、阻挡，使烟温逐渐下降。同时当烟气遇到周围的墙壁等围护体时，温度进一步地冷却并向下流动。这样，逐渐冷却的烟气和冷空气流向燃烧区，经加热后烟气又向上升腾形成建筑物内的自然对流导致燃烧越来越旺。烟的流量和扩散速率与烟的温度和流向有关。通常，烟道气在水平方向上的扩散速率相对较小，通常在火灾初期为 0.1 至 0.3m/s，在中期为 0.5 至 0.8m/s。烟气在垂直方向上的扩散速率通常为 1 至 5m/s。在电梯或管道竖井中，由于烟囱效应产生的拔力，烟气流动的速度可达 6 ~ 8m/s。所以在高层建筑中，当底层发生火灾时，若无相应的防火措施很容易使火灾迅速蔓延到顶层。

烟气在建筑物内的流动随结构的不同而呈现出不同的情况。

1. 烟气在着火房间内的流动

在火灾中，烟雾形成并上升，遇到地板并水平扩散，在围墙的阻塞和扩散过程中，地板和墙壁的冷却导致烟雾温度下降，冷空气介入，稀释了烟雾浓度。烟雾沿着墙壁流下，例如浮力下降。由于不断产生烟雾，房间上部的烟雾层逐渐增厚，到达门窗开口的下方，并通过敞开的门窗开口传播到室外和走廊，并且当门窗关闭时，烟雾层继续增厚。燃烧过程中释放的能量使周围空气迅速膨胀。空气膨胀量与烟气温度和环境温度有关。当室温上升到 200–300℃时，门窗玻璃会因空气膨胀产生的压力而破裂，烟气会从门窗缝隙释放到外部，并扩散到走廊中。

2. 走廊中的烟流

从房间进入走廊的烟开始从天花板上流下来。它与周围的空气混合，稀释了浓烟并逐渐使浓烟层增厚。天花板和墙壁附近的烟很容易冷却，沿着墙壁下降，增加了流动和扩散路径，并加剧了与周围空气的混合，导致温度下降，使烟失去浮力并在走廊的中央形成一个圆圈空间。

3. 烟气沿楼梯间、电梯井等竖井流动所产生的烟囱效应

建筑物的内部和外部之间存在温差，当室外空气温度低于室内空气温度时，建筑物楼梯，电梯井道，管道井道和其他垂直井道的空气由于浮力会向上移动形成“烟囱效应”。对于高层建筑，当室内和室外空气之间的温差较大时，烟囱效应很明显。发生火灾时，燃烧释放的大量热量会导致室温急剧上升，建筑物烟囱的影响，并且火势蔓延更快。如果防火地板在中性平面以下，则烟雾会迅速扩散到建筑物的顶部；如果地板在中性平面之上，则烟雾会扩散到下一层，在该楼层中，中性平面以下的地板更安全。中性平面是指理论上的界面，其中室内压力与室外压力相同，竖井内部和外部的静压力是同一平面，通常在建筑物的中心。

4. 烟沿着空调系统的流动。

建筑物的中央空调系统为人们的工作和生活创造了舒适的环境。但是在发生火灾时，烟雾会通过空调系统的管道迅速扩散到建筑物中。另外，当空调系统向着火区域送风时，着火加剧。因此，在发生火灾的情况下，有必要立即关闭建筑物中的所有空调系统，以防止来自空调系统的烟雾扩散。

（二）防烟分区及烟气的控制

防烟隔断是从地板到屋顶或吊顶的空间，是防烟层与屋顶垂直壁或梁之间的边界。通过设置防烟隔断，可以将一定时间内在火场产生的热烟限制在一定范围内，

不会随意散布，可以迅速排到室外，以控制火势蔓延，方便人员疏散，减少人员伤亡。

内燃区域中常用的基本设施包括屋顶烟雾屏障，烟雾屏障垂直壁和烟雾出口。屋顶上的防烟层是安装在屋顶上的垂直隔板，可以干扰烟雾和热量的横向流动。防烟墙由不燃材料制成，这意味着距离天花板超过 0.5m 的固定式或可移动式防烟墙。墙。排烟口自动或手动打开，位于建筑物的外墙或屋顶上，并且是一个排烟口，用于排除烟气和热量。建筑物中的门窗可以用作自然烟气出口，但用作烟气出口的门窗必须由不燃材料制成。特殊的排烟口也可以安装在每个防烟区的天花板或墙壁上。其内部为阀门，可通过联动装置、手动或温度熔断器使之瞬时开启，其外部为百叶窗。

防烟的基本目的之一就是要防止烟气进入疏散通道，保证疏散安全。要达到这一目的就要采用有效的办法使烟气按照人们事先规定的路线排出室外，有利于灭火，最大限度地减少人员伤亡和财产损失。控制和排烟的主要方法有，自然排烟、机械排烟、加压送风三种。

1．自然排烟

自然排烟是指借助室内烟气和室外空气的温度不同而形成的压力和室外风力的作用，使烟气从排烟口自然排出的方法。

火灾中，采用自然排烟的效果受排烟口设置位置、排烟口、进风口之间的高差、室外风力和风向等因素的影响，因此自然排烟的效果不稳定，但其结构简单。在顶棚能够开设排烟口的建筑，自然排烟效果较好，而且不需要动力设备。在采用自然排烟时，可开启的外窗即排烟窗一般设置在房间上方，这样有利于烟气和热气的排出。火灾中，应及时开启以便于烟气的排出。

2．机械排烟

机械排烟是借助排烟风机的作用，通过排烟管道将火灾中的烟气强行排出。

机械排烟多用于大型商场或地下车库等建筑。机械排烟系统的排烟口平时是关闭的，设有手动和自动开启装置。排烟风机和排烟口设有联动装置，排烟时，排烟风机的启动和相应排烟口的开启是同步进行的。排烟管道、排烟口、排烟风机是用不燃材料制作的。排烟风机主要是离心风机和轴流风机及自带电源的专用排烟风机。排烟风机设有备用电源并有自动切换装置。排烟风机可耐受高温、变形小，保证在排送 280t 的烟气时能连续工作 30 分钟，当烟气温度超过 280C 时，排烟风机随置于风机入口处防火阀的关闭而自动关闭。在机械排烟过程中，有必要在火区内保持一定量的新鲜空气，以确保排烟效果。因此，通常会安装带有机械排烟器的地下建筑物，还提供空气供应系统，并且空气供应量至少为烟雾排放量的 50%。

3．加压送风

防烟加压送风是指火灾中，利用加压风机向建筑物的避难区域、疏散走道等被保护区域送风，使其保持一定的正压，以避免火场处的烟气向被保护区域蔓延扩散。压缩空气供应使用两种主要方法。一种是在关闭门时，保持疏散区域或疏散通道中的压力高于外部压力，并防止烟雾通过门缝，窗户缝隙和其他建筑物缝隙进入。保护区。第二是确保在门的横截面上形成一定的风速，以防止烟气进入保护区域，例如在门打开时进入疏散区域或疏散通道。

加压送风所吸取的空气必须来自室外，并不应受到烟气的污染，加压空气不需要再做过滤、消声和加热处理。另外加压送风还必须保证通过机械排烟系统或自然排烟，能确保非加压区的空气和烟气能够顺利地排出到建筑物外，以保证疏散通道等加压空间的压力始终高于相邻空间的压力，才能确保疏散通道、避难区等被保护区域免遭烟气侵害，保证疏散人员、避难人员的安全。

第二节　安全疏散设施

一、安全疏散的含义

安全疏散是指在发生火灾时通过特殊设施和路线安全疏散人员和材料。如果建筑物被烧毁，确保安全疏散非常重要，这直接关系到人员的安全。安全疏散在人群聚集的公共和高层建筑中尤其重要，例如星级酒店，商业建筑，体育场，剧院和娱乐场所。

（一）安全疏散时间

发生火灾时，火场上的高温烟气及缺氧对处于火场或火场附近的人员构成了严重威胁。如果人们能够在一定时间内安全地撤离火场到达安全区域，生命就得到了保障，获得了安全。否则，就可能因缺氧窒息、中毒、高温辐射等原因造成伤亡。这段能够保证人们安全撤离火场的极限时间就称为安全疏散时间，也叫安全疏散允许时间。

由国家有关规定确定的安全疏散时间，取决于热烟对建筑物，建筑物的耐火性以及人员和建筑物的使用特性造成危险的时间。可以在 5 至 7 分钟内考虑高层建筑。普通民用建筑耐火等级：一年级和二年级学生 6 分钟，三年级和四年级学生 2–4 分钟，密集的公共建筑，一年级和二年级学生的耐火等级 5 分钟，三年级消防员 3 分钟 3 分钟，2 级电影院，剧院等 2 分钟，3 级 1.5 分钟。可以看出，筑物的安全疏散时间很短。

一个人是否可以安全疏散与疏散率以及疏散时间有关。但是人员的安全疏散率应受人员密度，疏散路线的条件，疏散路线的合理性，温度，浓烟和浓烟等因素的影响疏散速度和人流密度密切相关，据测定正常情况下人的行走速度为1m/s（米/秒）～2m/s，当人流密度为1.5人/每平方米时，人流迁移的平均速度约为1m/s，人流密度为2人/每平方米时，人流迁移流动速度显著下降低于0.73m/s，当人流密度达到4人/平方米时，人流几乎难以行进。可见，人流密度越高，疏散速度越慢，而且如果疏散路线不畅通、有门槛等障碍物时，就更影响疏散速度。

（二）安全疏散距离

根据安全疏散时间可以确定安全疏散距离。民用建筑的安全疏散距离是指从房间门或住宅户门至最近的外部出口或楼梯间的最大允许距离。安全疏散距离直接影响疏散所需的时间和人员的安全。

房间门或住宅户门到安全出口的距离主要是根据火灾时烟雾对人的影响来确定的。根据实测，人在浓烟中停留超过30秒就会受到伤害。而人的水平疏散速度和疏散人流密度有关，按人流密度为1.5人/平方米计算，疏散速度约为1m/s，这样人在烟雾中安全行走的距离也只有30米。而且人在烟雾中的可见距离一般也在30米左右。因此，一般在人员比较密集的商场、旅馆、教学楼等场所，建筑物中位于两个安全出口之间的房间至较近出口的距离不超过30米。人员密集的公共场所，如商场、旅馆、娱乐场所等，在火灾时由于人员对环境不熟悉，容易惊慌，难找到出口易造成拥挤、混乱，不利于疏散，其允许的疏散距离也要尽量短。国家规范对各类建筑的安全疏散距离有不同的要求。

二、安全疏散建筑设施

（一）安全出口

一般房间门等出入口是疏散设施的一部分，但和安全出口是不同的。安全出口是指保证人员安全疏散的楼梯或者是直接通向建筑物之外地平面的出口。如影剧院、体育场馆等的太平门就是建筑物设置的安全出口。一般来说，按照国家规范设计、建设的商场、影剧院等公共建筑物每个防火分区至少有两个不同疏散方向的安全出口。这是因为避难者的行动具有专向性和盲从性，若只在一个方向配置安全出口，便可能导致有的人员无法脱险。所以建筑物一般都设置了两个方向的安全出口。这样，当一个安全出口被烟火封锁后，还可以使用另一安全出口来进行疏散。另外，人员密度较高的公共建筑物，安全出口的个数是按内含人数的多少来确定的。不仅安全出口的数量影响疏散速度而且安全出口的宽度也是决定人员疏散快慢的一项因素。安全出口宽度的确定受建筑物耐火等级、层数及允许疏散时间、人数、地面是否平坦等许多因素的影响。如国家规范规定商场、公共娱乐场所安全出口门的净宽不能小于 1.4 米。而且要求公共疏散出口处的内、外门必须向疏散方向开启，门口 1.4 米以内，不应设置门槛和踏步。

（二）安全疏散走道

安全疏散走道是指疏散时用于人员通行至相邻防火分区或安全出口的室内走道。

疏散走道是人们从火场逃生至安全区的必经之路。为保障人员安全、畅通地疏散至安全出口，对疏散走道有多方面的要求。为便于人员及时安全地疏散，疏散走道应尽量减少曲折，避免死角，走道内不宜设置门槛、阶梯，两侧不能有影响疏散的突出物，地面粗糙度也应适中，防止太滑影响疏散。为避免火场内的烟、火迅速蔓延至疏散走道内，走道两边的隔墙应为耐火 1 小时以上的不燃烧体，并且应砌至梁或楼板底部并填实全部空隙。墙面及吊顶的装修也要采用不燃材料或难燃材料，总长度大于 20 米的疏散走道还要设置机械排烟设施。因火灾时，火区人员竞相逃生，互相拥挤，为保证疏散速度，国家规范对各类建筑疏散走道的宽度都有明确规定，如非高层建筑疏散走道最小宽度不应小于 1.1 米。此外设置在疏散走道内的门，当门开启后门扇不能影响疏散走道，疏散走道内要设置火灾疏散照明灯和火灾疏散标志灯等。

（三）疏散楼梯

疏散楼梯是指具有足够耐火性的室内楼梯和室外楼梯，可用作垂直通道。作为安全出口的楼梯是建筑物的主要垂直交通空间，是在垂直方向进行疏散和安全疏散的重要通道，并且是消防员灭火的辅助攻击路径。因此，疏散楼梯必须具有足够的耐烟和防火性能，在防火方面，建筑物的楼梯可以分为以下几种形式：

1. 打开楼梯

开放式楼梯是建筑物中的楼梯，由壁状外壳组成，没有防烟装置，并且直接与其他空间相连。

开放式楼梯间广泛用于低层建筑。它具有充分利用自然采光和自然通风并直接疏散人员的优势。缺点是它可能是火焰在燃烧过程中蔓延通过的通道，并且会产生烟囱效应。

2. 关闭楼梯

封闭的楼梯间是由防火建筑元件隔开的楼梯间，以防止烟雾和热量进入。一种楼梯，使用防火墙和挡住烟花的防火门将楼梯和人行道隔开。为了防止火灾威胁高层民用建筑中楼梯的安全使用，防火门必须是向疏散方向打开的乙级防火门。为了促进楼梯的直接照明和自然通风，必须将封闭的楼梯靠在外墙上。

封闭楼梯间具有一定的防火功能，可以在一定程度上阻挡烟火的侵袭。但因只设有一道防火门，非常容易被烟火侵入，而且侵入的烟火会一直向楼梯间顶部蔓延，使人员无法疏散。所以这种楼梯间的安全性不是很高。但由于其工程造价低等原因，仍经常作为高层民用建筑的裙房、医院、疗养院的病房楼等建筑物的疏散楼梯。

3．防烟楼梯间

防烟楼梯间设有无烟前室和防烟设施，是将楼梯与建筑物所用空间分隔开的楼梯。

防烟楼梯间因为有防烟前室和两道防火门的分隔并具有防烟设施，所以能有效地阻止烟气袭入楼梯间，而且当疏散人流拥挤堵塞时，防烟前室还可起到避难和缓冲作用。在高层公共民用建筑中，前室面积不小于6平方米，进入前室和楼梯间的门均为向疏散方向开启的乙级防火门，防火门上部装有闭门器，在无人的情况下能自动关闭，防止烟火进入前室和楼梯间。防烟楼梯间主要有两种形式，一种是以阳台或凹廊为前室的开敞型防烟楼梯间。其特点是当烟随人流侵入阳台或凹廊后，室外的风很快会将烟吹散。这种方式自然排烟效果好，也不需要专用的排烟设备，所以安全性、经济性都较好。同时，阳台和凹廊还可作为消防队从室外进行灭火、救援的据点。但其建筑平面布置有一定的局限性。

另一种是以房间作为防烟前室的封闭型防烟楼梯间。其特点是其建筑平面布置灵活，既可靠外墙设置，又能设于建筑内部，可适应不同的建筑形式。但当防烟楼梯间不具备自然排烟条件时，其楼梯间或前室需要设加压送风设施。

（四）室外疏散楼梯

室外疏散楼梯是与建筑物分开并在墙外的防火结构。这是一个完全开放的小楼梯，附着在建筑物的外墙上。它主要用于紧急疏散，可以用作辅助疏散楼梯。其特点如下：为了方便疏散，通常在建筑物的疏散通道的末端安装室外疏散楼梯，因此不容易受到烟火的威胁。另外，该结构相对简单，经济并且不占用任何内部空间。

火灾时，在垂直疏散的过程中，疏散楼梯的宽度、踏步的形式、坡度以及平面防滑程度等都是影响疏散速度的因素。国家建筑规范中对各类建筑中疏散楼梯的宽度、踏步的形式、坡度等都有明确规定。

（五）避难层、避难间

建筑高度超过100米的旅馆、办公楼等超高层建筑由于楼层走道多、人员密度大，虽然已经采取了许多安全疏散措施，但还是无法保证人员在短时间内迅速撤离火场。为此，在超高层建筑中每隔十几层设置一块临时避难的安全区即避难层。所谓避难层是指高层建筑中，专供火灾中来不及疏散到室外的人员临时避难用的楼层。而避难间则是指在一定高度的楼层上设置的供火灾时人员逃避火灾威胁临时避难用的房间。避难层有以下三种形式。

1．全封闭式

这种形式避难层四周设有耐火围护墙，避难层的外墙一般不开窗，如开窗则外窗为甲级防火窗，一般设有喷水保护。这类封闭式避难层设有独立的防、排烟设施。在火灾时，正常用电被切断后，仍能依靠紧急电源进行工作。

2．敞开式避难层

该避难层是一个没有密封结构的完全开放的空间，通常位于建筑物的顶层或屋顶上。结构简单，但防护效果不佳，但是不能很好地防止烟雾的损坏，也不能保护其免受风，雪，雨和霜的侵害。

3．半敞开式避难层

这种类型的疏散地板被高 1.2 米以上的防护墙所包围，设有敞开的防火窗以及自然通风和疏散烟雾的方法，以防止烟雾侵入。

疏散场所和避难所是安全的地方，人们可以在发生火灾时避免发生火灾威胁，因此必须采取严格的火灾预防措施。下面仅对其主要方面进行介绍。一般高层建筑首层至第一个避难层之间的楼层不超过 15 层，这样火灾时，集聚在这一避难层的人员可不再经楼梯疏散，直接由云梯车将人员疏散下来。为保证避难层具有较长时间的抗火烧能力，避难层楼板的耐火极限不低于 2.0 小时；为避免避难层下部楼层着火时，导致避难层地面温度过高；避难层楼板有隔热措施。避难层四周及内部隔墙耐火极限大于等于 3.0 小时，避难层的门为甲级防火门。通向避难层的防烟楼梯间在避难层错动位置或上下层断开通过避难层，这样布置使疏散人员在经过避难层时，必须行走一段水平距离后才能上下楼层，可使火灾时心理极度紧张的逃生者不至于错过避难层，充分利用避难层暂时避难。疏散场所配备了紧急火灾事故广播和应急照明设备，应急照明设备的照明度是正常照明度的 50% 以上，供电时间超过 1 小时。消防和降温设施，疏散场所配备了消防设施，例如消防电话或无线电话设备和消火栓。消防安全电梯是辅助安全疏散设施，必须停放在疏散地点。因此，疏散层上有一个消防电梯出口。没有其他乘客或货运电梯可以停在避难所。

避难间在每层设置 1 ～ 2 间，其结构形式类似封闭式避难层，避难间应设置在楼梯间附近。

（六）直升机停机坪

所谓直升机停机坪是指设置在建筑物屋顶上，供火灾时直升机停靠，用于救援、疏散避难人员的垂直疏散设施。停机坪一般设有 2 个以上宽度不小于 0.9 米的出口，供疏散人员出入，还设有消火栓供应急灭火用。

国外有许多超高层建筑设有屋顶直升机停机坪，发生火灾时，用直升机将在建筑物顶部躲避火灾的人员疏散到安全地区。

从火灾现场人员的疏散情况看，人员的疏散不是向下就向上，而火势常常将人逼上屋顶，如果没有停机坪，无法用直升机进行及时疏散，容易造成重大伤亡。

三、安全疏散电气设施

（一）火灾疏散照明设施

火灾疏散照明设施是建筑物发生火灾时，帮助引导人们安全撤离危险区的照明设施。由疏散应急照明灯和火灾疏散标志灯组成。这两种灯均各有两路电源，即正常照明电源和备用电源。备用电源可由应急发电机发电供给或采用蓄电池。这两种灯的备用电源不论采用哪种方式，发生火灾时正常照明电源切断后，都能立即自动切换到备用电源，而且能连续供电 30 分钟以上。

1．火灾疏散应急照明灯。

建筑物发生火灾时，往往因烟雾和断电而漆黑一团，给人员的疏散造成极大困难。为此，一般公共建筑物内设有疏散照明灯。以备发生火灾时，保证人员安全疏散用。疏散照明灯的工作方式分为持续式和非持续式两种，非持续式的疏散照明灯平时不点燃，仅在火灾发生或正常照明电源故障时才立即自动点燃；持续式疏散照明灯平时可作为一般照明灯使用，可随意开关，但一旦正常电源故障时，不论是处于开启还是关闭状态，都应自动转换为应急电源工作状态，使灯瞬时点燃，提供紧急照明。目前常用的自带电源型疏散应急照明灯，内装荧光灯或白炽灯泡，由装在灯具内的镉镍蓄电池供电。正常电源中断时由蓄电池向疏散照明灯供电，并且再点亮时间不大于 5 秒。这种灯具平时一般不需维护。工作十分可靠，一般采用体积小、容量大、寿命长的圆柱密封碱性镉镍蓄电池。

疏散应急照明灯一般设置在疏散走道、避难层或避难间、防烟楼梯间前室、楼梯间、商场营业厅、餐厅等公共活动场所的墙面上或顶棚下。疏散照明灯设有用玻璃或其他不燃烧透明材料制成的保护罩。

2．火灾疏散标志灯

火灾疏散标志灯由疏散指示标志和照明灯两部分组成。火灾疏散指示标志是火灾时为给人们指示安全通道而设置的引导性标志，如安全出口、安全通道、避难层等等。这些标志除显示出本身的位置外，还起引导和指向作用，借助箭头和某种能分辨方向的图形，诱导人们到达安全区。疏散标志灯不仅在火灾事故中必须点燃，在平时也应点燃，目的是让人们平常就能建立一个印象，熟悉事故时的疏散路线、安全出口和知道应该采取的应急措施。

疏散标志灯上的标志用文字或图形表示，或者两种相辅并用，其中图形符号使人看见就知标志的内容，而不受文字的约束。疏散标志灯标志屏面底色为深绿色，灯中图案、文字不亮时为白色，亮时为浅绿色。火灾疏散标志灯和火灾疏散应急照明灯属消防安全产品。其照度、规格尺寸、制作材料、图形文字、颜色搭配及其性能等要符合国家和省、市有关规定的要求。要采用、购买经省以上公安消防机构鉴定和批准的定点厂生产的合格产品，不能擅自制作。

火灾疏散标志灯分疏散方向标志灯和安全出口标志灯两类。疏散方向标志灯一般设置在楼梯间、疏散走道及其转角处。走道上的指示标志的间隔不大于 20 米，设置在高度 1 米以下墙面上。疏散指示标志灯不应放在货架等可移动的物体上，以免物体移动后造成指向错误或被遮蔽。出口标志灯设置在安全出口的顶部墙面上。火灾疏散标志灯要设置在上述部位醒目的方位。应注意其正面和邻近部位不要有妨碍视读的障碍物，若有要及时清除。

（二）消防电梯

消防电梯是指具有耐火封闭结构、防烟前室和专用电源，在火灾时代消防队专用的电梯。当高层建筑发生火灾时，普通客、货、工作电梯会因为断电和不具备防烟功能等原因而停止使用，并迫降至首层。为了保障消防队员能在最短的时间内到达着火层灭火，一般一类建筑或超过 32 米的二类建筑都设有消防电梯，专供消防人员灭火和辅助疏散使用。高层建筑若不设置消防电梯，当上部发生火灾时，消防人员将不得不携带消防器材通过楼梯登高至着火层。这样不仅消耗体力，还会因时间长而延误战机。同时，火灾时楼梯是垂直疏散的主要通道，登高向上的灭火和救援人流往往与向下逃生的疏散人流发生冲突，造成拥挤而贻误救援工作。

消防电梯是重要的消防设施，所以必须保证消防人员在使用时的安全。前室的防火门为乙级防火门。在首层一般设有直通室外的出口或者是直通室外的通道，便于消防人员能迅速地到达消防电梯入口。为扑救火灾的需要消防电梯的载重量不小于 800 千克，以满足一个消防战斗班（8 人）携带灭火设备乘坐的需要。消防电梯能保证 1 分钟内从首层到达顶层。电梯内设有消防电话以便于消防人员在作战中的联系。在底层设有专供消防人员使用的按钮，它能使消防电梯立即到达底层或其他指定楼层供消防人员使用。

消防电源是指发生火灾时，专供消防水泵、消防电梯、防烟排烟设施、电动防火门窗、防火卷帘、火灾自动报警系统、自动灭火系统、消防控制室、火灾事故照明、疏散照明及指示等消防设备、疏散设备使用的专用电源。

发生火灾时，为防止人员触电和通过电气设备和线路扩大火灾，必须切断火灾部位的供电，另外火灾时也会因供电线路或电线短路、断路造成停电。但是自动灭火系统、消防水泵、火灾疏散照明等灭火、疏散用电设备必须用电才能进行工作。不允许断电。因此，消防用电必须设置单独的消防电源及供电系统，以保证火灾时，灭火和疏散等消防设备的正常供电。

（四）火灾应急照明

消防应急灯包括备用灯，疏散灯和安全灯。大气照明是指设计为在正常照明失效时仍可继续工作的灯。备用灯在消防处，消防泵室，排烟风机室，电话机房和应急发电机室等发生火灾时需要支撑工作的地方，其照明不少于普通照明。疏散灯是先前介绍的，因此将不进行详细描述。安全照明是指在普通照明突然停止时，为确保有潜在危险的人员安全而提供的照明。例如，医院，急诊室等的关键照明设备配备了安全照明设备，以防止发生火灾时突然断电导致人员伤亡。

火灾应急照明由消防电源供电，一般还设有蓄电池等备用电源，在正常工作电源断电后，备用电源会自动投入。

第三节 建筑内部装修防火

一、建筑内部装修的火灾危险性

（一）建筑装修的基本含义

建筑装修是在建筑基本功能的基础上实现的一种建筑功能的完善和建筑美化的再创造。

建筑装修一般分为建筑内部装修和建筑外部装修两大部分，建筑外部装修考虑的是建筑自身的美观以及与周围环境的有机结合。而建筑内部装修更强调空间的视觉效果，它必须在满足使用功能的前提下，给人们提供更美的、更舒适的、更理想的生活环境。从建筑防火的角度看，总体上来说主要包括墙面、地面、顶棚三大基本部分。

（二）建筑内部装修的火灾危险性

由于一般建筑内部装修中使用的大部分装修材料都是对火十分敏感的可燃性材料。因此，建筑内部装修的火灾危险性主要表现在以下几方面。

1．使建筑失火概率增大

建筑内部装修采用可燃、易燃材料多，范围大，则火源接触的机会就多，因而引发火灾的可能性增大。

2．传播火焰，使火势迅速蔓延扩大

建筑物一旦发生火灾时，可燃、易燃性装修材料在被引燃，发生燃烧的同时，会把火焰传播开来，造成火势迅速蔓延。火势在建筑物内的蔓延可以通过顶棚、墙面、地面的可燃材料进行。

3. 造成室内轰燃提前发生

轰燃是指在一限定空间内，可燃物的表面全部卷入燃烧的瞬变状态。即室内燃烧中，火灾从室内局部燃烧迅速过渡到室内空间所有可燃物都卷入燃烧的现象。在起火后的一定时间内，随着室内火势的增大，温度增高，未燃可燃物热分解生成的可燃气体逐渐增多，当可燃气体在室内聚集到一定浓度，同时室内温度已达到或超过一定值时，就会“轰”的一下，使整个室内空间全面燃烧起来，即发生轰燃。一旦发生了轰燃，则火灾就进入了全面的猛烈燃烧阶段，此时火灾已很难扑救，室内人员已无法疏散，甚至无法逃生。

建筑物爆发的时间与建筑物的可燃物品的性质和数量以及建筑物是否已装修以及装修所用的材料有关。装修后建筑物的内部更密闭，不易散热，易燃的装饰材料导热系数低，热容低且易于蓄热，从而提高了建筑物的温度，缩短了产生飞边之前的酿造时间，提早。

4. 加大了建筑内的火灾荷载，助长了火灾热强度

火灾荷载是指着火空间内所有可燃物燃烧时所产生的总热量值。它可用来确定建筑物的火灾危险程度，建筑中火灾荷载值越大，其发生火灾的可能性和持续时间也就越大。

建筑物内部装饰中使用的大多数材料都是易燃易燃材料，不可避免地增加了建筑物上的火负荷，增加了起火的可能性，持久的火灾和更多的燃烧。此外，高温可能会持续存在并造成更多损坏。

5. 严重影响人员安全疏散和火灾的扑救

可燃性的装修材料在燃烧时往往会产生大量的烟雾和有毒气体，不仅降低了火场的能见度，而且还会使人中毒，造成人员伤亡。严重影响人员安全疏散和消防人员对火灾的扑救。

二、装修材料的分类和分级

（一）建筑内部装修材料的防火要求

各种类型的建筑室内装饰材料，每种材料对火的反应差异很大。内饰材料主要有三项防火要求：

1. 材料的燃烧特性

材料的燃烧性能在很大程度上取决于其可燃性和火焰传播速率。材料的燃烧速率是材料燃烧性能的非常重要的指标，燃烧速率高的材料在燃烧后会迅速扩散。各种材料的燃烧速度是不同的，并且与许多因素有关，例如材料的形状和通风状态。

材料的燃烧性能表明材料着火的难易程度，火灾后火焰扩散的速度如何，并直接关系到火灾隐患的程度和火灾的严重性，这是装饰材料最重要的防火要求。

2. 燃烧材料的烟熏特性

燃烧过程中装饰材料产生的烟雾也是装饰材料的防火要求之一。当材料燃烧时，大量烟气会挡住要避免的人的视线，并使逃生困难。同时，对逃离人员的恐惧加剧，这也无助于消防员的救援行动。

3. 材料的燃烧毒性

在装饰材料燃烧或热解过程中产生的有毒气体可能对人造成极大伤害，并引起越来越多的关注。由于建筑物室内装饰中使用了大量的合成纤维，塑料和其他高分子化合物，这种材料在燃烧和热解过程中会产生大量有毒气体，对消防现场人员产生很大的毒害作用。

（二）内部装修材料的分类

装修材料的燃烧性能对火灾的发生、发展和蔓延起着非常重要的作用。如果建筑物的应用和位置不同，则所用装饰材料的火灾隐患也不同，因此装饰材料的燃烧性能要求也不同。装饰材料种类繁多，材料种类繁多，根据建筑物的大小，用途，位置和位置选择装饰材料是安全合理的，对材料的燃烧性能进行测试和分类。目前，国家标准《建筑内部装修设计防火规范》的装饰材料分为七类：室内装饰的用途和功能，天花板的装饰材料，墙面的装饰材料，地板的装饰材料，隔断装饰的材料，固定的家具，装饰性面料和其他装饰材料。天花板，墙壁，地板和隔板等装饰是最基本的部分。隔板是指隔板，而不是顶部，并且顶部的固定隔板的装饰应与墙上的装饰相同。固定家具是指与建筑结构有关的大型家具。它又大又重，例如衣橱，吧台，展示柜，大架子等，因此可以永久固定在一起或容易重新放置。装饰织物是指装饰织物，例如帘板，帘板，床罩，家具套等。帘板，帘板，挂毯等是悬吊的物品，由于它们很容易被火点燃并容易与火源（烟头等）接触，因此特别有价值。其他装饰材料包括固定式装饰物（例如雕刻板，突出的形状，例如固定或悬挂在墙上的装饰图片），楼梯栏杆，衣架线，帘板盒，加热盖等。

三、建筑内部装修消防要求

（一）目前建筑内部装修存在的消防问题

在实际工作中，装修效果与使用安全之间往往产生矛盾。可是许多人常常片面强调装饰效果而忽视防火安全，目前建筑内部装修存在以下几方面的消防问题：

1. 装修中大量采用可燃、易燃装修材料

目前不少宾馆、商场、歌舞厅、夜总会等场所为了追求豪华气派，在装修中大量使用可燃、易燃材料，如用木龙骨、泡沫塑料板作顶棚装修；用易燃化纤地毯作地面装修；用可燃装饰布作帘板、床套和家具包布等等。大量使用可燃、易燃材料必将造成火灾荷载增大，一旦失火，火灾发展猛烈。

2. 电器设备和线路设计、安装不符合消防要求

歌舞厅、夜总会、商场、宾馆等公共场所，安装有大量的灯饰、音响、空调等电器设备，用电设备数量多，配电线路复杂。但安装不规范，不符合消防要求是比较普遍存在的问题。如灯具装修没有采取必要的隔热、散热措施，导线没有采用保护穿管、不装接线盒，线路超负荷等等，因此极易引发电气火灾。

3. 擅自改变消防设施

有些装修工程为了追求装修效果，擅自破坏防火墙、防烟垂壁；任意改变扩大防火、防烟分区，或任意增加隔墙，改变原有空间布局。减少安全出口数量，缩减安全通道、安全出口的宽度，遮挡消火栓、火灾疏散指示标志的现象也时有发生。这些做法轻则影响消防设施原有的功能，重则完全丧失它应有的作用。当火灾发生时，给人员疏散、火灾扑救造成困难，容易导致人员重大伤亡事故的发生。

4. 装修设计、施工队伍良莠不齐

现在国内从事装修的企业很多，有些已注册登记，也有许多没有注册登记。除此之外，还有大量的临时凑起来的地下装修队，其中不少人员未经专门训练，是来自农村的普通农民，装修队伍素质高低不齐。一般来说，登记注册过的装修公司，设计、施工管理正规，设计、施工质量也有保障。而未经注册的装修公司和地下装修队往往是装修设计不规范、施工现场管理混乱，如装修材料乱堆乱放；油漆、涂料、溶剂、黏结剂保管不善；临时用电乱接乱拉，烟头随地乱扔；遍地锯末、刨花；气焊、电焊无证作业，无安全措施；涂刷作业时吸烟等等。

5. 住宅装修缺乏消防监督

随着人民生活水平的提高，室内装修迅猛发展，住宅装修已成为一种时尚愈来愈普及，在装修工程中占非常大的比重。但住宅装修设计、施工一般来说缺乏有效的消防监督。此外也有一些经营场所根本未经消防部门的审核，私自装修，违章营业，留下了众多的火灾隐患。

（二）建筑内部装修的消防要求

1. 建筑内部装修防火一般性规定

在建筑物的室内装饰中，必须严格遵守现行国家标准《建筑内部装修设计防火规范》的要求，认真执行“预防为主，预防与清除相结合”的消防政策。装饰工程必须合理使用装饰粉和适当的施工方法，并积极采用先进的防火技术，以“防患于未然”，解决装饰效果与使用安全性之间的矛盾应注意以下有关防火设计，消防安

全监督和室内装饰检查的一般规定：

第一，在实际工程中，为了降低燃烧期间冒烟和有毒气体的风险，有时由于功能需求或装饰效果，必须在天花板或墙壁上使用完全暴露的多孔泡沫。厚度不应超过 15 毫米，其面积不应超过房间天花板或墙壁的 10%。

第二，除地下建筑外，除甲级外，无窗室内装饰材料的性能水平应按有关规定提高一级。没有窗户的房间全天都要依靠人工照明，因此，当大火爆发时，不容易发现大火的早期阶段，而一旦发现大火，往往已经很大了。此外，由于无法及时清除室内烟雾和有毒气体，消防人员很难发现并营救火灾。

第三，图书馆，档案馆，档案馆和文化财产室中有许多可燃书籍，材料，档案馆和纪念碑，而且一些文化资产，书籍和档案馆非常有价值。燃烧后无法恢复，因此天花板和墙壁应使用甲级装饰材料进行装饰，地面应使用 Bi 级或更高级别的材料进行装饰。

第四，对于装有重要设备的中型和大型电子计算机室，中央控制室，电话室等，天花板和墙壁应配备甲级装饰材料，地板和其他装饰品应为 Bi 或更高。装饰材料。这是很高的防火要求,因为在计算机室和中央控制室中安装了许多重要的重要设备，火灾后直接和间接的经济损失很大。

第五，消防泵房，排烟室，固定式消防缸室，配电室，变压室，通风和冷却室均为电力设施室，对消防控制十分重要。室内装饰应使用 A 类装饰材料，以使这些设备在起火时正常运转。

第六，没有自然采光的楼梯间，封闭式楼梯间和耐烟楼梯间应在天花板，墙壁和地板上使用甲级材料。采用这种装饰的最初意图是，楼梯不应成为原始的火源，第二是即使进入楼梯后，火也不会形成连续燃烧状态。通常认为，人们可以通过诸如火灾后的楼梯之类的垂直疏散通道疏散到外面，并且一旦垂直通道被大火关闭，救灾人员的逃生和消防人员的救援将非常困难。

第七，建筑物内部的配电箱不应直接安装在其下方，以防止配电箱产生的火花或热熔珠点燃其周围的可燃物，并防止热量传递而点燃配电箱的热装饰。

2. 高层、地下建筑内部装修防火要求

中国的内部消防设计法针对非地下地面，多层和高层土木建筑和地下土木建筑的燃烧性能水平制定了具体规定。由于不同的建筑规模和不同类型的建筑物和场所的特性，所需装饰材料的燃烧性能等级也有所不同。一般地说，高层建筑特别是超过 100 米的超高层建筑和地下建筑其火灾危险性大，火灾的扑救和人员疏散困难，它们的内部装修防火要求要比一般建筑高。

第七章　建筑消防系统

第一节　建筑消防系统概述

一、建筑火灾的成因及特点

（一）火灾的成因

火灾是由于时间或空间不受控制的燃烧而引起的灾难。燃烧是可燃物和氧化剂之间的放热和剧烈的化学反应。燃烧不是随机发生的，但是必须有一定条件。简而言之，应具备三个基本条件：燃料，助燃剂，点火源。

建筑物起火的原因是多种多样的，主要原因可以归结于生活用火不慎引起火灾、生产活动中违规操作引发火灾、化学或生物化学的作用造成的可燃物和易燃物自燃，以及因为用电不当而造成的电气火灾等。随着我国经济的飞速发展，人民生活水平的日益提高，用电场合和用电量剧增，电气火灾在建筑火灾中所占的比重越来越大。

（二）建筑火灾的特点

通常，火的形成和蔓延分为三个阶段：初始阶段，烟雾阶段和火焰燃烧阶段。与其他火灾相比，建筑物火灾具有火灾蔓延快，灭火困难，事故容易和经济损失严重的特点。

1. 火势迅速蔓延

由于烟囱效应和风的影响，在建筑物着火的情况下，火势迅速蔓延。

2. 扑灭大火很困难

建筑物很大，又高又复杂，因此在发生火灾时很难扑灭。

3. 容易损坏

如果建筑物着火，则很难疏散人员，火灾现场会产生大量烟雾，有毒有害气体，造成大量人员伤亡。

4. 严重的经济损失

建筑物火灾造成的损失不仅是建筑物本身的价值，而且是建筑物中各种材料的经济损失。

二、建筑消防系统的特点和重要性

建筑消防系统是建筑设备自动化系统的一个组成部分。所谓建筑消防系统就是在建筑物内建立的自动监控、自动灭火的自动化消防系统。一旦建筑物发生火灾，该系统就是主要灭火者。目前，建筑消防系统已经可以实现自动监测现场火情信号、确认火灾、发出声光报警信号、启动相应设备进行自动灭火、排烟、封闭着火区域、引导人员疏散等功能，还能与上级消防控制单位进行通信联络，发出救灾请求。

现代化建筑消防系统，尤其是服务于高层建筑的建筑消防系统，是一个功能齐全的具有先进控制技术的自动化系统。消防系统的设计与制造，已经大量融入了计算机控制技术、电子技术、通信技术、网络技术等现代科技，消防设备的生产已经走向通用化、系列化、标准化。在结构上，组成建筑系统的设备、器件，具有结构紧凑、反应灵敏、可靠性高、模块化设计、易于组装等特点，同时因为采用了冗余技术、自诊断技术等先进技术，使系统具有良好的性能指标。

自动消防系统在建筑物防火灭火中意义重大，建筑消防系统的设计、施工与应用是贯彻“预防为主，防消结合”这一消防工作指导方针的重要内容。在我国，建筑消防系统的实施已经提高到法制化的高度。有关消防系统的施工、应用、管理等工作已经制定了一系列强制实施的法律法规和技术规范，必须严格执行。

三、建筑物高度分界线

建筑物的高度是指建筑物室外地面到建筑物檐口或女儿墙顶部的高度。此高度对建筑消防系统的规划与实施有重要影响。国家标准《民用建筑设计通则》将 10 层以上的住宅建筑归类为高层建筑。总高度超过 24m 的公共建筑和复合建筑为高层建筑，但高度超过 24m 的单层建筑不被视为高层建筑。100 米以上的民用建筑是高层建筑，各国之间的规定不一致。

四、建筑消防系统的结构与组成

完整的建筑物防火系统应包括自动火警系统和火控系统。自动火灾报警系统主要由火灾探测器和火灾自动报警控制器组成。

火灾警报控制系统包括紧急广播系统，事故照明系统，消防供水系统，自动自动喷水灭火装置，煤气火灾控制，烟雾控制系统和其他子系统。

第二节　消防给水系统

水是目前建筑消防的主要灭火剂。水的来源广泛，易于获取和贮存，价格相对低廉，同时具有很高的汽化潜热和热容量，冷却性能好，在灭火过程中对生态环境没有影响。水冷却法灭火系统主要有两种形式，即消火栓灭火系统和自动喷水灭火系统。

一、室内消火栓给水系统

建筑物消防栓供水系统是在外部供水压力不满足安装用于扑灭建筑物内火灾的固定式灭火设备的需要时，从室外供水系统供应的固定量的水。其是建筑物的最基本的灭火系统。

（一）室内消火栓供水系统的设置范围

用于低层建筑物的室内消火栓供水系统的任务是扑灭建筑物的初次起火，如果发生大火，则需要帮助城市消防车。中国《建筑设计防火规范》以下建筑物必须配备室内灭火系统和 DN65 室内灭火装置。

第一，工厂建筑物，仓库和科研建筑物的高度不应超过 24m（可能引起燃烧和爆炸或促进热扩散的物品除外）。

第二，有 800 多个座位的剧院，电影院，俱乐部，拥有 1200 多个座位的体育馆和竞技场。

三是火车站，码头，飞机场，展览馆，商店，病房，门诊楼，教学楼，图书馆等 $5000m^3$ 以上的建筑物。

第四，有七层或更多层的单元房，六层或更多层的塔式房屋，走廊型房屋以及一楼有商业网点的房屋。

第五，其他五层以上或 $10000m^3$ 以上的民用建筑。

第六，国家文物保护单位的古代砖木结构。

《高层民用建筑设计防火规范》规定，超高层建筑必须配备室内和室外消火栓水系统。

一般建筑物或厂房内，消防给水常常与生活或生产给水共用一个给水系统。只在建筑物防火要求高，不宜采用共用系统，或共用系统不经济时，才采用独立的消防给水系统。

（二）室内消火栓系统的设置场所和要求

第一，高层建筑和讲台上的所有楼层均应配备室内消火栓，不可燃设备地板除外。

第二，室内消防栓应安装在消防电梯的前室。

第三，室内消防栓应安装在疏散场所（区域）和超高层建筑的围裙中。

第四，屋顶必须配备消防栓进行检查。

第五，从建筑物的通道，楼梯附近等处应易于接近室内消防栓。

第六，在旅馆，重要的办公大楼，一流的商业建筑，展览建筑和高层建筑的超高层建筑中，必须在建筑物中安装消防卷轴，并且还必须在疏散楼层安装消防卷轴。

第七，在装有空调系统的低层建筑，酒店，办公楼，剧院和礼堂中，要有 1500 个以上的座位，应在装有马路灯的骑马路上安装火线盘。

第八，室内消火栓的放置应使两把水枪的整个桶同时到达房间的任何部分。

第九，室内消火栓栓口的静水压应不超过 0.8MPa，如超过 0.8MPa 时，应采用分区给水系统，消火栓栓口处的出水压力超过 0.5MPa 时，应有减压设施。

（三）室内消火栓的使用方法

在建筑物的某个楼层发生火灾时，第一打开盒子的门，迅速从吊架（衣架轴）上取下水软袋，并从弹簧夹上取下水枪，将水软袋接头连接到消火栓接头上，然后打开消火栓。可以灭火。同时，按按钮从远处启动消防泵。此时，消火栓箱上的红灯点亮，在消防中心和消防泵房内产生声光报警信号，报告火灾情况并组织灭火。当使用火线筒灭火时，请先打开箱门，松开火线轴，拉出水软袋和小口径水枪，然后打开水闸阀以扑灭大火。使用后，先关闭水闸阀，然后在水软袋排干积水后倒回卷盘，然后将卷盘转回消火栓箱。

（四）室内消火栓给水系统的组成

室内消火栓供水系统通常由水枪，水软袋，消火栓，消防卷轴，消防员，消防水池，消防水箱，水泵接头，增压泵和长距离消防泵启动设备组成。

1. 喷枪，水软袋和消火栓

直流水枪通常用于室内，喷嘴直径为 13mm，16mm 和 19mm。13mm 水枪和 50mm 水管，16mm 水枪和 50mm 或 65mm 水管，19mm 水枪和 65mm 水管

室内消防水带有两种类型，分别为 50mm 和 65mm，水软袋长度通常为 15m，20m，25m 和 30m，并且有两种类型的水软袋：大麻纤维和化学纤维。耐胶粘剂流动性低水软袋的长度必须通过液压计算确定。

消防栓是带有内部带扣接口的℃型球阀头，入口端连接到立管，出口端连接到水软袋。消防栓根据出口形式分为单出口和双出口。双出口消防栓的直径为 65mm，

单出口消防栓的直径为50mm和65mm。如果灭火器的最小灭火量小于5L/s，则应使用50mm的消火栓；如果灭火器的最小灭火量为5L/s或更大，则应使用65mm的消火栓。

在同一建筑物中应使用相同类型的消火栓和水软袋，以方便维护管理和更换使用。通常将喷枪，水软袋，消火栓和消防卷轴放在带玻璃门的消火栓盒中。

2. 消防卷轴

在室内消火栓给水系统中，大的喷水压力和大火流量有时会使未经消防培训的普通员工难以影响最初的灭火效果。因此，在一些重要建筑中，例如豪华酒店，一流建筑中的商业建筑，展览建筑，综合建筑以及建筑高度超过100m的超高层建筑中，总干事使用消防栓供水系统中的消防线轮（消防水带）来扑灭初始火灾，而无需进行消防培训。

消防卷轴由25mm或32mm室内口径消防栓，内径至少为19mm的水水软袋，小口径开关和直径为6.8mm或9mm的转盘的水软袋组成，水软袋长度为20m至40m。风扇和常规消火栓可以安装在燃烧室或专用燃烧室中，而与立管无关。消防卷盘通常位于通道和楼梯附近，并且易于取用，它们之间的距离应确保命令可以到达室内地板的任何部分。

3. 消防员坦克

消防员水箱的作用是为灭火提供足够数量的消防员，并确保相应的液压要求。为确保自动浇水的可靠性，应使用重力浇水。消防水箱应与生活（或生产）的高级水箱一起使用，以防止水降解。水箱的安装高度必须满足最不利的室内点的消火栓的要求，这是液压要求，并且建筑物的消防用水必须保证10分钟。

4. 消防水池

当生产用水和家庭用水达到最大值时，如果城市供水和进水管或自然水源无法满足室内和室外消防用水量，或者城市供水是分支的或只有一根水管，则安装消防水池。

消防水池用于室外不能提供消防水源的情况下，贮存火灾持续时间内的室内消防用水量。消防水池可设于室外地下或地面上，也可设在室内地下室，或与室内游泳池、水景水池兼用。消防水池应设有水位控制阀的进水管和溢水管、通气管、泄水管、出水管及水位指示器等附属装置。可根据各种用水系统的供水情况，将消防水池与生活或生产贮水池合用，也可单独设置。

5. 水泵结合器

水泵结合器必须安装在建筑物消防水系统中。水泵接头将消防车和加压水连接到室内消防系统，一端从消防水管网的水平主管中伸出，而另一端则易于接近。

如果室内消防泵出现故障或室内消防用水量不足，则消防车将从室外消防栓，消防水池或天然水源中取水，然后通过水泵结合器将水送入室内消防员网络以确保室内消防员的安全。水泵结合器有三种类型：地面，地下和墙壁。泵结合器必须在地面上方。

（五）室内消火栓给水系统的类型

按照高度来分，建筑高度在 24m 以下的建筑物室内消火栓给水系统，属于低层建筑室内消火栓给水系统，这种灭火系统是仅供楼内人员扑救建筑物初期火灾时使用；在 24m 以上的，属于高层建筑室内消火栓给水系统，它是扑灭高层建筑火灾的主要灭火设备。

1. 低层建筑室内消火栓给水系统分类

第一，不带消防水箱和加压水泵的室内消火栓供水系统：如果室外给水管网的流量和水压能够满足室内消火栓供水系统所需的水质和水压，则可以采用此方法。

第二，仅具有消化水箱而无加压水泵的消防栓供水系统：该方法适用于压力变化较大的室外供水网络，但可以满足用水量。这种方式管网应独立设置。

第三，设有消防泵和消防水箱的室内消火栓给水系统（10min 室内消防用水量）。

2. 高层建筑室内消火栓给水系统分类

第一，不分区供水的室内消火栓给水系统：建筑高度低于 50m 的高层建筑，消火栓处静水压力不超过 0.8mPa 时，宜采用这种系统。

第二，分区供水的室内消火栓给水系统：当建筑高度超过 50m 或消火栓处静水压力超过 0.8mPa 时，宜采用这种方式。即将供水管网分成若干个区，每区分别用各自的水泵和水箱供水。按照分区方法的不同，又可分为并联式分区供水系统和串联式分区供水系统。

二、自动喷水灭火系统

自动喷水灭火装置是一种消防设施，在发生火灾时会自动打开自动喷水灭火装置以洒水并发出火警信号。它被公认为当今世界上最有效的独立式灭火设施，是使用最广泛，使用最广泛的自动灭火系统。

在国外，某些国家的公共建筑中必须安装自动喷水灭火系统。考虑到中国的经济发展，有必要在人群拥挤，撤离困难，外部加固灭火和救援困难或火灾风险高的地方安装自动自动喷水灭火系统。

（一）自动喷水灭火系统的类型

自动喷水灭火系统类型很多，但都包括水源，加压水存储设备，洒水器，管网，警报装置（液压警报铃，压力开关，流量指示器等）。根据系统中使用的洒水器的类型不同，自动喷水灭火系统分为两类：封闭式自动喷水灭火系统和开放式自动喷水灭火系统。

封闭式自动喷水灭火系统通常使用封闭式喷水灭火器，它是封闭式喷水灭火器，这得益于喷水器的温度和锁定装置，该喷水灭火器仅在特定温度环境下才能滴下并打开。因此，在着火的情况下，只有靠近火焰或着火点的自动喷水灭火装置才能打开喷水装置。这种类型的系统可以细分为湿式，干式，字典动作以及重复的字典和字典动作。

开放式洒水器系统使用开放式洒水器，该开放式洒水器没有温度感应闩锁装置，它通常是打开的，在发生火灾时，系统保护区域中的所有开放式洒水器都会一起排出水。灭火这种系统可以细分为淋浴系统，水幕系统和喷水灭火系统。

（二）封闭式自动喷水灭火系统

1．湿喷淋系统

此系统称为湿式自动洒水器系统，因为给水和洒水器始终充满加压水。

湿式自动自动喷水灭火系统具有结构简单，结构和管理方便，经济性好，消化速度快，控制速度快等特点。覆盖面广。

由于湿式系统的管网中的压力数量大，如果环境温度低于 4℃，则管网中的水会冻结。如果环境温度高于 70℃，则喷嘴容易意外喷洒，并且如果管网内部的水蒸气增强，则有损坏管道的风险。因此，湿式系统适用于环境温度高于 4℃且低于 70℃的建筑物。湿式报警装置最大工作压力为 1.2MPa。

2．干式自动喷水灭火系统

干式系统的组成与湿式系统的组成基本相同，但报警阀组采用是干式的。干燥系统的管道网络通常不充满水，而是充满压缩空气（或氮气），与警报阀前面的供水压力保持平衡，警报阀紧密关闭。

如果建筑物发生火灾，则在洒水器打开和关闭时，点火温度会升高，并且洒水器会打开，或者从管道网络中移除压缩空气（使用排气阀排出排气阀）。净压降。干燥警报阀打开，水流入配水管网，从打开的自动喷水灭火装置喷水以扑灭大火。

由于在报警阀后的管网无水，干式系统灭火时不受环境温度的制约，对建筑装饰无影响，但为保持气压，需要配套设置补气设施，因而提高了系统造价，比湿式系统投资高。又因为喷头受热开启后，第一要排除管道中的气体，然后才能喷水灭火，延误了灭火的时机。因此，干式系统的喷水灭火速度不如湿式系统快。

干式系统可用于一些无法使用湿式系统的场所或采暖期长而建筑内无采暖的场所。干式喷头应向上安装（干式悬吊型喷头除外）。干式报警装置最大工作压力不超过 1.2MPa。干式喷水管网的容积不宜超过 1500L，当有排气装置时，不宜超过

3000L。

3．闭式喷头

封闭的喷嘴具有释放机构，该机构由热敏元件，密封件和其他部件组成。通常情况下，喷嘴出口由释放装置关闭，当光线熄灭时，释放装置会自动掉落，并打开喷嘴喷水。

根据温度感应元件的不同，封闭式喷嘴分为玻璃球形喷嘴和易熔合金锁板喷嘴。通过加热作用，玻璃球喷嘴使玻璃球中的液体膨胀，产生压力，该压力使玻璃球破裂并洒水。玻璃灯泡内部的工作液体通常是挥发性乙醇。易熔合金锁片喷头是在热的作用下，使易熔合金锁片熔化脱落而启动喷水。

（三）开式自动喷水灭火系统

1．雨淋灭火系统

雨淋灭火系统具有出水量大，灭火控制面积大，灭火及时等优点，但水渍损失大于闭式系统。通常用于燃烧猛烈、蔓延迅速地某些严重危险级场所。

2．水幕系统

水幕系统不具有直接灭火的能力，而是使用带有隔板的水墙或帷幕（例如强力喷雾或防火帘）来防止烟尘或火势蔓延并冷却防火隔板。保护靠近火的建筑物。

3．水喷雾灭火系统

主要用于扑救固体火灾、闪点高于60℃的液体火灾和电气火灾。喷洒在燃烧物表面时会产生表面冷却、窒息、冲击乳化和稀释四种作用，提高了水的灭火效率。

三、其他常用灭火系统

（一）气体灭火系统

使用气体作为灭火介质的灭火系统称为气体灭火系统。根据介质的不同，可分为二氧化碳灭火系统，惰性气体灭火系统，晕圈灭火系统和热气溶胶灭火系统。气体灭火系统主要用于保护不适合水下灭火的地方，例如大型计算机，通讯控制计算机室，数据存储，博物馆和藏宝箱。

（二）干粉灭火系统

灭火系统通过干粉源通过输送管连接到固定喷嘴，并通过喷嘴喷射干粉。它依靠高压气体（氮气、二氧化碳等）的压力，携带干粉，通过输送管道，经喷头施放到保护区域或对象，达到灭火的目的。

（三）泡沫灭火系统

是将蛋白泡沫液、水成膜泡沫液等施放到燃烧物表面，形成泡沫层，以达到降低温度、隔绝空气，从而灭火的目的。主要用于扑救易燃液体的火灾或大面积的流淌火灾。在石油化工行业应用较多。

四、建筑消防给水系统的管理

建筑消防系统投入运行后，使用单位必须做好安全可靠的管理和维护，保证系统常备不懈地处于准工作状态，一旦发生火情，能立刻投入供水灭火的工作状态。

（一）室内消火栓给水系统的管理和维护

第一，系统必须有日常监督、检测、维护制度，保证系统处于准工作状态。

第二，负责系统维护管理的专职人员必须熟悉消火栓给水系统的原理、性能和操作维护规程。

第三，定期检查消防栓，水枪和水软袋等组件。消火栓与消火栓的供水管线之间不应有泄漏。消防水带，水带，消防水带轮和所有附件应处于良好状态，水带轮应平稳旋转，压力表指针应正常。

第四，供水必须确保设计所需的水量和压力，并且供水量应每年或半年进行一次测量。每两年必须检查一次储水设备的结构材料是否有缺陷并重新粉刷。

第五，消防泵应每月启动和运行一次，以确保报警泵启动按钮，指示灯和控制电路正常工作而不会发生故障。应定期润滑所有旋转部件，例如消火栓，供水阀和消防卷盘。

第六，在室外阀门井中，必须每季度检查一次进气管的控制阀，以确保其完全打开。

第七，每月检查消防泵结合器的接口和配件一次，接口应完好无损，无泄漏，并完全盖好。

（二）自动喷水灭火系统的管理和维护

自动喷水灭火系统的管理与维护主要包括以下几个方面。

第一，每月自动或手动检查火灾报警控制器的控制显示功能是否正常，每天检查总控制键、报警阀及供水压力是否正常。

第二，每周检测水流指示器、信号阀及末端试水装置是否正常。

第三，每月应检查消防水池、高位水箱的贮水情况，保证主贮水不被他用，如果有故障，及时修复，并避免腐蚀。

第四，每月检查一次喷嘴，如果发现泄漏，腐蚀，玻璃灯泡变色或玻璃灯泡中的液体量减少，则应立即更换。

第五，喷水泵应每月运行一次（5 分钟），并定期润滑和清洁。

第六，排干系统水质测试装置，每月进行一次系统模拟测试，全面检查系统功能。

第七，年度防火测试应每年在市政防火检测中心进行，并且只有在通过测试后才能使用。

第三节　高层建筑的防火排烟

一、概述

超高层建筑会在火灾中产生浓烟，测量表明，烟雾中含有一氧化碳，二氧化碳，氟化氢，氯化氢和其他有毒成分，是导致火灾死亡的主要原因。同时，烟雾具有遮光作用，这会降低人们的视野并阻碍疏散和灭火。因此，超高层建筑的防火，防烟和烟气排放尤为重要。

防火的目的是防止火的发生和蔓延，帮助扑灭大火，而防烟和疏散的目的是及时清除火灾中产生的大量烟，且烟在防烟区域之外为了防止它扩散。确保建筑物内人员的顺利疏散，安全疏散和消防人员的良好火情。

有三种主要方法可以控制火灾中的烟雾：

阻止并第一阻止。墙壁，地板，门等具有阻止烟雾扩散的能力。

第二，吸烟。使用自然力或机械力将烟雾排放到室外称为烟雾排放。利用自然动力的排烟称为自然排烟。使用机械力（风扇）的排烟称为机械排烟。

第三，增压并防止烟雾。使用风扇不断将室外空气发送到特定区域，该区域的气压高于着火区域的气压，防止烟尘入侵并控制火势蔓延。

二、高层建筑防排烟形式

建筑的防烟排烟系统由防烟系统和排烟系统两个相互关联的系统构成。

（一）防烟系统

1. 防火分区与防烟分区

第一，防火分区。

所谓防火分区，是指用防火墙、防火门、耐火楼板等耐火构件将建筑物分隔而成的若干个面积较小的防火单元。为安全疏散和灭火提供有利条件，同时减少火灾损失，以在一定时间内将火势限制在着火区域，而不会蔓延到同一建筑物的其他部分。

防火区主要考虑耐火等级，楼层数，防火装置和火灾危险类型。中国现行的消防法规对不同建筑物的耐火等级和防火区划分有明确的规定。

比较可靠的防火分区应包括楼板的水平防火分区和垂直防火分区两部分，所谓水平防火分区，就是用防火墙或防火门、防火卷帘等将各楼层在水平方向分隔为两个或几个防火分区；所谓垂直防火分区，就是将具有 1.5h 或 1.0h 的耐火极限的楼板和窗间墙（上、下窗之间的距离不小于 1.2m）将上下层隔开。当上下层设有走廊、自动扶梯、传送带等开口部位时，应将相连通的各层作为一个防火分区考虑，即应把连通部位作为一个整体看待，其建筑总面积不得超过规定，如果总面积超过规定，应在开口部位采取防火卷帘分隔设施，使其满足要求。在建筑设计中，通常规定：楼梯间、通风竖井、风道空间、电梯、自动扶梯升降通路等形成竖井的部分要作为防火分区。

根据中国现行的《高层民用建筑设计防火规范》规定，防火面积为 1000 平方米的一流建筑；1500 平方米的两层建筑；地下室 500 平方米。如果安装了自动灭火系统，则可以根据上述规定将最大允许建筑面积增加一倍。高层建筑中的商业营业厅，展览厅等配备有自动火灾报警系统和自动灭火系统，用不燃或不燃材料装饰的建筑物可以达到地面 $4000m^2$ 和地下 $2000m^2$。

第二，防烟分区。

所谓防烟分区，是指用挡烟垂壁、挡烟梁、挡烟隔墙等划分的可把烟气限制在一定范围的空间区域。烟雾防护区域分为防火区域，不能阻止火势扩展。这是促进建筑物中人员安全疏散和系统抽烟的技术步骤。阻燃隔板可确保烟雾集中在设定的空间中，并且烟雾通过排气系统排放到外部。防烟隔断的范围是指从地板到天花板或天花板的指定空间，周围的防烟隔断从垂直的墙壁或天花板伸出 500 毫米以上，以阻挡屋顶或烟雾。

防烟分区和防火分区的划分方法基本相同，即按每层楼面作为一个垂直防烟分区；每个楼面的防烟分区可在每个水平防火分区内划分出若干个。防烟分区不应跨越防火分区。每个防烟分区的面积不应超过 $500m^2$，对装有自动灭火设备的建筑物其面积可增大一倍。此外还应注意竖井分区，如商场的中央自动扶梯处是一个大开口，应设置用感烟探测器控制的隔烟防火卷帘。

2. 防烟系统的分类

第一，密闭防烟。

密闭防烟是指当火灾发生时，将着火房间封闭起来，使之因缺氧而缓解火势，同时防止烟气蔓延扩散。它多用于面积较小，且其墙体、楼板耐火性能较好、密闭性好并采用防火门的房间。

第二，机械加压送风防烟。

机械加压送风防烟系统主要由加压送风机、送风道、送风口、余压阀及自动控制部件组成。它依靠加压送风机提供给被保护区域新鲜空气，使该区域的室内空气压力高于火灾区域空气压力，形成压力差，防止烟气侵入被保护区域。

为了确保疏散通道不受烟雾影响，并且人们可以安全撤离，在发生火灾时，高层建筑在安全性上可以分为四个安全区域。第一类安全区为防烟楼梯间、避难层；第二类安全区为防烟楼梯间前室、消防电梯间前室或合用前室；第三类安全区为走道；第四类安全区为房间。依据上述原则，加压送风时应使防烟楼梯间压力〉前室压力〉走道压力〉房间压力，同时还要保证各部分之间的压差不要过大，以免造成开门困难影响疏散。我国现行规范规定，防烟楼梯间与非加压区的设计压差为50Pa，防烟楼梯间前室、合用前室、消防电梯间前室、封闭避难层与非加压区的设计压差为25Pa。

（二）排烟系统

1．自然排烟

自然排烟提取利用由火灾或自然风压产生的热烟雾的浮力，将室内烟雾通过外部开口（门，窗户，阳台等）或排烟竖井排放到建筑物中。户外

自然排烟的优点是它不需要电源和风扇设备，也可以用于一般通风，因此设备不会闲置。缺点是，由于室外风向，风速以及建筑物本身的刚度或热量的影响，烟雾排放的影响不稳定。当开口在风侧时，不仅减少了烟气散发的影响，而且烟气也可以被引导到另一个房间。

靠外墙的防烟楼梯间及其前室、消防电梯间前室和合用前室以及净空高度小于12m的中庭均宜用自然排烟方式。自然排烟主要有两种方式：一是利用外窗、阳台、凹廊或排烟楼梯间进行的无组织排烟。

2．机械排烟

机械排烟方式是将火灾产生的烟气通过排烟风机排到室外。机械烟雾排放可以分为两种方法：局部烟雾排放和中央烟雾排放。部分排烟方法是在每个需要直接排烟的地方安装一个独立的排烟风扇。由于投资高，排烟风扇分散且维护麻烦，很少使用局部排烟方法。使用时，通常会结合通风要求。即，它也可以用作通风和排气装置。集中式机械排烟是将建筑物分为系统。每个系统都配有大型排烟装置。来自系统每个房间的烟雾通过排烟口进入排烟管，然后被送到排烟机，直接排到室外。机械排烟的优点是它不受室外风压的影响较小，有效地确保了排烟路线并防止烟雾扩散到其他区域。缺点是相关设备必须能够承受热烟的影响，并且管理和维护相对复杂。

机械排烟系统由排烟垂直壁（或排烟壁，排烟梁），排烟口，排烟管，排烟阀，排烟消防阀和排烟风扇组成。请在设计和布局上满足以下要求：

第一，通道的机械排烟系统应垂直安装，房间的机械排烟系统应与防烟区相对应。

第二，应根据防烟区空间的大小和建筑结构的特性确定从排风扇排出的烟量。

第三，排气风扇可以是离心风扇或轴流风扇，并且必须在机房入口处设置排烟消防阀，当烟气温度超过 280℃时，可以自动关闭排烟阀。如果排气口或阀门打开，则排气风扇本身应能够启动。排气扇应能够在 280Y 的温度下继续工作 30 分钟。

第四，排烟口应位于天花板上或靠近天花板的墙壁上，沿通道方向与相邻安全出口的相邻边缘的最小水平距离应至少为 1.5m。安装在天花板上的烟雾出口与易燃部件或易燃物品之间的距离应至少为 1m。排烟口应尽可能远离疏散方向。排烟口应正常关闭，并具有手动和自动开启功能。手动开关距离地面 0.8m 至 1.5m。

第五，排烟管应采用不燃材料制成。吊顶上安装的排烟管应使用不燃材料制成，并且距离易燃材料的距离不得少于 150 毫米。

第六，机械排烟系统和通风空调系统应分开安装。结合使用时，必须采取可靠的防火措施，并满足排烟系统的要求。

第七，排烟保护区排烟口与最远点的水平距离不应超过 30m。排烟支路应装有排烟防火阀，当烟气温度超过 280℃时，该阀可以自动关闭。

三、防火排烟设备及部件

（一）风机

风机有离心式和轴流式两类，离心式风机具有噪声低、风压高、流量范围广的特点，轴流式风机则具有体积小、噪声高、风压低、流量大的特点。离心风机通常用于排烟系统，在结构性能上，必须具有一定的阻燃性和隔热性。排烟风扇的位置通常位于风扇所在的防火区的排烟系统的排烟系统的排烟系统的最高排烟口的顶部，并位于防火区的风扇机房内。风扇外边缘与风扇室壁或其他设备之间的距离应至少保持 0.6m。

烟雾防护系统中的压力风机可以使用中低压离心风机或轴流风机，其位置可以由电源位置，室外新鲜空气入口条件和空气量分布等因素决定。

（二）防火阀

消防阀通常安装在通风系统的风道中，并且通常是打开的。当火灾中管道中的气体温度达到 70℃时，通过安装可用的金属温度保险丝以切断并防止空气流通，从而自动关闭阀门；防止火势蔓延。

（三）排烟阀

排烟阀结构与防火阀类似，应用于排烟系统的风管上，平时处于关闭状态。火灾发生时，感烟探测器发出火警信号，控制装置使排烟阀打开，通过排烟口进行排烟。

（四）排烟防火阀

排烟防火阀结构与防火阀类似，适用于排烟系统管道上或风机吸入口处，兼有排烟阀和防火阀的功能。平时处于关闭状态，需要排烟时，其动作和功能与排烟阀相同，可自动开启排烟。当管道气流温度达到280℃时，阀门的易熔金属熔断而自动关闭，切断气流，防止火势蔓延。

（五）防火门

防火门是指可以在一定时间内满足防火稳定性，完整性和隔热要求的门，并且是建筑物的防火措施之一。通常用于防火墙，疏散楼梯入口或管道井口。按其耐火极限分为甲、乙、丙三级。防火门分为手动型和自动型。手动型防火门一般为常闭状态，平时或发生火灾时，人员都可以手动开启通过。自动型防火门平时处于开启状态，人员可以自由通过。发生火灾时，可以通过手动或自动控制来关闭。自动控制是由火灾探测器或联动控制盘来发送控制信号。防火门关闭后，应有关闭信号反馈到控制盘或消防控制中心。

重点保护建筑中的电动防火门，应在现场自动关闭，不宜在消防控制室集中控制。为了实现现场控制，防火门两侧应设有专用的感谢烟探测器组成探测控制电路。

（六）挡烟垂壁

挡烟垂壁是建筑物内大空间防排烟系统中作烟区分隔的装置。用不燃烧材料制成，分为固定式和活动式两种。为了具有良好地挡烟分隔效果，固定垂壁要从顶棚向下突出0.5m以上。为了美观，活动垂壁平时处于收起状态，发生火灾时，要手动或自动放下。

（七）防火卷帘

是一种活动的防火分隔物，一般用钢板、无机布等材料制作，以扣环或铰接的方法组成，平时卷起在门窗上口的转轴箱中，起火时将其放下展开，用来阻止火势从门窗洞口蔓延。

四、通风与防排烟系统的维护与管理

（一）通风与防排烟系统的管理

通风与防排烟系统是一个复杂的、自动化程度高的系统，除了依靠拥有高技术素质和高度责任心的操作运行人员进行运转管理外，还要依赖于科学的管理制度。

通风与防排烟系统的管理要建立以下规章制度：

第一，建立事后问责制，规定雇员的范围和要求；

第二，是一个巡回检查系统，规定要定期记录的内容，路径和项目；

第三，传输系统规定了传输要求，内容和程序；

第四，设备维护保养制度，规定设备和仪表的检查、保养周期，检查的内容和要求等；

第五，清洁卫生制度，包括人员的配备和要求等；

第六，安全保卫和防火制度；

第七，制定安全操作规程。

同时还应有执行制度时的各种记录，例如运行记录、交接班记录、设备维护保养记录、事故记录等。

（二）通风与防排烟系统的维护

通风与防排烟系统的维护包括清理灰尘、巡回检查、仪表检验和系统检修。

第一，要经常清洗、更换过滤器，并不得污染滤料，安装过滤器要严密不漏风；对于循环使用的泡沫塑料滤料，要在干净的环境中进行清洗和晾干，并测定其效率，不合格的应更换；要经常打扫风机箱，定期上漆防锈，保持通风系统洁净，必要时对风管内部进行打扫；对消声器的材料要定期清洗或更换，保持材料干净；经常检查堵漏，减少系统漏风，定期测定空气的含尘量。

第二，巡回检查的内容：挡烟垂壁的外观、送风阀外观、风机、水泵和电动机的工作状态，轴承的温度，传送带松紧度；排烟阀外观、排烟窗外观；风机箱和风管内的防锈油漆是否脱落，水阀门是否严密，开关是否灵活；管道及设备保温是否损坏，风道阀门是否工作正常，电气导线的接头是否松动、发热。

第三，单项检查的内容：风机控制柜；排烟系统的功能；送风加压系统的功能；测试风速、风压值；电动排烟阀的启闭功能；电动挡烟垂壁的控制功能。

对发现的问题要做到及时记录、上报，认真分析原因，并寻找解决办法，及早解决问题。若不能立即解决，必须及时联系相关部门或单位，共同处理，并采取必要的补救措施，确保系统正常运行。

第四节　火灾自动报警及联动控制系统

一、概述

火灾自动报警及联动控制系统是建筑消防系统的核心。它不仅能够实时自动监控探测现场，发现火情信号，而且也为建筑内其他消防装置，如水灭火系统、防排烟系统、广播与疏散系统等，提供自动控制信号，从而实现自动灭火、自动排烟等功能。

随着科学技术的发展，当前的火灾自动报警及联动控制系统已经是融计算机控制技术、微电子技术、传感器技术、通信技术等为一体的现代自动控制系统。涉及的设备和组件也日趋智能化、微型化、多功能化，不仅反应灵敏、结构紧凑，而且操作简便、可靠性高。

二、火灾自动报警及联动控制系统的基本组成

火灾自动报警及联动控制系统的组成形式多种多样，具体组成部分的名称也有所不同。从控制结构上看，火灾自动报警及联动控制系统是一个典型的闭环自动控制系统；从组成结构上看，主要由三部分组成：火灾探测、报警控制和联动控制。

火灾探测部分主要由各种火灾探测器组成，是整个系统的检测元件，当被警戒的现场发生火灾时，火灾探测器检测到火灾发生初期所产生的烟雾、高温、火焰及火灾特有的气体等信号，并将其转换成电信号，经过与正常状态阈值比较后，给出火灾报警信号，然后送入报警控制器。

火灾报警控制部分是整个系统的核心，它担负着为探测器提供稳定的电源，并时刻监视探测器及系统自身工作状态的任务。更重要的是，还负责接收、转换探测器发来的报警信号，经过判断确认发生火灾后，在报警器上发出声光报警，同时处理各种状态信号和监测信号，将得到的消防控制指令发给联动控制装置，以控制相应的外控消防设备，进行消防灭火和人员疏散。

联动控制部分由一系列控制系统组成，如声光报警、喷淋灭火、防烟排烟、广播和消防通信等。提供来自警报控制器的消防控制命令，处理预设的控制逻辑，将联动控制信号发送到相应的控制点，并通过执行器（例如排气装置）控制相应的外部受控消防设备防烟设备，例如排风扇；防火设备，如防火阀和防火卷帘门；警铃，警笛，声光警报器等警报设备；通过打开空调，电梯强制降落和紧急疏散指示灯来指示疏散。启动消防设备，例如说明书，消防泵，喷雾泵等，以扑灭火灾并及时撤离人员。一旦火灾被扑灭，整个系统又回到正常监视状态。

三、火灾自动报警系统分类

根据自动火灾报警系统的联动功能的复杂性和保护范围的大小，自动火灾报警系统可分为三种基本形式：区域报警系统、集中报警系统和控制中心报警系统三种基本形式

（一）区域报警系统

区域警报系统由本地火灾警报控制器，火灾探测器，手动警报和火灾警报设备组成。区域报警系统主要用于完成火灾探测和报警任务，仅适用于小型建筑物体或防火物体。通常，使用此类系统的火灾探测和报警区域最多不得超过三个区域的火

灾报警控制器。

区域警报系统相对简单，但被广泛使用。它可以单独用于关键部分，例如工业和采矿企业的计算机室，以及土木工程建筑中的塔楼，公寓和办公楼，并且可以用作中央警报系统和控制中心系统的最基本组件。目前，本地报警系统主要由环网组成，也可以由支线组成，但必须增加楼层报警确认灯。

（二）集中报警系统

集中警报系统由集中火灾警报控制器，两个或多个本地火灾警报控制器（或楼层显示器），火灾探测器，手动火灾警报按钮和火灾警报设备组成。

集中警报系统通常用于功能更高的建筑物，例如高层旅馆，饭店和其他地方。根据情况，应在值班室中与消防员或特勤人员一起安装集中式火灾报警控制器，并在每层服务台中设置本地火灾报警控制器（或楼层显示器）。

（三）控制中心报警系统

控制中心警报系统是一种复杂的火灾，由火灾联动控制设备，中央火灾警报控制器，本地火灾警报控制器和安装在火灾控制中心（或火灾控制室）中的各种火灾探测器组成。报警系统。其中，消防设备主要包括火灾报警器，火灾报警电话，火灾应急照明，火灾应急广播，烟雾控制，通风和空调，消防电梯等联动装置以及固定灭火系统的控制装置。控制中心警报系统是超高层建筑和智能建筑的主要自动消防系统，并且是楼宇自动化系统的重要组成部分。

中央火警控制器应安装在火控室中。有关每个消防设备运行状态的反馈信号应集中显示在消防员的监控器或主控制台上，以全面控制和管理建筑物的消防设施。

四、火灾自动报警系统常用设备

火灾自动报警系统的主要组件包括火灾探测器、火灾报警控制器、联动控制装置及其他组件。

（一）火灾探测器

火灾探测器是一种检测火灾信息的传感器，该信息能够响应火灾参数（例如烟，温度，光和易燃气体浓度）并生成电信号以进行火灾警报。根据火灾探测器对各种火灾参数的响应和其他对策，它可以分为五种类型：烟雾，温度，光，可燃气体和复合材料。同时，根据检测器的检测范围，它可以分为点和线两种类型。

1．感烟火灾探测器

烟雾探测器使用小型传感器对漂浮在周围空气中的烟雾颗粒和气溶胶颗粒作出反应，随着烟雾颗粒浓度的增加，传感器的物理效应发生变化，这种变化由电路处理。转换为电信号。

常用的主要有：离子型感烟探测器、光电型感烟探测器和电容型感烟探测器等。

2. 感温火灾探测器

此检测器是对警报范围的火热（温度）参数（即异常高温或周围气流的加热速率）作出响应的检测器。与烟雾探测器相比，热感探测器的优点是结构简单，电路少，可靠性高，误报率低。它可以由气密结构制成，具有出色的耐湿性，耐水性和耐腐蚀性。可以在恶劣的环境（风速大，灰尘多，湿气重等）中使用。缺点是灵敏度低和警报时间慢。

温度传感知识火灾探测器的反应过程是探测器的温度导致热敏元件发生物理变化，并通过机械或电气处理将其转换为电信号。因为热敏元件的类型很多，所以对温度敏感的火灾探测器也有很多类型。双金属型，可溶合金型，酒精玻璃球型，热电偶型，汞接触型，热敏电阻型，半导体型，胶囊型等；在结构上，它们通常由点型或线性型制成。

3. 感光火灾探测器

这种类型的检测器是对警报范围内火焰的光学特性（即发出的光的波长和火焰的闪烁频率）做出响应的检测器，通常称为火焰检测器和点着火检测器。设备。该项目主要有两种类型：紫外火焰探测器和红外火焰探测器。

火焰探测器的特点是响应速度快，适用于火灾（尤其是易燃液体火灾）或适时的爆炸火灾，适用于无烟的爆炸性爆炸。易燃的地方。紫外线火焰探测器尤其不受风雨，阳光，湿度，压力变化和极端环境温度的影响，可以在室外使用。

4. 可燃气体探测器

是利用各种气敏元件或传感器来响应空气中可燃气体浓度的探测器。其探测的主要气体种类有天然气、液化气、酒精、一氧化碳等。目前主要用于宾馆、厨房或油泵房、炼油厂、液化气充装车间、储备库等存在可燃气体的场所。

按探测原理的不同，可分为气敏半导体传感器、热催化型传感器、电化学传感器、光学式传感器等。

5. 复合火灾探测器

是可以响应两种或两种以上火灾参数的火灾探测器。主要有感温感烟型、感光感烟型、感光感温型等。

（二）火灾自动报警控制器

火灾报警控制器是自动火灾报警系统的关键部分，它接收，显示和传输火灾报警信号，设备状态信号和故障信号，完成数据处理和火灾确定功能，并完成系统参数设置和状态监视。是的，电源，火警，消防器材的运行控制和运行状态监控。负责现场设备的电源，信息处理和控制管理，例如警报触发设备，火灾警报设备和与其连接的火灾指示器面板。火灾报警控制器是自动火灾报警系统中信息的产生和交互的节点设备，它不仅执行系统的各种信息传输，而且还与其他外部系统交换信息。

火灾报警控制器主要由主控单元、回路控制单元、显示操作单元、报警控制输出单元、直接联动控制单元、通信控制单元和电源控制单元组成。其硬件结构包括微处理器（CPU）、电源、只读存储器（ROM）、随机存储器（RAM）、总线、接口电路等部分。主控单元在系统程序的控制下，不断地向系统所连接的探测器或功能模块发出巡检信号，以监测被控区域的火灾参数和所连接设备的状态，并进行相应的处理，判断是否有火灾发生、系统是否有故障。

随着计算机硬件和软件技术的发展，主流火灾报警控制器已经普遍采用模块化设计，数字化控制。控制器和探测器间采用无极性二总线技术，通过数字化总线进行通信。因此，不仅整个系统的可靠性大大提高，同时，也极大地简化了系统布线，便于工程安装、线路维修，降低了工程造价。

（三）火灾显示盘

又称楼层显示器。它是接收火灾报警控制器发出的信号，显示发出火警部位，并能发出声光报警信号的装置。一般不挂接其他报警触发设备，可以挂接火灾警报装置。通常设置在经常有人员存在或活动而没有设置火灾报警控制器的现场区域。一般来说，每一个防火分区或楼层应设置一台火灾显示盘。

（四）手动报警按钮

是手动触发的用来向火灾报警控制器发出火灾报警信号的装置。现在绝大部分手动报警按钮都是总线式部件，在系统中占一个地址。通常安装在楼梯口、走道、疏散通道或经常有人出入的地方。每个防火分区应至少设置一个手动火灾报警按钮。

（五）消火栓报警按钮

是人工向控制器发送火灾信号并启动消防水泵的部件，一般安装在消火栓箱内。其外形同手动报警按钮类似。

（六）现场接口模块

1. 输入模块

可将各种消防输入设备的开关信号（报警信号或动作信号）接入系统，传送给火灾报警控制器，从而实现报警或控制的目的。

一般用来连接水流指示器、报警阀、压力开关、老式消火栓报警按钮等。

2. 输入 / 输出模块

用于将现场各种单个动作并有动作返回的被动型设备，如排烟阀、卷帘门等接入到控制器上。

3. 总线隔离器

总线隔离器接在各分支回路与总线的连接处。如果发生总线故障，请将总线延迟的故障部分与整个系统隔离开，以确保系统的其他部分正常运行。

五、消防联动控制

所谓消防联动，是指发生火灾后，探测器第一探知火灾信号，然后传送给控制器，控制器接收信号后，按照设定的程序和控制逻辑，启动声光报警、消防广播、排烟风机、喷水灭火等设备，并切断非消防电源，进行火灾的自动扑救，引导人员有序安全疏散。所有这些动作，都是在控制器发出控制指令后才开始动作的，这些动作就称为消防联动。

一般来说，火灾报警控制器都具有一定的联动功能，但是现代建筑的消防设备类型多种多样，且控制策略也相对复杂。要实现对这些设备的精细、准确、可靠的控制，必须配置相应的联动控制器。

按照《火灾自动报警系统设计规范》的要求，火灾自动报警系统应具备对室内消火栓系统、自动喷水灭火系统、气体灭火系统、防排烟系统等的联动控制功能，其联动控制逻辑与要求一般按照实际工程需要来确定，并且都是在火灾报警确认后自动或手动启动联动控制功能。对消防设备的联动控制操作及消防设备的运行监测是在消防控制室中实现的。

（一）室内消火栓系统

室内消火栓系统由蓄水池、加压送水装置（水泵）及室内消火栓等主要设备组成。这些设备的联动控制包括水池的床位控制、消防水泵和加压水泵的启动。按照规范规定，消防设备应具有以下用于室内消防栓系统的控制和显示功能。

第一显示消防泵电源的状态。

第二，它可以显示消防泵的启动和停止状态以及故障状态，它可以显示工作状态，物理位置，消防水箱（池）的火灾水平和管网压力警报。

第三，可以自动或手动启动消防泵，可以手动停止消防泵，并且可以接收和显示来自消防泵的反馈信号。

（二）自动喷水灭火系统

自动喷水灭火系统包括洒水头，压力开关，水流指示器，洒水泵等。水流量指示器和压力开关是自动喷水灭火系统联锁控制的主要组成部分。根据规定，消防设备应具有以下自动喷水和水灭火系统的控制指标：

第一，可以手动和自动控制系统的启动和停止，并接收反馈信号。

第二，它显示了喷雾泵的运行和故障。

第三，它显示水流指示器，警报阀，安全信号阀等的运行状态和运行状态。

（三）防排烟系统

防排烟系统由风机、排烟口、排烟阀、防火阀、挡烟垂壁等组成。发生火灾时，控制器发出指令开启排烟口、排烟阀，启动排烟风机，降下挡烟垂壁，以约束烟气扩散路径，并将其排除室外。同时，关闭常开防火门、降下防火卷帘，启动加压送风风机，对人员疏散的通道和区域进行加压送风，以创造一个安全的逃生环境。

消防控制系统应具备以下对防烟排烟设施的联动控制功能：

第一，控制风机的启停。

第二，显示风机的状态信息。

第三，控制排烟口、排烟阀的打开或关闭，并接收其反馈信号，监测其运行状态。

第四，控制并显示防火门、防火卷帘、挡烟垂壁的状态。

（四）电梯控制系统

发生火灾时，普通电梯常常会因为断电或不妨烟而停止使用，不能作为疏散逃生的设施。电梯的联动控制应满足以下要求：

第一，能控制所有电梯全部回降到首层并开门，切断电源停用。

第二，显示所有电梯的故障状态和停用状态。

（五）消防电话系统

一种特殊的通信系统，可用于了解火灾现场情况并提醒消防员及时救援。消防部门的消防电话系统控制必须满足以下要求：

第一，可以与每个消防局交谈，并具有插件调用功能。

第二，可以接听电话并在电话插孔上通话。

第三，有火灾记录功能。

第四，显示消防部门的故障状态。

（六）消防广播系统

它主要由声源设备，功率放大器，输出模块，扬声器和其他设备组成，并且在发生火灾时，会从声源设备发送紧急广播信号。经功率放大器放大后，该模块将切换到指定区域中的扬声器以进行紧急广播。消防室对消防广播系统的控制必须满足以下要求：

第一，可以在紧急广播中显示广播分区和预设广播信息。

第二，可以手动或自动控制广播分区的选择并启动或停止紧急广播。

第三，它可以显示广播系统的故障状态。

（七）消防应急照明和疏散指示系统

由消防电源、应急照明灯、疏散指示灯等组成。火灾发生时，消防控制室对消防应急照明和疏散指示系统的控制应满足以下要求：

第一，可以从相关部件上断开非消防电源，然后打开消防应急灯和疏散指示灯。

第二，它可以显示消防应急照明和疏散指示系统的故障状态和运行状态。

六、火灾自动报警及联动控制系统管理

按照国家法律法规和消防技术规范设置的建筑消防设施，是预防火灾发生、及时有效扑救的有效措施。建筑消防设施能否在关键时刻发挥作用，最主要的是靠平时的维护和管理。对建筑消防系统进行维护管理，确保其完好有效，是建筑物产权、管理和使用单位的法定职责。

（一）一般要求

自动火灾报警和链接系统运行之前必须满足以下条件：

1. 使用系统的设备必须由经过专门培训的合格人员来负责系统的管理，操作和维护。

2. 正式启动系统之前，应提供以下文件。

第一，系统的完整性和设备的技术信息

二，系统操作程序；

第三，守望者的职责

第四，监视记录和使用情况图表。

3. 应建立系统的技术档案。主要包括系统设计的有关图纸、系统施工、调试、维护等记录。

4. 系统应定期检查和试验，检查方式包括日检、季检和年检。

5. 系统应保持连续正常运行，不得随意中断。

（二）定期检查和试验

必须对系统中的所有设备进行良好的日常维护保养，主要是防止潮湿，灰尘，静电，电磁干扰和碰撞，并使设备保持良好状态。

1. 应当每天检查火灾警报控制器的功能。进行自检或检查以确保警报，错误报告和静音功能正常。

2. 应每季度检查和测试自动火灾报警系统的以下功能，并应填写检查登记表。

第一，使用专用测试设备逐步测试检测器的运行，并检查灯泡标记。

第二，测试火灾报警装置的声光指示；

第三，测试水流指示器和压力开关的警报功能和信号显示。

第四，在备用电源上执行一或两个充电和放电测试，并在主电源和备用电源上执行一或三个自动切换测试。

第五，自动或手动检查消防设备的控制和显示功能。

①灭火系统的控制设备，例如室内消火栓，自动喷雾，泡沫，气体和干粉

②电动防火门和防火门的抽样检查，占总数的25%以上。

③选择地板测试消防应急广播设备，并测试将公共广播强制传输到消防应急广播的功能。现场检查的数量超过总数的25%。

④消防应急照明及疏散指示的控制装置；

⑤风机，排烟器和自动挡烟墙的控制设备；

⑥确认灭火器的紧急着陆功能

⑦至少应选择消防电话和电话插孔总数的25%进行消防室的内部通话测试。

3. 每年检查并测试自动火灾报警系统的以下功能：

第一，使用专用测试设备至少测试一次所有已安装的探测器和手动警报器。

第二，自动手动打开排烟阀，然后关闭电动风门和空调系统。

第三，测试所有电气防火门和防火帘至少一次。

第四，强制不射击的功能测试。

4. 火灾探测器运行两年后，应至少每三年清洗一次，并进行响应阈值和其他必要的功能测试。

5. 另一种类型的检测器为10%，但其备用零件不应超过50个。

6. 系统维护一般应由产品生产企业或有资格的单位承担。

第八章　消防规划与设计

第一节　物业开发消防整体规划

一、物业消防规划的意义

物业消防规划是房地产开发的重要组成部分，是房地产开发和发展的长远目标和计划，是物业小区建设的综合部署，是整个物业建设和开发管理的重要依据。因此，在物业开发建设中，应统筹兼顾，将消防规划建设作为一项重要内容和小区规划同步发展，避免留下消防隐患。在进行小区消防整体规划时应注意以下几个方面：

①按物业分类的不同，对各种物业的消防布局作整体规划，确保房屋的通风、透光以及采暖布局合理，使功能区布置合理，建筑密度、防火分隔、小区街道等合理设置，保持消防车道畅通无阻；

②在进行小区规划时，应考虑消防水源设施、消防管网与市政管网的衔接和连通，保证火灾时有充足的水源供应；

③在进行高层物业规划时，应认真按《高层建筑设计防火规范》及其他法规的规定进行设计，充分考虑高层建筑的位置、防火间距、防火分区与分隔、消防车道和消防水源等布局的合理性；

④注意地下建筑应与小区的开发利用相结合，确保地下人防工程的消防规划合理利用；

⑤物业小区，应按物业的使用功能进行规划和设计，将不同的物业分开，分区开发，确保建筑使用布局合理，使功能分区、消防车道、消防给水、消防通信等公共设施和其他市政基础设施统一规划、统一设计、统一建设和开发，以减少小区消防安全隐患，保证业主和物业所有人的生命和财产安全，为促销房地产起到不可估量的作用。

二、物业消防规划的内容

物业消防规划，应以《城市规划法》为依据，根据《中华人民共和国消防法》

和消防技术规范的有关规定以及《城市消防规划建设管理规定》，实施依法规划管理。

（一）物业消防规划的基本内容

①搜集、掌握物业消防规划工作所必需的基础资料。

②根据市政建设需要和长远发展设想合理提出小区规划要求，在确定整个物业开发小区规划结构的同时，拟定物业消防规划布局。

③拟定小区内的消防管网与市政消防设施的衔接、利用和改造办法。

④拟定小区内各项消防设施工程措施的原则和技术方案。

⑤根据小区开发的自然条件、现状、性质、规模和建设速度，对消防规划工作的内容作合理性调整。

（二）物业开发防火设计的主要内容

1. 总体计划布局

在总体规划设计中，应根据建筑物的着火特性，火灾隐患，地形，地形和风向等进行合理安排，以使建筑物相互之间构成火灾威胁并引起火灾和爆炸。这会造成严重后果，并使消防车具备成功灭火的条件。

2. 建筑物的耐火等级

划分建筑物的耐火等级是建筑设计防火规范中指定的最基本的防火技术措施。在持续的火灾和高温作用下需要建筑物，墙壁，圆柱，横梁，楼板，屋檐和天花板破损的天花板等基本建筑物组件在一定时间内不能破坏或蔓延火势，从而延迟并防止了火势蔓延。

3. 防火分区和防火分区

建筑物将建筑物空间分为具有高耐火性的部分。如果某个区域发生火灾，则该区域的火势受到控制，因此不会蔓延。

4. 防烟分区

一些建筑物需要使用防烟区（防烟梁，防烟垂直墙和隔墙）来划分防烟区并将烟尘控制在一定范围内。工作人员的安全疏散和消防工作顺利进行。

5. 室内装饰的消防装饰

在消防设计中，需要根据建筑物的性质和规模使用建筑物的不同装饰部分。为了减少火灾的发生并降低扩散速度，室内装饰材料必须处于不易燃或难以熔化的状态。

6. 安全疏散

如果建筑物发生火灾，应尽快撤离以避免火灾，烟雾中毒和房屋倒塌对建筑物中的人造成伤害，并尽快抢救房间内的物质和财富以减少火灾损失。因此，建筑物必须具有完整的安全疏散设施，以为安全疏散创造良好条件。

7．防爆工业建筑

在工业区使用和生产的可燃气体，易燃气体，易燃粉尘和其他物质可能与空气形成爆炸性混合物，如果发生火灾，可能引起爆炸。对于有爆炸危险的工业建筑物，应在建筑平面和空间布局，建筑结构和建筑设施上采取防火防爆措施，以防止发生爆炸并减少爆炸损失。

（三）物业消防规划的设计准备

物业消防规划应结合小区的客观情况和房地产的销售前景，针对物业不同的功能、性质、特点和问题，确定消防规划内容和处理方法。

1．物业消防总体规划

（1）物业消防总体规划的设计内容

①确定小区功能和发展方向，从开发规模和销售业绩确定规划范围，在划分小区功能的同时，合理安排物业消防分区，根据消防安全的需求，重新对物业小区规划进行修正。

②根据消防安全需求和小区离公安消防队的距离，以及物业小区的规模大小，布置小区的消防通道及交通设施的位置。

③提出小区内大型配套设施，如大型会所、商店、食品街等公共建筑的消防规划意见。

④提出物业小区主干道和主要广场位置的消防规划意见。

⑤提出物业区内消防给水、消防通信、防洪、电力、电信、煤气、园林绿化规划等方面的消

防规划意见。

⑥确定小区内物业消防队的位置和用地场所的规划（指大型物业社区）。

⑦估算消防建设总体投入资金，并纳入小区总体规划建设总投资资金。

（2）物业消防总体规划应具备的图纸和文件资料

1）物业小区开发周边形状图此图描绘出小区消防分区及各项公用消防设施和管网线路位置。

2）物业开发总体规划图主要表明物业开发用地位置、小区消防设施位置和用地。包括物业的开发用地、大型公共建筑位置、主要道路系统、主要公共绿地及小区人工湖泊、环保防护地带以及其他公共服务设施用地等。

3）物业消防工程设施设备规划图主要有交通道路、消防给水排水工程、火灾报警系统和消防通信、动力供应、热力、煤气等工程的消防规划图以及城市园林绿地、广场消防利用规划图。

4）物业近期开发消防规划图标明近期各项消防建设用地范围与各项市政工程消

防设施位置。

5）物业消防总体规划说明书设想物业开发的规模，表明消防规划中的主要问题和解决措施。消防规划所依据的详细资料和技术经济分析资料，可另编附件。

2. 详细规划

物业消防详细规划是整个城市消防总体规划的深化和具体化，必须以消防规范为规划准则。

①确定道路红线和断面，合理安排消防道路。

②确定各种物业、道路、广场、公共设施等项目的具体位置。

③将工业物业和易燃易爆的仓库和其他物业分开设置。

④合理安排各项工程管线、工程构筑物、消防给水管线、消防栓位置。

⑤确定主干道和广场建筑群平面规划设计。

⑥确定企业消防队的位置。

3. 消防规划图纸和文件

1）消防现状图按设计需求，在地形测量图上分类绘出建筑物、构筑物、道路、绿地、管线工程和消防栓位置等现状。

2）消防详细规划总平面图本图要标明各类用地界线及建筑物、构筑物、道路、绿地、管线工程和消防栓等的位置，在图纸上标明哪些是保留的，哪些是规划的。

3）消防道路规划图本图要标明道路界线、断面、宽度、长度、曲线、半径、交叉点和转折点标高（含地下通道）、地形的设计处理等。

4）各项消防工程设施的综合图本图要标明各项管线工程、标高、坡度、相互之间关系等。

5）消防详细规划说明和经济分析对规划图进行详细解释，并对消防工程投资进行估价分析。在考虑开发投资风险和利润的同时，尽量满足设计要求。

图纸比例一般选用 1：2 000（或 1：500 或 1：1 000）。

三、物业开发消防规划要求

在对整个小区开发进行规划时应将消防安全设置要求纳入总体布局之中。规划合理、安全可靠，并符合如下规定。

①在一般布局中，工业材料（例如生产和储存易燃易爆化学品的工厂和仓库）应放置在与其他设施分开的独立安全地方，并与住宅和民用设施保持一定的防火距离。应该。删除不安全的元素。

②为了满足工业产权计划中消防法规的要求，必须合理选择瓶存放处，汽车加油站和液化石油气供应处的气体和天然气压力调节位置，并采取有效的防火措施。

③房地产区内的各类建筑物必须为一级或二级防火建筑。

④居住区的商业网点不应阻塞交通，阻塞车道或影响消防栓的使用。

⑤应根据仓库的类型和用途，着火的危险，用途的性质和大小，运输和生活的安排，全面考虑仓库区域的防火计划。安装时，必须考虑水源，并保证消防员能够满足消防员的用水需求。

⑥在住宅放火计划中，应合理安排住宅区和各种市政设施，以满足居民的消费和文化生活需求，并提供消防安全条件。

必须在社区中对消防车进行适当的规划和建造，以使消防车可以到达消防站而不会打扰消防队。通道的宽度，间距和旋转半径必须符合相关规定的要求。

⑧企业消防部门应建立火灾报警器和消防站，使消防部门，消防部门可以与供水，电力，燃气，急救，运输，环境保护，公安消防队等部门进行通讯。

⑨在城市的特定条件下，财产社区的消防计划，或与城市水务局共同建设，或建造自己的消防水管，消防水池，水井或注水柱。

⑩灭火用水应充分利用社区水池和湖泊等水源，并建立消防车水道和取水设施以将其连接起来。

⑪小区内的消防给水管道宜敷设成环状，其管径、消防栓间距应当符合建筑设计防火规范的规定。

⑫对于老区的消防给水管道进行扩建、改造和更新规划时，应满足消防供水要求。

根据国家有关消防法规定，物业小区的消防设施规划，应由规划、设计、供水、供电、电信和市政等部门贯彻实施，公安消防监督机构负责监督。

四、分区规划与平面布局

发展商在确定物业开发项目后，应将住宅区物业、工业区物业、商业区物业等分区规划，以确保小区的公共安全。

1）住宅区物业住宅区物业主要是以居住人群为对象开发，重点考虑消防车通道、消防供水及防火分区的合理布局。

2）工业区物业工业区物业一般应远离城市中心区，主要设置在郊外，消防车道、防火分区、消防控制联动系统、消防供水等都应满足工业区物业火灾的要求；生产易燃易爆物品的上业区，宜远离居住区。

3）商业区物业商业区物业多以聚居商贸为主，一般均在闹市中心区，多为住宅与商业合一设置，因此，必须满足消防供水及火灾扑救、消防报警与联动控制灭火。

物业小区内的消防规划的编制是一项非常细致的科学工作，是房地产开发和业主居住安全的一件大事，必须极端重视。

第二节　建筑材料与耐火等级

一、建筑材料的燃烧与耐火性能

建筑材料的性质、性能、规格、品种等因素直接影响到房屋建筑的使用、坚固和耐久性，也影响到建筑的结构形式和施工方法。尤其它的耐火极限是决定起火难易程度及火灾扩大蔓延速度的基本因素之一。因此，在物业开发建设中，应根据建筑材料的有关性质、性能来对防火工作进行设计，不得使用违章材料，以提高房屋建筑的耐火极限。

（一）建筑材料及其燃烧性能

1. 建筑材料的分类

（1）按主要用途分类

根据建筑材料的主要用途，建筑材料可分为建筑材料，建筑材料，防水材料，地板材料，装饰材料，保温材料，吸声材料，卫生工程材料和其他特殊材料。

（2）按基本成分的分类

1）金属材料有黑色金属（如钢、铁）和有色金属（如铝、铜、铅及其合金）。

2）非金属材料分为有机材料和无机材料。

①有机材料，如木材、沥青、涂料、橡胶等。

②无机材料，有天然石材（如花岗岩、石灰岩、大理石等）、烧土制品及玻璃（如砖瓦、陶瓷、玻璃等）、胶凝材料。胶凝材料又可分为气硬性胶凝材料（如石灰、石膏、水玻璃等）和水硬性胶凝材料（如各种水泥）。

（3）复合材料

①金属——非金属材料，非金属——金属材料。

②无机——有机材料，有机——无机材料。

2. 建筑材料的燃烧性能

建筑物材料的燃烧性能是根据火焰或高温作用下的火焰和火焰传播，烟雾，碳化，失重和有毒产品以及不可燃建筑材料，不可燃建筑材料，一般可燃建筑材料和可燃建筑材料的特性来测量的有四种类型。

1）不可燃建筑材料（A）级是指在暴露于高温或空气中时不会燃烧，轻微易燃并且不会碳化的材料。使用GB5464测试方法进行测试。如果试件表面，试件中心和熔炉的平均温升不超过50℃，平均连续燃烧时间不超过20秒，并且平均重量损

失不超过原始试件的 50%，则此材料为不燃建筑材料可以指定为

2）不可燃建筑材料（B1 级）不可燃建筑材料是指在火中和大气中暴露于高温下时难以燃烧和碳化的材料，并且使用 GB8625 试验方法消除火势后立即停止燃烧或微燃烧。测试时，如果试件的平均残留燃烧值大于 150mm，如果试件的残留燃烧长度不为零，并且没有测试装置的平均烟气温度超过 200r，则可以将该材料分类为不燃建筑材料。

3）普通易燃建筑材料（等级 B2）是指在暴露于火或空气中高温时立即燃烧或轻微燃烧的物质，即使移开火源，它们仍可能继续燃烧或轻微燃烧。使用 GB8626 测试方法进行测试。如果试件满足以下要求，则可以判断为易燃建筑材料。第一，没有保护底边缘的试件，在开始开始于底边缘的 20 秒内，五个试件的火焰尖端未达到刻度线，第二是具有保护底边缘的试件。除上述要求外，五个测试件的火焰尖端未达到刻度线。

4）易燃建筑材料（等级 B2）定义为未通过 GB8626 测试方法的易燃建筑材料。

（二）建筑材料的高温性能

在评估建筑物防火材料在高温下的性能时，应考虑以下五个方面：

1）燃烧性能建筑材料的燃烧性能包括着火势，火焰传播，燃烧率和热量产生。

2）研究高温下材料的机械，机械（特别是强度）与温度变化之间的关系。对于结构材料，重要的是要在高温下保持一定的强度。

3）燃烧产生烟雾的物质会产生大量烟雾，并且除危害人体外，还可能严重干扰疏散和消防工作。许多在许多火灾中丧生的人被烟雾窒息而死，而不是被烧死。

4）毒性在物质燃烧或热解过程中会产生烟雾，并产生某些有毒气体。据统计，火灾中有 80%的死亡是由烟中毒引起的。因此，应注意该材料的潜在毒性。

5）隔热性能材料的热导率和热容量是阻止火灾的高温热量的两个最重要的因素。另外，材料的膨胀，收缩，变形，开裂，熔化，背衬等因素也对绝缘性能有很大影响。实际上，构造方法与绝缘性能直接相关，并且这些因素也影响绝缘性能。

选择建筑材料时，有必要考虑以上五个因素。由于材料的类型，用途和功能等的原因，在考虑防火性能时必须有不同的侧重点。例如，用作耐火材料的砖，石，混凝土，钢和其他材料是无机材料，并且不易燃，因此在考虑耐火性时，它们将重点放在高温下的机械和隔热性能。塑料，木材和其他材料是易燃材料，因为它们是有机材料，并且主要用作建筑装饰材料，因此，在考虑耐火性时，必须着重于燃烧性能，烟雾性能和燃烧毒性。

三、建筑材料的耐火性能

建筑材料的耐火性是指材料在火中或高温下的燃烧性能和耐火时间。使用不燃建筑材料可提供出色的耐火性。例如瓷砖，混凝土等，金属材料是不可燃的，但是在高温下，当材料的温度上升到一定范围（或达到一定极限值）时，强度会显着降低。例如，钢的强度降低到几乎 50%，在 20℃时为 450mPa，在 485° F 时为 278mPa。在 614℃时，强度仅为 70mPa，几乎失去了承载能力。

为了提高金属结构的耐火性，必须延迟金属结构材料达到极限温度的时间，此方法是在零件表面上附着绝缘保护层。

在建筑防火设计时，应对常用建筑材料的耐火性能采取防火措施。

1. 木材

（1）木材起火燃烧形式

1）用明火点燃

随着温度升高，用火焰点燃木材并分解可燃气体。随着火焰的不断加热，木材继续分解可燃气体。当分解的可燃气体达到一定浓度（爆炸下限）时，它开始燃烧。这种用火焰燃烧木材的现象称为点火，火焰着火的最低温度称为着火点。

2）自燃加热

自燃燃烧是指周围的可燃材料通过火焰热辐射被加热，分解，加热，并达到可燃材料在火焰与可燃材料之间没有接触的情况下自燃的温度。是的木材自燃温度为 400 至 700℃。

加热时，木材分解成易燃气体，同时释放热量。例如，在烟囱的木制构件附近会发生火灾，因为木头被热解并产生热量。由于炉子在短时间内停止了燃烧并且木质构件在熄火之前已经加热了很长一段时间，因此可以推断出木质构件的着火是由于烟囱的过热引起的，从而引起了木头的热分解。当木材温度达到 210℃时，通风和散热条件很差，在低温下有木材发热和着火的危险。

（2）木材燃烧的速度

木材燃烧的速率由木材的颜色变为黑色的速率（即碳化的扩散）来计算。木材燃烧速率的单位是毫米 / 分钟。实验表明，木材的自然色与碳化层的黑色之间的边界温度约为 300℃。

影响木材燃烧速度的因素：木材密度越高，燃烧速度越慢；木材温度越高，燃烧速度越慢。通过实验测量，当木材在高温下加热并且通风和供氧条件良好时，木材的燃烧速率也增加。

因此，应做好建筑木材的防火处理。

（3）改变木材的燃烧性能

为了改变木材的燃烧特性，通常需要对木材进行有效的阻燃处理：

1）加压浸注这种方法是将木材浸在容器内的阻燃剂溶液中，对容器内液体加压一段时间，将阻燃剂压入木材细胞中。常用的阻燃剂有磷酸铵、硫酸铵、硼酸铵、氯化铵、硼酸、氯化镁等。

2）大气浸渍该方法是在大气压，室温或约95℃下将木材浸入阻燃剂溶液中。

3）在表面涂层材料的表面上涂一层防火涂层以保护防火膜。

2. 人造木板

人造木板是以木材为主要原料，或以加工过程中剩下的边皮、碎料、刨花、木屑等废料进行加工处理而制成的板料。在建筑上广泛用作装饰材料、吸声材料等。主要有胶合板、纤维板、木丝板和刨花板等4个品种。

（1）胶合板

其燃烧性能与黏合剂有关。使用酚醛树脂、三聚割铵树脂作黏合剂的，防火性好，不易燃烧。使用尿素树脂作黏合剂的，因其中掺有面料，所以防火性差，易于燃烧。难燃胶合板是用磷酸铵、硼酸和氯化铅等防火剂浸过的薄板制造的。

（2）纤维板

可燃性取决于粘合剂。由于将不同的树脂用作粘合剂，因此获得了易燃或阻燃的纤维板。

复合板是一种由轻质，隔热，高强度和经济条件设计的新型板材，由芯材和表面材料组成，其中芯材为有机纤维板，泡沫塑料和有机纤维。等材料；根据强度和硬度的要求，可以选择板面材料，金属板，石棉水泥板，塑料板等。

就防火要求而言，表面材料的耐火性，阻燃性和导热性差。板的核心材料应由阻燃和耐热材料制成。

（3）木板木板和刨花板

都是易燃材料，它们与木丝或刨花和水泥混合后具有阻燃性。用水泥包裹木材后，热解和燃烧受到限制。

3. 金属材料

金属材料因其出色的拉伸和压缩强度而广泛用于建筑。建筑用钢是在严格的技术控制下生产的材料，具有强度高，可塑性和韧性好，质量均匀，可焊接和可焊接，钢结构质量好的优点。在防火方面，钢是不易燃且易碎的材料，但其耐火性较差。因此，当使用钢作为结构材料时，必须通过使用具有优异耐火性的建筑材料来直接保护钢免于着火。

铝，铅，锌，铜和其他金属材料等非钢产品被广泛用作现代建筑的室内装饰和设备。降低强度和变形对于黄铜产品（例如门窗把手），其耐热性非常强，温度达到 900℃时不会熔化。

由于钢结构的耐火性能差，在火灾高温作用下将很快失效倒塌，耐火极限仅 15min，为提高其耐火性能，可采用截流法和疏导法两种方法加以保护。

①阻塞方法的原理是阻塞或阻塞由火产生的热量流向零件，以使零件的温升在指定时间内不超过阈值温度。该方法是在零件表面上涂覆一层保护材料。由火产生的高温第一转移到这些保护材料，然后再将保护材料转移到组件。

②疏导法与截流法不同。疏导法允许热量传到构件上，然后设法把热量导走或消耗掉，同样可使构件温度不致升高到临界温度，从而起到保护作用。

4. 混凝土和钢筋混凝土

在火灾初期，混凝土构件受热表面层发生巨大的爆炸溢出，这称为混凝土破裂。很大程度上决定了钢筋混凝土结构，特别是预应力混凝土结构的耐火性。由于混凝土的破裂，零件的横截面减小，钢筋直接暴露于火中，这可能会导致零件的承载能力急剧下降并失去支撑。

（1）普通混凝土

普通混凝土是将水泥，沙子，石头和水以恒定比例混合，均匀混合并硬化后制成的人造石材。如果混凝土的温度不超过 300℃，则强度的变化不明显，并且当温度升高时，强度开始下降，直到裂缝破裂并且强度几乎消失。

混凝土的耐火性主要取决于骨料和水泥。由于骨料和水泥之间的温度变形不同，内部结构会因内部结构的破裂和破坏而变弱。实验决策：石灰石骨料比花岗岩骨料混凝土具有更高的耐火性，比水泥更低的耐火性和比水泥更高的耐火性。

（2）加气混凝土

加气混凝土主要用作屋顶和墙壁组件，还可以用作楼板，在高温下具有良好的隔热性，并且可以承受高温。然而，如果温度高于 800℃，则发生严重的裂纹并且强度急剧降低。如果将其刻录，将无法再使用。

（3）钢筋混凝土

钢筋混凝土相对防火，钢筋混凝土围绕着保护层，并且由于燃烧而不能很快达到钢筋的危险温度。随着温度逐渐升高，表面上的混凝土开裂，零件的变形增加，粘附力被破坏，增强棒失去其保护层，从而降低了零件的承载能力。

（4）预应力钢筋混凝土

预应力钢筋混凝土是指钢筋在施加外部载荷之前在混凝土中的预应力，这会导致人为应力状态，该状态会部分或完全抵消施加外部载荷后由于外部载荷引起的拉应力。因此，在使用阶段，部件的拉伸应力显着降低，并且裂纹的出现被延迟或避免。低耐火性将预应力钢筋混凝土构件加热到200℃时，预应力降低了45% -50%，而当加热到300℃时，所有预应力都消失了。

5. 建筑塑料

建材塑料主要用于室内装饰和设备，例如地砖，地板革，墙纸，天花板，防水和隔热材料。塑料是一种以合成树脂为主要原料的高分子有机材料，并添加了填料，增塑剂，熔融剂，颜料等。

塑料在很大程度上分为热塑性树脂和热固性树脂。热塑性塑料在100℃时会软化和变形，并容易因热而分解。热固性树脂在100-150℃时软化。当温度超过300℃时，两者开始燃烧。

塑料是一种高分子复合材料，燃烧时碳含量高，热值高，燃烧时产生的烟雾中含有一定的有毒气体，例如氢解酸和氨气，可能导致生命危险。塑料在建筑物的装饰中应尽可能少地使用，在着火的情况下会影响生命的安全疏散，并且非常危险，这取决于塑料的热性能和燃烧特性。

塑料的热和燃烧性能：

①塑料的耐热性较差，工作温度为60 ~ 150℃

②某些塑料的弹性模量小，刚度小且容易变形。

③在300-500℃范围内，大多数塑料制品均可点亮；

④燃烧时，烟有毒有毒，燃烧产物容易中毒和窒息。

⑤封闭的火区可能会热解，形成一些可燃气体和空气的爆炸性混合物，从而引起爆炸或爆燃。

⑥某些塑料燃烧迅速，在燃烧过程中容易熔化或滴落，很容易伤害人身并引起火灾。

⑦大多数塑料会产生大量热量。

因此，在建筑项目中，尤其在室内装饰中，应严格控制塑料建筑材料的使用。

6. 窗玻璃

玻璃在700-800℃时开始软化，并在900-950℃时熔化。如果发生火灾，它可能会因热膨胀而变形，并由于窗框的限制而在约250℃时开始破裂。在建筑物的装饰中,可以使用复合耐火玻璃或夹丝玻璃以防止着火和发热,并防止玻璃破裂或掉落。

7. 石棉

石棉是出色的绝热材料，耐高温。石棉水泥在石棉水泥板上混合并压实，当均匀加热时可承受200-750℃的高温，但在高温下用水冷却时会立即被破坏。

8. 天然石材

石灰石和花岗岩是常用的建筑石材。花岗岩是由其他材料组成的石头，例如石英，长石和少量的深色矿物和云母。它具有大容量，高抗压强度，优异的耐磨性和高耐久性的特点。当所含石英在573℃和870℃时发生晶体变形时，它会变得庞大，着火时严重破裂，并在用水冷却时容易爆炸和破裂。

石灰石是一种单一材料的石头，可以承受800–900℃的高温。

9. 普通粘土砖

普通粘土砖在800–900℃的高温下不会受到明显损坏，具有很强的吸水率，并且在用水冷却后不会影响其性能。如果它是用砂浆墙制成的，则墙的耐火性与整块砖的质量有关。

通过用灰泥灰泥层覆盖砖形成的保护层具有很强的结构表面附着力，并且当厚度达到15–20mm时，结构的耐火性可以延长20–30分钟。

10. 石膏板，砌块

它可以在高温下吸收大量热量，并且是极好的绝缘材料，但在高温下却很脆弱，并可能被水损坏。

在建筑物防火方面，各种建筑材料的选择和使用必须严格执行相关的消防技术规范，并选择耐火性高的材料，以免在发生火灾时造成严重损失。

二、建筑物的耐火等级

耐火等级是用于测量建筑物耐火性的等级标准。划分建筑物的耐火等级是建筑物防火的基本技术措施。建筑构件的燃烧性能和耐火性是对建筑物耐火性进行分类的重要基础和基本数据。

（一）建筑构件的燃烧性能

建筑组件的可燃性取决于制造建筑组件的材料的可燃性。用具有不同燃烧特性的建筑材料制成建筑构件后，燃烧特性可分为三类。

1. 不可燃的身体成分

是指由不燃建筑材料制成的构件。当暴露于火焰或大气中高温时，这些组分不会点燃，轻微点燃并且不会碳化。如墙砖，钢筋混凝土柱，梁和钢梁。

2. 难熔身体成分

由不燃建筑材料制成的部件，或使用易燃材料作为其基层并以不燃材料作为其保护层（或绝缘层）的部件。当这些组件暴露于火或空气中高温时，它们着火的可能性较小，易燃，且碳化程度较低。如果清除火源，将立即停止燃烧或起火；阻燃木质防火门，木龙骨木板石膏墙等

3. 燃烧体组件

即，由普通或可燃材料制成的建筑部件。在火焰或高温的影响下，这些组件会

立即着火并燃烧，并且在清除火源后，它们可能会继续燃烧或轻微燃烧，如木梁、木屋顶桁架、纤维板天花板等

建筑构件的失火或热损失会导致建筑物倒塌和损坏，从而增加人员伤亡和损失。要关闭火势和结构材料，建筑物必须具有一定的耐火性。建筑物的耐火性取决于建筑物组件的耐火性，并由防火极限的长度来衡量。

（二）建筑构件的耐火极限

1. 概念

建筑构件耐火极限系指对任一建筑构件按时间一温度标准曲线进行耐火试验。从受到火的作用时起，到失去支持能力或完整性被破坏或失去隔火作用时止的这段时间，用小时（h）表示。其概念包括以下几层含意：

①建筑构件耐火极限指的是一段时间；

②这段时间通过试验确定；

③试验按时间一温度标准曲线进行；

④试验进行到什么程度表明建筑构件达到了耐火极限。

2. 时间一温度标准曲线（火灾标准升温曲线）

（1）关系式

建筑构件耐火试验，是在燃烧试验炉中进行的。我国国家标准《建筑构件耐火试验方法》（GB8897），国际标准化组织的 ISO834 均对试验方法做了规定，两者基本一致。

（2）耐火试验

我国从 1972 年起先后建成了三类试验炉。

1）立式燃烧试验炉（墙炉）用于各种墙、门窗、卷帘等构件耐火试验，试件一面受火。

2）卧式燃烧试验炉（板炉）用于梁、楼板和吊顶等构件耐火试验，试件可三面受火。

3）柱炉用于柱子耐火试验，试件四面或垂直面受火。

上述三种炉子均以轻柴油为燃料，均配有油、风燃烧系统。

3. 判定条件

建筑构件是否达到耐火极限有三个判定条件。

（1）构件失去支持能力或失去稳定性

非承重构件失去支持能力的表现是自身解体或垮塌；承重构件失去支持能力或抗变形能力。

1）在壁试验中发生塌陷，表明试件的承载能力丧失。

2）在梁和板测试期间发生塌陷，表明试件失去了抵抗变形的能力。

3）柱测试过程中的坍塌表明试件的承载力降低。试件的轴向压缩应变率超过 3 H（mm/mm）（其中 H 是测试炉中试件的着火高度，以米为单位）。

2. 构件完整性被破坏或失去完整性

完整性的损失是由于当分隔构件的一侧(例如地板，门，窗户，分隔墙，天花板等)暴露于火中时，存在会穿透裂缝或穿透火的气孔，从而导致背面的易燃材料燃烧。意思是目前，该部件失去了防止火焰和热气体渗透或阻止火焰出现在背面的能力。因此表明试件的完整性被破坏。

3. 构件失去隔火作用或失去隔热性

试件背火面测得的平均温度达到 140℃（不含背面的起始温度），或背火面测温点中任意一点的温度达到 180℃（不含背火面的起始温度），或不考虑起始温度的情况下，背火面任一测温点的温度到达 220℃时，都表明构件失去隔火作用。

以上三个条件中，出现任意一个条件时，都表明构件达到了耐火极限。

（四）影响构件耐火极限的因素

影响建筑构件耐火性的三个主要因素是：

1）完整性所有爆裂，部分损坏，穿透和组件裂缝都会影响组件的完整性。

2）影响组件绝缘的主要因素有：材料的热导率和部件的厚度。材料的导热系数越高，隔热性越差，因为热量很容易传递到背面。否则更好。

3）稳定性任何影响零件高温承受能力的因素都会影响零件的稳定性。例如：

①零件材料的燃烧性能；

②有效负荷值；

③钢种；

④实际材料强度；

⑤截面形状和大小；

⑥加固方法及配比；

⑦表面保护；

⑧应力状态；

⑨支撑条件和计算长度。

（五）常用改变耐火极限和改变燃烧性能的方法

在设计防火结构时，当满足耐火极限和某些建筑构件的燃烧性能时，必须使用以下方法解决：

1. 适当增加构件的横截面尺寸

建筑构件的横截面尺寸越大，耐火性越长。这种方法对于提高建筑构件的耐火性非常有效。

2．增加钢筋混凝土构件的保护层厚度

一种简单且常用的提高钢筋混凝土构件耐火性的方法，可用于钢筋混凝土屋顶桁架，梁，楼板和柱子。钢筋混凝土构件的耐火性主要取决于高温下钢筋混凝土构件的强度变化。增加保护层的厚度会延迟并减少在炎热的地方从构件到钢筋的热传递，减慢了杆的温度升高，而不会过快地降低强度，从而提高了构件的耐火性。

3．在构件表面做耐火保护层

在钢结构表面做耐火保护层的构造方法有：

①用现浇混凝土做耐火保护层；

②用砂浆或灰胶泥做耐火保护层；

③用矿物纤维做耐火保护层；

④用轻质预制板做耐火保护层。

4．钢梁和钢屋顶桁架下的防火天花板

在钢梁、钢屋架下做耐火吊顶，其结构表面虽无耐火保护层，但耐火能力却会大大提高。此时则不能仅按钢结构本身的耐火极限来考虑，因为在无保护的钢梁、钢屋架下做耐火吊顶后，使钢梁的升温大为延缓。

5．在组件表面进行防火涂层

在设计建筑物的耐火性时，通常钢结构构件的预应力未达到耐火极限，并且某些可燃部件和可燃装饰材料由于其燃烧性能而不能满足要求。

6．合理的防火结构设计

通过采用可以承受结构过度变形和破坏的独特约束，合理的结构设计可以扩展零件的耐火极限，并提高结构的安全性和经济性。

（六）建筑物的耐火等级

建筑物的耐火等级是用于测量建筑物耐火性的标准，该标准由建筑物的燃烧性能和最小耐火性决定。在中国目前的《建筑设计防火规范》中，建筑物的耐火等级分为四个级别。即一级防火建筑，二级防火建筑，三级防火建筑，四级防火建筑。

1．耐火建筑的建筑组成特征

①一级防火建筑的主体结构均为不燃性，耐火极限最长。地板的耐火性是 1.50 小时，吊顶的耐火性是 0.25 小时。

② 2 类耐火建筑的主要建筑组成部分，除了吊顶不易燃烧外，其余均为不燃且耐火时间更长。地板的耐火性是 1.00 小时，吊顶的耐火性是 0.25 小时。

③三层防火建筑屋顶的承重构件是燃烧体，是由木屋顶桁架和砖墙组成的砖木结构。地板的耐火性为 0.5 小时，吊顶的耐火性为 0.15 小时。

④除了易燃的防火墙外，其他组件也是防火且易燃的，具有最短的耐火极限。特别地，支撑单层的塔也是燃烧体。地板的耐火性为0.25小时，天花板的耐火性不受限制。

2. 建筑构件的燃烧性能和耐火性

建筑物的耐火等级取决于建筑物主要构件的燃烧性能和耐火性，例如墙壁，圆柱，横梁，楼板，疏散楼梯，屋顶承重构件和天花板悬架。根据中国建筑设计，建筑结构的实际情况以及房地产的未来发展趋势，将建筑物的耐火等级分为四个阶段。

从防火的角度来看，建筑物的耐火性越高，则越好，但是从房地产开发商的角度来看，没有必要用不燃材料建造每座建筑物。耐火等级的选择取决于建筑物的性质和规模以及使用中的火灾隐患。根据各种性能的不同特性，有必要选择耐火等级，不仅要符合防火安全标准，而且要遵守经济适用性原则。

根据建筑构件在不同耐火等级下的燃烧性能和耐火特性，可以粗略确定不同结构类型建筑物的耐火等级。

1级的耐火等级是用于建造钢筋混凝土结构的。

2级耐火等级是钢筋混凝土砖建筑。

3级耐火等级是砖木结构建筑物。

4级耐火等级是使用不燃或不燃材料（例如木柱，木质屋顶桁架和石材）的建筑物。划分建筑物的耐火等级是建筑物设计防火的基本技术测量方法。

第三节　商住物业防火设计

一、商住物业的耐火等级

（一）耐火等级与层数的关系

1. 概念

非高层民用建筑是指楼层不超过9层（包括9层）的房屋（包括底楼有商业服务店的房屋）和其他建筑物高度不超过24米的民用建筑。建筑物的高度是从建筑物的室外地板到女儿墙或屋檐顶部的高度。建筑物的高度和楼层数不包括观景台，冷却塔，水箱室，微波天线室，电梯机房，排气和排烟机房以及屋顶的楼梯出口。地下室大于1.5m的建筑物不包括在楼层数中。

2. 耐火等级要求

①在一、二级耐火等级建筑中的托儿所、幼儿园等用房不应设在四层及四层

以上。

②三层防火建筑的托儿所，幼儿园等不应位于三层以上。

③电影院，剧院，礼堂，饭店不得超过两层，医院和疗养院不得超过三层。

④诸如4级防火学校，饭店，食品市场，托儿所，幼儿园，医院等公共场所的建筑不应超过一层伤亡。

（二）耐火等级与长度和面积的关系

1．概念

建筑物的长度是建筑物各段中线的长度之和。对于不规则的平面和各种测量方法，应使用更大的值。

建筑物每个楼层允许的最大面积代表着防火区域内的建筑物面积。建筑物宽而长，它可以容纳很多人和可燃物，房间内有大量疏散物，着火后疏散，燃烧时间长，建筑物具有破坏性。因此，建筑面积过大、长度过长的建筑物发生火灾时扑救难度大。

建筑物的耐火等级高的，其防火分区间可大，耐火等级低的防火分区可小。

（二）耐火等级要求

①对一、二级耐火等级的民用建筑，其主要结构构件为非燃烧体构件，构件的耐火极限较高，因此，建筑物的最大允许长度为150m，防火分区最大允许建筑面积为2 500m^2。

②一、二级耐火等级的体育馆、剧院等建筑，因其功能的特殊性，对其长度和面积可以放宽。

③三级耐火等级建筑物的防火分区小，最大允许长度为100m，最大允许建筑面积为1 200m^2。

④四级耐火等级建筑物的最大长度不得超过60m，最大建筑面积为600m^2。

在上述限制下，如果的建筑物配备了自动灭火设施，则可以根据该限制区域将每层的最大允许建筑物面积增加一倍。如果在本地安装自动灭火设备，则增加的面积可以计算为面积的两倍。防火隔板应通过防火墙隔开，万一遇到困难，可用防火帘和水帘隔开。建筑物的地下室和地下室可以划分为不超过500平方米的带防火墙的防火分区。现行法律、法规有特别要求的，以现行法规为准进行设计。

二、防火分区与防火分隔物

（一）概念

在建筑物的特定区域发生火灾后，火灾从对流和热辐射蔓延到其他空间，或蔓延到地板，墙壁，门和窗户的燃烧区域，最终在整个建筑物中演变成火灾。因此，对于大型，大型或多层高层建筑，在一定时间内控制特定火灾区域的火灾非常重要。

防火区域设置可以划分为具有特定防火性能的分区，以防止火势在一定时间内传播到同一建筑物不同部分的特定区域（空间单位）。在建筑物内划分火灾区域的措施可以有效地将火灾控制在一定范围内，减少火灾损失，并为建筑物发生火灾时的安全疏散和灭火提供有利条件。

防火区可根据其防止火势蔓延超出防火区的能力分为两种。第一，垂直防火区用于防止多层或高层建筑之间垂直防火的蔓延。第二个是水平防火隔板，可防止火势水平扩散。

（二）形成防火分区的主要分隔物

防火墙必须具有较高的耐火极限，才能有效地隔离建筑物中的火势蔓延，有效隔离烟雾和热量的影响，并确保扑灭火灾的时间。某些防火墙（例如防火墙）必须相对独立且结构稳定才能执行其全部功能。

根据建筑物的不同部分以及火灾的蔓延情况设置防火墙。

防火分隔设施包括水平分隔设施和竖向分隔设施两部分。

1．水平分隔设施

建筑物的水平防火设施主要包括防火墙，防火帘，防火门，防火窗，防火帘和水幕。建筑物的承重墙和无支撑墙客观地起到了防火隔离的作用。

（1）防火墙

防火墙是构建水平（水平）防火分区的主要防火屏障。它是耐火超过4小时的墙。其作用主要是防止火焰水平扩散。根据建筑物中防火墙的位置和结构，它分为水平，垂直，内部，外部和独立防火墙。

水平防火墙在建筑物的深度方向上，并且垂直于平面的垂直轴。

垂直防火墙朝向建筑物的方向，并平行于平面的垂直轴。

内部防火墙是将住宅划分为防火区域的内部分区。

如果两个建筑物之间没有足够的防火间隔，则外部防火墙是外墙（没有门和窗户的山墙）。

独立防火墙是独立的墙壁，可阻挡由于建筑物之间的防火间隔不足而产生的辐射热，火花和冲击波。

对防火墙的耐火极限，燃烧性能，安装位置和结构的要求如下：

①防火墙应不易燃，耐火极限应大于 4 小时，对于高层建筑，不应超过 3 小时。

②防火墙应直接安装在耐火性符合相关消防设计法规要求的地基上。设计防火墙时，必须考虑到防火墙的一侧，以免在火灾损坏时防火墙一侧的屋顶桁架，横梁，地板等不会塌陷。

③防火墙应阻塞燃烧体或不燃物体的顶部结构，并应在燃烧体或不燃物体的顶

部上方 50cm 以上。防火墙应在不燃屋顶上方至少 40 厘米处。但是，如果建筑物的屋顶是具有 0.5 小时或以上的耐火性的不易燃物体，而高层建筑物的屋顶是具有 1 小时或以上的耐火性的不易燃物体，则可以在屋顶底座上安装防火墙（包括垂直防火墙）。地板不必高于屋顶。

④如果建筑物的外墙是不可燃物，则防火墙应从不可燃物墙的外表面突出，并且 40cm 防火带的宽度应在距防火墙中心线的每一侧至少 2m。

⑤如果防火墙中心与天窗末端之间的水平距离小于 4m，并且天窗末端是燃烧的物体，则防火墙应比天窗结构高 40–50cm，以防止火焰蔓延。

⑥防火墙中不应有排气管，并且如果需要安装民用建筑，则两壁的厚度都应为 12cm 或更大。

⑦请勿打开防火墙中的门，窗或开口，如果需要打开，则应使用甲级防火门和窗户（防火 1–2 小时）并能够自动关闭。

⑧输送可燃气体和甲、乙、丙类液体的管道不应穿过（高层民用建筑严禁穿过）防火墙，其他管道不宜穿过防火墙，如必须穿过时，应采用不燃烧体将缝隙填塞密实。穿过防火墙处的管道保温材料，应采用不燃烧材料。

⑨建筑物内的防火墙不应在拐角处。如果在拐角附近，则最靠近边缘的边缘与内拐角两侧的窗户开口之间的水平距离应至少为 4m。如果在相邻表面上安装固定的乙级防火窗，则距离可以不受限制。

⑩防火墙两侧的门，窗和开口的最近边缘之间的水平距离应至少为 2m。如果安装了固定的乙级防火窗，则距离不受限制。

（2）防火门

第一，作用。

防火门必须是沿疏散方向打开的平开门，关闭后可以从任一侧手动打开。用于疏散通道，楼梯和前厅的防火门应具有其自身的关闭功能，并且双重和多重防火门应具有顺序关闭的能力。通常，打开的防火门应具有自动关闭功能，并在发生火灾时提供信号反馈。

除常规门的功能外，防火门还具有防火和防烟功能。如果需要在建筑物的消防箱之间通过，则必须提供甲级防火门（1.2 小时耐火极限）。建筑物中的火灾可能在某种程度上阻止或延缓火灾的蔓延。

第二，分类。

根据防火极限，有甲级防火门，乙级防火门和丙级防火门。

根据使用的材料，有木质防火门，钢质防火门和复合防火门。

根据打开方式的不同，有平开门，滑动门和滑动门。

根据门扇的结构，有带玻璃的防火门，带玻璃的防火门，带或不带明亮窗户的防火门。

第三，配置。

防火门由门框，门扇，控制设备和配件组成，其结构和质量直接影响防火和隔烟性能。为了确定防火门的耐火极限，主要需要检查门的稳定性，其完整性是否受损以及防火效果是否消失。这主要与门扇的材料，结构和耐火性，门扇与门框之间的间隙，门扇的热传导性能以及所选链条的附件有关。

第四，各级防火门的防火极限。

A 类防火门为 1.2 小时，B 类防火门为 0.9 小时，C 类防火门为 0.6 小时。通常，A 类防火门位于防火墙中，B 类防火门位于疏散楼梯中，而 C 类防火门可用作管道井壁（如电缆井，管井和排烟通道）上的检查门。

第五，适用范围。

防火门的设置应基于不同零件的分离要求和不同的防火极限。主要用于以下情况。

①请勿打开防火墙中的门窗，如有必要，请提供甲级防火门。

②对于具有固定灭火设备的机房，土木工程建筑的通风和空调室，应使用超过规定防火极限的隔墙将隔墙与其他部分隔开，且隔墙的门应为甲级。防火门（高层建筑为 0.9 小时的乙级防火门）；

③在地下室或半地下室的楼梯防火墙上钻孔时，应使用耐火极限为 1.2 小时的甲级防火门。

④高层锅炉房或裙房中安装有燃油和燃气锅炉，燃油浸没式电力变压器，燃油高压电容器和油开关。防火门；

⑤高层民用建筑或登上领奖台的柴油发电机房的储油室应由防火墙和发电机隔开，如果需要从防火墙打开门，则可以自行关闭甲级防火门。

⑥当打开消防电梯井，机房和相邻电梯井之间的隔墙门时，该门必须是甲级防火门。

⑦烟梯内部的门应为通向前室的门，高层建筑的封闭楼梯门，消防电梯的前门应为乙级防火门，并朝疏散方向打开。

高层民用建筑的竖井检查门必须为丙级防火门。

第六，构造及安装要求。

防火门是一种活动的防火分隔物，不仅要求有较高的耐火极限，而且在构造、安装方面都有具体要求：

①关闭紧密，不窜烟火；

②须设泄气孔；

③启闭性能好；

④设置应合理。

（3）防火卷帘

第一，概念。

防火帘是一种可移动的防火分隔物，由钢板和其他金属板制成，可以将其卷成带扣或铰子的链状平面，通常可以卷成放在门窗中的铰链盒。在大火中，为了防止大火通过门窗开口蔓延而放下。用作防火区或防火分区的防火卷帘必须具有必要的燃烧性能，耐火性和阻燃性能。

第二，结构。

防火卷帘是由卷板、座板、卷筒、支座导轨、卷轴、箱体、控制箱、卷门机、限位器、传动系统、电器、护罩门楣、手动速放开关装置、按钮开关、保险装置等13部分组成。帘板一般用钢板重叠组合结构，形同竹帘，结构紧凑，体积小不占使用面积，刚性强，密封性好，通过手动或电动使卷帘启闭或火灾自动报警系统联动。

第三，分类。

根据帘板的厚度，防火卷帘分为轻型卷帘和重型卷帘。轻质卷帘钢板的厚度为0.5 ~ 0.6mm，重型卷帘钢板的厚度为1.5 ~ 1.6mm。重型卷帘通常适用于防火墙或防火隔墙。

防火帘可根据帘板板的结构分为普通钢质防火帘和复合钢质防火帘。

第四，安装要求。

①导轨应具有足够的自由空间，以使导轨在暴露于火中时在垂直方向上能够扩展和变形到一定程度。安装在框架之间的导轨可以暴露或隐藏在凹槽中。

②防火卷帘的自动启动机构必须用金属封闭，以便在发生火灾时可以正常操作而不会损坏。

③防火帘必须在墙壁的两侧均装有自动启动检测器或易熔环（件）（一个在开口附近的顶部，另一个在墙壁的两侧或天花板附近）。它连接到卷帘开关，当探针或易熔环移动时，可以关闭卷帘。

④如果使用防火卷帘代替防火墙，则需要在两侧安装水幕系统或使用耐火时间超过3小时的复合防火卷帘来保护水幕系统。

⑤在疏散通道和前室中安装的防火帘应具有短时拥堵功能和两侧手动控制功能，以确保人员安全疏散，并具有自动，手动和机械控制装置。功能。

⑥为了确保人员的灭火和疏散，防火帘的打开和关闭速度必须保持恒定。

⑦一般而言，每个芙蓉防火帘都配有两组电动按钮，用于控制卷门机，即在开

门的内侧和外侧有一个按钮，该按钮应灵活，稳定地启动和操作。灵活而精确的集中控制和联动控制措施。自动控制的安全装置必须安装在裸露的区域内，并且可以在距离百叶窗 2 米以内的任何位置进行监控。自动控制电源和备用电源必须确保正常的工作条件，裸露的电路不得裸露和掩埋。墙上可能有管子。

（4）防火窗

在防火间距不足的两建筑物外墙或防火墙上需要采光和通风时，应当采用防火窗。安装形式有开启式和固定式两种，所用材料有防火铅丝玻璃和防火复合玻璃两种。

单层铅丝玻璃防火窗的耐火极限为 0.6h，双层铅丝玻璃防火窗的耐火极限可达 1–2h。防火复合玻璃是一种既透明又防火的新型防火玻璃，用这种玻璃制成防火窗，耐火极限可达 1.2h 以上。

另外，还有一种铁皮窗，可防止外来火种窜入或邻近火灾侵袭，又可防止本建筑起火时向相邻建筑蔓延。

固定式窗扇防火窗不能开启，平时可以采光，遮挡风雨，发生火灾时可以阻止火势蔓延；活动窗扇防火窗能够开启和关闭，起火时可以自动关闭，阻止火势蔓延，开启后可以排除烟气，平时还可以采光和遮挡风雨。为了使防火窗的窗扇能够开启和关闭，需要安装自动和手动开关装置。

（5）其他水平分隔设施

建筑物中的水平分隔设施还有防火幕、防火水幕等。建筑物的内、外墙体客观上也是主要的水平分隔物。

2. 竖向分隔设施

竖向分隔设施是指对建筑物采用由下而上的防火隔断措施，以防止建筑一旦着火，而不会由下向上毫不阻隔地蔓延，主要设施有：楼板、避难层、防火排檐、竖井的防火分隔、建筑物的功能转换层等。

3. 管道、洞隙的分隔

管道、洞隙的分隔，既有垂直的也有水平的。通风、空调和防排烟系统管道的分隔物有防火阀和排烟防火阀；上、下水管道穿墙和穿楼板的穿孔缝隙可用阻火圈分隔；电缆管沟的分隔可用防火堵料和防火包分隔；玻璃幕墙、窗间墙、窗槛墙用的填充材料和每层楼板外沿的实体墙裙亦属垂直及水平分隔物。

三、安全疏散

安全疏散是指火灾或紧急情况时人们能迅速安全地撤退出他们所在的场所。如果建筑物发生火灾，则必须迅速撤离，以免室内人员因火灾，烟雾和房屋倒塌，中毒而受伤，并尽快抢救房间的物料部门，以减少火灾造成的损失。还可以快速进入火区。为此，必须考虑人员疏散的速度，人员流动的宽度和交通量，并改善建筑物的安全疏散设施。就是说，有必要建立足够的安全出口，以根据耐火等级和人员数量控制疏散时间，并为安全疏散创造良好条件。

（一）影响安全疏散的因素

影响安全疏散的因素表现在以下 4 个方面。

1. 疏散人员的心理与行为

大火过后，人们的生活处于生死攸关的关键时刻，他们的精神状态紧张，失去了冷静的判断力，不由自主地朝着疏散的方向行动。

①冲到经常使用的出口和楼梯，并在逃生路线上遇到烟花，应该本能地惧怕其他逃生路线。

②习惯于冲向明亮的方向和开阔空间，只要见到光明处便是行动目标；若房间内到走廊里充满了烟雾，只要见亮人们就会冲向明亮方向，但因危险迫近而陷入极度慌乱之中时，就会逃向狭小角落。

③对烟火怀有恐惧心理，越慌乱越易追随他人的行动，对红色火焰怀有恐惧心理是人们的习性，一旦被烟火包围便不知所措。

④在紧急情况下，可能失去正常的理智行为，求生欲望使其全部精力集中应付紧急情况上，如遇火灾逼近，可能会跳楼等。

2. 起火后烟气对人的威胁

统计数据表明，大多数在火灾中丧生的人是由于烟雾中毒所致。在大火中，烟雾对疏散行为和比萨饼视线的距离有重大影响，方向相反，这阻止了疏散并被困在建筑物内。火场上出现有毒的烟气、高热和严重缺氧是影响安全疏散的重要因素。

在火场上可能出现的致死人员的燃烧产物主要有 CO，二氧化碳。

3. 高温对人体的影响

在超过体温的环境中出汗过多的人会出现脱水，疲劳和心跳加快。当温度达到 149℃时，人体吸收的热量超过身体表面散发的热量，使血压下降，毛细血管破坏，以致血液不能循环，特别是将因脑神经中枢破坏而死亡。

4. 其他因素

除上述人的心理因素外，出口的设置、建筑构件的耐火性能和耐火极限的高低都会直接影响安全疏散。因此，在防火建筑设计中，参照实验测定的时间极限和人们发现火灾的早晚等因素，确定安全疏散允许时间如下：

①对于一般的民用建筑，第一级和第二级耐火性可以是 6 分钟，而第三级和第四级耐火性可以是 2 到 4 分钟。

②个人密集型公共建筑的一级和二级耐火等级为 5 分钟，三级和四级耐火等级

为3分钟。

（二）安全疏散的距离限制

安全疏散距离是从建筑物内部到外部出口或楼梯的最大允许距离。定义安全疏散距离的目的是缩短员工的疏散距离，以便他们可以尽快撤离到安全的地方。

为确保在允许的疏散时间内安全疏散，人员与安全出口之间的最大距离不得太长。如果疏散距离过长，疏散时间会更长。如果疏散时间超过允许的疏散时间，则认为这是不安全的。

限制安全疏散距离的因素有：

①允许的疏散时间；

②人流的宽度；

③疏散速度。

安全疏散距离包括：

①从着火房间内到房间外；

②公共走道中的疏散；

③在楼梯间内的疏散；

④出楼梯间到楼外安全区域的疏散。

发生火灾时，一般楼梯间常常会充满烟气，人员疏散到楼外安全出口才算安全，因此人易中毒气而晕倒、失去知觉，所以在上式公式中是按一般楼梯间即非封闭的楼梯间考虑的。

（三）封闭楼梯间

封闭楼梯间是指各层设有单向弹簧门的楼梯间，将楼梯间和过道分开。能阻挡烟气的双向弹簧门（对单、多层建筑）或乙级防火门（高层建筑）的楼梯间亦为封闭楼梯间。在公共建筑的室内疏散楼梯宜设置楼梯间。医院、疗养院的病房楼梯，设有空气调节系统的多层旅馆和超过五层的其他商业建筑的室内疏散楼梯均应设置封闭楼梯间。

在火场中，疏散过程非常复杂，具体情况应根据建筑物的耐火等级、使用性质以及火灾对人造成危害等多种因素，并从各类建筑实际疏散情况出发来确定和控制安全疏散的距离。

（四）安全出口的数量和安全出口宽度

凡是符合疏散要求的门、楼梯、走道等都可称作安全出口。或者说，安全出口是指直通屋外或经走道、楼梯间或门厅等能通向屋外的出口。

1. 设置安全出口的要求

①每个防火分区的安全出口一般不应少于两个，在特殊情况下（面积小、容纳

人数少、建筑容积率低）可设一个安全出口。

②安全出口宜在防火分区的两端、靠近电梯设置。安全出口应分散布置，且易于寻找，并应设有明显标志。

③安全出口应有足够的宽度。安全出口的门应向外（安全区域）开启。出口宽度是按每百人的疏散宽度指标确定的，并要求其不小于《民用建筑防火设计规范》规定的相应的最小宽度。

2．安全出口的设置数量

建筑安全疏散设置两个以上出口是保证建筑物在火灾情况下，一旦其中一个出口被火封死，另一个出口仍能使用，不致使人逃生无路。

但如果满足以下要求，则可以提供安全出口：

①如果房间面积不超过 60 平方米，人数不超过 50，则可以安装门。在通道末端的房间（托儿所和幼儿园除外），从最远点到入口的直线距离不应超过。如果高度为 14m，并且人数不超过 80，我们也可以提供向外打开的门，但门的宽度至少应为 1.4m。

②如果两层和三层建筑物（医院，疗养院，托儿所和幼儿园除外）满足表 2_3-3-2 的要求，则可以设置疏散楼梯。

3．其他设置要求

在公共建筑中，如果两个相邻防火区的防火墙中有防火门通道，并且两个防火区的总面积不超过防火规范中指定的防火区面积（不包括地下室）的 1.4 倍，则是防火门的第二个安全出口可以用作

可以为 9 层或更少，每层 6 代或更少，建筑面积为 400 平方米或更少的塔式宿舍提供楼梯。

每层不超过 300 平方米且每层不超过 30 人的共享宿舍可以上楼梯。对于六层以上的公寓和宿舍，每间公寓的楼梯必须连接到平屋顶，如果门是乙级防火门，则不得将其连接到屋顶。

有关其他规定，请参见《民用建筑防火设计规范》或当前的消防技术规定。

4．安全出口的设置要求

①门应沿疏散方向打开。如果房间中的人数很少（每个橙色门通常少于 30 人），并且没有其他特殊要求（例如，设置气体灭火系统），则可以向任何方向打开门。

②疏散门不应使用前后滑动门，严禁旋转门。自动开闭门应具有手动开门装置。

③拥挤的公共空间中的门和门不应设置门槛，也不应在距门的内外 1.4 米以内的楼梯提供门。防火门必须是门。

④打开门时，门扇不应影响疏散通道和平台的宽度。

⑤建筑物的安全出口应分散放置在不同的方向，其距离至少应为 5m。

⑥车库中人员的疏散出口和车辆的疏散出口应分开安装。两个疏散出口之间的距离应至少为 10m，并排放置时，两个坡道应被防火墙隔开。

5. 安全出口宽度的确定

安全出口宽度不足，会延长疏散时间，有时还会发生挤压事故。如果已给出疏散人数、通行能力和人流股数，就可计算出安全出口的总宽度。

安全出口的宽度可通过使用人数和百人宽度指标计算确定。百人宽度指标是为了便于在设计中确定安全出口宽度，而预先按各种已知因素计算出的数据。其含义是每百人在允许疏散时间内，以单股人流形式疏散所需的疏散宽度。

（五）应急照明和疏散指示标志

发生火灾时由于停电瞬间变黑，使人惊慌失措，所以事故应急照明和安全疏散指示标志是安全疏散中必不可少的防火措施。

为了在夜间紧急疏散或浓烟，应在以下区域提供火灾事故照明：

①将楼梯，耐烟楼梯和前室，消防电梯和前室围起来；

②配电室，火室，独立式发电机室，消防泵室，防烟室，消防水箱室，电话主室和其他在发生火灾时仍需操作的室。

③每层面积超过 1500 平方米的礼堂，展览馆和营业厅，建筑面积超过 200 平方米的工作室，员工密集的地下室以及建筑面积超过 300 平方米

④将按照规定提供带有封闭的楼梯通道或吸烟楼梯通道的疏散通道。

⑤疏散公共建筑中的通道和长度超过 20m 的内部通道。

剧院，体育馆，多功能厅，医院等中的疏散通道和疏散门必须具有疏散说明。

疏散标志应放置在出口的顶部或疏散通道的墙壁和角落，通道之间的标志之间的距离不应超过 20m，事故照明灯和疏散指示器应由玻璃制成。等不燃材料。

疏散楼梯应清楚地标明楼层的位置和层数，以便建筑物中的人能及时知道自己的位置，以方便安全疏散。

事故照明装置必须具有自动开关电源，并且在恢复使用公共电源时可以自动关闭备用电源。照明设备配电线路应具有足够的耐热性，如果将电路安装在黑暗的地方，则应将其包裹在不燃的结构中，保护层的厚度至少应为 3 厘米，安装时应与金属管一起使用。如果使用具有不易燃绝缘层和护套的电缆，则不需要金属保护，但必须位于电缆槽中。闷顶内有可燃物时，其配电线路应采用穿金属保护。

（六）紧急广播

发生火灾时，可用预先录制好的消防紧急广播和音带或由消防控制室消防员直接通过广播发出紧急通告和疏散指令，使楼内所有人员知道发生了什么事和该向何

处疏散，不致造成惊慌失措。设置要求如下：

①扬声器的数量应确保从该楼层的所有部分到最近的扬声器的步行距离不超过25m；

②每个扬声器的额定功率不小于3W；

③涉外单位的应急广播采用两种以上的语言。

四、防火间距

防火间距，是指一个建筑物起火后，对面建筑物在辐射热的作用下，没有任何保护，一般情况下不会起火的最小距离。

（一）确定防火间距应考虑的因素

在火灾发生过程中，一幢建筑物起火可能扩大到另一幢建筑物，火灾蔓延的因素主要是飞火、热对流和热辐射。因此，在进行建筑防火设计中应考虑以下因素。

1）飞火飞火的形成是受风速的大小影响的，很难控制，在制定飞火间距时是无法考虑的，只有加强防火管理工作来尽量杜绝。

2）热对流炽热的烟气由窗口上部排出来，室外的冷空气由窗口下部进入，这样循环不断形成冷热空气对流，热气流温度可达1 000℃，能把距它很近的可燃物引燃。但热气流出窗口几米就向上升腾，形成对流需有一定条件。所以在确定防火间距中，也可不考虑其影响。

3）热辐射在火场中，火焰温度越高热辐射强度越大，距离越近接受的辐射热越多，引燃所需的时间就越短。反之则越长，以至不能起火燃烧。

4）门窗洞的影响建筑物起火后，热由窗口向外辐射，也由窗口接受辐射热。窗口多发射和接受辐射热也多；窗口大则通风好，燃烧也快。因此，防火间距与两边建筑物门窗洞口有关。

5）建筑物高度的影响若相邻两幢建筑物中较低的建筑物着火，尤其当它的屋顶结构倒塌火焰穿出时，对相邻的高层建筑威胁很大，因较低的建筑物对较高建筑物的辐射角在30 ~ 45° 之间，此时辐射强度最大。

6）风向、风速的影响风的作用能加强可燃物的燃烧并促进火灾加快蔓延。处于下风向的建筑物易受火灾蔓延；风大易蔓延扩大，即所谓“火借风势，风助火威”。

7）建筑物内可燃物的数量和种类可燃物的种类不同，它散发的热量也不同，辐射热强度不同。

8）消防队达到的时间及扑救力量的影响及时报警，消防队接警出动迅速为火灾扑救至为关键，能在初起阶段到达火场，会起到事半功倍的作用。若消防队能在15min内赶到火场，通常会使火场的温度和火势得以控制。

（二）防火间距的具体要求

两座建筑物之间的防火间隔距离是相邻外墙之间的最近距离，如果外墙上有易燃的突出部件，则必须根据该突出量进行计算。

如果与两座建筑物顶部相邻的外墙是防火墙，则两座建筑物之间的防火距离可以不受限制。在相邻的两座建筑物中，如果下部建筑物的耐火等级不低于II级，则屋顶没有天窗，屋顶承重构件的耐火性超过1小时，并且相邻的下部外墙是防火墙。为方便城市消防车通过，其高度至少应为3.5米。

两座相邻的建筑物，即较低的建筑物，必须具有2或更高的耐火等级。如果相邻高外墙的开口装有防火门和窗户或防火帘和水幕，则隔火距离可以适当减小，但至少应为3.5m。

如果一楼和二楼的防火房屋不超过6层，则可以将它们成组布置，如果总建筑面积不超过2500n，但组中建筑物之间的间距不应小于4m。

（三）防火间距的实际应用

在物业开发中，房产商一方面在节约用地成本，另一方面考虑小区开发的整体布局美观、大方、通风性和向光性恰当，在设置防火间距时多采用提高耐火等级，采取防火分隔，调整布局，合并或增加层数等措施来加以补救。在实际设计时，采用众多方案加以分析比较，再具体进行规划和开发。

五、室内装修防火

（一）建筑装修的火灾危险性

1. 使建筑失火的概率大增

在装修时采用可燃、易燃材料多，范围大，则火源接触到的机会就多，引发火灾的可能性增加。例如：高温可以导致室内可燃装饰材料瞬间起火（轰燃），使可燃物达到着火温度，房间便会全面着火。

2. 传播火焰，使火势迅速蔓延扩大

建筑物一旦发生火灾，可燃、易燃性装修材料在被引燃，发生燃烧的同时，会把火焰传播开来，造成火势迅速蔓延。

3. 造成室内轰燃提前发生

装修后，建筑物内部更加封闭，不易散发热量，并且由于可燃装饰材料的导热系数低，热容小且易于积聚热量，因此会升高建筑物内部的温度并缩短闪蒸前的蓄热时间。

4. 增大了建筑物内的火灾荷载

建筑物火灾荷载大，则火灾持续时间长，燃烧更加猛烈，且会出现持续性高温，因而危害更大。

5．严重影响人员安全疏散和扑救

燃烧易燃的装饰材料会产生大量的烟雾和有毒气体，这不仅降低了火灾现场的能见度，而且还毒死人，严重影响了疏散和战斗。

（二）常用装饰材料的燃烧性能

1．宝丽板

这种材料的主体是木头，它燃烧各种气体，产生大量的烟，具有一定的毒性，可以在短时间内使人窒息而容易燃烧。

2．聚苯乙烯塑料

燃烧时，火焰为橙黄色，带有特殊的苯乙烯气味和有毒的 CO 气体。

3．聚乙烯，聚丙烯

这两种材料由于其耐冲击性和耐磨性而广泛用于装饰材料，它们是易燃材料。燃烧时，火焰具有蓝色的石蜡味，并产生有毒的一氧化碳气体。

4．有机玻璃

有机玻璃（化学名称为聚甲基丙烯酸甲酯）具有出色的透光率，可用于玻璃或大型吸顶灯。它易燃并产生有毒的一氧化碳气体。

5．尼龙

尼龙（聚酰胺）是一种具有出色的抗噪性和耐油性的材料。在燃烧过程中，存在熔融液滴，产生有毒气体 CO，NO 和高毒气体 HCN。

6．酚醛树脂

这是一种耐高温，耐高温和耐腐蚀的装饰材料和木材填料。缓慢熄灭，火焰为黄色和黑色烟雾，释放出有毒的酚类蒸气。

7．聚氯乙烯

聚氯乙烯在燃烧后会刺激两种类型的硬性和软性：阻燃剂自动熄灭，延展性慢速阻燃剂和氯化氢气体。

8．胶合板

使用酚醛树脂和三聚氰胺树脂作为粘合剂的胶合板具有优异的耐火性且不易燃烧，并且使用脲醛树脂的胶合板和粘合剂的耐燃性较差，并且由于面粉而容易燃烧。阻燃胶合板由浸渍有阻燃剂（如磷酸 rh，硼酸和氧化铅）的板材制成。

9．复合板

复合板是由芯和织物制成的轻质，绝缘，高强度，廉价的新型板。表面材料不易燃且耐热。

10. 纤维板

燃烧性能取决于粘合剂。无机粘合剂用于获得防火纤维板，合成树脂用作粘合剂，以与其他树脂一起获得易燃或防火纤维板。

11. 木板羊毛板

当木板燃烧或热解到270℃时，木材开始碳化并在约400℃时变成灰泥。

12. 岩羊毛板和矿渣羊毛板

这是一种用于房屋屋顶，墙壁和防火门的新型轻质隔热和防火板，在防火，隔热和隔热方面起着重要作用。由矿棉板制成的矿棉装饰隔音板用于剧院，酒店，办公楼，工作室，购物中心和其他建筑物的内墙和天花板的吸音，隔音，隔热，隔热和装饰。

13. 玻璃棉板

主要用于工业设备和冷却器，发电机等表面的管道的保温和隔热。它也是一种保温，隔热和吸音材料，用作制冷，车间和民用建筑的围护结构。

14. 装饰石膏板

重量轻，易于安装且不易燃，具有优异的防火，隔热，吸音和装饰性能，广泛用于商业建筑的内墙和天花板装饰。

15. 不易燃的ET墙板和不易燃的ET板

它是引进比利时国际爱特尼集团的先进工业技术和生产设备而生产的一种新型不燃性纤维水泥片材。它主要用于工业和民用建筑的装饰和广泛使用。

16. 硅酸钙板

该板具有不燃和允许高温的特性，主要用于冶金，化工，电力，造船，机械，建材等行业。用于隔热。

17. 扩展的珍珠岩板

主要用于工厂中的噪声控制以及土木工程公共建筑中天花板和内墙的装饰。

18. 纸上的石膏板

重量轻，强度高，易于加工，具有耐火性，隔热性和抗冲击性，常用于无负载的墙壁和天花板。

19. 防火刨花板

具有特定耐火性的人造木板。由于阻燃剂的阻燃作用，燃烧性能可以达到耐火建筑材料B1的水平。用于装饰隔断墙，裙边和天花板。

20. 防火玻璃

耐火玻璃分为复合耐火玻璃和夹丝玻璃。复合防火玻璃又称防火夹层玻璃，具有防火功能，可防止爆炸后玻璃坠落。夹丝玻璃具有不脱落、防止火焰穿透的作用，能阻止火灾蔓延。

（三）室内装修材料的选择

1．分类

根据建筑物的用途，位置和位置，对装饰材料燃烧性能的要求应有所不同。有7种装饰材料：

①天花板装饰材料；

②墙面装饰材料；

③地板装饰材料；

④隔断装饰材料；

⑤固定家具；

⑥装饰织物（请参见帘板，帘板，床罩，家具套等）；

⑦其他装饰材料（楼梯栏杆，衣架，踢脚板，帘板盒，加热盖等）。

2．装修材料燃烧性能等级

根据《建筑内部装修设计防火规范》（GB50222T5）及《建筑材料燃烧性能分级方法》（GB8624–88）规定，按照装修材料的不同燃烧性能，将其分为四级，即：

甲级——不燃性材料；

B1 级——难燃性材料；

B2 级——可燃性材料；

B3 级——易燃性材料。

3．室内装修防火涂料的燃烧性能等级

①无机装饰涂料及其他无机涂刷材料施涂于不燃性基材上时，定为与基材等同的甲级材料。

②有机装饰涂料施涂于不燃性基材上，由于其涂覆比较小（一般不超过 $1.5kg/m^2$），定为 B1 级材料。

③将涂料施涂于可燃性基材上时，其燃烧性能较复杂，应将施涂材料连同基材一起进行测试和分级。

在进行室内装修、装饰设计时，须严格遵守国家有关技术法规，正确处理设计效果与使用安全的矛盾，积极选用不燃材料和难燃材料，做到既保证安全，又经济合理、美观实用。

4．民用建筑室内装修防火

在土木工程建筑的室内设计中，根据现行国家标准《建筑内部装修设计防火规范》的要求出现问题之前，有必要选择适当的室内装饰材料和适当的施工惯例。

5. 单层、多层民用建筑室内装饰材料的燃烧性能等级

对于面积小于 100 平方米的单层和多层民用建筑，如果使用防火墙和耐火极限超过 1.2 小时的防火门窗与其他部件隔开，则室内装饰材料的燃烧性能等级可能不受限制。

（四）装修的防火要求

在进行室内装修选材时，应尽可能选用难燃或不燃材料。在实际装修中，由于考虑到区域材料、经济条件以及施工方便等因素，因而大量采用易燃、可燃材料，这就要求利用防火涂料或进行阻燃处理来改变材料的燃烧性能，以达到防火的要求。

1. 防火涂料

（1）功能

防火涂料，也称为阻燃涂料，是涂料类别中的一种特殊涂料 C，具有以下功能：

①在被保护的易燃基材上使用防火膜具有装饰，防锈，防腐蚀的作用，并延长了保护材料的使用寿命。

②在火焰或热辐射的影响下，防火涂层的物理和化学变化迅速发生，因此没有绝缘，火焰也不会扩散。

③用于不燃性部件时，可以降低基材的温度升高并延迟结构的不稳定性过程；而用于易燃性基材时，可以延迟或消除点火过程。

（2）防火涂料的阻燃机理（成品型）

①防火涂层本身是阻燃的或不易燃的，因此受保护的易燃基材不会与空气直接接触，从而延迟了基材着火。

②防火涂料在加热时分解为不可燃的惰性气体，并稀释了被保护基材分解的空气中的可燃气体和氧气，从而抑制了燃烧。

③含氮和磷的耐火涂层在加热时会分解形成一些活性自由基基团，这些自由基基团与有机自由基结合会干扰链反应并降低燃烧速率。

④着火时，可膨胀的防火涂层会膨胀并起泡沫，形成泡沫绝缘层，密封受保护的基材并防止基材燃烧。

（3）防火涂料的分类

有几种类型的防火涂料，根据涂料的用途和厚度，可以分为装饰性防火涂料和用于钢结构（包括预应力混凝土地板）的防火涂料。

1）装饰性防火涂料

装饰性和防火性，通常用作易燃基材的保护材料。涂层由于火焰的高温而迅速膨胀并起泡沫，形成了相对坚固和致密的海绵状绝缘泡沫层或中空泡沫层，从而有效地防止了火焰直接作用于可燃基质上并防止火焰在基质上扩散。可以起到隔热和

保护基材的作用，并防止火灾的发生和发生。

2）钢结构防火涂料

钢结构防火涂料（包括预混凝土地板防火涂料）主要用作不燃部件的保护材料，这种防火涂料具有较厚的涂层，并具有良好的隔热性，可以加以保护。在火焰和高温的作用下，材料的强度逐渐降低，不易引起结构变形，从而提高了钢结构或预应力混凝土地板的耐火性。结构防火涂料）两种。前者具有装饰效果和防火性，具有0.5至1.5小时的耐火性，后者具有8至20mm的厚度，颗粒状表面，小密度，小的导热性和0.5至3.0小时的耐火性。

防火原理如下。一种是涂层屏蔽钢基材，以使钢构件不会暴露在火焰的高温下，另一种是涂层吸收热量并消耗热量后，某些材料从水蒸气或其他不燃性气体中释放出来。降低火焰温度和燃烧速度，稀释氧气。第三，涂层本身是多孔且轻质的，在加热后形成碳化泡沫层，这阻止了热量快速传递到钢基材上并延迟了钢基材强度的降低。因此，提高了钢结构的耐火极限。

（4）常用材料的阻燃处理

1）木材

为使木材和以木材为基质的制品产生阻燃性，可用以下几种方法进行处理。

化学改性法化学阻燃改性方法主要用于聚合物材料。它是通过选择可改变燃烧特性的元素和化合物，使阻燃元素成为聚合物的一部分，从而使这类材料具有阻燃特性。

掺混法主要用于以木材为基质的制品的阻燃处理。在这类制品——纸、纤维板、刨花板等制作过程中加入不溶性阻燃剂，并使其均匀地分散于整个制品中。

浸渍法主要用于吸收性或薄板状材料的阻燃处理。

加压浸渍法此法是将木材置于密闭的容器中，抽出系统里的空气，使压力降低到（0.98 ~ 22.45）×104Pa以下，持续0.25 ~ 1.5h，再注入阻燃药液并升压至1.20mPa，在65℃下保持7h。然后把浸渍过的木材取出，放入烘窑里进行干燥。这样处理过的木材的表面和内部均保持相当多的阻燃剂。

2）纤维和织物

纤维的阻燃处理主要是为提高成丝聚合物的热稳定性和原丝阻燃改性。织物的阻燃方法有以下几种。

浸轧熔烘法浸轧熔烘法的阻燃处理工艺流程为浸轧—预烘—焙烘—后处理。该法主要用于纤维素纤维织物，阻燃剂用量一般在10% ~ 30%。

浸渍—烘燥法浸渍—烘燥法是将织物浸渍在阻燃整理液里，置放一定时间，取出烘干即为阻燃织物。

喷雾法利用喷塑的方法对厚幕布、大型地毡等进行阻燃处理。

3）塑料

塑料工业是当今世界上发展最快的工业之一。绝大多数塑料都是可燃的，有的燃烧还相当迅速和猛烈，因此研制阻燃塑料，对防止火灾蔓延和扩大，减少火灾损失，具有十分重要意义。

塑料阻燃的方法基本上分为两类：即化学方法和物理方法。

化学方法有合成新型耐热塑料和共聚、接枝、交联等方法。

物理方法利用添加、共混、稀释和覆盖等物理阻燃方法。

随着现代工业的发展，出现了两种或多种阻燃技术联合应用的趋势。这种综合阻燃处理在保温装饰材料中已取得成功应用。

总的来说，采用防火涂料处理和阻燃处理都能有效地实现可燃、易燃装修材料的阻燃。在具体施工过程中，应综合考虑装修材料特性、使用部位、经济效果、装饰效果等因素来选用。

建筑物内有各类隐蔽空间，存在于墙壁之后、吊顶之上、公共设施的沟槽之中、楼梯拱内、计算机房地板之下及阁楼等处。隐蔽之处起火，用人工扑灭是非常困难的。可见，采用阻燃剂处理实现材料本身的非燃、难燃化对于预防隐蔽空间火灾是十分必要的。

在装修过程中，使用经阻燃剂处理或涂刷防火处理的可燃材料进行装修时，施工前应进行抽样测试，达到国家和行业有关规定要求方可使用。施工时，应严格按照生产厂家对防火材料的施工方法进行操作，不准混用不同生产厂家的产品，但其燃烧与发烟性能相同的防火涂料除外。粘贴应采用非燃的黏合剂。如黏合剂中必须加入有机材料，应严格控制其掺入量。

第四节　工业物业防火设计

工业产权是指为满足工业生产需要而创建的各种类型的工厂和建筑物以及各种用途的结构。用于生产的建筑物称为工业厂房。根据生产规模，各种工厂的结构和工业部门的各种用途都是有机地组织起来的，它们的规模和生产应形成一个完整的工业领域。

工业物业的建筑特点是建筑空间高大，生产种类繁多，建筑形式多种多样，按结构分为单层厂房、多层厂房和高层厂房；按用途分为冷加工厂房、热加工厂房、轻工业厂房和重工业厂房等。根据工业物业防火要求来确定建筑物的耐火等级，确定生产和储存物品的火灾危险类别，设置防火分隔物，合理安排疏散设施和防爆泄压设施，合理确定建筑物的防火间距，搞好厂区规划布局，为做好工业安全防火创造条件。

一、厂房、库房的耐火等级

（一）厂房和库房的火灾危险性分类

对厂房和库房进行火灾危险性分类，就是为了在建筑防火要求中便于区别不同生产性质和储存的厂房或库房，以达到使厂房和库房既安全又创造经济效益的目的。

（二）耐火等级，工厂的楼层数和占地面积

工厂的耐火等级取决于其产生的火灾危险类别。在正常情况下，甲级和乙级生产应使用 1 级和 2 级防火建筑，丙级生产工厂应至少具有 3 级防火性能。根据生产火灾的类别，工厂的楼层数和建筑面积选择工厂建筑物的耐火等级。

（三）耐火等级，仓库的楼层数和占地面积

库房是物资很高的地方，火灾风险特别高。在选择仓库的耐火等级时，除了火灾危险类别和所存储物品的存储要求外，还必须考虑所存储物品的价值。根据防火要求，甲级和乙级仓库的耐火等级一般不应低于 2 级。如果在同一仓库或同一防火墙室中存储几种具有不同火灾隐患的物品，则仓库或隔间的最低耐火等级，最大允许地板厚度和最大允许地板面积必须基于火灾隐患。

二、防火、防烟分区

（一）防火分区

防火分区主要是将火势控制在一定的空间或范围内燃烧，使其不蔓延到其他区域。工业建筑的防火分区应用防火墙分隔。可以采用防火墙、防火卷帘加水幕来保护。

设置防火墙场所及要求如下。

①对发生火灾后损失大、伤亡大、影响大的房间。

②甲、乙类生产厂房。

③使用可燃液体的生产厂房。

④有明火、高温或使用易燃、可燃液体燃料的丁类生产厂房。

⑤一、二级耐火等级的单层厂房（甲类厂房除外），如面积超过防火分区所允许的占地面积，且设置防火墙有困难时，可用防火水幕带或防火卷帘加水幕分隔。

⑥防火墙和钢筋混凝土楼板不适合打开，因此，如果需要打孔，则应采取一定的防护措施。如果在乙级工厂建筑物的配电室防火墙中打开窗户，则必须提供不燃

的密封窗户。

⑦如果设备管道必须穿过防火墙或地板，则在安装设备后，必须在孔周围的间隙中用不燃材料紧密包装。

⑧当生产线和输运设备经过防火隔离时，必须使用耐火极限为 3 小时以上，不燃地板为 1.5 小时的不燃墙与工厂建筑物隔离。

⑨在工厂建筑物的 A 类和 B 类项目上安装中间仓库，应将其作为外墙放置，使用耐火极限为 3 小时或以上，不燃地板为 1.5 小时的不燃体墙。分隔。

（二）防烟分区

烟雾保护区是指可以通过烟雾阻挡垂直壁，烟雾阻挡梁和烟雾阻挡隔板将空间限制在特定范围内的区域。

划分防烟区域时，应注意以下事项：

①在应安装排烟设施（见 6m 以下的空间）的过道和房间中，有必要使用防烟垂直墙，隔墙或从天花板突出不到 50 厘米的横梁来区分防烟区域。

②每个阻燃区的建筑面积一般不应超过 500 ㎡，且阻燃区不得超过防火区。

在防烟分区内设置喷水装置和自动排热、排烟装置，并且这些装置能配合使用。当火灾发生时，火所产生的热和烟自动打开排烟孔和喷水装置，烟、热从屋顶排出，减少了烟和热向室内其他方向的扩散，从而使着火范围内的总热量降低；喷水器动作可以迅速降温灭火。

按生产性质和建筑类型，工业建筑的散热性能分为低散热、中散热和高散热三类。

排烟孔道大小以孔口与地板面积之比表示。低散热类型为 1：150；中散热类型为 1：100；高散热类型为 1：30 或 1：50。

排烟装置安装后，应立即进行检验。检查工作包括手工操作和移开易熔保险连杆，以确保在发生火灾时，能够打开上盖。并应每隔 6 个月左右把每个上盖打开一次。

三、厂房的安全疏散

（一）安全出口的数量

在发生火灾时，足够数量的安全出口对保证人员疏散和抢救物资非常关键。没有足够数量的安全出口，对疏散人员和抢救物资极为不利。在一般情况下，厂房安全出口不得少于两个。

（二）安全疏散距离

在疏散过程中要受到机械设备等障碍物的影响，所以要在满足允许疏散时间的基础上，对疏散距离进行限制。

厂房内由最远工作点到外部出口或楼梯的距离，取决于生产类别、建筑物的耐火等级和厂房的层数。

四、建筑防爆

“爆炸”是由于物质的快速氧化或分解而使温度，压力或两者升高的现象。当物质爆炸时，在短时间内释放出大量的“能量”和大量的高温高压气体，使周围的空气剧烈振动，产生冲击波并迅速向各个方向扩散。在一定范围的爆炸中心内，冲击波和爆炸碎裂可能会导致人身伤害和建筑物倒塌并引起灼伤。

爆炸反应是瞬时放热反应，太短而无法采取行动，如果反应时间很短，可能会造成伤害。因此对有爆炸危险的厂房采取预设抗爆、防爆措施是极为重要的。

（一）抗爆、防爆措施

对厂房采取的抗爆、防爆措施主要有以下两种方式。

①增加建筑物本身的强度，提高其承受压力的能力，将工作部件与其他带有防爆墙的部件分开，提高建筑物的耐火性，避免爆炸和爆炸。

②设置足够的泄压面积并增加建筑物的开放面积。在爆炸过程中，压力和温度的气体会从泄压口和敞开的表面释放出来，从而降低内部压力，以减小爆炸的破坏力。

因此，对于具有爆炸危险的甲级和乙级工厂的减压装置，应使用轻型屋顶作为减压屋顶，而易于释放压力的门，窗和轻型墙壁也可以用作减压区域。作为耐压区域的轻质屋顶和轻质墙壁的单位重量不应超过 120kg/m^2，减压区域应安装在有爆炸危险的区域附近，除非在人群集中的区域和主要交通道路上。

散发出轻度易燃气体和蒸气的甲级工作场所必须将全部或部分轻屋顶用作泄压装置。天花板应尽可能平整，以免堵塞角落，工厂建筑物的上部空间应通风良好。

（二）厂房建筑防爆设计应遵循的原则

厂房建筑防爆应遵循下列原则：

①有爆炸危险的甲、乙类生产厂房应采用一、二级耐火等级；

②有爆炸危险的厂房宜采用单层建筑；

③有爆炸危险的生产厂房不应设在地下室或半地下室内；

④防爆厂房防火墙间的占地面积不宜过大；

⑤有爆炸危险的厂房宜采用敞开或半敞开式建筑。

（三）泄压面积比值

1．泄压面积及泄压比

爆炸会导致大量气体和热量立即释放，从而在房间内产生高压。为了能够在爆炸时排放气体并释放热量，降低房间压力并防止在强爆炸压力下损坏建筑物的承重组件，对建筑物组件的某些区域（例如屋顶，非承重墙等）进行保护。需要创建轻型结构和扩展的外部窗户（包括落地门）被称为泄压区。

泄压率是泄压面积与有爆炸危险的工厂建筑物的体积之比，这是确定泄压面积时常用的技术参数。

泄压面积的设置应注意几个问题：

①泄压面应靠近可能爆炸的部位；

②泄压面设置应避开人员集中的场所和主要交通要道；

③用门、窗、轻质墙体作泄压面时，不应影响邻近车间和建筑物安全，且应向外开启；

④做好负压的预防；

⑤消除建筑物中的各种泄压障碍物；

⑥设置泄压面积时应考虑风压的影响。

影响爆炸威力的基本因素有：

①物质在空气中的浓度；

②粉尘微粒的大小；

③环境的温度、湿度、含氧浓度；

④建筑物的形状、材质和表面形状；

⑤混合物的流动量多少；

⑥泄压性能（包括爆炸点相对泄压孔的位置、泄压面积的大小、泄压孔封闭物的材质和构造等）。

爆炸威力取决于爆炸产生的压力、压力上升的速度和超压持续时间。不同爆炸介质的最大压力不尽相同。同一种物质颗粒越细，爆炸越强，引爆所需要的能量越小，而且维持悬浮状态的时间越长。不同爆炸介质的燃烧爆炸特性不同，所产生的爆炸压力也不同。但对爆炸压力来说，在一个泄压构造中最大爆炸压力随着泄压面积的增加而降低。

世界各国对于泄压面积的规定情况不同。俄罗斯防火标准对具有爆炸危险的房间每立方米空间其外围泄压面积不能少于 $0.05m^2$。而美、日等国对防爆泄压面积比值是按不同的爆炸介质分为特级、强劲、中级和弱级 4 个等级。我国采用的泄压面积与厂房容积的比值为 0.05 ~ 0.22。

第五节　高层物业防火设计

一、建筑分类和耐火等级

（一）建筑分类

高层民用建筑分为两大类。分类依据主要是使用性质、火灾危险性、疏散和扑救难度等，并将性质重要、火灾危险性大、疏散和扑救难度大的高层建筑划分为一类高层建筑，其他为二类高层建筑。

（二）高层建筑的耐火等级

高层民用建筑内部装修设计各部位材料的燃烧性能等级，应参照新制定的《建筑室内装修设计防火规范》选用。根据《高层民用建筑防火设计规范》的规定，一级超高层建筑的耐火等级应为一级，二级超高层建筑的耐火等级不得低于二级。到水平。

选择建筑物的耐火等级后，需要确保建筑物中的所有建筑物组件均满足该构件的耐火等级和耐火等级的要求。

在进行防火设计中，各种构件均应达到防火要求，在达不到《高层民用建筑防火设计规范》标准时，应采取相应的保护措施。例如，当预应力钢筋混凝土楼板等构件达不到《高层民用建筑防火设计规范》规定的耐火极限时，可采取加厚主筋保护层厚度或其他防火措施。

预制钢筋混凝土构件或金属承载构件节点的裸露部分的接缝处必须设有防火层。建筑物中的易燃材料越多，火灾越严重，燃烧时间越长，灭火就越困难。长负载可能会部分或完全损坏或破坏建筑物中的负载组件。

玻璃幕墙是高层建筑设计中经常使用的结构形式。在消防安全方面，这是一个薄弱环节。因此，为了设置玻璃幕墙的防火性，有必要用不可燃的材料制成窗户壁和窗台壁的填充材料。如果在外壁表面使用耐火性至少为 1 h 的不燃物体，则壁的填充材料可以由不燃材料制成。幕墙玻璃和不带窗壁的窗台墙应设置在每层 0.8m 或更大的实心裙壁的外边缘。玻璃幕墙与各层，隔断墙和隔断墙之间的间隙应使用不燃材料紧密填充。

此外，无窗间墙和窗槛墙的玻璃幕墙，除设置实体墙裙外，还可在玻璃幕墙内侧每层设自动喷水保护，其喷水间距不宜大于 2m。

二、防火间距

（一）确定防火间距的因素

确定高层建筑的火隔离距离需要综合考虑几个因素，包括满足消防要求，防止火势蔓延到周围的建筑以及节省土地。

1. 满足消防扑救的需要

我国消防工作中常使用曲臂、云梯登高消防车。CQ23 型曲臂登高消防车的最大回转半径为 12m，CT28 型云梯消防车的最大工作半径为 13m。从而防火间距必须满足这些消防车最大工作回转半径的要求。

2. 防止火势向邻近建筑蔓延

火灾发生后，出现“飞火”“热辐射”和“正对流”等，在风势很猛时火场飞出的“烟”可达数十米，甚至数百米。因此，应考虑热辐射强度。

3. 有利于节约用地

城市房产地开发时，土地征收费用昂贵，因此，对裙房和高层主体建筑多按不同标准确定防火间距。在确保消防安全的同时采取有效防火分隔措施，其防火间距可适当降低。

（二）防火间距的规定

1. 满足多幢高层建筑防火间距的条件

满足以下两个条件，防火间距可不加限制。

①当两座高层建筑相邻较高一面外墙为防火墙或比较低建筑屋面高 15m 及其以下墙上不开设门、窗洞口，且耐火极限不低于 3h 时，其防火间距不限。

②两个相邻的高层建筑，两个或多个低层耐火等级，屋顶上没有天窗，下底壁是防火墙，并且火隔离距离不受限制。如果相邻两座高层建筑，高侧壁的防火时间为两个小时，并且在墙的开口处设置了甲级防火门，窗户或防火帘，则防火间距应至少为 4m。

2. 高层库房防火间距的设置

在供热、供冷以及科研、生产等高层建筑中，常设有原油、汽油、重油储罐，氢气、煤气、乙炔等可燃气体储罐，各种化学易燃物品库房，因此火灾危险性大，发生火灾后危及面广。

三、防火分隔区

耐火隔板被划分为具有特定耐火性的隔板，从而可以在一定时间内防止火势蔓延到同一建筑物的其他部分。防火区包括水平防火区和垂直防火区。水平防火区是使用防火墙将大面积的高层建筑在水平方向上划分为两个或多个防火区或消防单元。

1.5h 和 1h 楼层用于防火隔离。

（一）水平防火分区

影响防火分区面积的因素，有以下几个：

①建筑物的耐火等级；

②建筑物的使用性质；

③建筑物内可燃物的数量和种类；

④有无自动报警和自动灭火装置；

⑤有无自动排烟设备；

⑥对相邻建筑物可能造成的威胁等。

不同的条件，都会对防火分区面积有所影响。确定高层建筑防火分区的划分原则，既要有利于限制火势蔓延，减少损失，又要方便扑救和火灾时的使用管理，还要有利于排烟设施的设置和有利于节约房产开发投资。

高层建筑内采用防火墙划分防火分区时，每个防火分区最大允许建筑面积应符合在实际设置中，有的高层建筑由于使用上的要求，每个防火分区可以大些。如果安装了自动火灾警报系统，并且有自动灭火装置。如果在本地安装了自动灭火系统，则可以计算出火灾区域的面积两倍。

高层建筑的商业营业厅和展览厅用不燃材料装饰，并配备了自动报警系统和自动灭火系统，其最高允许建筑面积在地面防火区以上 2500 平方米。水下灭火系统可使消防区的最大建筑面积增加一倍。

（二）竖向防火分区

垂直防火分区用于防止垂直火灾在多层或高层建筑物的地板之间蔓延。为了控制在预定的垂直高度范围内发生的火灾，必须将水平防火区域的高度考虑在内。

高层建筑物中垂直分隔的设施是指建筑物自下而上的防火措施，以防止建筑物从地面扩散到地面并着火。

1. 允许的最大建筑面积有开口

如果有诸如画廊，敞开的楼梯，自动扶梯，传送带等开口，则应将上下连接地板用作防火区域。监管。如果上下开口分别设有防火帘或水幕，则可计算面积而不会重叠。

2. 设置中庭的要求

①连接房间和中庭走廊的门窗应配备乙级防火门窗，这些门窗可以自行关闭。

②与中庭连通的通道和通道应设有 B 类防火门或防火帘，其耐火性应不小于 3.0h。

③中庭各层应有自动自动喷水灭火系统，洒水间距为 2 ~ 2.8m。

④中庭的每一层都必须配备自动火灾报警系统。

⑤因为自动烟雾排放受自然条件以及建筑物本身的热压力和坚固性的影响，所以只有自由空间为 12m 或更小的中庭才能使用自然烟雾排放，但开放式天窗或高侧窗的区域至少应为中庭地板面积的 5%。在其他情况下，必须使用机械排烟设备。

在对中庭采取了上述防火措施之后，可以计算防火区域的面积，而不会使顶部和底部连接的区域重叠。

3. 对楼板的设置要求

楼板是高层建筑中竖向防火分隔的基本设施。通常情况下，建筑物耐火等级越高，楼板防火分隔性能越好，即一级耐火等级建筑物的楼板发挥防火分隔作用不低于 1.5h。

4. 对避难层的设置要求

高度超过 100m 的公共建筑，应设置避难层（间）。自高层建筑首层至第一个避难层或两个避难层之间，不宜超过 15 层。

避难层是供高层建筑中的人员，在一旦发生火灾时临时避难、缓冲疏散压力、等待疏散或救生而特设的。由于避难层中无可燃装修，也不储放可燃物品，无固定或活动火灾荷载，防火楼梯间要在避难层错位，上下层断开，所以避难层正好沿建筑物竖向形成防火隔离带，在火灾时同时发挥防火分隔作用。

5. 设防火挑檐

挑檐往往设于建筑物外墙窗户的上方，平时起遮雨、挡尘和遮阳的作用，一旦发生火灾时，它可以防止从窗口窜出的火焰直接烧着上一层开口部位的可燃物，防止火灾从窗口向上层蔓延。特别是在一些火灾危险性较大的建设物的外墙开口部位的上方，设防火挑檐更有重要的意义。如《高层民用建筑设计规范》规定：锅炉房和变压器房应放置在靠近外墙的一楼或地下室，直接安装外部外部安全门，外墙开口上方的防火宽度应至少为 1.00m。凸起的房檐。

6. 竖井设防火分隔

对于垂直井，例如建筑物的电缆井和管道井，竖井的墙壁必须是不燃性，且耐火时间不少于一小时，墙壁的检查门必须是丙级防火门。对于高度不超过 100m 的高层建筑，应将电缆井和管道井与耐火地板隔开，并使用不燃材料，该材料相当于地板的耐火极限，其间隙为 2–3 层。每层楼分开火。

7. 建筑物设功能转换层

随着建筑功能复杂化和多样化，在建筑物中主要功能发生变化楼层的，应采用架空层的形式，即将架空层设计为露天花园和游泳池并用的防水池，同时设计室外消防栓，辅以疏散照明和诱导标志。该层地板要承受花园和水池的荷载，结构很厚，耐火极限高，因此是人们逃生的安全地带。功能转换层实际上是最有效的竖向分隔设施。

四、安全疏散

高层建筑的楼层很多，垂直疏散距离较长，并且在发生火灾时，会生成大量高温有毒气体，这些有毒气体会迅速扩散到火灾现场，对员工疏散和材料结构构成严重威胁。为了确保建筑物的人员不会受到火灾，烟雾和房屋倒塌的伤害，根据建筑物的特性和火灾风险，安装合理的安全疏散设施非常重要。

（一）安全疏散设施布置的基本原则

①合理布置疏散路线。安全疏散路线应简捷明了，便于寻找、辨别，安全性高，必须步步走向安全，不能产生逆流。疏散走道上不允许有突然改变地面标高的路障。

②垂直交通疏散设施集中布置在高层主体建筑平面中心部位时，应尽量布置为环形或双向走道。

③建筑物内一般应设两个或两个以上安全出口，即一个方向行不通时，还有另一个方向可以进行疏散。

④安全疏散路线上，应保证有事故照明和疏散指示标志。设置自然通风和直接采光主要是为了在扑救火灾时，不至于因黑暗而引起惊慌失措。

⑤设置室内安全区——在房间的外墙上设阳台，设置室内外疏散楼梯和屋顶避难层。

这些场所与大气相接，烟气不能滞留，可以成为避难的场所。

⑥疏散通道上的防火门应能在火灾发生时保持自动关闭状态，以防烟和火在没有任何阻挡情况下直接进入疏散走道。

⑦要设有足够的安全疏散设施和室外疏散楼梯，而且疏散楼梯位置要适当。

⑧辅助安全疏散设施要安全可靠，方便使用项

（二）安全疏散的时间和距离

1．安全疏散时间

影响疏散时间的因素较多，主要有以下几个。

1）居住密集程度若建筑内居住人员密度大，则疏散慢，需要的疏散时间长。

2）安全疏散路线合理与否简捷平宽的疏散平面，并有明显的指示标志，疏散速度就快，反之就慢。

3）疏散通路条件疏散路线有死角、突出物，（如门槛及路障），疏散速度就慢。

4）楼梯的形式尽量避免采用螺旋步和扇形式楼梯，以免延误疏散时间和人员跌跤。

5）烟气浓度和毒性烟气浓度大，毒性大，人不但行走慢，而且中毒快。因此，这是决定疏散时间的基本因素。

6）内装修材料的耐火能力若采用的内装修材料是可燃物，不仅燃烧时火速快，且会产生大量毒气，因此这也是决定安全疏散时间的一个重要因素。

7）火灾“爆燃”时间火灾实验测定，建筑物着火出现“爆燃”的时间大多在 5 ~ 8min，而产生大量毒气和出现高温、缺氧情况，一般是在发生“爆燃”之后。因此，安全疏散时间应控制在“爆燃”之前。

火灾初起 10min 之内产生的 CO 不多，但在 10 ~ 15mm 之间 CO 就会超过对人体危害的允许浓度，致使人员窒息死亡的可能性增大。因此，在设计时应采用能将高层建筑内的全部人员在 5 ~ 7min 内（有 3 ~ 5mm 的安全系数）疏散到安全处所的设施。

2. 安全疏散距离

安全疏散距离包括两个方面：一是房间内最远点到房门或住宅门的距离；二是房门或住宅户门到疏散楼梯间或外部出口的距离。现简述如下。

1）房间内最远点到房门或住宅户门口这段距离不宜过长，一般不超过 15m，如达不到这个要求时，应增设房门或住户门。从超高层建筑的观众室，展览厅，多功能厅，餐厅，商务厅和阅览室到最近的疏散出口的直线距离不应超过 30m。

2）从房门或住户门口到最近安全出口或疏散楼梯间这段距离由以下因素决定。

①火灾时烟雾对人的影响匚据资料实测，人在烟雾中通过的极限距离为 30m，因此，从房门或户门到最近安全出口的距离不宜大于 30m。

②建筑内人员情况。各种不同居住的人，发生火灾时，疏散的速度快慢不一样。

③人员密集程度。人员密度大，要求疏散出口数量多、宽度大，否则，易造成拥挤、混乱。

④人员对疏散路线熟悉程度。人员对安全疏散出口熟悉，火灾时不易惊慌，很快就奔向安全出口；若不熟悉疏散路线，就会惊慌失措，很难找到安全出口而耽误疏散时间。因此在安全疏散距离上要区别对待。

（三）安全出口的数量和宽度

1. 安全出口的数量

根据高层建筑的火灾特点，在设计时必须考虑设计足够的安全出门，以保证火灾时人们迅速安全疏散的要求。

①高层建筑每个防火分区，应设有不少于两个不同疏散方向的安全出口。

②根据建筑物的类型，面积和使用条件，将设置不同的安全出口。例如，在 18 层以下，每层不超过 8 代，建筑面积不超过 650m^2（塔式），并且设有防烟楼梯和

消防电梯以提供安全的出口。

③塔式超高层建筑的两个疏散楼梯应独立安装。如果困难，请设置一把剪刀。但是剪刀式楼梯应提供单独的前室，剪刀式楼梯不应吸烟，剪刀式楼梯的各个部分应由坚固的墙壁隔开，耐火时间不得少于一个小时。

④一个房间的最少安全出口数量，由房间面积和容纳人数决定。在一般情况下，有下列两种情况的房间可设一个门：一是位于两个安全出口之间的房间面积不超过 60m^2，且人数不超过 40 人；二是位于走道尽端的房间面积不超过 75m^2，门的净宽不小于 1.4m（或房间面积不超过 60m^2，门的净宽不小于 0.9m）。

2. 安全出口的宽度

为满足安全疏散时间的要求，除考虑安全疏散距离和安全出口数量外，还应对安全出口的宽度有要求。因为安全出口宽度不足势必延长疏散时间，影响安全疏散。

五、避难层和避难区的设置

（一）避难层和避难区的设置

疏散场所是超高层建筑发生火灾时的临时疏散场所。如果仅几个房间用于疏散，则称为疏散室。

建筑高度超过 100m 的高层公共建筑中的庇护所（房间）必须满足以下要求：

①从超高层建筑的第一层到第一层的避难所之间或在每个疏散层之间，疏散场所的设置不应超过 15 层。

②通往疏散层的防烟楼梯必须与疏散层分开，同一层必须错位或上下层分开。

③避难场所的面积必须满足避难人员的避难要求，并按 5 人 /m^2 计算。

④疏散场地也可以作为设备地板的两倍，但设备管线应位于中央，设置消防电梯出口，室内消火栓，消防卷盘和自动喷水灭火系统。

⑤封闭式避难层应设独立的防烟设施，通风管道和其他竖向管井等通过避难层的缝隙必须严密填塞。一般采用机械加压送风排烟方式，使避难层真正发挥避难作用。

（二）其他安全辅助疏散设施

1. 屋顶直升机停机坪

屋顶直升机停机坪是发生 . 火灾时代直升机救援屋顶平台上避难人员停靠的设施。直升机必须安装在高度至少为 100m，标准建筑面积至少为 1,000m^2 的高层公共建筑的屋顶上。它必须满足以下要求：

①屋顶平台的跑道与机房，电梯房，水箱房，天线等的突起之间的距离应至少为 5m；

②为保证直升机在白天和夜间都能安全起降，应在停机坪周围设置适当数量的

航空障碍灯，如边界灯、着陆方向灯、起降场嵌入灯等；

③在停机坪的适当位置应设置消防栓和两个以上的出口，并保证每个出口宽度不小于 0.9m，并设有供疏散用的应急照明。

2. 疏散阳台

火灾时，人们来不及由高层建筑内疏散出来，或走廊里充满烟雾从房间里跑不出来，这时可跑到阳台上进行呼吸等待救援。也可在阳台地板上开设孔洞，该洞口有一个活动盖板，在洞口下面设置斜梯（避难梯）。火灾时人们到达阳台，立即打开活动盖板，沿避难斜梯下到下部其他层或直接下到底层。阳台上只能开设用作疏散的洞口，洞口设乙级防火门加以分隔。为了方便人们向下疏散，洞口和活动盖板的尺寸不应小于 70cm × 70cm；斜梯栏杆的高度不应小于 1.1m，并须坚固耐火。

六、消防电梯和疏散楼梯间

（一）消防电梯

1. 消防电梯的设置场所和数量

发生火灾时，由于断电和缺少防烟措施，正在运行的电梯将停止运行，楼梯现在将成为垂直疏散的主要设施。为了及时救援和撤离被困人员，必须在高层建筑中安装消防电梯。下一幢高层建筑应设有消防电梯。

①公共建筑；

②塔楼房；

③其他高度超过 32m 的 II 类公共建筑；

④高度大于或等于 32m 的高层工厂建筑物和高度大于或等于 32m 的高层仓库在每个火灾区域均应配备消防电梯。

⑤电梯（或乘客电梯和消防电梯）应安装在 9 层以上的住宅和 / 或其他商业房地产中。

为了降低房地产开发成本并节省资金，一台电梯可以用于多种用途，消防电梯也可以用作乘客电梯或工作电梯。

2. 消防电梯的设置要求

①电梯井道必须具有足够的耐火性。严禁在井中安装易燃气体管道和 A，B，丙级液体管道，不得铺设与电梯无关的电缆和电线。不要阻塞电梯门。

②消防电梯井必须与其他垂直管井分开安装。消防电梯井，机房和相邻的电梯井，机房应由隔墙隔开，耐火极限不得小于 2.00h，打开隔墙门时应提供甲级防火门。

③消防电梯必须分别安装在不同的消防区域中。

（二）疏散楼梯间和楼梯

楼梯是建筑物中的主要垂直交通通道，疏散楼梯应设楼梯间，作为重要的竖向疏散通道。根据防火要求，楼梯间分为：①敞开楼梯间（高层建筑不宜设置，本章不介绍）；②封闭楼梯间（虽有一定隔烟阻火作用，但不能满足）；③防烟楼梯间；④室外楼梯间。

1．防烟楼梯间

由于人们第一要通过前室或阳台、凹廊再进入楼梯间，因而烟火不能进入楼梯间，所以防烟楼梯间的防烟、防火效果显著。

2．封闭楼梯间

（1）设置场所

① A，B 和 C 类工厂建筑物和高层仓库的疏散楼梯。

②单层和走廊住宅，少于 11 层的走廊住宅，高度为 32m 或以下的高层民用建筑，但超过 12 层的除外，且两层高层民用建筑的讲台不到 18 层。

（2）设置要求

①楼梯间应靠外墙，并应直接采天然光和自然通风，当不能直接采天然光和自然通风时，应按防烟楼梯设置。②楼梯间应设乙级防火门，并开向疏散方向。③首层的楼梯间，可将走道和门厅等包括在楼梯间内，形成扩大的封闭楼梯间，但应采用乙级防火门等防火措施与其他走道和房间隔开。封闭楼梯间是指设有阻挡烟气的双向弹簧门及外开门的楼梯间。高层民用（工业）建筑的封闭楼梯间的门应设乙级防火门。能直接采天然光和自然通风，并向开启方向疏散。

3．室外疏散楼梯

室外疏散楼梯主要用于紧急疏散，并且可以用作辅助防烟楼梯。为方便疏散，建筑物通道末端应设有室外疏散楼梯，以减少火灾危险。该结构相对简单，经济并且不占用任何房间空间，但必须满足以下要求：

①每层楼梯和出口平台均应使用不燃材料制成，平台的耐火极限应大于 1.00h。

②除疏散门外，不得在楼梯周围 2.00m 范围内的墙壁上打开其他门窗。疏散门必须是乙级防火门，并且不得面对梯子。

③楼梯的最小间隙宽度应大于 0.9m，倾斜角不得大于 45。扶手高度至少应为 1.10m。

4．楼梯间及防烟楼梯间前室

（1）楼梯间及防烟楼梯间前室应符合的规定

①除通往公共通道的疏散门外，不得在楼梯和阻烟楼梯的前室内打开任何其他门。

②禁止在楼梯和耐烟楼梯前的房间内安装 A，B 或 C 类易燃气体管道，并且不得有影响疏散的突起物。

③高层住宅的燃气管道不应穿过楼梯，如果需要部分水平通过楼梯，则必须用钢套加以保护并符合《城镇燃气设计规范》的相关要求。

（2）楼梯间宽度

楼梯间宽度参照《高层民用建筑设计防火规范》要求设置。

（3）疏散楼梯间的基本形式

①带开敞前室的防烟楼梯间，包括：用阳台作为开敞前室；用凹廊作为开敞前室。

②带封闭前室的防烟楼梯间，包括：防烟楼梯间前室靠墙；防烟楼梯间前室不靠外墙。

③全开敞的室外疏散楼梯。

第六节　地下建筑与电气防火设计

一、地下建筑防火设计

地下建筑是人防工程的重要组成部分，也是高层建筑及其他商业物业的地下建筑部分，主要供防空袭或作停车使用。对地下建筑内部装修耐火等级和防火分隔设施、必要的报警灭火设施都必须进行合理的设计。

（一）总平面布局

人防工程的总平面布局，应根据物业开发用途并结合小区整体消防规划合理设计，正确确定防火间距、消防车道和消防水源等。通常在设计时应考虑以下几方面的问题：

①人防工程的设计应考虑平时和战时相结合的原则；

②在多层的人防工程中，应考虑到疏散问题，人员密集的电影院、舞厅等公共场所应设置地下一层；

③可燃性油浸电力变压器室不宜设在人防工程内，若须设置时应考虑耐火极限及安全出口，并设置防排烟及防雷保护装置；

④设有采光窗井、排烟竖井的地下建筑，与相邻地面建筑之间要保持一定的防火间距。

（二）防火、防烟分区设计

在大型人防工程，由于人员密集，可燃物较多或火灾危险性较大，应采用防火墙将其划分成若干个防火分区，以防止火灾扩大和蔓延，控制火灾在限制的范围内。

1. 防火分区的设置

民防项目的火区划分应比地面建筑物的要求更为严格，并应根据其使用性质加以区别对待。

①对于民防工作场所中的商店，医院，饭店等，每个防火区的最大允许面积不得超过 400 平方米。

②对于电影院，礼堂，体育馆，展览厅，舞厅，电子游乐园等，每个消防局的最大允许面积不得超过 1,000 平方米。

③在商店，医院和饭店中安装洒水设备可以充分放松防火区内的空间，但不得超过两次。

④丙、丁、戊类物品库房的防火分区最大允许面积不许超过表 2–6–1–1 的要求。

⑤对于丙、丁、戊类生产车间，可按表 2–6–1–1 的要求适当放宽，但不超过要求面积的 50%。

2. 防烟分区的设置

①在民防设施中应配备排烟设施，划分烟雾防护区，每个烟雾防护区的使用面积不应超过 $400m^2$，但如果天花板高度或天花板高度超过 6m，则限制此范围不收。

②不应在火区中设置火区。

③防烟分区应结合防火分区进行设计，一个防火分区可以作为一个防烟分区来设计，但应设置挡烟垂壁（挡烟垂壁是防火卷帘、固定或活动地挡烟板的总称）、防火门、送风排烟机械等。

④按照《人防工程防火设计规范》要求设置防烟分区设施。

（三）疏散楼梯间和楼梯

1. 人防工程的疏散楼梯间

地下楼梯与三楼或室外地板的高度差至少为 10m 时，应提供内燃楼梯，包括以下位置：

①电影院，礼堂；

②使用面积为 500 平方米或以上的医院和酒店

③使用超过 1,000 平方米的百货商店，展览厅，溜冰场，体育馆，舞厅，游乐园和饭店。

在安装防烟楼梯时，应在入口处安装前室，前室的面积至少应为 10 平方米，并提供烟雾和排烟设施。向疏散方向打开。在装饰阻燃楼梯的墙壁和天花板时，需要使用不燃材料。

疏散楼梯在每层的位置应从上到下，每步的总宽度应根据经过 1.00m/100 人的人数计算。

2. 人防工程疏散楼梯

为了快速安全地疏散，请避免使用螺旋楼梯作为疏散楼梯。疏散通道中不得使用风扇通道。楼梯和楼梯的高度必须相同。如果疏散楼梯的宽度大于 1–4m，则需要使用两侧的栏杆。

（四）防烟、排烟

根据人防工程的火灾特点，一旦发生火灾，会产生大量的烟雾和热气流，给人员物资疏散和扑救火灾带来危害和困难。因此，人防工程宜采用有效的防烟、排烟措施。

1. 带烟雾防护和排气系统的房间部件

排烟设施应安装在地下项目或以下位置的房间中：

①使用面积超过 500 平方米的地下街道，并设有独立的购物中心，医院和酒店。

②上述房间以餐厅，展览馆，溜冰场，体育馆，歌舞厅，电子娱乐厅或不燃材料为装饰，用不燃材料装饰，面积超过 1000 平方米，面积超过 500 平方米。

③电影院和礼堂。

④使用面积超过 1000 平方米的书籍，资料和档案。

⑤另一个没有烟梯的地下建筑。

2. 计算通道和房间的烟雾排放量

计算通道和房间的烟雾排放量必须满足以下要求：

①如果排烟风扇负责局部排烟，则将根据 $60m^3$ 的防烟区计算排烟量。

②如果有两个或多个防烟区，则防烟区的最大面积为 $120m^3$。

③阻燃楼梯通道的前螺纹应采用独立的机械加压空气供应系统，前螺纹的压力应保持在 25Pa，楼梯间的压力应保持在 50Pa。如果核算效果不理想，也可以采用排烟系统。

为了确保人员的安全疏散，地下街道一楼附近的疏散通道应配备正压空气供应装置，该正压空气供应装置应保持正压以阻止烟雾进入通道外，以确保工人的安全疏散。

④如果使用人行道或房间的自然排烟，则可以使用光窗（通常是单层地下建筑）作为自然排烟口。排烟口的总横截面积应至少为防烟分区的 2%。

为了增加烟雾排放的效果，有必要在每个商店，过道区域（每个区域不超过 60m）以及餐馆，公共娱乐场所作为消防设备或防火区域安装排烟口。

⑤由于测试和防火情况证明离心风扇比轴流风扇具有更高的防火性，因此当将离心风扇用作排烟口时，排烟风扇应能够自动启动。

⑥排烟口和正压供气管应采用不燃材料制成。使用金属风管时，风速不应超过20m/s；使用非金属风管（如钢筋混凝土）时，风速不应超过15m/s。出风口的速度不应超过7m/s。

（五）火灾自动报警灭火装置及疏散指示标志

1．火灾自动报警灭火装置

人防工程具有隐蔽性，不易被发现，尤其在夜间，极易酿成火灾。因此，应对下列部位设置灭火装置。

①在建筑物面积超过1000m^{2}的建筑物，医院，旅馆，展览馆等具有丙级生产厂房和D型仓库的建筑物中，应安装自动喷水灭火装置。

②如果电影院或礼堂的观众席有800个以上的座位，并且天花板的地板不超过8m，但到达礼堂的地板，则如果舞台面积超过200m^2，则还必须安装自动喷水灭火系统。

③大型电子计算机室，通讯室，变压器室，发电机室以及书籍，资料，档案等应配备固定的灭火装置。

高火灾风险的建筑物和房间应配备自动火灾警报器。如果火灾探测器的安装高度小于2.4m，则需要选择半埋式探测器或外部防护网。

设置消防报警（灭火）系统或机械排烟设施的人防工程，应设消防控制室，并与地面建筑的消防控制室、值班室、通信机房、配电室等房间合用。

2．疏散指示引导标志

人防工程都是靠照明设备供电，火灾时中断正常供电，建筑内一片漆黑，将给疏散和灭火带来极大的困难。因此，必须设置消防电源和疏散指示标志。

①疏散指示标志包括火灾事故照明、疏散指示灯、紧急广播、声光和指示箭头等标志。

②人员密集的场所，供疏散用的建筑部位和为火灾扑救服务的房间、部位，应设置火灾事故照明。

③疏散走道及其交叉口、拐弯、安全出口等处应设置疏散指示标志灯，其间距不大于10m，距地面应为1 ~ 1.2m。

④当工作电源切断后，火灾事故照明灯和疏散指示灯应能自动切换，并用玻璃或其他非燃烧材料制作的保护罩进行保护。

⑤设置火灾应急广播，且间距应不大于30m，同时满足人员从本房间任何部位到最近一级扬声器的步行距离不超过25m。

二、物业电气防火

（一）物业电气火灾原因及预防措施

物业电气防火主要是指对建筑室内的配电线路、照明灯具、家用电器、电热器具和其他常用电气设备等方面采用预防措施防止发生电气火灾。

1．配电线路火灾的原因和预防措施

配电线路中起火的主要原因是短路，过载，接触电阻过大，电气火灾花，电弧等。

（1）短路

第一，产生原因。

短路是指配电线路的火线与火线、火线与地线碰在一起，引起电流突然大量增加的现象，或称碰线、混线、连线。短路时，由于电阻小，电流会突然增大，在极短时间内产生大量的热，可以使电线的绝缘层燃烧，金属熔化，引起附近可燃物燃烧。

第二，预防措施。

①正确使用其他类型的电线。

②请勿在潮湿，高温和化学腐蚀的环境中使用。

③检查线路和电气设备的绝缘层有无损坏，出现绝缘陈旧老化或破损时须及时更换。

（2）过负荷

第一，产生原因。

电流流过电线并产生热量。当电线不超过65℃时电线连续通过的电流称为电线的安全承载能力。通过电线的电流超过电线的安全承载能力称为电线过载或过载。过载会增加电线的温度，加速绝缘层的老化，严重的过载会导致电线和附近的可燃材料着火。过载的主要原因是所选电线的横截面太小，电气设备太多或功率太高。

第二，预防措施。

①按照《电气设备安装规程》选用合适的导线截面。

②不准在线路上擅自增加电气设备。

③安装合适的峪断器和保护装置，保险丝不能任意调粗。

④经常检查线路负荷，发现严重过负荷时要减少用电设备或调换截面较大的导线。

（3）接触电阻过大

第一，产生原因。

在电源线的连接处、配电线路的导线与开关、保护装置与电气设备连接的地方如果接触不良，就会使这个部位的局部电阻过大，当电流通过时，产生极大的热量，可以使金属变色甚至熔化，并使电气绝缘层、叩燃物质及积落的可燃粉尘着火。

第二，预防措施。

①线对线或线对电设备的连接点应牢固可靠。

②如果接头松动或过热，则必须拧紧并按时处理。

③处理好铜、铝接触点，在导线连接处避免有杂质。

（4）电气火灾花和电弧

第一，原因。

电气火灾花是电极放电现象。损坏的导体绝缘层可能导致短路，通过开关打开/关闭电路，保险丝熔断，灯泡摇晃或爆炸以及电线连接松动。电弧由许多高密度电气火灾花组成，其温度可达到3,000℃或更高。在电气火灾花和电弧中，易燃物质都容易燃烧或爆炸。

第二，预防措施。

①确保螺旋线或接地物体之间的距离足够远，并且电线不会太松。

②电线应紧密连接，绝缘体不得损坏。

③保险丝应安装在不可燃物的底部，并用一盒不燃材料加以保护。

④通常，应在关闭电源后安装和维修电气设备。

2. 照明灯具引起火灾的危险性和预防措施

（1）照明灯具引起火灾的危险性

白炽灯和日光灯因表面温度升高，造成供电电压超过额定电压；大功率灯泡的玻璃壳受热不均，或者水滴溅在灯泡上，都能引起灯泡爆碎。灯泡爆碎时，可能从灯泡上掉落火花，会使周围可燃物燃烧。

灯头与灯座接触不良而发热或产生火花，或灯头玻壳与金属部分脱离时拧动灯头的导线引起短路，也有可能引起火灾。

照明灯具镇流器过热燃烧，以及接触不良而产生电气火灾花引起火灾。

（2）预防措施

①在照明灯具与可燃物之间应保持适当的距离，不能用布或纸等可燃材料做灯罩。

②灯泡应设置在安全、妥善地点，应装有坚固的玻璃罩或金属保护网，并挂在一定高度。

③在照明灯具下面不宜堆放易燃物品。日光灯的镇流器不宜安装在可燃物上。

④导线用金属管、塑料管或橡皮水软袋保护，选用足够截面的导线，以防负荷过大。

⑤在潮湿、露天、干粉粉尘的地方，宜安装防水、防尘、防爆灯具。

3. 电热器具引起火灾的危险性和预防措施

电热器具是指电炉、电熨斗、电烙铁、电烘箱等将电能转换为热能的电加热器具。

（1）火灾产生原因

①导线截面不当，或将电热器具接在导线截面过小的电路上，或随便替换成较原来功率大的电阻丝，或持续使用多次修理过的电阻丝，都会造成线路过负荷。②电热器具外壳的温度较高，因隔热材料破损而未及时修理。③接通电源后无人看管或下班时未切断电源。④停电时忘记关电源，复电后时间过长没有关掉电源。以上都会造成电热器具过热，烤燃附近的可燃物而引起火灾。此外，插座使用不当也易短路引发火灾。

（2）预防措施

①所用电线的截面积和电加热设备的功率必须符合安全要求。用于工业生产的电加热设备必须使用单独的电路。民用电热器具不应直接连接到灯座，最好分开安装电线。

②在不燃不燃体的地板上应安装大功率的电加热装置，并远离易燃的建筑构件和可燃材料。

③防止绝缘导体芯线的插头短路或断裂。严格安全用电操作规程，接通电源后，要专人负责看管，用完后要立即切断电源。

④及时检修和保养，防止因短路、过负荷、接触电阻过大等原因引起火灾或其他事故。

4. 家用电器火灾危险性和预防措施

（1）火灾危险性

家用电器是指电视机、电冰箱、洗衣机、录音机、录像机、电风扇、电褥子、电熨斗等将电能转化为热能或其他能量的电器。造成家用电器火灾危险性的原因有：

①乱拉乱接电线；

②多个插头插入一个电源插座；

③电器超负荷引起短路、使用时间长电器过热或忘记关电源。

（2）预防措施

①严禁乱拉乱接电线，定期检查线路设备，发现问题及时解决。

②严禁长时间使用仪器，以免引起热，火或爆炸。

③由于通风良好，请在不使用时关闭电源。

④电视和收录机应装有防雷装置，以防雷击和起火。

⑤远离热源（高炉，加热管）。

⑥在无尘，通风良好，无尘的地方，灰尘应积聚并短路以点燃塑料外壳，以防

止起火。

5. 静电感应引起火灾及预防措施

（1）火灾原因

如生产过程中物料流动、相互碰撞、喷溅、与管壁摩擦或冲击容器壁和人体活动等都会产生静电或静电气火灾花。产生静电感应的条件有以下三个：

①生产过程中使用的原料为易燃的低导电物质；

②有产生静电的生产工艺流程，如摩擦、高流速粉碎、过滤等；

③设备没有接地，有积聚静电荷的条件。

（2）预防措施

为了控制静电和防止静电起火，应从以下三个方面采取措施。

①创造良好的接地条件。对能产生静电物体的管道设备，应采用金属的或其他导电性能良好的材料，并且有良好的接地，从而使产生的静电能立即导入地下而消失。

②在两物体连接处（即火花放电引起的爆炸部位）采用金属导体使它们跨接，以消除电位差。

③控制物料，以避免或减少静电的产生，如消除静电积聚、减少摩擦等。

（二）消防电源

消防电源是指向消防用电设备供给电能的独立电源。消防电源要按照现行《工业与民用供电系统设计规范》的规定进行合理设计。

1. 供电要求

（1）基本要求

消防电源及配电的基本要求如下。

1）可靠性如果在发生火灾的情况下中断电源，则消防用电气设备的性能将降低，灭火时间将延迟，因此必须确保电源和配电的可靠性。

2）耐火系统应具有耐火，耐热和防爆的性能，土木工程应使用耐火材料提供不间断电源。

3）安全设计电气设备和电路必须保护人身安全并防止触电事故。

4）该效果确保了紧急情况下的供电时间和消防电气设备的有效性。

5）科学规范性供电质量力求系统接线简单，操作方便，投资成本少，运行费用低，并能满足用户的供电要求。

（2）一级负荷的供电要求

一级负荷原则上要由两个电源供电，应满足下列条件之一：

①两电源来自两个不同发电厂；

②两电源来自同一发电厂，但不同发电机组；

③两个本地变电站提供两个电源（电压通常为 35 kV 或更高）。

④两种电源来自本地变电站，另一种来自自备的发电设施。

（3）二级负荷的供电要求

二级负荷电源必须执行以下操作：

①变压器故障或一般电力线故障时，不得断电（或断电后可快速恢复）；

②如果负载低或该区域的供电条件困难，则可以通过 6kV 或更高的专用架空线来提供次级负载。

（4）三级负荷的供电要求

三级负荷的供电，应设有两台变压器，一用一备。

2. 消防负荷等级及其供电方式

划分消防负荷等级并确定其供电方式的基本出发点是，建筑物的结构、使用性质、火灾危险性、疏散和扑救难度、事故后果等。

（1）消防负荷等级

按照我国《高层民用建筑设计防火规范》的规定，对消防负荷等级与高层建筑类别关系规定如下：

①一类高层建筑按一级负荷要求供电；

②二类高层建筑按不低于二级负荷要求供电。

（2）消防用电设备负荷等级

《建筑设计防火规范》用于建筑物，储罐和堆场的消防电气设备的额定负荷规定如下：

①建筑高度超过 50m 的乙级和丙级工厂建筑物和丙级仓库的消防电气装置应根据主要负荷供电。

②应根据次要负荷来提供下一栋建筑物的储罐和堆场的防火保护。

A. 室外耗水量超过 30V 的工厂和仓库；

B. 室外消防用水成本超过 35 ius 易燃材料存储场，A 和 B 类液体存储罐或储罐，可燃气体存储罐或储罐；

C. 拥有 1,000 多个座位的剧院，拥有 3,000 多个座位的体育场，百货商店，展览馆和其他公共建筑，每层室外消防员的消耗量超过 25t/s。

③如果电源是基于第一级负载的，则如果电源不能满足要求，则需要准备自己的发电设备。

3. 火灾应急电源

消防应急电源是指消防应急电源的独立电源，以确保建筑物因火灾而处于紧急状态时能够成功疏散和灭火。消防应急电源包括：城市电源，自备柴油发电机，电池和 UPS 不间断电源。

主电源和应急电源之间必须存在特定的电气链关系。主电源运行时，应急电源将无法运行。当主电源关闭时，应急电源应在指定时间内立即运行。当使用带有应急电源的独立式发电机组时，如果启动时间不能满足应急设备因停电间隔的要求，则电池可以在主功率损耗和独立式发电机组之间快速运行。自给发电机组在给配电线供电时会自动终止作业。

（三）消防设备的供电要求

1．消防设备供电的控制电路

消防设备供电的控制电路包括以下 6 种，其供电设计参照《智能建筑弱电工程设计规范》的规定。

①备用电源自动切换装置。

②消防栓水泵的控制电路。

③两台互备自投喷淋泵的全压启动控制电路。

④加压送风机、排烟风机的控制电路。

⑤集中供电式应急照明电源控制电路。

⑥阀门控制电路。

2．供电线路敷设要求

供电线路敷设应符合下列要求。

①消防电气设备应使用独立的电源电路。发生火灾时，将切断生产和家庭用电，以确保防火。这里提到的电源电路通常是指从低压主配电室或配电室到消防设备的最终级配电箱的配电线。

②消防电气设备的配电线路应采用管道保护。在黑暗中使用时，必须使用不可燃的人体结构，保护层的厚度至少应为 3 厘米。如果直接使用，则必须穿上金属管并采取防火措施。如果使用绝缘或护套的电缆作为不燃材料，则可以通过金属管进行保护，但必须将其放置在电缆槽中。

③ A 类车间与仓库，可燃材料的堆放，A，B 类液体储罐，LPG 储罐，易燃气体和燃烧辅助气体储罐以及处理电源线之间的最近水平距离不应小于两极。丙级液体储罐应至少为 1.2 倍。电源线不应与 A，B 和 C 类液体管道，易燃气体管道和热管放置在同一管道槽中。

④分配线不应穿过导管孔的外壁，并且可以将受金属管保护的分配线放置在靠近导管外壁的位置。

⑤不应在高层主楼中放置充满燃料和浸油的电力变压器以及装有大容量，低压电力电容器的多个油开关。消防电气设备的配电和控制应按着火区划分。消防电气

设备的配电箱应为径向配电。连接负载时，不应连接某些与防火无关的设备。

⑥消防系统上应有明显的迹象。与普通配电设备并排放置时，需要采取单独的措施。

⑦应当从最后一个配电箱自动切换消防控制室，消防泵，消防电梯和排烟风扇中的两到两线电源。

⑧配电箱及其组件的结构必须耐火和耐热。使用一般类型的配电箱时，除了要注意日常问题外，还必须尽可能避免在着火的地方安装现场，并对安装现场和安装现场的结构采取防火和隔热措施。

⑨配电线路不应安装泄漏保护装置。

⑩消防用电设备的配电线路的敷设、消防自备供电设备的耐火极限和自动灭火装置，消防系统中不同用途的各种线路，其耐火、耐热及防燃要求，应符合有关技术规定。

第九章　消防设施设备

第一节　火灾自动报警系统

随着现代社会经济的发展，住宅质量的重大变化，以及高层建筑的兴起，特别随着以智能型安全技术为主开发物业的兴起，火灾的早期预防已成为扑救火灾，减少火灾损失，保护业主生命财产安全的重要保障。火灾的早期预报主要依靠安装在保护现场的火灾探测器，感知火灾发生时燃烧所产生的火焰、热量和烟雾等，以达到通报火灾，并及时采取有效措施，控制和扑灭火灾。当火场参数超过给定阈值时，火灾探测器接收信号，并将该信号经过连接线传递到区域火灾报警控制器和（或）集中火灾报警控制器，发出声、光报警信号，同时显示火灾发生的部位，以通知消防控制室值班人员做出反应，并在消防控制室联动控制上启动相关灭火设备，从而实现以消防控制室指挥灭火和控制火灾发生的功能。

近年来电子消防技术产品的研发取得较大成功。最近开发的智能型火灾自动报警、灭火系统，集智能识别、多媒体视频技术、摄影空间定位技术和自动控制于一体，可实现全天候自动巡检，发现火灾倾向，主机可自动判断识别，认为有可能成为火灾，即自动记录起火现场。如果值班人员没有及时采采取措施，或没有人值班，系统可启动自动通讯功能，可分别给公安、消防、单位领导等人打电话，并自动记录对方回话。该系统可确定起火位置，并启动最近的喷头或其他消防装置，扑灭早期火灾，在人员较集中地区还可安装该系统的排烟装置和声光导引装置，扑灭早期火灾。物业开发商如果广泛采用类似智能型防灾救灾技术系统并组成网络，必然使小区物业消防安全保障迈上新的台阶。目前，全国生产火灾自动报警设备的厂家已近百家，火灾探测器的年生产量已超过 50 万只，火灾报警控制器的年生产量超过 5 000 台，火灾自动报警设备年生产总值超过 5 亿多元，全国安装火灾自动报警系统的单位和工程数量成千上万，难以统计。火灾自动报警系统在物业防火工作中，发挥着越来越重要的作用，成为现代消防不可缺少的安全技术设施，被誉为保障业主人身和财产安全的“消防哨兵”。

一、火灾探测器的分类及基本原理

（一）火灾探测器的组成和分类

1．火灾探测器的组成

火灾探测器一般由敏感元件、电路、固定部件和外壳等 4 部分组成。

（1）敏感元件

敏感元件是探测器的核心部件，其功能是将火灾特征物理量转换成电信号。因此，凡是对烟雾、温度、辐射光强和气体浓度等敏感的传感元件都可以作为火灾探测器的敏感元件。

（2）电路

电路在探测器中的主要功能是将传感元件所得到的火灾特征物理量转换成电信号进行处理和放大，以便送至区域报警控制器报警。探测器电路由匹配电路、抗干扰电路、保护电路、指示电路、检查电路和接口电路等组成。

（3）固定部件和外壳

固定部件和外壳的作用是将传感元件、电路和印刷线路板、插接件等零部件有机地连成一体，构成造型，以保证足够的机械强度，达到规定的电气性能，以防止外界光线、灰尘、气流、电磁波、机械力及蚊虫等对探测器的干扰和影响。

2．火灾探测器的分类

火灾探测器的分类方法很多，实际的分类方法包括结构模型分类，火灾分类检测和环境分类的使用。

（1）监视火灾特征进行分类

烟雾探测器可分为五种类型：烟雾，温度，光线，复杂气体和可燃气体，根据工作原理，每种气体分为几种类型。

（2）根据感应元件的结构分类

1）线型火灾探测器对警戒范围中某一线路周围的火灾参数作出响应。其连续线路可以是“硬”的（如空气管线型差温火灾探测器），也可以是“软”的（如红外光束线型感烟火灾探测器）。

2）点式火灾探测器对警报范围内特定点的火灾参数做出响应。大多数火灾探测器属于此类。

（3）根据操作后是否能复位分类

1）当火灾警报信号的产生条件不再存在时，可重置的火灾探测器无需更换组件即可从警报状态恢复到监视状态。根据不同的重置方式，可以分为三种类型：

①如果自动重置火灾探测器，则可以自动返回监视状态。

②如果通过遥控器远程重置火灾探测器，则可以通过遥控器操作恢复监视

状态。

③手动重置火灾探测器，并改进手动调节以返回监视状态。

2）如果不再存在生成火灾警报信号的条件，则不能重置火灾探测器。在从警报状态恢复到监视状态的操作之后，无法将组件更换或恢复到监视状态。

（4）根据使用环境及安装场所分类

1）陆用型用于内陆无腐蚀性气体的环境，其使用温度范围在 -10 ~ 50Y，相对湿度在 95% 以下。在消防产品中未在环境中使用的产品被认为是陆基产品。

2）船用型主要用于轮船，高温、高湿场所。

3）耐寒型主要用于气温在 -40℃以下的高寒场所和北方无采暖的仓库以及冬季平均温度低于 -10℃的气体。

4）耐腐蚀型主要适用于空间经常滞留腐蚀性气体的场所。

5）防爆型主要用于生产易燃易爆产品的场合，其结构符合国家有关防爆规定。

（5）其他分类法

①有两种类型的可分离和不可分离的火灾探测器，具体取决于在维护期间是否可以将其拆除。

②根据火灾探测后的动作可分为延迟和非延迟两种。当今使用的大多数类型的延迟具有 3 到 10 秒之间的可调延迟。

③根据安装方法的不同，可以分为暴露型和内置型两种类型。内置场所用于室内装饰水平高的场所，而裸露场所用于其他场所。

3．火灾探测器的主要技术参数

（1）工作电压和公差

烟雾探测器的工作电压是正常运行所需的电源电压。

公差是指火灾探测器工作电压的允许波动范围。根据国家标准，公差为额定工作电压的 -15% 至 10%。

（2）响应阈值和灵敏度

响应阈值是火灾探测器运行的最小参数值。其他类型火灾探测器的响应单位阈值也不同。例如，固定温度火灾探测器的响应阈值为温度值，温差探测器的响应阈值为温度上升率，燃气火灾探测器的响应阈值为气体的浓度值。

灵敏度是指火灾探测器对火灾参数的灵敏度。检测器的灵敏度可以分为三个级别，以用于各种环境条件。

（3）电流监控

监视电流表示火灾探测器在被监视时的工作电流。监视电流表示检测器在监视状态下的功能。因此，监控器电流越小越好。

（4）最大允许警报电流

报警状态下允许的放大工作电流超过此值会损坏火灾探测器。最大允许警报电流越大，火灾探测器的负载能力越强，因此必须更大。

（5）警报电流

警报电流是指检测器处于警报状态时的工作电流，小于最大警报电流。火灾探测器的安装距离和数量由报警电流值和容差值决定。

（6）工作环境条件

火灾探测器对工作环境条件（环境温度，相对湿度，气流速度和清洁度等）的适应性越好。

（7）保护区（即侦察范围）

保护区是火灾探测器的报警范围，并且是确定自动火灾报警系统中使用的火灾探测器数量的基础。

（8）可靠性

稳定性是烟雾探测器最重要的性能，它全面反映了其他性能。

（二）感烟火灾探测器

烟雾火灾探测器是一种探测燃烧或热解过程中产生的固体或液体颗粒的探测器，用于在火灾早期检测烟雾，并发送火灾报警信号以检测早期火灾，具有很高的灵敏度和响应速度。快速，广泛使用等。

感烟火灾探测器分为点型火灾探测器和线型火灾探测器。

1. 点型感斌火灾探测器

点型烟雾火灾探测器在警报范围内的特定点响应烟雾参数。分为离子感烟和光电感烟两种探测器，目前广泛使用的有：

（1）离子感烟火灾探测器

探测器是核电子的结晶和探测技术，是一种火灾探测器，其原理是烟气颗粒可以改变探测器电离室内的电离电流。

工作原理利用电离室中离子电流的变化来检测烟雾浓度，该浓度与进入电离室的烟雾量成正比。辐射源（电离室中的放射性元素“m”）使室内的纯净空气电离，形成阳离子和阴离子。当在两个收集级之间施加电压时，在板之间形成电场。向阳极板和阴极板移动以形成离子电流。当烟雾颗粒进入电离室时，由于烟雾颗粒的直径大大超过电离的空气离子的直径，因此烟雾颗粒在电离室中具有阻挡和封闭离子的双重作用。这减少了离子电流。

优点电离烟雾火灾探测器的最大优势是它们对黑烟非常敏感，并且对早期火灾警报的响应特别快。

缺点必须在内部安装放射性元素，尤其是在制造，运输和安装过程中，这可能会造成环境污染并危及人类生命，因此该产品已被分阶段禁止使用。

（2）光电式感烟探测器

光电烟雾探测器得益于烟雾粒子散射和吸收光的原理而产生的烟雾火灾。

通常情况下，来自光源（发光二极管）的光被挡板阻挡，无法进入接收电极（感光器件），因此没有信号从接收电极输出。当烟雾颗粒进入检测器时，烟雾颗粒会散射发光二极管发出的光，从而将光信号发送到接收电极，并发出警报信号。这种传统的光电烟雾探测器的缺点是对黑烟的灵敏度低，对白烟的灵敏度高。因此，这种类型的检测器适用于火所散发的烟雾为白烟，而火所散发的大部分烟雾为黑烟的情况，因此该探测器的使用范围受到很大限制。

新型光电烟感探测器和火灾探测器主要具有足够的灵敏度来探测黑烟，并主要从光学原理上提高了探测器的灵敏度。例如，发光二极管和接收电极之间的角度已经从常规的180°改变为120°。最主要的是已安装了迷宫网格。另一方面，干扰采用高质量的放大器电路来提高灵敏度。这种新型的光电烟感探测器已经成功替代了离子烟感探测器，彻底解决了离子烟感探测器的污染问题，其外观立即受到世界环保组织和广大用户的欢迎。

为了解决误报问题，在新型光电式感烟火灾探测器中设置了一个“大脑”——微处理器。在微处理器中，按探测器装设的不同地点输入不同的软件，这些软件是根据几十年的工程实践及几千次试验（包括实验室的试验及现场试验）所得出的适用于不同场合的软件，因此可对进入探测器的微粒进行分析判别，只要在真正火警情况下才报警。如果探测器仅装设微处理器而无丰富的软件，则不能算是真正智能型微处理器。真正的智能型探测器，应是在装设微处理器的基础上再采用类似人的大脑神经网络，对火情进行分析的人工神经网络计算技术，使探测器具有自适应性、学习能力、容错能力和并行处理等特性，从而判别真假火警。

2. 线型感烟火灾探测器

（1）红外光束火灾探测器

当前生产和使用中的线性烟雾探测器都是红外线类型，它们利用烟雾颗粒的原理吸收或散射红外线来监视火势。

在正常情况下，接收器将平稳接收发射器发出的红外辐射。万一发生火灾，烟雾将通过红外线扩散到空间中。即，它们吸收并散射红外光，从而减少到达接收器的信号并输出火灾警报信号。

1）优点监控范围广，保护范围大，最长距离可达100m，适用于火灾初期的大型空间，例如大型仓库，生产厂房，有盖广场，屋顶。复杂建筑和古建筑等。

2）缺点价格昂贵，由于发射器和接收器的距离较远，安装接线较复杂以及在调试时发射器和接收器对正调校较困难。

目前最新推出的一种新型的红外线型感烟火灾探测器，它的发射器与接收器都放置于保护范围的一侧，另一侧装设了反射装置。正常情况下，红外线光束射向反射装置上，再由反射装置反射至接收器上。当有火情时，反射至接收器的光信号减少，于是输出火警信号。反射装置的大小视保护范围内发射接收器至反射装置的距离而定，距离远时反射装置面积大，反之为小。

这种探测器彻底解决了调试中发射器与接收器的校正问题，且大大地简化了安装接线，方便了施工。

（2）激光感烟火灾探测器

激光具有方向性强、亮度高、单色性和相干性好等优点，目前已广泛用于军事、工业、科技上。也用在激光感烟火灾探测器上。

由于激光束具有直线特性，激光感烟探测器的实际监测区域为一线状的狭窄带，故归类为线型感烟探测器。其工作原理是：激光发射器（亦称激光枪）在脉冲电源激励下，发出一束脉冲激光，投射到光电接收器（亦称激光靶）上，转换成为电信号，经放大电路后，给出正常状态信号（即不报警信号）。在火灾情况下，激光束被大量烟雾粒子遮挡而能量减弱，当激光能量减弱到一定程度时光接收器信号发生极大变化，于是通过放大电路给出报警信号。

半导体激光发射器具有工作电压低、脉冲功率高、元器件体积小、耐震动、寿命长、价格低廉等优点，因此，半导体激光发射器是感烟探测器经常选用的激光源。

激光感烟探测器适用于较大的库房、易燃材料堆垛、货架等处。使用时，激光发射器与激光接收器必须成对使用，且“枪”必须瞄准“靶”。安装时，在天花板建筑物平面内，可将激光感烟探测器的“枪”和“靶”部分分别安装在相对的两面墙上，探头要低于天花板 0.25m；在尖顶建筑物内，可将探测器安装在最高点（尖顶）以下 0.5 ~ 1m 处的每对墙上，这样，激光束可对两侧各 1m 的范围内进行有效监视。若保护区域横向距离较宽，则可以平行地安装多个激光探测器，每两个探测器的间距为 14m。

在使用时应注意的几点事项：

①探测区域无遮断光束等障碍物存在；

②当消防员进入探测区域内对光束有遮断时，应关断激光探测器电源，以避免探测器动作而发生误报；

③确保激光发射器与接收器在安装时处于同一直线，校准定位后要防止移位或错位；

④在使用中应定期校准，以防轻微变形引起激光束偏移；

⑤保持光学部分洁净，维护其透光性能，以保证探测器的灵敏度。

（三）感温火灾探测器

感温火灾探测器是对探测范围的温度进行监测。物质在燃烧过程中释放大量的热，从而使温度升高，使探测器中热敏元件发生物理变化，将温度变化转变为电信号，转输给控制机，发出火警信号。根据其敏感效果和结构形式，感温火灾探测器可分为定温式、差温式及定差温组合式三类。

1．点型恒温火灾探测器

当环境温度在警报范围内的特定点达到或超过预定值时触发的探测器。热元件是不同类型的双金属，热敏电阻和半导体 P–N 结。工作范围是 60 到 150。适用于环境温度或温度几乎不变的地方。

2．差温火灾探测器

差温火灾探测器是一种当警报范围内某个点附近的温度上升率超过预定值时发送火灾警报信号的探测器。热元件是热电偶或热半导体。在使用过程中发生的一些烟雾火灾中，即使环境温度以 1℃ /mm 的升温速率缓慢升高到 100℃以上，差温火灾探测器也不易操作。

3．差分固定温度组合检测器

本产品结合了两种类型的检测器，即温度差和固定温度，并且具有这两种功能。即使一项功能失败，另一项功能仍然有效，从而提高了火灾探测的可靠性。在实际应用中多采用此种探测器。差定温组合探测器有机械式和电子式两种。

4．点型感温火灾探测器的灵敏度和响应时间

一级灵敏度——探测器的响应时间全部在表中所规定的Ⅰ级灵敏度响应时间上、下限之内。

二级灵敏度——探测器的响应时间全部在表中所规定的Ⅱ级灵敏度响应时间上、下限之内。

三级灵敏度——探测器的响应时间全部在表中所规定的Ⅲ级灵敏度响应时间上、下限之内。

（四）感光火灾探测器

发生火灾时，除了会产生大量的热量和烟雾之外，还有可见或不可见的射线。感光火灾探测器的功能是通过检测火焰发出的红外线和紫外线来探测火灾。光敏火灾探测器比温度火灾探测器和烟雾火灾探测器反应更快，并且传感器可以在照射光后几毫秒甚至几微秒内客观地发射信号。特别适用于易爆场所。它是一款不受气流障碍影响的火灾探测器，可以在室外使用。一般可分为红外感光和紫外感光两种类型。

（五）可燃气体探测器

在居民家庭和日常生活上使用的煤气、石油气，以及工业生产中产生的氢、氧、烷、醇、醛、苯、一氧化碳、硫化氢等气体，一旦泄漏可能会引起爆炸。可燃气体探测器主要是对其进行检测，及时发出警告或报警，以保障人民生命、财产的安全。

可燃气体探测器是由感应器、信号处理器及发送器组成。感应器多数只对某一气体起作用。当感应器接收到有害气体时，信号处理器将此信号转换成电信号并发递至控制机，从而发出三级报警。第一级为警告信号、第二级为预报警、第三级为报警，此时有害气体已接近爆炸浓度。

目前用的一种新型可燃气体探测器，其探测浓度可以通过软件来设定，而且可显示每一个可燃气体探测器所检测地点的即时气体浓度。

（六）复合型火灾探测器

复合火灾探测器是具有多个探测功能的火灾探测器。如：差分恒温复合火灾探测器可以同时满足差分温度检测和恒温检测。温度和烟雾复合探测器是普通烟雾和温度火灾探测器的组合，从而实现了火灾的初始阶段。监视和侦察：离子和光感烟雾复合探测器可以同时检测明火燃烧产生的烟雾颗粒和大烟雾颗粒。两者结合的传感特性，提高了它们的探测能力和应用的广泛性。

（七）模拟量火灾探测器

模拟火灾探测器是提供指示敏感现象的输出信号的火灾探测器。模拟探头将与火灾现象成比例的测量值发送到警报控制器，然后火灾警报控制器执行评估或确定是否发生警报。例如，点型模拟火灾探测器是烟雾火灾探测器，每两秒钟将状态信息发送到警报控制器。警报控制器将这些信号与存储存储器中的预编程烟雾浓度水平进行比较。检测器报告信息，当该信息达到足以进行警报的级别时，火灾警报控制器将发送火灾警报信号。

二、火灾自动报警控制器

火灾报警控制器是用以接收、显示、传递和反馈处理火灾探测器送来的报警及其他信号，并对消防自动装置发出控制信号的报警装置。是火灾自动报警系统的有机组成部分匚在火灾自动报警系统中，火灾探测器是系统的“感觉器官”，随时监视周围的环境情况，而火灾报警控制器则是该系统的“躯体”和“大脑”，是系统的核心。主要作用是供给火灾探测器稳定的直流电源，监视连接各火灾探测器的传输导线有无断线故障；接收转换和处理火灾探测器送来的火警信号，并以声光报警形式指出火灾发生的具体部位及时间，同时执行相应辅助控制等诸多任务，以便及时采取有效的灭火扑救措施：

（一）火灾报警控制器的分类

1．按用途分类

根据目的，它分为三类。

1）本地火灾警报控制器的主要功能是连接火灾探测器并处理各种警报信息。

2）集中式火警控制器的主要功能是处理本地火警控制器发送的警报信号。

3）通用火灾报警控制器具有本地和中央火灾报警控制器的双重特征。主要可以设置或修改它用作本地火灾报警控制器和中央火灾报警控制器。

2．按容量分类

根据容量，它分为单个和多个火灾报警控制器。

1）单通道火警控制器仅在一个工作循环中处理探测器信号。通常用于某些特殊的联动控制系统。

2）多通道火灾报警控制器可以同时处理来自多个电路的探测器操作信号，并显示当今最常用的特定报警位置。

3．按使用场所分类

按其使用场所分为陆用型和船用型两种。

4．按结构形式分类

按其结构形式分为壁挂式、台式和柜式三种。

1）壁挂式火灾报警控制器用于连接少量探测器电路和事件，控制功能相对简单。

2）台式火灾报警控制器用于将探测器连接到许多电路，并且连接控制更为复杂。

3）机柜火灾报警控制器与台式机报警控制器基本相同，内部电路结构大多是插入式板卡的组合，因此功能易于扩展。

5．归类为防爆

根据防爆性能，分为防爆型和非防爆型火灾报警控制器。

6．通过系统连接分类

根据系统的连接方式，有两种类型的火灾报警控制器：多线系统和总线系统。

1）多线火灾报警控制器中控制器与探测器之间的连接，采用一一对应的方式，每个探测器有一根或多根导线与控制器相连，因此存在更多的连接。

2）总线火灾报警控制器，控制器和探测器通过总线连接：所有探测器并联或串联在总线上（通常总线数为 2–4）。方便，工程成本低等

7．通过信号处理方法进行分类

火灾报警控制器根据其处理方式分为以下几种类型。

1）无阈值火灾警报控制器无阈值使用烟雾探测器来处理连续的模拟信号。该控制器主要负责报警任务，并可以具有智能化的结构，这是最新的火灾报警控制器的

发展方向。

2）使用阈值火灾探测器使用阈值火灾探测器处理后的检测信号是相移信号，并且不再能够处理由火灾探测器发送的警报信号，火灾警报取决于火灾探测器。

8. 内部电路设计分类

火灾报警控制器根据其内部电路设计分为以下类别。

1）常规火灾报警控制器电路设计为逻辑组合形式，成本低廉，易于使用，并且标准装置更适合通过插接板组合扩展功能，功能更简单。

2）微机火灾报警控制器电路设计采用微机结构，对硬件和软件程序有相应的要求，功能扩展方便，技术要求复杂，硬件稳定性高等。

（二）火灾报警控制器的主要技术性能

1. 容量

容量表示可以接收火警信号的电路数量，并以“m”表示。如果在检测位置只有一个火灾探测器，则 M 值等于控制器的数量。对于集中式警报控制器，容量是指通过将本地火警控制器的数量（用“N”表示）乘以每个本地火警控制器的最大容量，可以显示的系统零件号的数量。

2. 工作电压

一般常用 220 V 交流和直流备用电压供电。

交流供电时，当电源电压波动幅度不超过额定电压的 –15% ~ +10%，频率偏差不超过标准频率（50 Hz）的 ±1% 时，火灾报警控制器应能正常工作。

当备用电源的电压在 24 ~ 32V 之内时，可优先采用直流 24V。备用直流电源电压允许波动范围越大越好。

主电源和备用电源应能自动切换。主电源容量应保证火灾报警控制器在最大负载条件下，连续工作 4h。主电源还具有工作状态指示及过流保护措施。

3. 输出电压

输出电压是火灾探测器的直流工作电压，通常为 24V DC。在最大负载条件下，火灾报警控制器的输出直流电压稳定性和负载稳定性不应超过 2%。也就是说，如果输出电压为 24V DC，则容差不应超过 ±0.48V。如果输出电压为 12V DC，则容差不能大于 0.24 V。

4. 工作电流

火灾报警控制器每一报警回路的工作电流应符合下述要求：监控时，最大不超过 20mA，报警时，最大不超过 200mA。

5. 空载功耗

空载功耗是指处于监视状态的火灾报警控制器和火灾探测器的功耗，通常从几瓦到几十瓦。空载功能的大小指示火灾报警系统的日常运行成本是多少，因此空载功耗越低越好。

6．满载功耗

满载功耗也可以表示为满载。满载功耗意味着：

①除非火灾报警控制器的容量超过10个通道，否则所有电路都处于报警状态时消耗的功率

②当火灾报警控制器的容量超过10个通道时，它是报警状态下（超过10个通道）电路的20%消耗的功率。

为确保火灾报警系统的稳定运行，在报警条件下，每个电路的最大工作电流不应超过200mA，同时应降低满载功耗。

7．使用的环境条件

使用场所将确保火灾报警控制器在温度，湿度，风速和气压等条件下的正常运行。对使用场所的要求应与室内使用第二类电子仪器的环境条件相同。

（三）区域火灾报警控制器

1．区域火灾报警控制器的组成

本地火灾警报控制器是多通道火灾警报控制器，可以直接从火灾探测器或中继器接收警报信号，并根据警报区域的划分安装在区域值班室或地板值班室中。输入电路基于火灾探测器发出的火灾警报信号，光警报设备传输声光警报信号，指示发生的位置，输出电路控制相关的消防设备，以及集中警报控制发送变送器发送警报信号。自动监视设备用于监视各种错误。可以手动验证测试设备，以验证整个系统是否处于正常运行状态。

2．区域火灾报警控制器的主要功能

（1）电源功能

为火灾探测器提供稳定的直流电源（通常为DC 24V或DC 12V），以使火灾探测器能够稳定可靠地工作。

（2）自动火灾报警功能

当区域警报控制器从火灾探测器接收到火灾警报信号时，它将立即从其原始监视状态更改为警报状态。当前区域警报控制器提供以下听觉和视觉警报。

①常规火灾警报灯点亮并记忆。

②警报控制器发出火警警报。

③房间号指示灯亮起，以指示特定的火灾报警位置。

④代表第一个火灾报警时间的电子时钟停止；

⑤外控触点闭合，以便与其他设备联动；

⑥送出火警信号给集中报警控制器。

（3）断线故障自动报警功能

当火灾探测器探测到区域报警控制器之间的连线断路或任何连接处发生松动时，区域报警控制器便立即发出断线声、光报警信号，以提醒维修人员及时维修。故障报警的特征是：

①黄色故障灯亮；

②报警控制器发出不变调断线故障报警音响；

③给集中报警控制器送故障信号。

（4）火警记忆功能

在检测到火灾参数后，可以快速，准确地转换并处理由火灾探测器发送的火灾警报信号，并提供火灾和特定警报，以指示火灾的具体位置并满足以下两个条件：

①火灾报警控制器收到火灾探测器发出的火灾报警信号后，应保存信号，即使信号源消失也不消失。

②如果火灾探测器的电源线断开，则现有的火灾信息不会丢失，它可以继续接收火灾探测器的火灾报警信号或其他电路的手动按钮。

（5）自检功能

为帮助每个火灾探测器及区域报警控制器的每个单元始终处于正常工作状态而设的自检按键，以供值班人员随时对报警系统进行功能检查。

自检按键按下时报警控制器有如下反应：

①黄色灯亮（表示断线故障灯报警正常），同时发出不变调故障报警音响（表示故障报警正常）；

②接着某一个或几个房号灯亮，开始由火灾报警音响代替故障音响，总火警灯代替故障灯亮，表示火警优先功能正常；

③全部（10个部位号）房号灯亮，表示10路探测器全部正常，若某一部位号灯不亮，则表明该回路的探测器或连线发生故障。

（6）手动检查功能

因为火灾警报控制器会自动监视火灾警报和各种错误，所以它通常处于监视状态，并且没有火灾警报错误，因此用户不会知道自动监视功能没有受到损害。因此，在火灾报警控制器中设置了手动检查测试设备（自检），以确定系统的各个部分和链路的电路和组件是否在任何时间或周期性地没有损坏，以及系统的各种自动监视功能是否正常。可以检查。确保自动火灾警报系统始终处于正常运行状态。手动检查测试后自动或手动重置。

（7）火警状态功能

当断线故障第一报警，接着发生火警（或者两者同时发生）时，区域火灾报警控制器能自动转换成火警。火警处理完后，若断线故障尚未排除，区域报警控制器继续发出断线故障报警：表示火情报警优先于故障报警。

（8）输出控制功能

使用多于一对的输出控制触点，可以切断空调和通讯设备的电源，关闭防火门或启动消防设备，以防止发生火灾警报时进一步蔓延。

（9）其他功能

为保证设备的良好运行，区域报警控制器设有一系列自动监控报警和自动保护功能。

① 24V 过压保护和过压报警功能。

② 24V 过流保护功能。

③交、直流自动切换功能。

④备用电池自动定电压充电功能。

⑤备用电池欠压报警功能。

⑥“消音”按钮功能，是一旦发生火情和故障报警音响后，值班人员按此按钮一下即可消音（暂时切断音响电路电源"

⑦“复位”按钮功能，是火情和故障处理以后，揿此按钮，机器即恢复到初始监控状态（暂时切断探测器、自检电路和总火警电路部分的电源）。

（四）集中火灾报警控制器

集中式火警控制器是可以接收多个本地火警的控制器，它是一个巡逻每个本地火警控制器以查看是否有火警信号或故障信号的系统。在故障区域的一部分发出声光警报信号，以便员工可以迅速采取有效措施迅速扑灭火灾。

1．集中火灾报警控制器的组成

集中火灾报警控制器由部位号指示、区域号指示、巡检、自检、火警、音响、时钟、充电、故障报警、稳压电路等单元组成。

2．集中火灾报警控制器的功能

（1）火灾自动报警

集中报警控制器在正常状态下以一定的巡检速度（60 层 /s）对区域报警控制器巡回检测。当区域报警控制器有火警信号时，集中报警控制器发出声光报警信号，部位显示灯指示火警发生的部位（房号），荧光数码管指示火警发生的区域（层数），并做短暂的停留（约 2s 后继续巡检），音响电路发出变调音响。用手动切除音响后，火警“消音”灯亮，以提示值班人员音响报警电路切除从光报警的指示动态确认火灾自动报警。

（2）故障报警

当区域火灾报警控制器有断线故障时，集中报警控制器会发出声光报警，区域故障指示灯亮，数码管显示故障所在区域（层数）约 2s。故障报警声有别于火警音响。故障音响能用手动切除，同样，切除后故障消音灯亮。

（3）火警优先

为了避免故障巡检影响火警巡检速度，一旦区域火灾报警控制器出现火警信号时，它送往集中火灾报警控制器的故障信号被自动切除。此后，集中火灾报警控制器只对区域火灾报警控制器的火警信号巡检。在火警信号消失后，按动报警消除按键，报警继电器的“自锁”释放，集中火灾报警控制器恢复对区域报警控制器故障信号的巡检。

（4）联动控制

在火灾声光报警的同时，集中报警控制器的输出触点闭合，供联动其他设备使用。同时显示设备报警状态和设备运行参数等。

（5）检查功能

为提高报警系统工作的可靠性，集中报警控制器设有自检功能，用来检查它与各区域报警控制器之间连接是否正常。按下“检查”键，相连各区域报警控制器的输出电路被加上模拟火灾信号，经各层巡检信号的控制，给集中报警控制器送出火警信号。集中火警报警控制

器部位指示（房号）以 10 个为一组闪亮。层号按每 2s 变换一次。如有异常，对应层号不停，部位指示灯不亮。

（6）监控保护功能

为保证设备良好运行，集中报警控制器有以下监控保护功能：

①交流电源与直流备用电源自动切换功能；

②直流备用电源欠压故障报警功能；

③交流电源供电回路断电故障报警功能；

④ 24V 主电源过压保护、报警功能；

⑤ 24V 主电源过流保护、欠压报警功能；

⑥ 24V 辅助电源过压、欠压报警功能。

（7）其他帮助功能

1）计时用于记录由火灾报警探测器发送的第一个火灾报警信号的时间，即发生火灾的时间，通常用作时钟。

2）打印通常，使用微型打印机记录火灾或故障的时间，位置和特征。

3）电话火警控制器收到火警信号后，可以立即连接到专用电话线上进行电话和验证，以检查火警的真实性，并迅速向消防局报告，以迅速组织消防队。采取各种有效措施降低火灾风险。

4）如果在广播疏散过程中发生火灾，它将被用于将人员疏散到安全区域并灭火。

3．火灾报警器常用辅助设备

（1）手动火灾报警按钮

手动火灾报警按钮可以向火灾报警控制器发送火灾报警信号，主要安装在走廊，楼梯，人行道等人们可以看到的地方，是辅助报警装置。

（2）闹钟

警铃是一种能够中继火警信息声音的设备，与火警控制器的声音警报相同，主要安装在过道，走廊，走廊等公共场所。

（3）辅助指针设备

辅助显示器是用于火警信息的光继电器的一种设备，通常是模拟显示面板，辅助显示灯，疏散指示器等。消防室中设有模拟显示面板，以可视化火灾警报信息，以便于理解。辅助显示照明设备通常安装在公共场所以帮助疏散。

（4）中继器

中继器是用于系统中各种电信号（系统中的常见附件）的长距离传输，放大或隔离的设备。

三、全总线火灾自动报警装置

近年来，随着房地产开发和数字应用技术的飞速发展，新型自动火灾报警系统——地址码全总线自动火灾报警系统已经成功开发并广泛使用。该系统使用多条总线在探测器与本地火灾报警控制器之间以及本地与中央报警控制器之间传输各种信号，具有接线简单，可靠性高的优点。

（1）整个公交车火灾报警系统的配置和特点

地址编码的全总线自动火灾报警系统包括现场检测和报警组件，区域报警控制器和集中式报警控制器。其特点如下：

1．使用了编码技术

系统控制单元内部有一个地址编码设备，包括一个由中央警报控制器监视的区域警报控制器和一个由区域警报控制器监视的各种火灾探测器。因此，整个系统仅由少数几根总线便可传输几十个受控单元的全部信息。因采用全总线方式布线，减少了管路长度，便于系统工作设计、穿线施工和布线维修。

2. 采用了总线复用技术

系统中的总线，每一根都担负着多种信号的传输任务。总线的复用，能进一步减少布线，并对故障可作自我诊断。

3. 采用了自动诊断技术

该系统采用火警与故障自动交替巡回检测技术，由报警控制器不断地对所有探测器、建筑物内布线及控制器本身进行故障的巡回检查，如发现故障可及时自动报警。因此可以排除故障，提高系统的可靠性，减少误报，保证系统随时处于良好运行状态。

4. 报警地址用四位数码直接显示

该总线制火灾自动报警系统采用四位数码直接显示，高两位为层号，低两位为该层的房间号，能使报警地址显示既明了，又节省面板面积。

5. 可自动打印记录

该系统在报警后可自动打印记录警报的类别（火警或故障）、报警的时间（年、月、日、时、分）及报警地址。有电子钟自动记忆报警时间，报警消除后可自动恢复正常走时（即自动显示时间）。

第二节　消防联动控制系统

消防联动控制系统位于消防室，是控制和联动系统。它包括自动喷水灭火系统，消防栓系统，排烟和通风空调系统，固定式灭火系统，广播和通信系统以及其他整体控制功能。

消防室是指装有火灾警报控制设备和火灾控制设备的房间或建筑物，用于接收，显示和处理火灾信号并控制相关的消防设施。智能安全系统（包括门禁对讲卡读取系统，安全巡逻监视系统，停车场智能卡监视系统，计算机辅助管理系统等）也可以与消防设备一起部署，并且可以同时设置多个系统。除了节省人力资源之外，还可以充分利用安全智能系统的控制和指挥功能，还可以使用模拟消防控制室指挥消防安全，防盗，防止损坏和防止损坏。因此，它也被称为“安全管理命令中心”。

消防室的设置应控制和监视消防设备，例如自动火灾报警系统，自动灭火，防烟，防火门，防火帘，火灾事故广播和消防通信。它的作用是监视各种消防设备 24h 的运行状态，以确保系统的正常运行。发生火灾时，它成为紧急信息收集，显示和处理的中心，对火灾情况的发展过程提供快速，准确的反馈，并准确，快速地控制各种相关设备，以指导和保护人员，控制和扑灭火灾。因此，消防员是建筑物消防设施的中心枢纽，也是消防，防盗，防损和防损的作战指挥中心。

一、消防控制室的设计要求

消防控制室的设计必须符合国家相关建筑设计防火规范的要求。消防控制室的设置位置、建筑结构、耐火等级、室内照明、通风空调、防排烟等方面均有明确的技术要求。

（一）防火室的位置，建筑结构和耐火等级的要求

①《建筑设计防火规范》第 10.3.3 条规定，独立安装防火室的耐火等级必须至少为 2。连接到建筑物的火箱应位于建筑物的一楼或地下室。地板必须通过耐火等级至少为 3 个小时的隔板，2 个小时的楼板以及直接连接到露天的安全出口与隔墙分开。此外，第 7.2.11 条规定，附在建筑物上的灭火室，固定式灭火设备（例如，钢房，泡沫液体室）以及带通风和冷却室的设备房，应使用防火时间超过 2.5 小时的隔墙。将 1.5 个小时的楼板与其他部分分开，隔墙的门应为乙级防火门。

②《高层民用建筑设计防火规范》第 4 章总体平面图和平面图第 4.1.4 节规定，防火室必须位于建筑物的一楼或地下室以及隔壁上，且耐火等级不得少于 2 小时 1.5。h 的底部与其他部分分开，并提供了通往外部的安全出口。

③防火门必须沿疏散方向打开，入口处必须有清晰的标志。一楼的消防室应设有“消防室”标志灯或门的标志。地下室的消防室应点燃并使用消防电源，以确保消防正常进行。

（二）消防电气控制技术要求

建筑物中的消防室和各种消防电气设备的各种电源和配电系统具有明确的技术要求。

1. 适用于《建筑设计防火规范》内建筑物，储罐和院子的消防电气技术要求

①建筑高度超过 50m 的乙级和丙级工厂建筑物和丙级仓库的消防电气装置应根据主要负荷供电。

②地下建筑物，储罐和堆场的消防电气装置应根据二次负荷供电。

③不能满足要求的，按一次，二次负荷供电的建筑物，堆场，储罐区应配备自发电设备。

④根据公共建筑，工厂，仓库和丙级液体储罐或储罐，易燃气体储罐或储罐，消防室和防火用动力设备的规定，三相负荷不超过 24 L/s 可以供电

2. 适用于《高层民用建筑设计防火规范》的建筑物的防火技术要求

对于《高层民用建筑设计防火规范》范围内的建筑物，防火用电必须遵守以下原则：

必须按照《工业与民用供电系统设计规范》中指定的当前主要负载要求为建筑等级供电。II类建筑物中的电力必须由两个次级负载电路供电，并且末级配电箱中的两级电源或两个电路应配备自动开关装置。

3. 消防室照明用电

消防室应配备应急照明。发生火灾时，照度可保持必要的照度。

4. 消防室的电气接线要求

严格禁止消防室（包括上下夹层）跨过与消防无关的电线和管道，以避免相互干扰和混乱。

（三）防火室通风和空调要求

随着财产的增加以及人口和住房集中度的增加，消防员的设备需要进一步发展。计算机技术已完全进入消防技术领域。因此，消防设备对室温有一定要求。在设计，安装和使用房间时，请注意控制室中的湿度和温度与控制室中使用的设备的环境要求相符。特定要求由制造商的说明确定。

为确保消防人员和设备的安全，请在消防人员的送风和回风管道上安装一个防火阀。在具有中央空调的建筑物中，有必要在空气供应的墙壁上安装防火阀，并在防火室内安装回风管。

（4）消防室的控制设备的布置

消防室的控制设备，值班和维修人员应占据一定的空间。为便于设计和使用，《火灾自动报警系统设计规范》的 4.1.8 节明确规定了消防设备中控制设备的布置。防火室内的消防设备必须满足以下要求：

①如果排成一排，板之前的工作距离必须至少为 1.5m，如果排成两排，则必须至少为 2m。

②控制面板到墙壁的距离应距值班员经常工作的一侧至少 3m。

③印版修复后的距离应大于 1m。

④如果控制面板的阵列长度大于 4m，则必须在控制面板的两端设置宽度为 1m 或更大的通道。

关于控制室的建筑面积，应考虑使用和建筑情况，以满足消防控制室值班员的工作需要，并应根据不同工程的不同情况，参照《火灾自动报警系统设计规范》的规定进行设计。

二、消防控制室控制设备的安装

①可以将自动火灾报警系统与消防设备连接。连接零件包括防火阀，供气阀，排烟阀，防火门，防火卷帘门，水流指示器，电磁阀，消防泵，洒水泵，排烟器，

鼓风机，电源切断装置，通信设备，紧急广播，应急照明等。

②应按照制造商的产品说明安装消防设备。在安装前，应进行检查和测试，对未检查的人员应进行修理或更换，安装后应正常安装。

③如果用金属水软袋保护消防设备的外电线，则应用防松螺母固定金属水软袋和消防设备的接线盒，以使天花板的内电线不会混淆和掉落，并应按照有关水暖规定接地。

④金属水软袋的长度不应超过 2m，应使用管夹固定。锚点之间的距离不应超过 1 个月。

⑤消防设备的对接线的末端应清楚标记。

⑥消防控制面板和机柜中不同电压相序的端子应分开并清楚标记。

三、消防控制室设备的组成

根据需要，防火室设备可能包含以下一些或全部设备：

①中央报警控制器；

②室内消火栓系统控制单元；

③自动喷水灭火系统的控制装置；

④泡沫干粉灭火系统控制装置；

⑤用于管网灭火系统的控制设备，例如二氧化碳和卤代烷烃（逐步淘汰）；

⑥电动防火阀和电动防火门的控制装置

⑦通风，冷却和排烟设备控制单元；

⑧电梯控制装置；

⑨火灾事故广播设备控制单元

消防应急照明灯柜控制装置；

通讯消防通讯设备。

应根据每个建筑物的特征和功能设置消防室设备，建筑物中的火灾报警器和其他相关控制设备应集中在消防室中，其他控制设备可以分散在不同的位置。但是，应定期将各种设备的操作信号提供给消防部门，以均匀指挥消防队。

随着现代科学技术的发展，消防控制设备的报警控制器采用模块化结构，大容量内部储存器，强大的软件编程功能，快速扫描，网络仿真及社会智能消防网络等技术，使消防报警控制器趋于智能化。

消防控制系统按联动控制方式可分为分散联动和集中联动两种；按结构形式可分为柜式和台式两种控制系统；按其联动线制可分为多线系统和总线系统两种。

三、消防控制室的控制功能及操作

消防员是监视和操作消防设备的中心，主要控制以下系统：

（一）室内消火栓

消防设备应具有以下用于室内消防栓系统的控制和显示功能。

①控制消防泵的启动和停止；

②显示泵启动按钮的位置。

③显示消防泵的运行状态和故障状态。

室内消火栓是建筑物中最基本的消防设备，主要由水池，泵，管道，闸阀，消火栓箱和压力泵组成。为了确保系统操作的便利性和可靠性，有必要在消防控制室的控制设备中设置启动和停止装置，并在发生火灾时指示消防员的泵启动按钮的位置和消防泵的运行状态。及时启动消火栓或消防泵，以有效扑灭消火栓，在和平时期进行维护和调试。

消防泵故障通常是指电源故障和泵电机短路。由于消防栓系统由主泵和备用泵组成，因此仅当两个泵都无法启动时才会显示错误。当启动普通按钮时，主泵第一启动，主泵发生故障后，备用泵将开启并自动启动；如果无法启动主泵和备用泵，则控制面板上会显示错误消息。

（二）自动喷水灭火系统

消防设备对自动喷水灭火系统应具有以下控制和显示功能：

①启动和停止控制系统；

②显示报警阀，闸阀和流量指示器的运行状态。

③显示消防泵的运行状态和故障状态。

（三）泡沫和干粉灭火系统

消防设备对泡沫和干粉灭火系统应具有以下控制和显示能力。

①启动和停止控制系统；

②显示系统的运行状态。

（四）气体灭火系统

消防设备应具有以下控制和显示能力，用于固定灭火系统，例如带有管网的卤代烷和二氧化碳。

①消防系统紧急启动停机装置；

②由火灾探测器连接的控制单元应具有 30 秒的可变延迟单元。

③显示系统手动和自动运行的状态；

④在报警和喷淋的每个阶段，控制室必须具有相应的声光报警信号，并且可以手动阻止声音信号。

⑤能够在延迟时间内自动关闭防火门和窗户并停止通风调节系统。

（五）消防管理设备

消防员可以在火灾发生和发展的各个阶段执行报警和控制各种消防设备系统的功能，并控制相关设备的运行状态，以确保人员安全疏散并在紧急情况下关闭。是的目的是及时有效地扑灭大火。联动控制功能主要包括以下几项：

1. 火灾报警后相关控制对象的消防设备控制功能

①在着火的地方停止风扇，关闭风门并接收反馈信号。

②在火灾现场启动防烟装置，排烟风扇（带静压鼓风机）和排烟阀，并接收反馈信号。

③着火时，请关闭风门并停止通风和冷却系统，以防止火势蔓延。

防烟系统是一种正压供气系统，由鼓风机，风道和出风口组成，用于楼梯和消防室。在发生事故时撤离。

排烟系统由排烟机，风道和排烟口组成，用于迫使有毒气体从火中排出，对人员安全和灭火起着重要作用。

因此，消防员应具有以下通风和冷却系统以及烟气和烟气抽出设备的控制和显示功能：机房，人行道，防烟楼梯和设备的机房内的空调和防烟排烟设施。火灾探测器（包括联合前室）之后的消防室（或区域控制面板）控制面板对通风和空调设备的防烟和排烟设备及相关部件具有以下控件：

根据通风和空调系统的分区，在相关警报区域中停止鼓风机并关闭通风管道中的消防阀。同时，在风扇和阀门启动后，它们会接收反馈信号以指示运行状态。

根据排烟保护区域，它会激活警报区域中的排风扇（包括静压鼓风机），排烟壁和排烟口，并在排烟机和排烟口工作以指示工作后同时接收反馈信号。状态。

消防楼梯和前室的正压供气和排烟系统由消防室的控制面板控制，应显示以下信号：

报警位置在前室 b。排烟口 c 的打开信号。排烟机的运行状态 d 出风口打开信号 e 鼓风机的运行状态

2. 确认火灾后，火控设备对相关控制目标的控制功能

①关闭防火门和防火百叶门以接收反馈信号。

②发送控制信号，并强制将电梯停在地面上并接收反馈信号。

③打开火警指示灯和疏散指示灯。

④关闭相关部分的非点火功能。

有两种控制电梯的方法。一种是直接从消防室启动电梯下降按钮以直接操作；第二是手动检查火灾。为了使所有的电梯井井有条，它们停在了地下。在需要高度

自动化的资产智能社区中，可以使用电梯电梯前室和烟雾探测器来控制电梯。

当火灾事故灯和疏散指示器打开时，非消防电源将关闭，以确保工人安全疏散。阻止方法是手动或自动阻止选项。

3．广播火灾事故的消防设备的控制功能

确认火灾后，消防设备应打开火警警报，并按疏散顺序广播火灾事故广播。控制程序必须满足以下要求：

①如果在 2 楼或更高楼层发生火灾，则必须第一将消防部门与上下事故相连接。

②如果一楼发生火灾，则必须第一打开在二楼，二楼和每个地下室广播的火灾事故。

③如果地下室发生火灾，则必须第一打开地下室和二楼广播的火灾事故。

火场疏散中，应先向着火区发出火灾警报，有秩序地组织人员疏散，确保人身安全。

（六）消防通信设备

消防消防通信设备必须满足以下要求：

①管网消防系统（或使用对讲机）的消防控制室和总工作室，消防泵房，配电室，通风冷却室，电梯室，区域报警控制器和应急操作装置；

②对讲电话插孔应在手动报警按钮中设置。

③应在消防部门安装直接通知当地公安消防队的外部电话，为便于记忆，必须选择电话号码后的三位数 119。

设置对内联络和对外报警电话是消防控制室的主要通信设备，有条件的可设置固定对讲电话或对讲录音电话。

四、水灭火系统的控制

消防控制室配有水火控制系统，该系统可集中控制建筑物的湿喷水灭火系统和消防栓系统。值班室工作人员可以自动报警并注水，消防泵可以手动启动。

（一）湿喷淋系统控制

湿喷淋系统由湿警报阀，液压警报钟，液压继电器（也称为压力开关），缓速器，水流继电器以及管道和阀组成。该系统的控制单元是控制面板或控制柜，两者均安装在消防室中，用于接收信号，例如水流指示器操作信号和压力开关，以控制泵的启动和停止。

湿式自动喷水灭火系统的工作流程如下：水流指示器安装在建筑物各楼层或区域的主管或支管上，并直接独立地连接到消防室中的水，消防和消防控制柜。当该层燃烧时，地板的消防部分的温度升高，达到一定温度，该部分或相邻部分的封闭喷嘴的温度传感器爆炸，压力管网中的水从喷嘴中排出，水流过。该管网上的流量指示器正常工作。警报信号立即发送到控制柜，经过处理后，会产生警报音，以明确指示警报的位置。湿警报阀还作用于管网中的水流量和液压降，液压警报铃发出警报，液压继电器启动，向控制柜发送警报信号。

水下消防控制柜根据水流指示器和液压继电器的操作自动启动消防泵。消防泵通常配备一套主机和两组，以确保准确的供水。

（二）总线类型关联控制

湿喷淋系统总线连接控制装置具有两个水指示器控制装置（切换信号），每个水流量指示器具有一个输入模块。当交付给警报单元时，警报单元会发出声音和视觉警报信号并指示特定位置。

每层水流指示器的操作信号到达从机，压力开关的操作信号到达主机。主机逻辑对这两个信号进行编程，以指示相应的输出模块开始对消防泵加压，以在管网中保持一定压力。泵启动信号通过输入模块反馈到主机并显示。同时，总线接线柜具有手动启动功能，可让手动启动或停止消防泵，并显示消防泵的启动和停止状态。湿式自动喷水灭火系统中设置的缓速器是为了消除由于管网中的液压波动而引起的液压警铃和液压继电器的故障。

（III）消防栓系统控制

每个室内消火栓都有一个按钮来启动消防泵。防火地板着火时，按消防栓泵上的按钮，通过总线输入模块向消防栓控制器发送信号，并立即发送声光警报信号。然后，该信号由主机逻辑进行编程，以指示相应的输出模块开始为消防泵提供灭火。启动信号迅速返回到每个楼层，所有消火栓的灯都点亮，并且每个楼层都知道泵的运行信号。

五、防火、防烟、排烟系统控制

消防员配备了防烟和排烟控制装置，可集中控制防火门和防火阀，排烟阀，排烟器，供气阀，正压鼓风机以及其他通风和空调设施。

（一）防火卷帘门控制

防火卷帘门通常作为消防隔断，位于自动扶梯周围较大的开放空间，电梯前的房间或大型购物中心的防火室内。防火门具有手动和自动功能，控制信号和工作恢复信号直接连接到每层防火室的防火门和防火帘控制器。万一发生火灾报警或故障，消防控制室和控制单元必须知道显示信号并判断活动。

防火帘与警报系统相连，通常在每种百叶窗（或组）的每一侧都安装两种类型的烟雾和温度探测器，设置了两个输出模块和两个输入。模块：当烟雾探测器发送火灾警报信号时，主机根据预编程的软件程序指令输出模块动作，将防火卷帘门降到离地面 1.5m 处，当另一个温度探测器发出火灾警报信号时，主机将输出另一个指示模块使防火帘门完全掉落到地面，以隔离相关的防火区。

手动开关设置在消防室的远程控制面板和现场百叶窗上，消防员或逃生者可以手动控制防火百叶门的上升和下降。在停电期间，防火门还应具有通过手动拉链或保险丝控制防火门下降的能力。

（二）防烟系统控制

防烟系统是正压空气供应系统，通常包括正压空气鼓风机，空气管道和正压空气供应阀。该系统通常安装在防烟楼梯以及前室或电梯前室中。每个正压鼓风机和鼓风机阀控制线都连接到位于火控室中的控制台（柜），并且不能连接至探测器，而只有鼓风机阀手动打开才能根据火灾情况驱动鼓风机。手动控制信号和行为恢复信号直接传输到每个楼层的烟雾控制系统控制单元。

烟雾控制系统由总线智能控制来控制。恒压鼓风机和空气供应阀分别设有输出控制模块和输入反馈模块。当发生火灾警报时，探测器检测到的火灾警报信号将通过两条总线发送到控制主机。主机指示相应的输出模块根据预编程的软件程序进行操作，打开防火地板以及上下楼层的阀门，并启动正压鼓风机。正压鼓风机和阀门的位置状态（开/关）被反馈给主机，主机可以监视每个正压鼓风机和阀门的运行状态。对于每个正压鼓风机，在防火室的远程控制面板上都设置了一个手动开关，可以手动打开或关闭上述设备。

（三）排烟系统控制

排烟系统将烟雾清除并将其发送到新鲜空气中，从而稀释了建筑火灾产生的烟雾浓度，并在紧急情况下安全地疏散了员工。如果没有自然排烟条件，应采用机械排烟，并在适当的地方安装排烟口（阀门）和排烟器。如果未将设备连接到检测器，则排烟风扇和排烟设备的连接可以打开排烟口，并且排烟器可以自动启动。也就是说，当烧毁特定地板时，消防员必须手动操作相应的排烟阀，然后连接排烟机，同时关闭着火区域的通风和空调系统。

使用总线智能控制时，将为每个排烟器和排烟阀设置输出模块和输入模块。当发生火灾警报时，探测器检测到的火灾警报信号将通过两条总线发送到控制器。控制器根据预编程的软件程序操作相应的输出模块，以打开炉底和上下阀门，同时打开排烟口，关闭空调系统，并设置排烟口和阀门的位置（开/关）。对控制主机的反馈允许主机显示每个排气和每个阀门的运行状态。在消防控制室的联动控制面板中，为每个排烟器设置了一个手动开关，使可以手动打开或关闭上述设置。

（四）消防阀

防火阀由保险丝控制，以防止火势蔓延，排烟管中的保险丝温度与通风和空调管中的温度不同。在排烟管，通风和空调管上装有消防阀，一旦发生火灾，执行机构会根据火灾报警电信号的作用自动打开阀门。当排气管的气流温度达到280℃时，管道消防阀保险丝熔断，消防阀关闭，关闭信号通过输入模块发送到控制器，相应的控制模块自动或手动激活以关闭排烟机。

当空调的送风管道中的空气温度达到70℃时，保险丝熔断，防火阀关闭，关闭信号通过输入模块发送给控制器，控制器根据连接关系向控制模块发送信号关掉机器。

控制室的主面板上会显示有关烟雾防护，通风和冷却设备的操作，运动和指示信号。

六、消防广播及通信系统

（一）紧急广播系统

紧急广播在结构上可以分为两种类型：多线广播和公共汽车广播。

1．多线消防应急广播系统

多线消防系统由消防放大器，无线配电板和扬声器组成。广播放大器的声源包括指挥官的麦克风和广播电台（录音盒卡）发出的信号，并且在发生火灾时，消防员可以根据情况手动控制并确定要疏散的电台和层。

2．公交式消防应急广播系统

总线型火灾应急广播系统由广播主机（例如，广播记录和播放磁盘，功率放大器磁盘，放大器），输出模块，交换接口和扬声器组成。如果某一层发生火灾，主机将指示紧急广播系统按照预先广播的软件程序进行操作，打开警报疏散信号源并指示相应的输出模块进行操作，以便火灾层以及上下扬声器可以自动进行紧急广播。警报声音，可让切换到总线。在消防控制室的联动控制面板中，为每个楼层的消防广播扬声器设置了一个手动开关，以便可以自动或手动播放每个楼层的消防广播扬声器。安装在主机上的紧急广播系统配有麦克风，消防部门指挥官指示工作人员撤离或扑灭大火。当广播公司广播未广播时，记录设备会自动记录广播内容。

（二）消防电话

在消防控制室（与消防局集成在一起，也称为无线通信柜）中安装了专用的消防电话，在发生火灾时提供必要的火灾警报和消防指挥官。使用直接呼叫模式而不拨打电话。每个分机进入时，总机将立即应答，话务员和分机可以通话；当话务员呼叫分机时，按相应的分机开关，分机将响铃，分机可以与话务员通话。拨打电话时，录音设备会自动记录通话。通过控制单元上的盒式录音和播放设备，可以查看呼叫。

七、其他综合控制

（一）地下电梯强制降落和非火力控制

电梯控制面板或电梯强制降落地面控制按钮通常设置在显示电梯运行状态的消防室中。当消防控制室中的控制单元收到火灾警报信号时，将发出声光警报。确认火灾后，消防员操作钥匙开关，使正在运行的电梯掉落到二楼，将具有防火功能的电梯转换为消防电梯。电梯降落信号被反馈到消防室的警报控制单元，控制单元上的电梯降落灯点亮。

如果电梯系统配备有输出模块并连接到电梯控制面板，则在发生火灾时，主机将根据预编程的软件程序指示相应的输出模块通知电梯控制面板运行，并且电梯将结束。

为了防止消防员在灭火过程中触电，可在每个楼层的配电箱中设置输出模块，在发生火灾报警时，主机将根据预先编程的软件程序操作相应的输出模块以创建防火地板。上下配电箱用于阻止非火力：

（二）警钟或声光报警箱

每个楼层或区域都配备了一个铃铛警报盒，可直接连接到消防控制室中的控制器，并且在发生火灾时，消防员可以操作相关的“按钮”来创建相关的铃铛或声光警报器。会有一个盒子发出声音，警告人们要迅速撤离火场物品。

（三）感应灯

每层疏散通道中的感应灯线直接连接到消防室的控制器，在发生火灾时手动操作，并打开相关的感应灯以指示其疏散。

（四）闭路电视监控系统

安装在多个重要位置的电视摄像机可以监视和保护场景，将场景发送到控制室，并且可以使用自动图像切换设备顺序切换或监视。切换后的信号发送到监视器，操作员在电视屏幕上观察保护场景。

（五）在建筑物中产生气体的地方

在产生气体的建筑物中，必须使用火焰气体检测器和控制器。当发生燃气泄漏时，控制器立即将信号发送到消防控制室，那里有与消防控制室相对应的声音和光学警报，消防员手动操作该信号以关闭燃气管道电磁阀。

第三节　自动喷水灭火系统

自动喷水灭火系统是一些物业小区比较广泛应用的固定式灭火系统，特别是智能化小区以及智能大厦火灾危险性较大的建筑物中，更需安装这种灭火系统，它具有安全可靠性，经济实用，灭火控火效率高等优点，在保护业主生命财产安全方面是其他灭火系统无可比拟的。

一、自动喷水灭火系统的组成与分类

自动喷水灭火系统，根据被保护物业的性质和火灾发生、发展特性的不同，可选用不同的系统形式。一般根据系统中所使用的喷头形式不同，分为闭式和开式两类自动喷水灭火系统。其中闭式包括湿式、干式、干湿式、预作用式、循环启闭式5种自动喷水灭火系统；开式包括雨淋、水幕、水喷雾3种自动喷水灭火系统。

带有封闭式自动喷水灭火装置的封闭式自动喷水灭火系统。通常是封闭的喷嘴。由于温度的缘故，锁仅在预定温度的环境中掉落并打开喷嘴。因此，在发生火灾的情况下，仅在发生火灾或在火源附近辐射时，该自动喷水灭火系统才会打开洒水喷头以扑灭火灾。

开放式洒水器系统使用开放式洒水器。这些喷头没有温度感应和锁定功能，通常处于打开状态。发生火灾时，系统保护区内所有敞开的自动喷水灭火装置均应用水灭火，以扑灭大火。

（一）湿式自动喷水灭火系统

该系统由湿警报器，封闭的自动喷水灭火装置和管网组成。报警阀的上，下管通常装有加压水。

1．范围

在4至70℃的建筑物中，必须使用湿式自动喷水灭火系统。

2．技术特征

①如果由于系统管路中的增压水引起火灾，则自动喷水灭火装置立即开始洒水。该灭火系统受环境温度的严重影响，低温环境会使管道中的水冻结，高温环境会增加管道中的压力，并且在半工况下会损坏系统。

②封闭的喷淋头在系统中充当恒定温度检测器，并且在火灾和热环境中，喷淋头的热元件在升高到标称工作温度时会起作用，因此可以使用自己的系统自动检测

火灾。角色。

③封闭式自动喷水灭火装置可在该系统中充当自动控制阀。激活热敏元件后，释放机构被释放，压力水在喷嘴处开启。因此，该系统可以根据其自身的组件，火源的位置和火势的蔓延，通过随机打开喷嘴来在固定点实现局部喷水。

④洒水器打开喷水口后，可以利用管道中形成的水压差使水流动并带动水流指示器，湿报警阀，液压报警铃和压力开关，实现就地和远程自动报警。

⑤仅取决于组件之间的连接，系统可以完全自动启动，但不能启动人为紧急操作。如果洒水器不移动，则系统将无法执行和执行喷水操作。

3. 系统配置及其工作方式。

系统的特殊组件，例如洒水器，湿式报警阀，流量指示器，管网等。其中，湿式报警阀组为湿式报警阀，缓速器，液压警报器，压力开关和可显示打开和关闭状态的控制阀。配置为测试湿式报警阀，水流指示器和压力开关是否正常。排水测试阀和压力表。用于连接系统特殊组件的管道，包括配水支管，配水管和配水主管。

安装喷头。供水管是排水管。向排水管供水的主管是排水管。

需要在系统中设置以下其他组件：

1）终端水质测试装置位于喷水头的每个消防区域和受系统保护的地板上的配水管最不利的位置，用于检查系统和特殊组件的基本性能。末端水测试阀可以是手动阀或电磁阀。如果的设施使用电磁阀来设置消防控制室，则可以直接从控制室启动测试阀，以方便检查和测试。

2）排气阀设置在特定区域中管道的最低点，用于在系统打开时从通道中排出空气。

3）排水阀设置在系统某些部分的管道的最低点，用于在系统维护期间排放通道中的水。

4）将下水道排水管安装在碎屑堆积在系统管道上的地方。

5）如有必要，将泄压阀设置在系统管道中最高水压的位置。

6）减压设施包括减压孔，节流阀和减压阀。根据系统设置要求和水力计算，将系统设置在必须控制管道压力的区域。

7）水流量指示器水流量指示器安装在网络中，当超过一定流量的水通过管道时，可以发送电信号以指示水的流量。通常，水流指示器设置在自动喷水灭火系统的配水管上，当洒水器开启时，消防室用于标记洒水器开启的区域。有时也可以将其安装在水箱的排水管上。当系统打开时，水箱中的水被被动使用，水流指示器可以通过消防室发出电信号或直接启动供水以扑灭火灾。

8）压力开关（压力继电器）压力开关将水压的波动转换为电信号，并将其发送到消防室或直接发送电信号以打开泵或警报器。压力开关可以安装在警报信号管道或喷淋系统管道网络中。

该电子警报器可以在系统中用作辅助警报器，但不能代替液压警报器。

（二）干式喷水灭火系统

干式自动喷水灭火系统是在湿式自动喷水灭火系统的基础上进行改进的，警报阀后面的管道中充满了压缩空气而不是压力水，而压力阀仍充满了环境压力水。温度要求。

1. 配置

干式洒水器系统包括密封式洒水器，管道系统，干式报警阀，报警装置，充气设备，排气设备和供水设备。发生火灾时，火源处的温度会升高，打开火源上方的洒水器，第一将管网中的压缩空气排出，在干式报警阀后，管网中的压力会下降。报警阀打开，水流入配水管网，水通过打开的喷头关闭。

2. 系统的范围和特征

第一，覆盖。

适用于环境温度低于 4℃的建筑物和场所（或每年供暖期为 240 天或以上的未加热房间），例如未加热的地下停车场和冷藏库，且温度高于 70℃。需要向上安装洒水器或使用干燥的自顶向下洒水器。

第二，系统的主要功能。

①由于系统警报阀后面的管网中没有水，因此可以避免结冰和水蒸气的风险，不受环境温度的限制，可以在不能使用湿式系统的地方使用。

②比湿式喷水灭火系统昂贵，并且需要充气，因此增加了一套气球设备，从而增加了系统成本。

③干式系统的结构，维护和使用更加复杂，管道的密封性要求也更加严格。管道中的常压必须保持在一定范围内，当压力下降到一定值时，就必须膨胀。

④干燥系统的喷涂速度比湿式喷涂系统慢。因为在加热并打开喷嘴后，第一可以去除管道中的气体，然后将水排出，这会延迟灭火时间并降低灭火效率。

由于这个缺点，减少了干燥系统的应用范围。

3. 系统如何工作

干式报警阀连接到水源并充满水，干式报警阀后面的管网充满压缩空气，并且报警阀关闭。发生火灾时，关闭喷嘴的热元件移动，喷嘴释放出气体，管网中的气压逐渐降低。当它下降到恒定的气压值时，干式报警阀的低水压高于较高的气压。报警阀自动打开，压力水进入供水网络，剩余的压缩空气从打开的喷嘴排出，然后喷水灭火。干式报警阀的另一个压力数字进入信号通道，将液压报警钟和压力开关推至报警器，并启动泵以加压方式供水。干式系统的主要工作过程与湿式喷头系统之间的主要区别在于，喷头运行后会有排气过程，而干式喷头系统越大，其灭火效果和有效性就越大。因此，通常将排气加速器安装在干式报警阀的排放管上，以加快报警阀的减压过程，从而可以快速启动报警阀，使压力值迅速进入膨胀管网络，从而缩短了排气时间，并及时喷水。可以灭火。

4. 干湿喷淋系统简介

干湿自动喷水灭火系统是一种封闭的自动喷水灭火系统，具有干湿交替的系统，除修改了干式报警阀外，干湿系统的配置与干系统的配置几乎相同。干湿阀或干式报警阀和湿式报警阀的组合。干湿系统包括封闭式自动喷水灭火装置，管道系统，干式报警阀，湿式报警阀或干式和湿阀，报警装置，气球设备，供水设备等。

该系统在洒水管网中充满了加压气体，其工作原理与干式系统相同。在温暖的季节，管网被更换为充满水，其工作原理与湿式系统相同。

该系统结合了干式系统和湿式系统的优点，并交替使用它们来克服两个系统的缺点。

（三）预作用自动喷水灭火系统

1. 配置

该系统由一个火灾探测系统，一个封闭的自动喷水灭火装置，一个预操作的阀门以及一个充满加压或非加压气体的管道组成。系统的管道通常没有水，并且在发生火灾时，火灾探测系统可以向管道供水。火灾探测系统由一个预操作的阀门控制，并配备一个手动打开的阀门装置。

2. 范围

适用于室温低于 4℃或高于 70℃或不受水损坏的建筑物。

3. 技术特征

在半工作状态下，系统报警阀后面的配水管未注满水，因此干式系统不会因低温或高温环境对系统造成水损害，并且在自动喷水灭火装置发生故障时也不会损坏水。

收到警报信号时，预操作阀打开，系统排气，开始注水，转换为湿系统，并在喷嘴打开后立即喷水。报警阀后的配水管路的数量不应太大，以控制系统管路从湿态过渡到湿态的时间，并避免打开喷嘴后出现喷水延迟。

在半工作状态下，系统的配水管道在报警阀后填充有加压气体，用于检查管道的密封性。

4. 工作原理

系统通常充满压缩空气或淋浴阀后面的管中有空管。万一发生火灾，现场安装了带有自动喷水灭火装置的火灾探测器会第一检测到火灾并发送警报信号。控制器将警报信号切换到声音和灯光显示，打开雨水阀以允许水进入管道。并在短时间内完成注水的过程。原来的干燥系统可以快速自动地变成湿式系统。换句话说，在洒水器运行期间立即喷水灭火时，请完成干预过程。在操作洒水器之前，必须完成预操作时间，通常不超过三分钟。

自由作用自动喷水灭火系统主要在管网中充满低压空气，以监控管网的完整性。在正常情况下，可以通过由压力开关，控制器和小型空气压缩机组成的自动膨胀装置保持气压，如果管网损坏，则小型空气压缩机的膨胀能力将不再保持其原始压力值。如果气压继续下降，压力开关会产生故障报警信号，以达到自动故障监测的目的。

（四）雨淋喷水灭火系统

1．系统的组成及分类

雨水喷淋灭火系统（或供水系统）提供了全面的保护，在运行过程中，系统中所有开放的喷淋头都可以同时喷水，立即喷出大量水以遮盖或关闭整个系统。是的骑行就像雨水倾泻而下，控制着烈火的蔓延。

雨淋喷水灭火系统按其淋水管网充水与否可分为空管式雨淋喷水灭火系统和充水式雨淋喷水灭火系统两种。前者用于一般火灾危险场所，后者用于易燃易爆的特殊场所，要求快速动作，高效灭火。

2．喷头特点

开式洒水喷头是无释放机构的洒水喷头，其喷头口是敞开的。按安装形式可分为直立式和下垂式；按结构可分为单臂和双臂两种。

3．传动控制方式

传动控制系统有以下三种控制方式。

1）手动控制方式适用于危险性小，给直径小于 50mm 的小干管供水时，且操作现场经常有人停留的地方。当发生火灾时，由人工及时地打开旋塞进行灭火。

2）手动水力控制方式这种方式设有带动开关的传动管网和雨淋阀。适用于火灾危险性较小，保护面积较大，给水干管的直径＞ 70mm，失火时尚能来得及用人工开启系统的情况。

3）自动控制方式适用于火灾危险性较大，保护面积较大，需要及时启动系统的情况。设置这种方式，还须同时设手动控制方式。凡严重危险的建筑物均采用雨淋喷水灭火系统。

4．工作原理

通常，淋浴系统的传输管网络充满与进水管压力相同的水，并且淋浴阀由于传输系统的水压而紧密关闭。火灾后，火灾探测器检测到火灾，并立即向控制器发送火灾信号，将该信号转换为声光显示输出控制信号，打开水管网的传输阀并输送压力。如果补水为时已晚，则传动系统中的水压突然下降，因此雨水阀在供水阀的压力下会立即自动打开，水立即充满管网并通过打开的喷嘴喷水以防止或控制火灾。同时，压力开关和液压警报铃使用声音和光警报作为反馈准则，使消防控制室操作员可以确定是否按时启动。

（五）水幕系统

是一种自动自动喷水灭火系统，由水幕喷嘴，管道和控制阀组成，用于停止，断开和冷却简单的防火隔断。

1. 配置和操作原理

水幕系统由水幕喷嘴，管道系统，控制阀等组成。由于水幕喷嘴喷出的水是水幕，因此通常不直接用于灭火，而是使用防火帘和防火幕。

①用于防火，火区和局部冷却保护；

②可以单独设置以保护门，窗，开口和建筑物的其他部分。

③水幕系统可以用作防火隔离物或防火隔板，以阻隔火灾。

④冷却防火隔板以提高耐火性。

⑤水膜的形成可防止火焰穿过开口，并防止火焰膨胀和扩散。

2. 范围

主要适用于舞台开口，防火帘和防火帘，例如工业车间，仓库，剧院，礼堂，礼堂，建筑物，门，窗户，开口等。消防水幕系统通常安装在以下场所：

①需要在建筑物中安装防火墙，但是由于过程要求，无法设置防火分区的打开位置。

②相邻建筑物之间建筑物之间的防火间隙，例如可燃飞檐，如门，窗，孔等。

③在建筑物或过程设备区域中，存在不同生产类型的零件。

④用防火帘和帘板更换防火门窗；

⑤剧院，礼堂和有超过 1500 个座位的礼堂的舞台入口，具有 800 多个座位的高层建筑物，舞台，门，窗户，开口和与室内舞台相连的其他部分

⑥需要用火隔开的地下工程隧道和铁路段；

⑦生产类型不同，火灾风险高的企业边界处的火隔离距离不能满足需求

⑧自动扶梯或螺旋楼梯穿过地板的地方。

3. 系统分类

防火帘可根据其功能分为三种类型。

1）冷却帘用于冷却保护，可与简单的防火设备（例如，防火卷帘）一起使用，以提高简单防火分区的耐火性。可以将水雾直接喷射到设备，容器，建筑物和窗户

表面上，以减少火焰辐射热对设备，容器和建筑物的影响。仅适用于室外设备，血液应与水滴一起使用，喷雾液滴应在室内使用。

2）防火水幕用于防止火焰或热烟从火中渗透，降低火焰烟雾温度，保护水幕背面的建筑物，设备和容器并防止火势蔓延。

3）应在不可能安装防火隔板的地方安装防火水帘，并可以使用防火水帘胶带分隔区域，以免火势蔓延，不能用作防火墙。

（六）水喷雾灭火系统

喷水灭火系统是通过特殊结构的喷水喷嘴喷射高压水，以雾状喷洒燃烧物质，并通过冷却，窒息和稀释来灭火。喷水灭火系统是一种开放式自动喷水灭火系统。

1. 系统配置

喷水灭火系统由喷水嘴，管网，雨水阀组，给水装置，火灾自动报警控制系统等组成。淋浴阀组包括淋浴阀，电磁阀，压力开关，液压警报器，压力表和配套的通用阀。

2. 工作原理

喷水灭火系统可以设计为固定式或移动式。固定式是连接消防栓或消防泵的水管并安装喷枪。可移动式可用作固定喷雾系统的辅助系统。通常，管网充满低压水。发生火灾时，火灾探测器会检测到火灾信息。控制阀以电子方式打开着火区域中的控制阀，或者火灾探测驱动系统自动打开着火区域中的控制阀和消防泵。管网中的水压增加。当水压达到一定值时，喷水头中的压力开始从盖子上掉落，并且喷水头将水喷到一起灭火。

3. 保护目的和范围

闪点高于60℃的喷水灭火系统适合扑灭固体，电气和液体火灾。它也可用于有火灾隐患的工业设备，有粉尘火灾（爆炸）隐患的车间以及具有特殊可燃材料（例如橡胶）的火灾隐患场所。

必须考虑要保护的对象的特性，可燃材料的着火特性以及周围环境。具体应用在航空，化工，机电，炼油，制粉等工业建筑中。

喷水灭火系统不适用于以下情况：

①与水反应后会与水剧烈反应的物质和危险物质

②未打开的容器，没有足够的溢流设备和排气装置

③加热工作温度为120℃或更高的易燃液压无盖容器

④储存期间，热的物质和易于蒸发的物质在沸腾后会溢出，从而导致危险情况。

4. 系统的主要特征和功能

喷水系统的主要特点是水压高，雾滴小，分布均匀，水雾绝缘性好，在灭火过

程中会产生大量蒸汽。具有以下消化作用：

1）冷却和灭火效果当喷水到达可燃表面时，由于水温低于易燃着火温度，水温冷却了易燃物。

2）窒息和灭火作用着火时温度持续升高，水滴在高温下迅速蒸发，产生大量蒸汽，导致着火点处的氧气浓度低，并且由于缺乏氧气而燃烧可燃物质。结束了

3）灭火剂的作用由于喷水覆盖易燃液体表面层的作用，形成了乳化混合物，使可燃液体难以继续燃烧。适用于重油产品灭火。

4）稀释灭火作用易燃的水溶性易燃液体可用喷水稀释。

（七）循环启闭自动喷水灭火系统

该系统是基于预操作系统的新型自动喷水灭火系统。该系统不仅可以自动喷水，还可以在灭火时自动关闭。

1. 系统操作

它的组成和工作原理类似于主动系统。

2. 具有定期打开和关闭的水雾灭火系统的特征

①循环伸缩式自动喷水灭火系统的功能优于所有自动喷水灭火系统，其应用范围不受限制。

②灭火后可自动切断电源，以节省灭火用水，最重要的是，将灭火所造成的水损害降至最低。

③发生火灾后，可以在运行状态下立即更换喷头，而无需关闭系统，通常，喷头或管网损坏不会损坏水。

④可以在系统电源关闭时自动切换备用电池的运行。如果在恢复供电之前电池已被锁定，则电磁阀将打开，并且系统将作为湿式系统运行。

⑤系统造价较高，一般只用在特殊场合。

（八）自动喷水灭火系统的主要构件

1. 喷嘴

洒水喷头负责探测火灾，启动系统，喷射水以扑灭火灾，并且是系统的主要组件之一。

根据结构和目的，它可以分为封闭式喷嘴和开放式喷嘴。根据热敏元件的不同，封闭式洒水器分为玻璃球洒水器和易熔元素洒水器。

根据水盘的形状和安装方法，它分为立式洒水器，下托盘洒水器，侧壁洒水器和普通洒水器。开放式洒水器分为三种类型：开放式洒水器，水幕式洒水器和喷雾洒水器。

（1）封闭的喷嘴

封闭式喷嘴通常配备有热敏元件，并且喷嘴由包含热敏元件的释放机构封闭。具有根据指定的数量和形状自动打开温度并喷水的功能。

第一是玻璃球洒水喷头。

玻璃球洒水喷头由喷水嘴，玻璃球，框架，防溅盘，垫圈等组成。

第二，可用元素洒水喷头。

易熔元件洒水喷头包括一个防溅盘，调节螺钉，悬臂支架，易熔金属，密封件和臂。

第三，立式自动喷水灭火装置。

立式喷淋头适合安装在顶部安装有喷淋盘的管道下方，因此喷淋头具有较高的灭火效率，经常移动的物体和吹尘的物体。由于飞散的物体覆盖了喷嘴的热敏元件，喷嘴的移动缓慢。

第四，降低托盘自动喷水灭火装置。

洒水喷头具有很高的灭火效率和广泛的应用范围。

第五，侧壁自动喷水灭火装置。

适用于安装在空间有限且难以布置管道的建筑物中，例如场所和人行道。

第六，定期洒水。

可以上下安装，喷头分布为球形，上下喷水量占喷嘴流量的 50%。

（2）打开喷嘴

第一打开洒水器。

与关闭喷嘴的区别在于，没有释放机构，该释放机构由主体，支架和防溅盘组成的热敏元件组成。安装形式与封闭式自动喷水灭火装置基本相同，主要适用于雨水自动喷水灭火系统和其他开放式系统。

第二，水帘喷嘴。

洒水器以帘板形式喷水时，如果成组排列，会形成水幕。它的作用是保护需要防火隔离的开口，例如门，窗，洞，檐口或舞台开口。

第三，喷嘴。

是带有螺旋叶片的洒水喷头，它旋转叶片以在压力下以离心力，机械冲击力和机械增强作用喷洒锥形水雾。它用于保护石化生产设备，电力设备等。

2. 报警阀

报警阀是自动喷水灭火系统的重要组成部分之一，通常仅在发生火灾时才关闭和打开，其主要功能是第一，水源连接和断开，第二，系统启动，第三，启动。液压报警和压力开关报警。报警阀按湿式报警阀，干式报警阀和淋浴系统分为三种。

（1）湿式报警阀

主要用于湿式自动喷水灭火系统。它的作用是打开并自动打开自动喷水灭火装置，以便管网中的水流动。水流警报铃和压力开关发送以下警报信号。

（2）干燥报警阀

用于干式喷水灭火系统。

（3）雨淋花洒阀

主要用于花洒系统，自由动作自动喷水灭火系统，水幕系统和喷水系统。

3. 消防泵和水泵结合器

消防泵是自动喷水灭火系统的主要供水。它由两组主泵和备用泵组成。大多数使用自吸式离心泵来满足自动吸油的要求。消防泵的流量和过程是根据受保护建筑物的面积和高度通过计算确定的。

消防泵接头是自动喷水灭火系统的临时供水。设备在建筑物外部的位置，方便连接消防车，由系统的耗水量决定，通常为 2 个或更多，每个水水泵结合器的流量为 10–15L/s。

4. 警报控制设备

警报控件具有检测火灾，发出警报，启动系统和维持系统运行的能力。它主要由流量指示器，压力开关，液压警铃，延时器和消防紧急按钮组成。

（1）水流量指示器

可以将水流信号转换为电信号的设备，通常安装在系统每个分区的供水主管中。当消防喷淋头开启水喷雾或管道泄漏时，水流过装有水流指示器的管道，水流指示器将水流信号转换为电信号，并将其发送到警报控制器或消防控制室。显示喷头区域以支持电子警报。

（2）压力开关

压力开关是自动喷水灭火系统中重要的液压传感器继电器，被称为警报器和水警铃。压力开关可用于湿式，开放式和预作用喷水灭火系统，通常安装在缓速器的顶部。当系统喷水灭火时，如果管网中的水压在 5 到 90 秒内下降到一定值，压力开关动作会将管道的水压变化转换为电信号，并与水流指示器配合以实现防火可以自动控制水泵或反馈信号控制喷水灭火，以提高电铃的警铃警报。

（3）液压警铃

液压警铃是在水流的影响下发出声音的警报设备，通常安装在延迟设备的后面。如果管网中的水不断流动并且缓速器中充满水，水将流入液压警报器和压力开关，在电流的影响下，液压警报器将发出警报。

（4）d层

延迟主要用于湿式灭火系统，其作用是防止误报。万一发生火灾，洒水器会不断喷水，湿警报阀完全打开，水继续通过湿警报阀流入缓速器，缓速器在30至60秒内充满。要使其响亮，请敲响闹钟。同时，启动压力开关以将电信号发送到消防室。

（5）消防紧急按钮

紧急按钮是用于手动报警自动自动喷水灭火系统和操作消防泵的设备。它通常安装在建筑物的人行道，服务台和值班室中，并直接连接到自动喷水灭火系统的警报控制器或消防泵。

二、自动喷水灭火系统的设计与安装

（一）系统的设计

自动喷水灭火系统的设计应基于其他特性的火灾隐患特性，然后根据建筑物的重要性，环境因素和装饰要求选择自动喷水灭火系统的类型。用于设计安全，可靠，经济，合理，科学和标准化的系统的组件。

1．建筑物火灾危险等级的划分

任何要安装自动喷水灭火系统的建筑物或建筑物的一部分应基于建筑物内生产或储存的可燃物的特性，数量和装载条件，着火时的灭火便利性以及建筑物本身的耐火性。另一个因素是，建筑物分为多个危险等级。当为具有不同火灾危险等级的建筑物设计自动自动喷水灭火系统时，所需的喷水温度，有效区域，着火持续时间和洒水压力是不同的。按火灾危险程度对建筑物进行分类主要考虑以下因素：

①由建筑物内储存或生产的可燃物的性质，数量，燃烧率和放热决定。不同类型的易燃材料具有不同的着火危险，不同的燃烧特性，不同的热量和燃烧释放的燃烧温度。

根据易燃材料的数量，会产生不同数量的热量，这将改变火灾的持续时间。除了影响系统类型的选择之外，可燃材料的燃烧速率和发热速率还影响建筑物火灾危险等级的分类。

②建筑物的形状，建筑物的高度和易燃材料的松动是对建筑物中火灾隐患等级进行分类的另一个重要因素。

当松散地堆叠时，暴露于空气的比表面积大，燃烧期间的氧气供应高，燃烧速度快，并且热值自然地增加。设计自动喷水灭火系统时，所需的喷雾强度会增加。

d. 高装载高度和高数量从喷嘴喷出的水难以快速有效地扑灭火焰，因为难以扑灭点燃下部的可燃物。为了有效控制和熄火，需要增加喷水强度，操作中的喷嘴数量和浇水时间。

c. 如果将不同类型的层压材料用于不同类型的包装，不同的火灾危险等级和相应的设计基本数据要求。

③建筑物本身各组成部分的耐火性和建筑物的耐火等级是影响自动喷水灭火系统设计的其他因素。建筑物的高耐火性可以有效防止火灾蔓延到周围的建筑物，不受其他建筑物火灾的影响。该组件具有出色的防火性，可降低水的喷射强度并扩大防火面积。在高层建筑中，可以增加自动喷水灭火装置的运行，以防止洒水喷嘴在非火灾区域启动。必须设置挡块或隔板，以便及时启动着火区的洒水喷头。

④外部环境水平和工业化程度也影响建筑物火灾危险等级的分类。

在设计消防自动喷水灭火系统时，根据影响建筑物火灾危险性的上述因素，将其分类如下：

具有轻微火灾隐患的建筑物的易燃性较低，且燃烧速率和发热量较低。如展览馆，体育馆，观众室，储藏室，贵宾室等公共场所。

b. 中度火灾危险级别的建筑物的特征是燃烧速度中等，易燃材料产生热量，在火灾初期不会引起严重的燃烧。木材工厂加工室，服装工厂加工车间，百货公司营业厅等。

c. 严重的火灾隐患等级建筑物有发生火灾的高风险，高度易燃，燃烧率高和产生热量，会导致强烈的燃烧，从而在火灾中迅速蔓延。剧院舞台，演播室，电视演播室，液化石油气储罐和储藏室等。

2. 基本设计数据的确定

基本设计数据通常包括喷雾强度，有效面积，喷嘴操作次数，每个喷嘴的保护面积，最不利点的喷嘴压力以及理论给水。

（1）喷水强度

喷水强度是喷水灭火系统设计中最重要的控制数据。具有不同火灾风险的建筑物必须具有足够的喷水强度，以在发生火灾时实现防火和灭火效果。具体要求是根据中国的《自动喷水灭火系统设计规范》法规设计的。

（2）操作区域

喷水灭火系统可达到的最大有效喷水面积，可确保喷水强度和均匀的喷水性能。活动区的大小主要取决于建筑物的燃烧特性（包括存储在建筑物中的易燃物），易燃物质的数量和燃烧时间。

（3）喷嘴移动

喷嘴运动数与运动区域密切相关，在选择喷嘴并确定运动区域时，可以确定喷嘴的最大运动数。

（4）最坏点的喷嘴压力

通常为0.1mPa，最小值应至少为0.05mPa，这取决于喷头的特性和喷水强度的要求。在设计时，要确定最不利点的喷嘴压力，并且必须根据每个喷嘴在此压力下的保护区域（取决于喷射强度）来计算要在整个有效区域中配置的喷嘴数量。

（5）理论和设计用水量

理论耗水量，即喷水强度乘以有效面积，然后乘以消化时间，该乘积的值即为理论值。实际上，每个洒水喷头的注水不能完全相同，并且由于偏差范围和其他失水因素，理论用水量通常应乘以1–15至1.3的系数，即设计用水量。理论上是耗水量的1.15至1.3倍。

3. 选定给水源

自动喷水灭火系统的水源可分为有限源和无限源。受限水是指受限水，无限水是无限水。

（1）来源有限

表示压力浴，硬化剂和其他定量来源。受限制的水源通常用于轻度火灾隐患的建筑物，允许的自动喷水灭火装置的数量不超过1,000，每个保护区的自动喷水灭火装置的数量不超过100。

（2）无限来源

一次性自动喷水灭火系统的消防用水，具有足够能力为消防泵供水的城市供水网络（包括城市逃生水，加压供水设备，中型水箱），高位水箱和水池着火危险等级在这座低矮或中等的建筑中，可以使用无限量的水。轻度火灾危险等级在建筑物中使用时，允许的喷嘴数量为2,000个或更少，并且每个备用区域中的喷嘴数量为500个或更少。当用于中等火灾危险等级的建筑物中时，允许的喷嘴数量为1,000，每个保护区内的喷嘴数量不超过500。

如果将两个有限且无限的水源结合起来用于供水，则可以在任何火灾隐患级别的建筑物中使用它，但允许的自动喷水灭火装置总数不超过5,000。使用两个无限水源和一个受限水源进行联合供水的自动喷水灭火系统允许的自动喷水灭火装置总数不超过10,000。使用两个无限的水源和两个有限的水源，自动喷水灭火系统总共可以喷水20,000次。

1）压力水箱应位于自动喷水灭火装置的中央或洒水受到保护的建筑物的无障碍室内，该室内应无可燃材料，并且结构部件必须符合规定的耐火性要求是的提供其他房间的防火措施。此外，压力水箱安装室应采取措施防止水箱冻结和机械损坏。有关特定要求，请参见《火灾自动喷水灭火系统设计规范》。

2）高位水箱（或水池）高位水箱是通过专用水管连接到自动喷水灭火系统的水

桶。先进水箱的测量高度必须满足自动喷水灭火系统的工作压力，并且可以确保始终提供自动喷水灭火系统所需的水量。

3）消防泵的供水应位于自动喷水灭火系统的中央或自动喷水灭火系统建筑物的房间内。消防泵的建筑结构，建筑和装饰材料必须符合《火灾自动喷水灭火系统设计规范》。

4）中间储罐（储罐）需要用于自动喷水灭火系统的中间储罐（通常用于高层区域的供水），该中间储罐可以是钢结构或钢筋混凝土结构，并且可以在空中或地下类型池有六个要求。

①水库的水量可满足自动喷水灭火系统所需的全部水量。

②如果将水库的水容量用作有限的水源，则应将其用于火灾隐患较低的建筑物中，池容量应至少为5m。严重火灾隐患在建筑物中，泳池容量超过70立方米。

③应保护池塘免受腐蚀和霜冻。

④池中的自动注水应通过两个或多个供水系统完成，而不是使用外部电源。在游泳池的供水管线中

应根据水流方向设置止回阀和污泥固液分离器，并在分离器之前和之后安装压力表以确认分离工作

⑤池塘应有易于阅读的水流指示，必要时应安装溢流管。

⑥游泳池必须配备清洁和排水管以清洁游泳池。

4. 自动喷水灭火系统的计算

具体内容参见《给排水设计规范》和《室内给水排水设计规范》。

（二）系统的施工安装

自动喷水灭火系统的配置和验收是使系统正常运行并在发生火灾时正确引发火灾的关键步骤。

1. 施工前准备

①施工队必须接受消防安装技术方面的培训，必须了解系统原理和应用，并熟悉设计图纸。

②施工设备应配备洒水喷头安装专用工具，管件，防抖支架，吊架等专用工具以及其他专用材料和设备。

③控制阀，自动喷水灭火装置，电磁阀，水流指示器，安全信号阀，压力开关，比例减压阀和自动自动喷水灭火系统的相关火灾报警系统产品必须符合国家，地方和地方政府及相关行业标准，通过测试后禁止不合格的产品。

④施工前，设计部门应当派出施工单位技术人员，并监督施工质量和系统设备的存放和检查。

2．材料和组件检查

（1）零件质量要求

系统中使用的管道，配件和各种支架的材料，规格，型号等必须符合设计图纸中指示的要求。

如果未列出，则应使用经制造商认证或相关部门认可的产品。系统管网用镀锌钢管，铜管和镀锌无缝钢管。管道表面应无裂纹，缩孔，夹渣，厚皮等缺陷。尺寸偏差必须满足当前的国家标准和国际要求。管道的螺纹密封表面是完整的，没有损坏和毛刺等缺陷，精度和表面粗糙度必须符合设计要求和制造标准。

非金属垫片必须质地光滑，不能老化或脱落，并且不能有诸如表面损伤和皱纹之类的缺陷。法兰密封面应平坦清洁，无毛刺和径向槽，凹形法兰应自然配合，且表面高度不得低于槽深。

（2）喷嘴检查标准

①对于新设计的项目，必须采用新的合格喷嘴，改造项目必须使用与原始系统喷嘴相同的型号和规格的喷嘴，如果喷嘴与原始型号和规格不同，则温度必须恒定。关闭模型。

②喷嘴的颜色代码应清晰，符合温度调节的颜色代码，不得在喷嘴本身上涂其他颜色的涂料。与颜色代码和温度不匹配的喷嘴应退回给制造商使用。

③工程中使用的各种型号和规格的喷嘴，在使用前应按照标准进行现场检查，严禁使用不合格的产品。

④所选喷嘴的类型和规格必须符合设计要求，通常应根据使用环境调整喷嘴温度。也就是说，封闭喷嘴的工作温度应比工作环境温度高约 30℃。

⑤应当填写喷嘴的品牌，型号，制造日期和徽标。喷嘴的外观无机械缺陷和机械损伤，螺纹密封件必须平整光滑，尺寸偏差必须符合行业标准。

⑥应测试密封喷嘴的水分分布性能，并应分别测试每个喷嘴的不同性能，以避免振动和腐蚀。

（3）阀门检查

严格检查自动喷水灭火系统中使用的闸阀，止回阀，电动蝶阀，警报控制阀，安全信号阀，比例减压阀，安全阀，排气阀和其他阀，并且测试组件没有损坏检查出厂证书，品牌，型号，规格，水流方向指示，铭牌和外观是否齐全或符合要求。

（4）安全信号阀检查

必须彻底理解并严格测试安全信号阀（AXDT1 × 10 系列）的特性，技术性能，应用，安装和操作。

（5）挠性橡胶接头的安装和使用

柔性橡胶接头是由氯丁橡胶或其他橡胶制成的硫化空心管状产品，可灵活地连接到承载固体，液体和气体介质的金属管。管道隔振和补偿管道配件。伸缩，错位，偏斜等功能使安装变得轻松灵活。

3．供水设施的安装

在安装之前，需要卸下水泵，水箱，游泳池，气动供水，水水泵结合器等。未安装的开口和开口必须暂时关闭，以防止异物或灰尘进入。应将其安装在环境温度高于5℃的地方，应将供水安装在检查和维护方便且不易损坏的地方，如果温度低于5℃，则应采取措施防止结冰。

4．系统组件的安装

系统组件包括管网、喷头、报警阀、水力警铃、水流指示器等构件，安装要求参照《火灾自动报警系统竣工验收规范》和《给排水设计规范》。

5．管网强度、严密性试验

系统安装完毕后，应按设计要求对管网进行强度、严密性试验，以验证其工程质量。试验方法有水压测试、气压测试和用水冲洗管道，且作水压气动冲洗。

6．系统调试

火灾自动喷水灭火系统调试是一件很严肃的工作，以保证系统随时处于良好的运行状态。系统调式必须严肃、认真，并按相关技术标准进行调试。调试内容应包括水源测试，稳压泵测试，消防泵性能测试，报警阀性能测试，排水测试，系统联动测试，消防功能模拟测试等。

（1）水原测试

水原测试必须满足以下要求：

①必须使用压力表和皮托管流量计测量并计算室外水源的压力和流量，并符合设计规范的要求。

②确保消防水池和消防泵的容积符合设计规范的要求，并有确保火力的技术措施。

③验证水水泵结合器的数量和供水能力是否满足系统灭火要求，并通过移动消防泵的水测试进行验证。

（2）消防泵性能测试

手动或自动启动消防泵。当达到设计的流量和压力时，压力表应保持稳定，操作过程中不应出现异常声音和振动，并且密封部件中不得泄漏。切换到备用电源后的1.5分钟内，消防泵应正常运行。

（3）稳定泵的性能测试

手动和自动启动压力稳定泵，在公共测试区域的末端，在打开燃烧测试水后5分钟内可以达到设计压力，压力表指针稳定。

（4）报警阀性能测试

1）湿警报阀打开系统水测试装置后，湿警报阀必须能够按时运行，并且在缓速器延迟5至90秒后，液压警报铃应能够准确地发出警报信号。并且水流指示器应该输出。警报器的电信号，压力继电器必须能够连接电路警报器并启动消防泵。

2）干式报警阀打开系统水质测试阀后，干式报警阀的启动时间，起点的气压以及水流入测试设备出口的时间必须符合设计要求。

3）如果干湿报警阀将充气报警阀和密封的洒水管网络的上腔中的气压降低到供水压力的1/8以下，则可以连续从防水阀和液压装置中排出水。警钟应发出。报警信号。

（5）排水测试

测试系统排水口时，请完全打开控制阀，完全打开主排水阀，并根据最大设计灭火系统进行排水测试，并保持直至系统压力稳定。如果从系统中排出的水可以在不被水损坏的情况下及时引入排水系统，则表明测试已经完成。

（6）系统链接测试

①使用烟雾探测器专用测试仪输入模拟烟雾信号，输出警报，在15秒内启动系统运行信号，准确，可靠地启动整个系统。

②应在用温度检测器专用测试仪输入模拟信号后的20秒内输出警报和系统运行信号，并准确，可靠地启动整个系统。测试完成后，填写系统链接记录表。

③以0.94至1.5L/s的流量排出洒水器或终端水测试装置中的水。水流量指示器，压力开关，液压警铃和消防泵需要及时运行并发出信号。

（7）灭火功能的仿真测试

当认为需要公安消防监督机构时，需要进行防火模拟测试。预热各个区域或房间，让一个或多个洒水器喷水，然后验证保护区域，喷水强度以及液压和电子警报器的连接是否符合设计和规格要求。

三、自动喷水灭火系统的验收与检测

自动喷水灭火系统安装完成后，需要测试供水源，管网，自动喷水灭火系统布局和系统功能，以确保构造和安装符合设计和相关规格的要求。批准必须由建设部门和当地公安消防监督机构组织，并从公安消防监督部门取得系统批准证书后，该系统才能正式使用。

（一）检测与验收内容

1. 水源

①水源包括消防水池、高位消防水箱、压力水罐和市政供水管网的水量和水压。

②消防泵以及补压泵的性能，包括启动、吸水、流量和流程。

③消防泵动力及备用动力。

2. 喷头

①喷头的温度、类型与间距。

②在腐蚀性场所安装喷头所采取的防腐措施。

③喷头下方是否存在阻挡喷水的障碍物，如隔板、管路及灯具等。

④备用喷头的数量。

3. 报警控制阀

①设置地点、阀室位置、环境及排水设施。

②各个阀门，包括水源闸阀、手动阀、放水阀、警铃阀等的正常位置，指示标记和相应的技术措施。

③报警阀各部件组成的合理性。

4. 管路

①管路的固定和吊架的位置。

②管路的布置。

③冲洗和检查口、末端试水装置和排水装置。

5. 其他技术要求

①自动喷水灭火系统与火灾自动探测报警装置的联动性能。

②自动充气装置和传动管路的位置。

③水雾系统中喷头与管路、电气设施的间距。

④喷雾喷头过滤装置的完好性。

完成以上检查后，应对系统进行试验，以检查系统中各部位的联动性能。可以使用最终测试设备对湿系统进行测试。在检查过程中，打开端部测试设备的排水阀，并通过喷嘴排放水，以模拟从喷嘴喷出的水。这时，应立即打开湿阀，液压警报铃响，压力开关和其他组件也应发出相应的信号。

对于干式系统和预作用系统，可以进行上述试验，检查由喷头开启至水喷出的时间，即系统管路充水时间。

对雨淋系统等开式系统的试验，则可通过雨淋阀中的手动阀来进行。

经过检查和试验后，对符合规范和技术要求的，经公安消防监督机构审核通过后，取得验收合格证即可投入正常的运行。

（二）检测与验收标准

具体组织实施参照《自动喷水灭火系统设计验收规范》的相关内容。

1．系统供水标准

如果选择城市供水管网作为系统供水水源，则必须有两条具有不同室外供水管网的供水管；如果室外供水管是分支的或只有一根供水管，则应安装一个消防水池。如果使用水池作为系统水源，则火池的容量应符合设计要求，如果使用自然水源作为系统水源，除数量和水质外，还必须满足设计要求，并且枯水期的最低水位会影响用水量。必须有一种避免跌倒的技术。行动：可以冻结的水源应采取不影响灭火的水措施。

2．系统流量和压力的批准标准

①对于普通的高压供水系统，请在系统最不利的位置通过末端水测试装置进行排水测试。流量和压力必须符合设计要求。

②启动临时高压供水系统消防泵，系统末端水质测试装置中测得的流量和压力必须符合设计要求。

③用上述方法测试低压供水系统后，流量和压力应符合设计要求。

3．消防泵房的批准标准

①消防泵房建筑物的耐火等级，安装位置和安全出口必须符合设计要求。

②排放管的工作泵，备用泵，泄压阀，安全信号阀（或闸阀）的规格，型号和数量必须符合设计要求，如果闸阀安装在排放管中，则应锁定。它通常处于打开位置。

③水泵必须自行注入。

④试验排水阀应安装在泵的排放管中。

⑤有备用电源和自动切换装置，测试后，主电源和备用电源正常切换。

⑥当气罐中的压力下降到设计的最小压力时，带气压供水的泵房可以通过压力开关信号启动消防泵。

4．水泵结合器的验收标准

必须对每个水泵结合器进行水泵测试，并且系统末端的出口压力和流量必须符合设计要求。

5．消防泵启动的验收标准

①分别打开系统两端的水质测试装置，确保流量指示器和压力开关等信号装置符合设计要求，并确保消防泵正常启动。

②打开泵排水管中的排水阀，并用主电源启动消防泵。

③关闭主电源时，主电源和备用电源将正常切换。

6．系统管道网络的批准标准

①用于管网的材料，管径，接头以及防腐和防冻措施必须符合设计规范。

②管网的排水坡度应符合设计要求，不能局部排空的部分应设置直径为25mm的二级排水管。

③在系统末端和每个区域的末端应配备水测试装置，在预操作和湿式自动喷水灭火系统的末端应设置排气阀。终端水质测试装置应包括压力表，闸阀，流量测试装置，水测试口和排水管，排水管的直径应大于25毫米。

④报警控制阀，闸阀，止回阀，电磁阀，安全信号阀，水流量指示器，减压孔，节流管，减压阀，压力开关，橡胶挠性接头，排气管，自动排气阀，末端卸压阀等。必须符合设计要求

⑤如果干式自动喷水灭火系统的容量超过1500L，则需要安装加速排气系统。

⑥自由自动喷水灭火系统的充电时间不应超过3分钟。

⑦请勿在供水管线中安装用于其他目的的支管或水龙头。

配水分配器，配水管，配水主管和供水燃气管中提供的支架，吊架和防抖支架必须符合设计要求。

7．喷嘴的检查和批准必须满足以下要求

①喷嘴的规格，型号，安装距离，喷嘴和天花板，障碍物，墙壁，横梁等必须符合设计规格。

②必须采取保护措施，防止安装在有腐蚀性气体的环境中和有结冰危险的地方的自动喷水灭火装置。

③安装在有碰撞危险的自动喷水灭火装置上，应配备防护罩。

④如果喷嘴朝下，并且需要双向短管，则应安装带有短管的专用喷嘴。

⑤是否在大空间，高天花板和其他特殊地方安装了特殊喷嘴?

⑥喷嘴的标称工作温度是否与最高环境温度匹配并符合规格。

8．系统报警阀检查标准

①系统报警阀的组件必须符合设计要求。

②排水测试阀的流量和压力必须符合设计要求。

③确保液压警铃的设置正确，距警钟3m处的警钟强度应为70dB或更高。

④打开手动溢流阀或电磁阀，并检查雨阀是否稳定。

⑤确保安全信号阀或闸阀安装在报警阀和控制阀的上方和下方，如果是，则将其锁定在常开位置。

⑥确认警报阀与空气压缩机或火灾警报系统之间的连接符合设计要求。

9. 系统灭火模拟功能试验应符合的规定

①警报阀将启动，并且警报铃会响起。

②水流指示器将被激活，消防员可以接收并显示该信号。

③激活压力开关，将压力罐装满水，启动空气压缩机或排气阀，它可以接收并显示来自消防室的信号。

④电磁阀打开，淋浴阀打开，并且消防局中有信号指示。

⑤消防泵启动，消防员可以接收并显示信号。

⑥加速排气系统。

⑦消防紧急广播已开始。

⑧另一个消防系统正在运行。

⑨区域警报和中央警报控制面板具有信号和显示。

TVTV 监视系统已激活。

10. 系统完成并获得批准后将发送的文件

①全面检查，批准公共安全消防部门，设计图样和设计变更通知书，申请批准已完成的图样。

②地下隐蔽工程的收货记录，临时收货记录和工程质量事故处理报告。

③记录系统压力测试和清洁。

④系统调试记录。

⑤系统连接测试记录。

⑥系统主要材料，设备和组件的适用性或检验报告（或提供的供应商合同审查信息）。

⑦建立的系统维护管理制度，包括：

a. 系统安全操作规程；

b. 系统操作程序（或系统操作标准作业流程图）；

c. 维护管理人员登记表及持有公安消防部门发给的系统维护上岗证、技术职称证及注册安全主任证书等 "

四、自动喷水灭火系统的使用与维护

喷水灭火系统应随时处于良好的行驶状态并处于正常的战斗准备状态，并在发生火灾时的应急处理中发挥重要作用。没有精心维护，灭火系统将无法发挥良好的作用。如果在使用系统后由于系统不符合要求而发生火灾或未进行例行维护和测试，则财产损失和生命损失严重，因为无法启动火灾。因此，为了确保系统始终处于良好的工作状态，对操作系统进行严格控制和正常维护是确保灭火的重要措施。中国国家标准《自动喷水灭火系统施工及验收规范》规定了自动喷水灭火系统的使用和维护，维护人员应熟悉自动喷水灭火系统的原理，性能和维护程序。

（一）系统的日常管理与维护保养

投入正常运行的自动喷水灭火系统，操作、使用、维护人员应坚持进行常规性的维护保养。

1. 日常检查

①必须熟悉系统原理，性能，操作和维护程序。

②为了确保压力计的指针所指示的压力对系统而言没有问题，必须检查其负责区域内的每个供水控制阀，警报控制阀和辅助部件。

③检查专用水箱，水箱和水箱中的水，并根据当地环境和气候条件及时更换，以防腐蚀。

2. 每月检查

①应每月检查消防员水箱，水和污水箱以及气压水箱，以检查气压水箱的水压和气压。

②消防车水泵应每月启动和启动一次，消防车驱动的消防泵应每周启动和启动一次。如果消防泵是自动控制的，则必须模拟自动控制参数以开始操作。

③每月检查一次密封圈和链条，如有损坏，应及时修理并更换控制阀，以免意外关闭控制阀，并且不会堵塞供水管路。

④每月检查一次室外水水泵结合器的连接器和支撑配件，以确保接口没有泄漏，没有泄漏并且盖子完好。

⑤每两个月对管道的水流指示器进行一次测试，并使用终端水测试装置排放水，并确保可以及时向警察报告。

⑥每个月都要目视检查一次喷嘴，如果喷嘴弯曲，松动或折断，应及时更换，并且如果泄漏，腐蚀，玻璃珠变色或玻璃球中的液体量减少，则应更换并除尘如果要清除灰尘并吹走。

3. 季节性检查

①在冬季，检查储水装置的各个部分，注意防冻并避免结冰。应每天检查装有储水设备的房间，房间温度应至少为5V。

②为了检查系统的供水能力，必须每季度使用报警控制阀旁的排水测试阀进行水流量测试。

③每季度检查一次进气管建筑物的室外阀警报和控制阀，以确保其完全打开。

4. 年度检查

①每年对供水源的供水能力进行一次测量，以确认可以满足设计要求。

②应每年检查蓄水装置的结构材料，以修复缺陷或重涂油漆。在未观察到的情况下，必须关闭钢罐中的玻璃水位计和角阀。

（二）应急处置

①确保系统的主控制阀完全打开。

②检查喷涂地板和位置。

③检查供水压力和水源，如有必要，立即启动消防泵供水，并通过水泵结合器为消防车准备加压供水。

④当确认已扑灭大火时，立即停止供水，以减少不必要的水损害。

⑤检查着火区域的喷嘴，更换活动的且明显损坏的喷嘴，并使系统恢复到正常的战斗准备状态。

（三）自动喷水灭火系统的维护制度

①严格的系统操作规则，请勿随意拆卸设备。

②未经公共消防部门批准不得关闭系统，如果停止维护，应报告设备负责人和公共消防部门批准。

③定期检查并找出缺陷并及时修复。

④提供24小时驾驶监控，请勿离开岗位，请勿离开岗位，并保持良好的系统运行，报警，故障，维护记录。

⑤工作中的驾驶员必须经过公安和消防部的专门培训，并且必须具有服务证书。

⑥建立和完善用于数据和档案管理系统的使用，检查，维护和操作的系统。

第四节　气体自动灭火系统

一、二氧化碳灭火系统

（一）二氧化碳的灭火作用及扑救范围

1. 消防效果

1）在冷却消化过程中，由于突然的压力下降而导致二氧化碳从储藏瓶中释放出来时，二氧化碳会迅速从液态变为气态，大约1千克液态二氧化碳会产生0.5种二氧化碳气体。当温度下降到低于 –56℃时，一些气态二氧化碳变成颗粒（固体）和干冰，由于吸热，干冰升华，这具有冷却燃烧材料的作用。

2）当二氧化碳从阻气瓶中释放出来时，它分布在燃烧材料周围，从而稀释了周围空气中的氧气含量。减少氧气含量会降低燃烧过程中的热量产生速率。当生热率降低到放热率以下时，燃烧停止，这是二氧化碳产生的窒息作用。

2. 战斗距离

①可以扑灭气体，液体或可溶性固体火（石蜡，沥青等）。

②硬表面起火和某些硬起火（棉，纸等）。

③电气火灾和煤气火（灭火时不能切断气体供应的火除外）。

④浸没式浸没槽，熔化槽，轧机，印刷机，纺织机械，发电机，浸没式变压器，液压设备，干燥设备，干洗设备，炊具炉，涂装生产线，电老化室，水泥生产煤矿粉仓，火灾发生在电子计算机室，数据存储室，纸质仓库，棉花仓库，纺织品仓库，烟草仓库，食品仓库，草药仓库，毛皮仓库，轮船机房和货运室等设备和场所。

3. 应用限制

不宜扑救含氧化剂的化学物品（如火药、过氧化氢等）、活泼金属（如K、Na、Mg等）以及金属氰化物（如筒化钾、氰化钠等）的火灾。

（二）系统的组成与分类

1. 系统分类

二氧化碳灭火系统可根据灭火方法，系统结构特征，储存压力水平和管网布置形式进行分类。

（1）根据保护区的特征和防火方法进行分类

根据保护区的性质和灭火方法，可将其分为完全锁定的灭火系统和本地应用系统。

完全浸没式灭火系统是一种气体灭火系统，将一定浓度的灭火剂喷洒到保护区域中，并在指定时间内均匀填充整个保护区域。在一个封闭的空间中，灭火剂的浓度可以有效地着火，并且灭火剂的浓度可以保持一定的时间。本地应用系统，主要用于工厂建筑物，计算机房和地下室，是指用于在灭火过程中可以关闭或不能关闭但不满足完全锁定的灭火系统要求的地面火的灭火系统。轧机，淬火槽等

（2）按系统结构特征分类

根据系统架构特征，可以分为管网系统和非管网系统。管网系统可以分为集成分配系统和单元独立系统。组合分配系统由一套灭火剂储存装置保护多个防护区。组合分配系统总的灭火剂储存量只考虑按照需要灭火剂最多的一个防护区配置。如组合分配系统保护的某个防护区需要灭火，则通过选择阀等系统组件的控制，将灭火剂定向释放到被保护区。

单元独立系统是用一套灭火剂储存装置保护一个防护区的灭火系统。

（3）按储压等级分类

按二氧化碳灭火剂在储存容器中的压力分类，可分为高压系统和低压系统。高

压系统的储存压力为5.17mPa，低压系统的储存压力为2.07mPa。

（4）按管网布置形式分类

二氧化碳灭火系统按管网布置形式可分为均衡系统管网和非均衡系统管网。

2. 系统的主要组件及构成

二氧化碳灭火系统一般为管网灭火系统。管网灭火系统由储存容器和容器阀、连接水软袋和止回阀、集流管、输送灭火剂的管道及管道附件、喷嘴、泄压装置、应急操作机构，储存启动气源的小钢瓶和电磁瓶头阀、气源管路、固定支架（如组合分配系统还应有选择阀）及探测器、报警控制器等组成。

（三）系统工作原理及特点

①所需的灭火剂浓度较高，喷雾时间较长，因此用二氧化碳代替空气要花费一些时间。

②喷洒气体后，应注意保持较长的浸入时间。

③保护区的空间应为封闭空间，注气后应自动关闭防火门窗，风道防火阀等开口。额外的二氧化碳量。

（四）系统的操作与控制

1. 如何启动系统

气体灭火系统通常具有三种操作模式：自动启动，手动启动和机械紧急启动。

1）当自动启动系统收到火灾探测器警报信号时，它立即释放灭火剂并关闭联锁装置。

2）手动启动消防员，接收自动火警信号，然后在确认后激活手动按钮并通过火控面板操作联锁和灭火剂。

3）机械紧急启动如果自动或手动操作失败，请使用紧急机械启动机制手动关闭联锁和灭火操作模式。

不同类型的系统应具有不同的启动方法。燃气管网灭火系统应具有三种启动方式：自动，手动和机械紧急运行，并且直接安装在保护区内的预制灭火装置应具有自动和手动控制的启动方式。自动控制启动模式。

2. 操作和控制方法要求

①如果将气体灭火系统设置为自动启动，则应在收到每个独立的火警信号后启动。安装在该系统保护区内的火灾探测器应配备两种不同类型，或同一类型的火灾探测器分为两组。一旦启动了灭火系统，就有可能启动灭火剂，以防止由于误报或探测器故障而意外释放灭火剂。

②机械式紧急操作装置应位于钢瓶室内或易于操作的保护区域外，并能在一处完成灭火剂的所有动作。

③气体灭火系统的操作和控制应包括应与灭火装置连接的设备，例如，打开保护区，通风机和灭火阀，以确保灭火成功。

3. 操作和控制的电源要求

为了使系统能够在发生火灾时启动紧急药物释放，第一必须确保其操作和控制能力。目前，大多数压缩气体都用作工作动力，而与灭火剂或气体或用于加压的特殊起始压缩气体无关，必须确保操作和控制系统的电源必须具有备用电源。符合系统运行和控制要求。

（五）系统施工与验收

1. 施工准备

（1）技术信息

第一，需要具有设计和施工图，设计说明，系统手册和主要组件。内容应全面，准确，并应由当地公安消防监督部门进行审查。它主要包括基本设计参数，系统设计准则，所选设备的材料以及主要部件的放置和固定方法。

（2）设备材料认证证书

选定的材料和设备的检验，在施工前的检验包括由国家质量监督检验测试中心出具的用于系统主要部件的工厂证书和检验报告，例如容器阀，选择阀和阀驱动器；管道和管道附件的工厂检查报告和合格证明。

（3）施工基本要求

①防火区的保护区和储罐的设置条件应与设计相一致，包括位置，尺寸，保护区的打开条件，围护构件的耐火性，门窗的安装，储藏室的大小和位置。地面承载能力等

②系统组成和主要材料齐全，其类型，规格和型号必须符合设计要求。系统所需的内置孔必须符合设计要求。

（4）系统组件外观质量检查

在配置系统之前，有必要对系统组件进行目视检查，例如灭火容器，容器阀，选择阀，止回阀，喷嘴和阀驱动器，并满足以下要求：

①系统组件没有碰撞变形和其他机械损坏。

②未保护的表面保护涂层未损坏。

③模块的所有裸露接口均配有防护罩和盖板，且密封良好，不会损坏接口螺纹和法兰密封面。

④铭牌清晰，内容符合现行的消防技术规范。

⑤保护相同保护区域的灭火剂储存容器的规格相同，并且高度差不超过10mm。

（5）熄灭媒体存储容器

主要检查容器中灭火介质的数量和压力。所需费用不得少于设计费用，且不得超过设计费用的 1.5%。

（6）系统组件的水压测试和气密性测试。

在配置系统之前，必须逐个执行阀驱动单元的选择阀，液体止回阀，高压水软袋和气体止回阀的液压和气密性测试，并符合中国公安消防行业标准和《工业管道工程施工及验收规范》。要求。

（7）阀门驱动器检查

在配置系统之前，必须检查气门传动装置并满足以下要求：

①电磁驱动单元的电源必须符合系统设计要求。检查何时打开电磁铁芯。行程必须满足系统启动要求，自由移动并平稳移动。

②气动存储容器中的气体不得低于设计压力，且不得超过设计压力的 5%。

2．系统接管验收

系统安装完毕后，建设单位应按合同工程设计、设备制造和施工单位根据工程验收标准对系统进行验收。合格后方可投入使用。

（1）二氧化碳储气瓶组站（室）的验收标准

①站（室）要有足够高度的照明装置。

②储气罐组应安装在专用站（房间）内，并尽可能靠近保护区，且不受火焰威胁。

③车站（房间）应与其他房间隔开 3 小时以上的耐火等级的墙壁和 2 小时以上的耐火等级的地板。房间应以安全门离开。

④工作站（房间）的设备不应受到撞击，机械损坏和化学腐蚀的影响。

⑤工作站（房间）的温度必须保持在 0 至 45T 之间。使用加热设备时，起动瓶和储气瓶必须与热源保持一定距离。

⑥站（室）中储气罐组和辅助设备的布置应便于操作，检查，维护和补充。

⑦储气罐组应根据设计要求安装牢固。

车站入口（房间）应该有清晰的标志，并且没有无关人员进入。

⑨起动瓶应安装并固定在气瓶站（房间）附近或附近的安全地方。

（2）二氧化碳灭火设备的批准标准。

①设备各部分的规格和数量必须符合设计要求并与设备清单相符。

②设备的外部没有损坏，腐蚀或机械损坏。

③瓶头阀，电磁阀，选择阀，火灾探测器，检测控制器，储气瓶，起动瓶等，必须经过质量认证。

④每个气瓶的灭火剂填充量和总量以及起始瓶的驱动气体压力（或二氧化碳填

充量）与设计要求一致。

⑤必须对每个储气罐和起动瓶进行静水压力测试并使其有效。

⑥保护区有足够的人行道，出口，照明设备和疏散标志。

⑦保护区必须配备警报装置，并且保护区和入口处必须有警告标志，以说明危险情况和注意事项。

⑧火灾探测器和喷嘴的安装位置必须符合设计和安装图纸的要求。

⑨管道，换向阀，控制和操作设备等的安装位置必须符合设计和安装图纸的要求。

⑩必须牢固地固定储气瓶，起动瓶，管道等。

⑪从瓶头阀到喷嘴的所有管道均不应堵塞，接头的接头中不得有空气泄漏。如有必要，可以进行通风测试。

⑫关闭灭火系统的排放，并对火灾探测器，检查控制器，电磁阀等进行性能检查。检验结果必须符合设计要求。

⑬如有必要，应进行二氧化碳喷雾测试。通常，释放设计中使用的总气体的 10%用于确定灭火剂的释放时间，分布和停留时间。

气体灭火系统在施工期间必须具有施工记录，灭火管道测试记录和隐蔽的工程中间批准记录，同时要执行公共安全技术规范和国家标准《工业管道工程施工验收规范》和《气体灭火系统竣工验收规范》。

（六）系统检测与维护保养

1. 系统检测

（1）对系统及联动设备测试

对气体灭火系统调试先要进行操作试验，因此，系统检测应在有关的火灾自动报警系统和与系统联动的设备检测调试完成后才能进行。系统测试必须满足以下条件:

①完整的技术数据和调试所需的其他数据，包括施工准备阶段的所有数据。

②调试人员是专业工程师。他们具有防火方面的理论知识和实践经验，并且熟悉系统和主要组件的结构，性能和使用，以避免在检查过程中发生事故。

③在测试系统之前，应检查系统组件和安装质量，为了确保组件连接的准确性和可靠性，必须及时发现存在的问题。

④应采取安全措施，以确保操作人员在测试过程中的安全并避免意外注入灭火剂。

⑤检测完毕后应提交检测报告。

（2）系统检测内容

①试验内容包括每个保护区的防腐剂储存容器的模拟喷射试验和开关操作

试验。

②模拟喷射试验的条件应满足以下要求：二氧化碳灭火系统的模拟喷射试验应使用二氧化碳灭火剂进行，但用于试验的储存容器实际上应为保护区使用的储存容器总数的 10%。不应小于此值，而是从自动控制开始。

③气体灭火系统的模拟射流试验结果必须符合以下标准：

a. 可以从保护区的每个喷嘴将测试气体喷入需要测试的保护区。

b. 控制阀运行正常。

c. 声光警报正常工作。

d. 储藏室中的设备以及相应保护区域内的灭火供应管道没有明显的晃动和机械损坏。

④在气体灭火系统用灭火剂储存容器的转换操作试验中，根据模拟射流试验的要求准备 N2 或二氧化碳储存容器，并进行手动转换操作试验。检验结果应与两者切换相同。

2．系统维护与保养

（1）二氧化碳灭火系统常规故障及排除方法。

故障类型可能原因排除方法：

1．保护区着火而无报警信号

①电源未插或有关线端子松脱；②指示灯和报警器失效；③火灾探测器表面有积尘或赃物；④火灾探测器失灵；⑤检测控制器控制开关和隔离开关未调定到接通位置（即正常工作位置）或检测控制器损坏；⑥火灾探测器安装位置不正确；⑦火灾探测器与控制器之间接线松脱①插好电源或固定好接线端子；②更换指示灯和报警器；③擦拭火灾探测器表面；④修理或更换探测器；⑤按使用说明书调定开关到接通位置或修理检测控制器；⑥检查保护对象是否在火灾探测器的保护范围内；⑦检修电气线路。

2．保护区着火只有报警而无自动灭火

①检测控制器控制开关和隔关开关，两者之一或同时处于断开位置；②检测控制器与电磁阀接线端子松脱；③电磁阀活动铁芯锈蚀或卡阻；④活动铁芯端部橡胶垫松脱或橡胶硬度过低；⑤电磁阀线圈短路，吸力不够；⑥电磁阀上压力表指针在“0”位，而启动瓶储气量符合要求；⑦电磁阀上压力表指针在位或指示压力过低；⑧启动瓶无气；⑨先导阀、气动阀上阀体活塞形密封圈变形、损伤或活塞与上阀体内腔锈蚀、卡阻、配合过松；⑩先导阀、气动阀活塞杆变形或与之配合的型密封圈失效；⑪选择阀打不开①应调定控制开关和隔关开关，使其处于接通及工作位置；②固定好接线端子；③检修或更换电磁阀；④更换电磁阀线圈；⑤更换活动铁芯或电磁阀；

⑥调节电磁阀与先导阀配合的顶杆长度，使压力表显示压力；⑦检查启动瓶是否泄漏，压力表是否失灵，检修或更换压力表、启动瓶；⑧更换起动瓶或修复后重灌驱动气体；⑨更换型密封圈，清洗上阀体活塞与上阀体配合并加润滑油，使其配合松紧适当；⑩更换活塞杆或“0”型密封圈；⑪检查或更换选择阀。

3．报警器误报

①火灾探测器的灵敏度过高；②火灾探测器长期未做检查，可能变形损坏；③保护区内出现人为偶然误报因素（如阳光直接照射光敏管，在装有烟雾探测器的保护区内吸烟等）①检查或更换探测器；②更换火灾探测器；③排除人为或偶然误报因素。

4．手动操作启动瓶的手轮开启机构无灭火剂释放

①手动操作机构锈蚀、卡阻；②活塞与上阀体内腔锈蚀、卡阻；③活塞杆变形；④启动瓶无气或压力不够①检修手动操作机构；②检修后加润滑油；③更换活塞杆；④查明原因后重灌驱动气体更换启动瓶。

5．手动操作灭火按钮无灭火剂释放

①电源未插，连接导线端子松脱；②电磁阀活塞失灵；③起动瓶无气或压力不够；④先导阀、气动阀上阀体活塞形密封圈变形、损伤或活塞与上阀体内腔锈蚀、卡阻、配合过松；⑤先导阀、气动阀活塞杆变形或与之配合的密封圈失效；⑥选择阀打不开①插上电源或固定好接线端子；②见故障4中③④；③重灌驱动气体，更换起动瓶；④更换型密封圈，清洗上阀体活塞与上阀体配合而加润滑油，使其配合松紧适当；⑤更换活塞杆或“0”型密封圈；应检查或更换选择阀。

6．灭火剂释放强度不够

①部分储气瓶储气量不够或瓶空；②部分储气瓶未打开；③储气瓶内虹吸管脱落、变形或过短；④部分管道或喷嘴堵塞；⑤管道系统个别单向阀装反；⑥管道太长、转弯多、储气瓶组在建筑底层管道向上伸出太高或管径太细；⑦选择阀流量太小；⑧选择阀未完全打开或不止一个未同时打开①查明原因后重新灌装灭火剂；②检查气动阀上阀体活塞、活塞杆部分有否故障并排除；③检修或更换虹吸管；④卸下喷嘴，用压缩空气或对管道分段喷扫、清除杂物；⑤查明后重新安装；⑥设计不合理，应修改设计，论证后施工；⑦更换选择阀；⑧检修或更换选择阀。

7．灭火剂释放出来，但火灾未扑灭或灭火后复燃

①灭火剂释放强度不够；②全淹没系统关闭机构未起封闭作用；③局部应用系统喷嘴分布不合理；④灭火剂用量不够；②检修关闭系统；③按设计要求合理安装喷嘴位置；④按标准核算灭火剂用量。

（2）维护管理

第一，每周检查一次。

①确保储罐站（房间）清洁，卫生并且没有潮湿或阳光直射。在冬季和夏季，请确保站（房间）中的温度符合规格。

②检查起动瓶上的压力表指针是否在正常位置。如果发生异常情况，则应检查以下方法：如果氮气存储在起动瓶中，内部减压值应不超过20℃时额定填充压力的10%。如果瓶中开始有二氧化碳，则年度泄漏量不应大于额定值。5%填充量：

③检查管道系统是否松动，损坏和严重腐蚀。

④确保阀门和传感控制器等零件没有损坏，并且所有旋钮和开关都设置在其正常位置。

⑤确保电源指示灯一直亮并且备用电源稳定。

⑥检查保护器，火灾探测器和喷嘴的卫生状况，并确保喷嘴未被堵塞。如果安装了保护膜，保护膜是否损坏？

第二，每月检查。

气体灭火系统应每月检查一次，其检查和要求如下：

目视检查所有系统组件，例如灭火容器，选择阀，液体止回阀，高压水软袋，集管，阀驱动器，管网和喷嘴。系统组件不应具有碰撞变体和其他机器。不得有性伤害，表面无腐蚀，保护层不应受损，铭牌应清洁，手动操作装置的保护盖，铅封和安全标志应完整。

第三次年度检查。

气体灭火系统应每年进行两次全面检查，除完成每月检查规定外，检查内容和要求还必须满足以下要求：

①保护区的开放，保护区的用途，可燃材料的类型，数量和分布均应满足《设计法》的要求。

②灭火剂储存瓶，灭火剂传输管，支架和吊架的设备应松动固定。

③高压水软袋应无变形，破裂和老化，如有必要，应根据建筑物准备部分的要求对每根高压水软袋进行水力强度试验和气密性试验。应该更换。

④逐一检查储存重量，灭火剂的净重应大于设计量的95%。

⑤不应堵塞或损坏灭火剂输送管和喷嘴孔。损坏的零件必须维修，密封并密封。

⑥对每个保护区域执行模拟自动启动测试。测试方法和要求应按照有关系统调试的相关规定进行。当模拟自动开始时，如果有不合格的项目，则必须依次模拟相关的保护区。喷射测试。

第五节　消防给排水系统

一、室外消防给水

室外消防可以通过两种方式给水，一是利用消防车加水；二是直接从消防栓接上水带、水枪来实现灭火。室外消防供水工程满足灭火用水要求，是保证成功扑救火灾的重要设施，是整个消防工程的重要组成部分。

（一）室外消防给水的类型及组成

1. 类型

按其用途、水压要求、管网形式等可分为以下 8 种类型。

1）生产、生活、消防合用给水系统该系统的设置可节省投资，且系统利用率高。因此物业开发商在进行房屋设计和小区整体规划时应第一考虑此系统，它经济实惠且便宜。

2）生产、消防合用给水系统该系统主要适用于工业物业小区。设置的目的在于保证生产用水达到最大时，仍能保证消防用水量，以确保消防用水时不会导致生产事故。在进行设备检修时不会引起消防用水中断，以保证灭火用水。

3）生活、消防合用给水系统该系统主要适用于居住及商业物业小区。在确保小区业主的生活用水量达到最大时，仍能保证全部消防用水量，并且保持管网内的水经常处于流动状态，水质好且便于检查保养。

4）独立消防给水系统该系统主要是用在常生产易燃、可燃液体污染性的工厂或可燃气储罐区的工业区，提供独立给水，只在灭火时使用。一般都建成临时高压给水系统，投资较大。

5）高压消防给水系统该系统以维持足够大的压力（不需加压），直接从消防栓接上水带、水枪实施灭火。

6）低压消防给水系统该系统管网压力较低（通过消防车或其他移动式加压设备加压），只负责消防给水，以满足灭火时水枪产生充实水柱的要求来达到灭火。

7）临时高压消防给水系统该系统管网内平时压力较低或无压，在发生火灾时能通过开启消防水泵，使系统成为临时高压消防给水系统。主要用在工业物业小区内。

8）环状管网消防给水系统因管网布置成首尾相连的若干闭合环给水系统，保证在管网上的任一点的消防用水都能从每侧给水，确保系统供水安全、可靠。

2. 组成

因室外供水系统的类型较多，而系统的组成也不尽相同。一般由以下设施构成。

（1）消防水源

消防水源是指储存有消防用水的供水设施。在发生火灾时，要求能提供足够的灭火和冷却用水，并有可靠的保证措施。

消防水源可分三类：第一类是市政供水，是主要灭火扑救用水；第二类是天然水源；第三类是消防水池。其中系统采用天然水源应符合下列要求。

1）水量确保枯水时期最低水位的消防用水量，也就是说，必须保证常年有足够的水量。

2）水质灭火水的水质没有特殊要求，但必须无腐蚀，无污染和悬浮固体，以确保设备和管道的畅通，并避免腐蚀和污染。

3）取水口应使消防车易于接近水源，并且如有必要，可以建造安全设施，例如水站或车场。同时，取水时，消防车的吸水高度不应超过 6mc。

4）防冻保护在北方和寒冷地区，必须采取明确的防冻措施，以确保在冻结期间的水仍能保证防火水。

（2）消防水泵

大多数消防水源的消防给水，需通过消防水泵加压来满足灭火时对水压和水量的要求。设置固定消防水泵（或消防泵浦车）来满足灭火时的给水加压。

（3）消防管网

消防管网是输送消防用水的供水设施。如市政供水管网，将水厂里的水送到各个消防栓等消防用水设备。

（4）消防栓

消防栓是供灭火设备从消防管网取水的基本保证设施，又叫消防水℃（含室内和室外两种）。

（二）室外消防用水量

消防用水量是能保证灭火所需的最小供水强度。消防用水量的大小跟形成的火灾规模有关。火场面积大、火势猛烈、燃烧时间长的火灾，就需要较大的供水强度。从火灾统计数字分析，供水不足是造成扑救火灾失利的主要原因。为此，物业消防供水应满足下列消防用水量标准。

1. 居住物业小区室外消防用水量

随着城乡一体化的快速发展，居住社区室外消防用水的消耗应由火灾次数和一次火灾消耗的水量来确定。

（三）消防水池

消防池是指用于人工消防存储的人工结构，是对诸如天然水和城市网络等消防水源的重要补充。消防水池的设置，要求储水量应连同物业开发小区规划同时设置，既作为居住小区的人工湖，居民可以在此游泳，也可作为消防用水池（在紧急时取水扑救责任区火灾）。

（四）室外消防栓

室外消防栓一般设置在建筑物的外边，其作用是供消防车取水。而高压管网上的室外消防栓可直接连接消防水带、水枪灭火。

1. 外消防栓的类型

（1）地上式消防栓

1）结构地上式消防栓由本体、进水弯管、闭塞、出水口和排水口组成。地上式消防栓有直径 100mm 和直径 150mm 两种型号。

2）特点露在外面，标识明显，出水操作方便，适用于南方物业。

（2）地下式消防栓

1）结构主要由弯头、排水口、阀塞、丝杆螺母、出水口等组成。型号有直径 65mm，直径 100mm 两种。

2）特点设置在消防栓井内，不易冻结和损坏；但操作不方便，标识不明显，适用于北方物业。

2. 室外消防栓的流量

室外消防栓的流量根据火场供水的要求来确定。

对低压给水系统，一个消防栓通常只供一辆消防车、两支水枪用水。火场要求充实水柱长度为 10 ~ 15m。每支水枪喷嘴口径按 19mm 计，则流量为 5 ~ 6.5L/s，两支水枪流量为 10 ~ 13L/s，加上接口、水带的漏损，每个消防栓的流量按 10 ~ 15L/s 计算。

3. 室外消防栓的操作及维护

（1）操作

地上消防栓在使用时，用消防扳手沿顺时针方向打开出口闷盖，接上水带或吸水管，再用消防扳手打开阀塞，即可供水。使用后，应关闭阀塞，并关闭出口盖。使用地下消火栓时，请先打开人孔盖，拆下填料盖，然后将消火栓的接头与吸水管连接（吸水管可连接至出水口），或连接水管并用消防扳手将其打开。使用后重设。

（2）维护

①清除阀芯开关杆末端的异物，将杆扳手放在杆头上，检查是否合适，转动开关杆并注油。

②用油纱头擦拭喷嘴螺纹上的锈斑，并检查盖内的橡胶垫圈是否损坏。

③一步一步打开消防栓，测试水的性能，检查供水，排水和关闭绿水，并观察漏水情况。

④红色油漆脱落，应及时修复。

⑤不得圈埋、圈占消防栓。发现附近有障碍物、绿化等应及时清除C井内积聚的垃圾、砂土等杂物亦应及时清除。

⑥物业小区的消防栓不能用于清洗街道，应保证消防给水充足。

⑦物业小区内设置的室外消防栓应每季度抽检10%（出水性能试验），每半年抽检20%，每年抽检50%。

⑧凡发现冒水、滴漏、锈死和开启不灵时，应立即维修，并涂以润滑油保养。

二、室内消防给水

室内消火栓供应系统由室内供水管线和室内消火栓组成，这是财产消防设计中最常用和最基本的消防设施。除非燃烧设备地板外，所有带有室内消火栓的建筑物默认情况下在每个楼层上都配备有室内消火栓。在同一座建筑物中必须使用统一的消防栓。这种建筑物内设置的可直接接上水枪灭火的一系列消防设施，称为室内消防栓给水系统。是建筑物内采用最广泛的一种灭火系统。

（一）系统设置原则及基本组成

1．系统设置原则

（1）需要安装室内消火栓供水系统的建筑物

①高层工业建筑和高层民用建筑。

②满足以下条件的超高层建筑：

a 高度不超过24m的车间，仓库，科研建筑（与水接触的建筑可能引起燃烧和爆炸）；

b 超过80。拥有1200多个座位的剧院，电影院，俱乐部，礼堂和体育场

c 超过5000立方米的车站，码头，机构建筑物，展览馆，大型购物中心，文化娱乐中心等

d 底楼有7层或以上的单位，塔楼房屋，6处或以上的画廊房屋和商业商店

e 五层以上或容积超过1，000立方米的其他私人建筑物

③满足以下条件的民防工程：

a. 使用面积超过$300m^2$的商场、医院、旅馆、展览厅、旱冰场，体育场（馆）、舞厅、电子游艺场等；

b. 使用面积超过$450m^2$的餐厅、丙类和丁类生产车间、丙类和丁类物品库房；

c. 电影院、礼堂、消防电梯前室；

d. 物业小区的大型会所、员工康乐文化中心。

④停车场，停车场，停车场。

（2）可能没有建筑物的室内消火栓系统

①具有低阻燃性 I 或 II 和易燃性的 D 和 E 级车间和仓库（不包括高层工业建筑）。

②耐火等级为 3 或 4 级的 D 级车间和 E 级车间，其建筑规模不超过 3,000m^3，建筑规模不超过 5,000m^3。

③室内没有生产和生活用水管道，在建筑面积小于 1,000m^3 的建筑物中采用室外防火水。

④耐火等级为一类或二类停车场。

（3）消防水带需要添加更多建筑物

①设有空调系统的低层建筑物，酒店，办公楼，座位数超过 1,500 的剧院和礼堂的盲孔内有通道。

②高层建筑，重要办公楼，一流商业建筑，展览建筑，综合建筑和高度超过 100m 的高层建筑中的豪华酒店。

③具有室内消防系统的建筑物可能要遵守特定条件。

如果在具有 1 级或 2 级耐火等级的工厂建筑物中具有不同生产特性的部件，则可以根据每个部件的特性来决定是否设置室内消防供水系统。

2. 系统的基本组成

（1）消防给水设备

消防给水设备主要包括消防水箱，消防水泵，气动给水设备和水水泵结合器。

（2）室内消防水网络

室内消防供水链包括水管，卧式干管和消防员。

（3）室内消火栓

室内消火栓设备包括水枪，水软袋，消火栓（箱），消防水带等。

（二）系统的类型

根据建筑物的高度，室内消火栓系统分为两种类型：低层室内消火栓供水系统和高层室内消火栓供水系统。

1. 低层建筑的室内消火栓供水系统

（1）定义

称为消防栓供水系统，是指安装在 9 层或以下的房屋（包括一楼有商业网点的房屋）和其他高度超过 24m 的私人和公共建筑物中的低层室内消防栓水系统。它的特点是低消防用水量和低水压，通常与家庭或生产供水系统结合以形成管网系统。

（2）类型

根据室外水管网提供的水压和水量以及对防止室内火灾的水压和水量的要求，系统共有三种类型。

1）不带加压消防泵和水箱的室内消火栓

管网系统建筑物高度不高，室外水管网不大，室外水管网的压力和流量完全满足设计用水压力和数量要求。该系统主要是合适的供水系统。

2）带水箱的室内消火栓

该系统主要适用于人口稠密的居民区，并且室外供水网络中的水压间歇地满足昼夜室内防火，生产和生活用水的要求。调整生活和生产用水量。

3）带消防泵和水箱的室内消火栓供水系统

如果室外水管网中的水压经常无法满足室内消火栓供水系统最不利点的数量和水压，则应采用此系统。将消防水与其他水混合使用时，室内消火栓的设计必须满足以下要求：

①灭火器的升程必须在房间内最不利的地方达到灭火器的水压，同时，在发生火灾警报后 5 毫米内打开供水，以防止灭火现场的水被阻塞。

②消防水箱（包括局部供水系统的气动水箱，水塔和土水箱）应储存消化水 10 分钟。

③消火栓箱的高度应设置为将消火栓的水压保持在室内最不利的位置，在困难的情况下，可设置一个按钮以从远处直接启动泵。

2. 高层建筑物的室内消火栓供水系统

（1）定义

是指安装高度为 10 层或以上的建筑物以及其他高度超过 24 米的高层建筑物，并且消防车的供水无法到达高层建筑物，因此通过室内消火栓系统的供水是基于其自身的结构。用于扑灭高层建筑火灾的主要灭火设备被称为高层室内消防栓系统。其特点是消防用水量大，水压高。它通常与其他灭火系统分开安装。

（2）类型

（1）消防系统的服务分类

一个独立的室内高压（或临时高压）消防栓供水系统是在每座超高层建筑中安装专用的消防水池，水泵和水箱。网络中的水压达到防火所需的高压。该系统用于地震区域或建筑物更为重要的地方。

局部聚焦的室内高压（或临时高压）消火栓供水系统是一种消火栓供水系统，通常在共享消防泵房的多个建筑物和管网中维持高压或临时高压。它具有投资少，易于集中管理的特点。适用于高层房地产开发和住宅房地产集中的住宅区。

2）按建筑物高度划分

高度小于50m的高层建筑主供水室的消防栓供水系统没有垂直划分为几个区域，并且每个楼层都集成到同一水箱，同一消防泵和同一泵中。紧急消防给水系统称为主要消火栓给水系统。在高度为24至50m的高层建筑中，发生火灾时，可以通过水水泵结合器向室内管网供水，水适配器可以支撑通常用于供水的室内消火栓供水系统。

高度为50m或更高的高层建筑物的高层建筑物隔墙供水室内消火栓供水系统室内供水管网垂直划分为几个部分。在当地的供水室内被称为消防栓供水系统。它主要适用于建筑物高度超过50m或消火栓空间中的静水压力超过800 kPa的室内消火栓供水系统。建议使用本地供水系统以增强消防和水的安全性。

（三）室内消防栓

1. 组成

室内消防栓设置在消防栓箱内，包括水枪、水带和消防栓三部分。装备齐全的消防栓除配备以上三种器材外，还装有消防卷盘、报警按钮、紧急启动按钮、报警电话、指示灯等组合式室内消防栓箱。应该保证消防栓和门能随时打开。可采用易敲碎的玻璃门。

（1）水枪、水带和消防栓

室内消防栓一般配置直流式水枪。低层建筑室内消防栓设备应由消防流量和充实水柱长度决定水枪的规格。

每个消防栓应配备一条水带，水带长度可分为15、20、25、30m4种。高层建筑室内消防栓设备，应配备喷嘴口径不小于19mm的水枪。设置室内双出口消防栓时，其直径不应小于65mm。高层建筑室内消防栓，配备的水带长度不应超过25m。

（2）设置及计算

除高度小于24m且体积小于5，000m3的仓库外，室内消火栓设置中可以装满水柱以填充房间的任何部分。高层建筑需要有用两把水枪注满水的圆柱，以同时到达房间的任何部分。

安装位置应易于接近，地面上的消防栓入口高度可以为1至1.2m，排水管的方向应与消防栓壁保持向下或90° 角，以减少局部压力损失。为了满足灭火需求，有必要在建筑物的所有楼层上使用消火栓（含有易燃物质的设备地板）提供消火栓。

2. 消防紧急按钮

为了便于在发生火灾时能迅速启动消防泵进行灭火，以减少损失，高层建筑、大 / 中型体育馆、影剧院、礼堂、大型会所以及其他人员密集的公共建筑，其室内消防栓设有直接启动消防泵的按钮或通知消防控制室远距离启动消防泵，以便及时进行灭火。

3．消防水喉

消防水喉是指直径为25mm的小口径自救式消防栓设备。一般附设在室内消防栓箱内，可供商场、宾馆、仓库以及高、低层公共建筑物的员工和旅客扑救室内初期火灾使用。

4．水泵接合器

水水泵结合器的功能是使消防车通过与建筑物消防水供应接口的水加压。耦合器将消防水补充到室内消防水网络中。

消防水泵结合器必须连接到环形管网。使用本地自来水厂时，每个地区都根据指定数量配备了消防泵接头。消防水泵接合器有以下三种形式。

1）地上式这种消防水泵接合器适用于南方，形状与室外地上消防栓相似，目标明显，使用方便。

2）地下式这种消防水泵接合器适用于寒冷地区，形状与地下式消防栓相似，安装在专用井内,不占地面,不易遭到损坏,但接口必须有明显标识,以免误认影响灭火。

3）墙壁安装在建筑物墙壁的地板上，墙壁上仅露出两个接口和装饰标牌，类似于消防栓的形状，标牌干净，美观且不占用地面。

为方便灭火，应在消防泵结合器15–40米之内提供室外消火栓和水池。配备有室内消防栓供水系统和自动喷水灭火系统的高层工业建筑，高层民用建筑，低层工业和土木建筑应配备泵结合器，应根据室内消防用水量计算和确定安装数量。每个水泵结合器的流量应计算为10–15 I7。如果使用垂直供水，则必须在消防车的供水压力范围内，将供油泵联结器的数量设置在所需区域数内。

三、消防水泵房

消防水泵房可以说是整个室内给水、室外供水以及消防给水管网和消防泵压设备集中的部位，更是消防栓、自动喷水灭火系统以及其他自动灭火系统的“心脏”；设于控制和操作这些给水设备的中心枢纽部位，也是消防给排水工程值班工程师（技师）的值班室。位置显要，它对整幢大楼的消防给水设备设施进行监控，一旦发生火情即时启动。

（一）消防水泵房的地位和作用

消防泵房是消火栓系统，自动喷水灭火系统和其他灭火系统的“心脏”。因此，消防泵房必须分开安装，并使用一层和两层建筑。

与单层，多层或高层建筑物相连的泵房应具有更好的防火隔离性。连接到单层或多层建筑物时，应将耐火时间至少为一小时的不燃墙壁和地板与其他部分分开；

当连接到多层建筑物时，必须至少耐火三小时。隔墙和 2h 楼层与其他部分分开。

消防泵房有一个直接的室外出口，安装在地板上的消防泵房靠近安全出口。

（二）吸水管路

1．吸水管路

吸水管路是指水泵进口与水池间的连接管道，它是在负压下工作，因此不允许吸水管路漏气，以引起水泵工作发生严重故障。

2．压力管路

水泵加压后的压力水需要通过压水管路输送至钢管。由于压力管路经常承受高压，所以常使用钢管，以保证坚固而不漏水。

3．出水管

出水管直接与环状管道相连接。为了确保环形管道的水源稳定，消防泵必须至少有两个直接连接到环形管道的排放管。每个出水管都能满足总供水需求。为了安全供水，必须将排污管和泵房中的环形管网连接到不同的管段。

消防泵必须经常或定期操作，在启动消防泵后要润滑零件，测量压力和流量，因此，消防泵的排放管应配备排放阀以进行检查和测试。

（三）消防备用水泵

安装消防泵是为了向消防现场提供不间断的供水，备用泵的流量和扬程不应低于消防泵中最大工作泵的流量和扬程。

（四）附属设施

1．引水设备

（1）自灌式

自灌式就是水池水面高于泵壳顶点，叶轮始终被水淹没。采用这种方式水泵启动及时，较为安全，应尽量采用。

（2）非自灌式

非自灌式就是在水泵启动前，需要人工给水泵充水的方式，有灌注式和吸入式两种。当吸水管带有底阀时，可采用灌注式，即由人工灌水或用水箱灌水；当在吸水管上没有安装底阀时，采用吸入式，即用真空泵或水射器抽真空引水。无论采用何种灌水方式，要求水泵必须在 5min 内能够正常启动。

2．消防泵房电源或动力

因为水泵的运行直接关系到灭火的成败，所以对水泵动力有较严格的要求。对于高层建筑中的消防泵，必须按照《电力设计规范》中指定的当前主要负载要求为 1 类建筑供电，为 2 类负载所需的双回路电源线为 2 类建筑供电。是的两个电源或双回路电源线应在泵配电箱中自动切换。有关特定的安装要求，请参见《电力设计规范》。

由于建筑物的大小及其使用的性质和重要性，必须为配备有备用消防泵的消防泵站或泵房提供备用电源。为了确保安全稳定的电源供应，有必要从其他线路上断开消防设备（如消防泵）的电源。

当使用内燃机或柴油发电机作为动力时，必须根据燃烧持续时间的要求将内燃机的燃料（机油）存储在消防泵房中。将自备发电机设置为备用电源时，自备发电设备应具有自动启动装置和设备，以确保在5分钟内供电。

3. 其他设备

为保证消防泵正常工作，宜设置一些辅助设施，主要有以下几种：

①在消防泵房内设有报警设备和通信设备（含直接连接公安消防队的专用消防电话），以保证及时和消防控制室或公安消防部队联系；

②应设起重设备，便于水泵设备的安装和检修；

③应设排水设备；

④应设采暖通风设备。

（五）消防水箱

消防员坦克应安装在建筑物的最高点，依靠重力供水，并且是确保消防初期消耗消防员的可靠供水设施。

消防水箱（包括气压罐、水塔、分区给水系统的分区水箱）应储存10min的消防用水量。消防水箱与其他用水合并的水箱，应有保证消防用水量不做它用的技术措施。与其他用水合用的消防水箱，由于用水不断更新，故可防止水质腐败。水箱中储存10mm消防用水，只作为备用消防水源。具体的保护措施，可将生产、生活出水管管口的位置设在消防储存水量的水位之上，消防用水的出水管则应设在水箱的底部。由消防水泵供给的消防用水不应进入消防水箱。

（六）稳压泵

稳压泵（即补压泵），是为了满足维持消防给水系统中的常高压的要求，并且在发生火灾时可以起到能及时自动开启消防主泵的作用。当高位水箱不能满足最不利点消防栓和自动喷水灭火设备所需的水压时，宜设置稳压泵。

第十章　消防管理

第一节　消防管理概述

消防管理是物业管理中的一项重要工作，它直接关系到物业用户的生命财产安全。在消防管理工作中一般把预防火灾放在首位，从人力、物力、技术等多方面充分做好灭火准备，以便一旦发生火灾能迅速将其扑灭。

一、消防队伍的建设

（一）消防人员的选择

第一，负责消防监控报警中心的日常值班。消防监控报警中心是接受火灾报警、发出火灾信号和安全疏散指令、控制消防水泵、进行灭火、通风、空气调节和防烟排烟的控制中心，并能操纵电梯到达指定位置和保证消防电梯的运行。因此，消防监控报警中心应实行24h值班制，值班人员要忠于职守，工作严肃认真，密切注意主机和监视仪表信号，认真作好值班记录，定期向上级汇报。

第二，普及防火知识教育，落实防火岗位责任制。安全部消防人员要广泛开展防火知识宣传，动员和组织员工及物业内群众积极地学习并掌握防火知识，加强区内群众的逃生、灭火、报警等技能，提高人员的防火安全意识。只有将群众发动起来，“防”才有基础，“消”才有力量，宣传的方式可采取专人上门、发通知、张贴广告、出墙报、利用闭路电视等。宣传的内容有防火的重要性、防火灭火的基本方法、各物业内消防设施及其功能与使用、安全疏散和人员抢救等。同时，还要制定各单位、各部门及重要部位的防火责任制，并负责检查和落实。

第三，定期进行消防安全检查。进行消防安全检查是预防火灾的一项基本措施。专职消防人员须每天巡视大厦或小区的每个角落，及时发现和消除火险隐患；对防火责任制、防火岗位责任制执行情况的检查，一般可以每月进行1 ~ 2次。消防设备的硬件也要定期检查，检查时要会同物业公司工程部门有关人员共同进行，或者结合消防演习，每半年演习一次。在进行安全检查时，一经发现火险隐患，都要记录在案，并向主管领导报告，通知有关部门限期整改。对消防设施出现的故障和存在的不足，还要写出专门报告，经主管领导批准，由工程部门做计划进行整修。

消防人员通过日常的具体工作，不但能起到预防火灾的作用，而且，从另一个角度来看，也提高了消防人员自身的思想素质和业务能力。

（三）三级防火机构

消防员必须建立消防中心，建立三级消防车，并任命一名三级消防部门负责人。第三级消防员的人员必须由总经理根据实际需要进行调整。

第一，物业公司的总经理是公司的消防官员（由当地政府消防安全部门任命），负责建立消防组织以及消防业务的建设和部署。总经理负责建立公司的消防安全委员会，确定委员会的成员，明确职责，制定消防法规和消防规章制度，并解决消防员和消防设备的主要问题。研究解决，并定期组织消防安全工作。检查和消防演习。

第二，作为二级消防机构的负责人，管理办公室的负责人负责建立管理办公室各个部门的消防责任制，并负责日常消防工作的监督和责任。

第三，负责第三级消防机构的房地产部门（或其他部门）的负责人负责消防的监督，检查和日常管理。

第四，建筑部门工作人员在建筑物移交过程中向业主和租户发送《中国消防手册》，并要求建筑物中的每个公司与消防安全员和负责设备消防工作的人员联系。保持它。

第五，工程部门负责疏散出口灯，应急灯，灭火器和防火门的维修和保养，并建立了消防设备和设施清单。物业公司还可以委托专业消防公司负责消防设备设施的维护，保养，修理和测试，物业部门负责对上述专业消防公司的工作进行监督检查。

（四）防火安全委员会

第一，《中华人民共和国消防条例实施细则》第 19 条规定，物业公司的每个管理办公室都应建立一个消防安全委员会，该管理办公室的负责人负责防火，并组织和指导整个中心的消防安全操作。

第二，安全部是财产管理部门的消防安全职能部门，必须任命一名常规的消防人员并设立一个消防部门，该部门是安全部门的职能机构，消防委员会的常设办公室，并负责财产管理。日常消防管理工作。

（五）消防中心值班员制度

第一，后继者必须按时到达工作地点，以对设备，工具和设备进行详细检查。

第二，继任者不能准时上班，换班者不能离开岗位，必须向主任汇报。

第三，如果设备成功发生火灾警报或故障，则继任者必须积极与机组人员打交道，并且在得到继任者或领导者的同意后，继任者可以在签署过渡书后离开。

第四，值班人员必须团结一致并相互尊重，每个班级必须在交接名单上记录班级详细信息，并且双方必须签字以表明交接。

第五，转移了四个任务：设备转移，设备和物资转移，安全措施，上级指示以及需要注意的事项。

第六，如果职位未连接：值班员未连接至任务，情况未知，记录不完整且卫生状况不佳。

二、消防管理人员的职责

（一）防火安全委员会的职责

物业公司的消防安全委员会由管理办公室的总经理和各个部门的经理组成，并全权负责其资产的消防安全。责任如下。

第一，认真执行关于消防安全工作和良好监督的《中华人民共和国消防法》《机关、团体、企业、事业单位消防安全管理规定》的指导方针和规定。

第二，有必要将消防安全纳入业务管理任务，并确保有计划，安排，实施，检查，总结，评估，赔偿和处罚。

第三，举行了消防会议，旨在研究和解决消防业务中存在的问题，并根据政府部门的要求和工作安排制定纠正措施。

第四，组织建筑物消防安全检查，并向有隐患的部门发出整改通知。

第五，监督和检查各种消防安全系统和财产的消防安全管理规定的执行情况。

六是对所在地进行消防安全宣传教育，加强消防组织管理。

第七，指导和监督消防设备的提供，维修，使用，维护和保养。

第八，在发生火灾或火灾事故时，应组织并指导志愿消防员扑灭大火，确定原因，并提出治疗建议。

（二）义务消防组织的职责

第一，进行消防宣传和培训，并管理当地的消防队。

第二，应按照现有的消防演习计划进行强制性消防队培训或培训，以确保当地消防队保持防火工作。

第三，随时向的房地产服务中心经理报告任何隐藏的风险，以检查当地的火灾情况并制止并纠正违规行为。

第四，在消防设施和设备的管理中，与工程团队合作以确保消防设施不受损坏。

第五，检查的团队实际使用的消防设备，以提高自愿消防队的实际战斗能力。

第六，接到火警信号和警告后，将根据现有或临时计划迅速组织自愿消防队进行灭火和救援。

第七，定期向房地产服务中心经理报告强迫消防队的培训和防火活动。

（三）管理处防火责任人的职责

第一，执行《中华人民共和国消防法》以及详细规则和其他相关消防法规。

第二，组织实施渐进式消防责任制。

第三，建立和完善消防体系和安全操作规程。

第四，为了实现“五个相似点”，有必要将消防功能整合到日常运营和管理中。

第五，为的员工组织防火培训和业务培训。

第六，组织防火检查，消除火灾隐患，改善消防安全条件，改善消防设施。

第七，组织消防计划，与员工抗击已发生的火灾，并保护火灾现场。

它会跟踪和处理 8 起火灾事件，并帮助调查起火原因。

第九，我负责实施公司的消防安全系统，实施消防安全法规以及确定和实施各种消防安全措施。

第十，负责制定消防应急计划和疏散计划，定期组织培训，并不断总结和改进。

第十一条，执行消防法律法规，确保设备的消防安全符合要求，并了解设备的消防安全状况。

十二，结合公司的生产，科研，经营，管理等活动，协调消防工作，批准年度消防工作计划的执行。

十三，提供消防安全所需的资金和组织保障。

十四，逐步确定消防安全责任，批准实施消防安全系统和消防安全操作规则。

第十五，根据消防法规的规定建立专职消防队、义务消防队。

（四）各部门防火责任人的职责

该部门的防火官对每个部门负责。

第一，领导部门的消防工作，执行公司安全领导小组的指导方针和消防管理法规，并准备，检查和实施部门的消防工作。

第二，经常对员工进行防火方面的培训，以便员工可以不断提高其防火意识并掌握消防技能。

第三，建立健全的岗位消防责任制，对每个人负责，实行专人负责，定点管理，做到最好，最差。

第四，必须认真建立和执行本部门的消防安全制度和安全操作规程。

第五，经常组织该部门的人员进行消防安全检查，有效实施该系统，消除隐患，改善消防安全条件。

第六，应确定人员在其部门安装的各种消防设备和设备，进行定期维护和检查，发现的任何问题应及时报告安全部。

第七，发生火灾时，要积极组织本部门工作人员下岗报警并迅速举报，组织人员疏散，保护火灾现场，并支持有关部门的调查。

第八，应始终向主管报告部门的消防活动，注意合理化建议并积极采用。

第九，敦促相关人员维护和维护消防设施，灭火设备和消防安全标志，以确保完整性和有效性，并避免疏散路线和安全出口。

十，组织和培训员工防火知识和技能教育培训，灭火和紧急疏散计划。

第十一条，我们认真执行《国家消防法》以及地方和市级消防法规，对本部门的消防安全工作负全部责任。

第十二，为每个职位配置和实施防火责任制，设置和完善各种防火系统和关键地点，以及重要地点的安全操作规定。

（五）安全部消防组织的职责

第一，消防安全委员会认真执行《中华人民共和国消防条例》及相关管理规定，实行“防，防，消结合”政策，依靠各级领导全面动员群众，尝试定期且普遍地这样做。制度化。

第二，逐步完善各级消防组织，逐步完善消防责任制和各项消防措施及应急预案。定期检查各部门的消防安全系统执行情况和防火措施，并定期向管理办公室的消防安全委员会报告。

第三，就重大节日和重大事件与有关部门进行定期安全检查，发现隐患的火灾隐患，并及时向有关部门处理，并立即向管理处消防安全委员会报告重大火灾隐患。报告并解决。

第四，我们与各个部门合作，为员工组织和准备消防安全培训，并进行自愿的消防队培训，实践和管理。

第五，所有灭火器的管理，定期检查和在管理办公室的设备必须处于良好状态。

第六，一旦发生火灾，它将扑灭大火，保护火灾现场，并与公安部门合作以支持领导，以便找出火灾原因并提供治疗建议。

（六）各班蛆防火责任人的职责

第一，每个小组的消防官担负起下一级的责任，成为“负责人，负责人”，并对消防器材设施实施分级责任管理。

第二，组织人员定期进行消防知识学习和消防业务培训。

第三，每天检查所在辖区的消防设施。

第四，每天检查设备的位置，数量和数量，以确保其符合相关规定，无论设备是否已过期，损坏或丢失，并及时记录并报告给安全部门。

第五，工作人员应做好灭火设备的清洁工作，清理干净美观的灭火设备。

第六，指导员工使用常规消防设备和火警处理技术实现“一火，二救一，三疏散和四防”。

第七，确保消防通道没有被堵塞，消防设施被堵塞或占用，如果发现任何问题，应及时进行处理或上报安全部门。

第八，按照部门经理的指示执行所有防火工作。

第九，我们认真工作，保持日常事件和成果的详细记录，进行监督并接管。

第十，管理火灾报警系统和监控设备，及时向主管报告故障，并支持维护工作。

第十一，照顾下属，并使其勤奋。

第十二，注意发现工作中的问题并给出更合理的建议。

第十三，按照老板的指示，指导班级成员根据他们的时间和体质完成作业。

第十四，负责监督和检查员工的工作状况并创建日常工作记录。

第十五，定期对班级员工队伍进行评估。

第十六，我们协助安全员每季度至少对管理办公室的所有员工进行一次防火技术培训，提高员工的防火安全意识，并提高自救能力。

（七）其他员工的防火职责

第一，严格遵守消防安全系统和操作程序。

第二，如果发现问题，则必须及时报告，并有权制止违反消防安全系统的行为。

第三，请注意防火设施，不要随意移动或损坏它。

第四，如果发现火警，请及时报警，积极参加消防行动，并按指示撤离。

第五，积极参加各种员工的火灾责任培训。

（八）义务消防员的职责

为了达到“自我保护和自救”的目的，管理办公室必须按照《中华人民共和国消防法》的规定建立一个自愿消防队，由管理办公室的消防安全委员会领导。消防员的职责是：

第一，遵守消防法规和公司消防法规。

其二，学习消防知识，掌握消防技能，实现“两个知识三个会议”。这意味着了解防火常识，了解消防常识，打电话报警，撤离和帮助救援。

第三，我们经常进行消防安全培训和消防安全检查。

第四，如果发现有损坏，则必须立即处理并报告消防设备的维护和保养。

第五，如果发现火灾，请立即报警并积极参与火灾，以保护火灾现场。

第六，制止所有违反消防法规的行为，并在适当的时候向安全部门报告。

第七，积极参加公司组织的各项消防活动，积极修改隐患隐患，并上报安全部。

第八，积极提出建议并成为一个好的员工领导者，认真对待老板的消防指令。

第九，积极参与消防宣传和培训，并在社区内进行安全检查，以确保及时发现，纠正和及时报告。

第十，熟悉消防设施的安装和使用。

第十一，熟悉所在地区的建筑情况，紧急疏散计划和火灾报警电话号码，并了解发生灾难或危险时的处理程序。

第十二，积极参与各种消防演习。

第十三，的年轻人积极参加消防和救援活动，遵守所有命令并遵守统一命令。

第十四，积极组织人员结构，了解起火原因，并采取措施扑灭火灾，同时保护起火现场。

第十五，组织公众撤离危险区，并将贵重物品以及易燃易爆物品移至安全地方。

第十六，帮助有关部门做好善后工作，找出原因和损失，做好安置工作。

（九）消防设施工程技术员的职责

第一，请确保供水系统和消防栓等设备正常工作。

第二，要保证自动火灾报警系统和自动灭火系统的正常运行。

第三，检查烟雾探测器，温度探测器，喷水嘴，防火门，烟雾门，防火门，排烟设施，消防员，水软袋，疏散标志和指示器中的烟雾检测。设施状况良好。

第四，定期保养、维修物业的消防设备设施。

（十）消防中控室人员的职责

第一，消防中心是建筑物的关键部分，无关人员无法进入，非公共人员由于公共需要进入中央控制室时，必须在主要现场进入登记中进行登记。房间干净卫生。

第二，中央控制室实行 24 小时工作制，官员必须接受消防机构的专业培训并获得工作证书。

第三，工作人员应在 10 分钟前到达，根据需要穿衣并实施运输系统。

第四，值班员工不得在值班时进入，离开，帮派或空旷，也不得在工作中睡觉，洗澡，看报纸，打电话或喝酒。

第五，值班人员在工作中要集中精力，仔细观察火灾报警系统的运行状态，并按照操作规程进行操作。

第六，发生消防车报警时，中央控制室值班员应立即到现场检查，注意火灾报警信号不清楚的部分，并报告下班次。

第七，熟练使用闭路监控设备，并每天清洁监控设备以保持良好状态。

第八，如果仔细看电视照片并发现任何可疑问题，则需要及时识别，跟踪和报告它们。

第九，24 小时不间断的视频记录，视频数据将保留两周。必须在异常情况的视频记录中注册重要数据并相应地延长保留期限，通常会一直保留到案件处理结束为止。

第十，如果不能排除系统设备故障，必须及时向领导报告。

第十一，室内布线和电气设备的安装必须符合防火要求。禁止随意拉扯或连接临时电线并使用室内电热器具。

第十二，禁止在室内吸烟和使用火焰。严禁在室内积聚易燃易爆物质。

第十三，严格遵守交接程序。在进行中的工作和工作中指定的问题应记录在工作历史记录表中。

第十四，维护室内消防设备并掌握消防设备的使用情况。

第二节 消防管理工作

一、消防管理工作的要点

物业的安全问题始终是物业管理人员无法回避的问题，物业的安全按其性质可分为治安安全与消防安全两大类。随着现代物业规模的日趋完善、设施设备的日趋高档，现代化的保安系统也走进了各类型物业，也就是说，治安安全在很大范围内可以通过技防措施得以解决。而现代物业的规模越大、配套设施设备的功能越齐全，也就意味着消防安全渐渐摆上了物业管理的案头。实践证明，一旦发生火灾事故，它所造成的损失和破坏极大，甚至会危及整个物业的安全。因此，要消灭每一处消防隐患，把每一起火灾事故消灭在萌芽状态，就必须要求物业管理人员贯彻执行“预防为主、防消结合”的方针，实行全面、细致的巡查制度和周密使用防火应急方案。

第一，物业防火工作本着“预防与消灭相结合”的原则，基于自我构造的原则，对财产使用者实施综合管理，对优秀领导进行监督我接受疏散路线，消防安全管理计划等。

第二，管理处应加强对消防法律，法规和消防安全知识的宣传，对所有资产管理人员进行培训和雇用，业主应定期接受消防安全培训。

第三，管理办公室建立消防管理系统，定期组织消防安全检查，确定财产的火灾情况，协调各方，采取适当行动并监督实施。

第四，管理办公室负责一个组织，该组织要求业主对消防进行自我测试，以纠正火灾隐患，并促进财产内部和外部消防通道的通过。

第五，火灾和爆炸危险场所应纳入消防安全管理重点领域，建立起火灾，爆炸和戒烟标志，建立起火灾和爆炸预防系统及预防措施，并进行严格控制和定期检查。应该做。

第六，在存在着火或爆炸危险，着火，吸烟和其他可能引起爆炸，着火的活动的地方。

第七，除加强消防意识和人员技术培训外，还应结合有效的防空和技术防御措施，对建筑物的消防系统和内部消防设施进行定期检查。在干燥的气候和旺盛的火灾季节，应特别注意防火，必须配置严格的消防管理系统，并应根据物业的具体情况制定实际的灭火计划。禁止燃放烟花和其他标记。禁止物业用户和外来人员携带易燃易爆物品，并在建筑物入口处安装储物柜，以在入口处存放大件物品和袋子。

第八，定期进行消防演习，包括人员逃生，救生，常用消防工具的使用，发生火灾时人员的紧急疏散以及物业防火系统的功能测试。

第九，社区的所有地方均应配备符合标准的消防设备，工程维护人员应对日常的消防监控设备和设施进行维护，并每天进行检查以确保其正常运行。火灾监控应由专业人员进行 24 小时监控，并随时记录监控情况。小区各地点应配备的消防设备如表 10–1 所示。

表 10–1　小区各地点应配备的消防设备

<table>
<tr><th>序号</th><th>地点</th><th>消防设备配置要求</th><th>管理规定</th></tr>
<tr><td>1</td><td>消防监控中心</td><td>手提式二氧化碳气体灭火器 4 个；ABC 干粉灭火器 4 个；消防扳手 2 把、消防斧 1 把；消防服 1 套（含头盔、消防靴）；防毒面具 4 个；沙子 2 袋；锯子 2 把；消防腰带 2 条；消防锤 1 把；铁铲 2 把；铁锹杆 4 支；短子 2 把；消防桶 2 个</td><td rowspan="5">①消防器材由管理处统一管理
②所有消防器材均作为消防应急使用，严禁擅自使用
③配置的消防器材由存放地点的值班人员进行日常管理
④公共场地、楼层、停车场的消防器材由消防管理员每月下旬全面巡视检查一遍，相关记录应记在消防器材检查记录上</td></tr>
<tr><td>2</td><td>保安岗亭</td><td>ABC 干粉灭火器 2 个</td></tr>
<tr><td>3</td><td>设备房</td><td>ABC 干粉灭火器 2 个</td></tr>
<tr><td>4</td><td>停车场、地下车库</td><td>手提式二氧化碳气体灭火器每 $50m^2$ 2 个；推车式 ABC 干粉灭火器 / 推车式二氧化碳气体灭火器 1 个</td></tr>
<tr><td>5</td><td>大堂</td><td>ABC 干粉灭火器 4 个</td></tr>
</table>

第十，保安人员应每两个小时进行一次检查，以确保消防局设备齐全，并且所有消防通道均未阻塞。总结并报告给管理人员。

第十一，在任何情况下，消防设施都不应在一夜之间停止供水或供电。

第十二，管理办公室积极组织自愿的消防员和财产使用者进行初步的消防和安全疏散演习。

第十三，严禁携带危险物品的外国车辆进入居住区停车，儿童不得在居住区玩火。

第十四，行政办公室工作人员和财产使用者应负责在发现最初的火灾后按照规定与他们进行处理。如果情况严重，应致电“119”寻求帮助，维持火灾现场的秩序，并配合处理该事件。

第十五，管理处接到火灾报警后，使用火灾报警系统迅速启动消防设施，并迅速奔赴现场，协助消防部门查找火灾原因。

第十六，应记录火灾事故，并配置人员对事故后的事件进行总结并调查事故人员。

二、消防管理规定

（一）物业用户的消防管理规定

第一，严禁储存易燃，易爆，有毒和腐蚀性物质。如果实际用于工作，则必须将其提交当地负责消防的政府部门批准。造成事故的人应移交给公安机关。

第二，禁止占用所有安全通道，安全出口，消防通道和财产的其他部分，保持通道清洁并严格禁止存放物品。

第三，严格禁止在配电室，变压器室，冷却室，消防中心等主要部位积聚易燃物，严禁吸烟者和吸烟者。

第四，严禁滥用和损坏财产中的消防设备，设备及设施。

第五，不得损坏财产中安装的疏散指示器，应急灯和安全防火门。

第六，商业地产日常工作中使用的易燃气体，酒精，蒂安娜水，汽油等应配备专人负责统一存放，使用后的余量应运至加工厂外。

第七，必须严格执行消防和电力管理，建筑物的所有部门和用户不得拉扯或连接电线，严禁使用电采暖设备，为各类电器配备相应的保险装置必须配备。

第八，严禁玩耍或执行任何消防设备和消防设备。

第九，严格禁止使电器过载，以符合有关安全用电的规定并避免发生事故。

第十，每个居民必须向客户服务中心提交书面申请以进行室内装饰，并且只有在获得批准后才能开始施工。如果需要额外的电线，则必须遵守安全法规，并且严禁随意拉扯或连接临时电源线。装饰时应使用防火材料，使用易燃或可燃材料时，防火材料应按规定经消防部门批准。

第十一，发生火灾时，应立即通知客户服务或致电气火灾灾警报器“119”以关闭电闸并迅速离开住宅。发生火灾时，消防指挥部必须统一组织和指挥消防工作，并有权动员和管理所有家庭和部门的员工。治安部门扑救火灾，营救人员和物资，并帮助公安消防部门调查起火原因。

第十二，依照有关消防管理规定发生下列情形之一的，对直接负责人处以情节处罚，并报有关部门批准后，可以处行政拘留。

①占用或阻塞楼梯，人行道或安全庇护所。

②关闭或损坏安全信息，事故照明或消火栓。

③禁止使用液化石油气。

④随意拉扯或连接电源线。

⑤未经批准使用不正确的灭火工具，设备或消防用水。

第十三，如果遇到以下情况之一，请下令中断并惩罚直接造成该情况的任何人。

①无需申请和批准，即可进行室内装饰。

②用于室内装饰的材料不符合防火要求，也未进行防火处理。

③使用火和电进行焊接时，请勿执行防火措施。

第十四，财产使用者必须遵守消防部门和行政部门的消防管理。任何人使用困难，虐待，暴力，威胁或其他手段阻止消防监督人员依法履行职责，必须受到直接责任者的处罚，并报有关部门批准。在调查刑事责任之前，可能会受到行政拘留。

（二）二次装修的消防管理规定

为了更好地执行消防安全管理，有必要加强房地产用户的二次装饰消防管理，以确保施工现场和资产用户的个人财产安全。

第一，施工现场必须按照实际装饰区域设有灭火器（超过 2 公斤）适用和所用的材料：2 ~ 3 百平方米小于 1，3–4 超过百平方米；整个楼层都配有 8–10 支。

第二，对于复杂装饰，大面积装饰和相关商店的装饰，装饰建筑单位必须在开始施工之前提供消防批准程序和灭火计划。

第三，施工现场在使用烟雾和火焰，和弯曲水软袋是严格禁止的。

第四，禁止携带任何易燃，易爆，对属性腐蚀性，毒性和其他有害物质。

第五，装修工作所需的有机溶剂，涂料等材料将只在需要装饰的天量，被删除当你离开的那一天不能对房地产保持或建立允许的。

第六，严格遵守安全消费的规定。拉电线或过载功率任意地或不擅自连接。

第七，使用室内配线的阻燃绝缘电线和暗，或在黑暗的地方使用刚性塑料管或钢管，然后将该绝缘电线的绝缘强度必须满足电源电压的要求。

第八，必须严格按照消防安全要求进行室内装修，并使用防火材料代替易燃材料。

第九，如果使用明火，则在计划火灾之前，必须第一向物业公司的保安公司申请并严格遵守临时的消防安全管理规定。

第十，未经许可不得擅自更换火警探测设备，例如，烟雾探测器，自动喷水灭火装置，紧急喇叭和消火栓。

第十一，室内装饰缝隙必须符合消防安全法规的要求，例如天花板封顶，在缝隙内安装无烟喷雾剂。

第十二，装饰结构不应包括防火，疏散指示和出口，并且不应干扰防火和疏散路线的正常使用。

第十三，为避免在施工现场因灰尘过多而引起烟雾报警，应在每天施工之前，在安全部门同意下，将烟雾探测器包装在塑料纸袋中，并在每次施工后取出并恢复包装。烟雾探测器的正常运行。

第十四，在日常施工结束后离开现场之前，有必要派专人到现场对安全检查员进行消防安全检查，并确保在锁上门并离开之前没有隐患。

（三）易燃物品存放的消防管理规定

第一，必须严格执行中国《危险化学品安全管理条例》的相关规定。

第二，特别危险的物品应分开存放，相互碰撞且灭火方法不同的物品应分开存放。

第三，危险物品不应存放在室外或潮湿的地方，遇水易湿，暴露于热下会分解并自燃的物品应存放在阴凉，通风良好的仓库中。

第四，应定期检查存储物品，如果发现其损坏，不完整或变质或拆卸，则应立即采取措施。

第五，定期检查仓库的电气和照明设备，并做好清洁和更换工作。

第六，严禁在仓库中使用易燃材料打开容器时使用会引起电气火灾花的工具。

第七，如果业主或财产由于装修和装饰，设备和设施的维护，测试等活动而必须使用易燃材料，则应采取严格的防火和防爆措施，并书面向财产安全部门申请适当的准备；必须配备相关的灭火设备。

第八，在使用易燃物质的地方，应明确禁止使用火焰技术，指明所用物质的名称，闪点，闪点，爆炸极限和保护器的名称。请勿将易燃物品丢入下水道。应在现场定量使用易燃物品，并应按照规定存储和放置过多的易燃物品。

第九，允许进入社区的易燃物品应通过消防电梯存放在预定的地方，存放容器应密封并保持完整，安全泄压装置应保持完整有效；在运输过程中，应将它们放置在社区的公共场所，并且没有危险。在临时存放和搬运，装卸该场所时，可能会被轻拿轻放，由于某种原因可能会导致易燃材料泄漏，必须及时向物业安全部门报告，并采取安全措施及时加以控制。

第十，罐装液化气不能用于社区地下空间的烹饪，取暖和储存，必须经过严格许可才能使用。

第十一，使用过的易燃材料必须具有合格证书，测试报告，并根据说明和预防措施使用。

第十二，易燃物品的贮存量必须严格符合国家对易燃物品的贮存管理要求，堆放，壁距，立柱距等防火距离必须符合国家有关规定。

（四）临时动火的管理规定

第一，临时起火法规

为了加强房地产本身及其管辖范围之外的消防管理，有效地确保消防安全措施的执行，并确保所有者（房客）的生命和财产安全，物业公司制定了临时的消防规章制度。应该。该系统主要包括以下内容：

第一，在物业区进行临时消防时，必须提前将设备和外部设备通知消防控制中心，并在管理处进行消防程序。在发生火灾之前，施工部门必须采取有效的消防安全措施，并且在发生火灾后，管理办公室必须派人监督并检查现场。

发生火灾的人员将受到建设部门和人员的惩罚，并指示他们完成火灾程序。除加重处罚外，万一发生事故，还必须承担法律责任。

第二，主要部分和危险区域（变压器室，配电室，车库，发电机室，地板，办公室等）的火灾必须得到管理办公室负责人的批准，并必须采取预防措施。

第三，配电室和关键设备室禁止使用易燃材料和吸烟，并且不得在消防设备旁堆放杂物。

第四，保持所有通道和楼梯清洁，疏散疏散标志和安全灯，防止财产使用者燃烧纸张以及燃烧通道，楼梯和垃圾的香气。

第五，所有财产管理人员必须遵守国家有关消防法律法规和物业公司制定的消防管理法规。

第二，申请火灾。

在物业任何部位动用电焊、气焊、喷灯等明火，必须经部门领导同意，书面报安全部审核、批准（或持工作单）领取动火许可证后方可作业，由安全部负责审核、管理和签发动火许可证。安全部在审核如下所示的动火作业申请表的同时，必须到现场勘察，确认一切措施齐全，由消防负责人签字后方可发放动火许可证。

1）动火作业申请表一。动火作业申请表——如表 10–2 所示。

表 10–2　动火作业申请表

动火人		施工单位	
看火人		施工地点	
施工时间		施工内容	
批准人		签发人	

注意事项：

①动火时，必须备有灭火器材

②动火现场必须保持清洁，无可燃物

③动火时，禁止与有危险可能的施工同时作业

④室外作业时，四级风以上禁止动火

⑤动火完毕时，必须观察有无余火，确保安全后方可离开

⑥施工完毕后须把动火证返回保卫部

第三，动火审批。

根据用火危险程度，审批动火管理权分为三级：

·消防部门的消防人员必须事先向物业公司的安全部门应用一次火灾，以提出初步的消防施工计划和意见。在安全部对施工现场进行仔细检查之后，有必要确定可靠的防火措施，写消防许可证（第一阶段），为主要消防项目写特别说明，并获得公司消防委员会负责人的批准。批准的消防许可证必须报当地公安消防监督部门批准，并进行现场检查，以确保安全措施可靠，只有在一场又一次的大火发生后才能批准。

·二次火灾应由消防部门的消防官员进行正规化，并在完成消防许可证（二次）后，请经公司消防委员会主任和安全部门经理批准。检验监督。

·消防措施应由消防部门的消防人员制定，并在完成消防许可证（3类）后，应将其提交安全经理批准。

·熟悉操作的内容和步骤，学习如何使用各种现场保护和消防设备，了解安全措施，并接受过消防操作安全培训。

·在火灾现场的水平和垂直端或有危险的地方指定和监视火灾监控器。

·必须符合电气操作要求和设计要求。

第四，动火前的注意事项。

·不会采取防火措施。

·周围的可燃垃圾没有清除并且不会移动。

·难以移动的易燃结构不采取防火措施。

·尚未清洁所有装有易燃液体（例如油）的容器和管道，也没有清除其余的油。

·装有气体并且有因热膨胀而爆炸的危险的容器不要移动。

·存放易燃易爆物品的房间，仓库和场所不得在未点燃易燃易爆物品的情况下移动。

·如果在高海拔进行的焊接或焊接的开始和割伤不能清洁或保护以下可燃物，则不会发生火灾。

·如果没有适当的灭火设备，则禁止着火。

·在可拆卸的管道，机械等上着火时，必须在焊接室或车间进行，在没有焊接室或车间的情况下，应将其移至安全的地方。

·如果工作场所中存在易燃材料，应将其移至安全的地方，并远离热源，火花和炉渣。

第五，动火中的注意事项。

·万一发生火灾，必须指派一名现场安全员。

·现场安全人员和消防员应始终注意火灾情况，如果发现任何不安全因素，应立即停止灭火。

·着火或爆炸时应及时扑灭。

·消防员必须严格执行安全操作程序。

·在风级达到六级和六级以上时，应禁止明火作业。

·不得进行用火与危险品的交叉作业。

第六，大火后清洁。

火灾发生后，消防人员和现场安全人员必须彻底清理现场的火灾，并离开现场15–30分钟，以确认火灾已经进展。

第七，违规。

在物业区域内造成暂时性火灾的任何设备或个人均违反上述规定，物业公司的消防安全现场代表有权根据情况采取以下措施。任务上报给消防部门。

三、消防安全检查

（一）消防安全检查的内容

第一，请确保地板上的消防设备和消防设施完善且有效。

第二，确保每层的配电室，电风扇室，茶室和顶层电梯室等设施均符合消防安全规定，并且门锁没有损坏。

第三，确保每层楼的走廊，电梯大厅和消防梯都畅通无阻，防火门，烟雾探测器和指示器正常。

第四，就办公楼而言，有必要检查建筑物内公司房间是否违反了消防安全法规，房间内使用的电气设备是否符合安全法规以及是否根据需要在房间内提供了一定数量的灭火器。

第五，对于主要的防火区域，请确保该区域内设备级别的消火栓和灭火器没有损坏。完好无损：确保没有阻塞走廊和走火通道，指示器和烟雾报警系统正常，并且自动消防设备处于连接位置。

第六，在以下场所或次数，应提高视频检查率：灭火后，灭火前后，主要灭火场所，装饰施工现场和地下设备室。

第七，在检查过程中，如果设施内的设备发生异常或其他违反消防安全法规的问题，必须立即查明原因并提出建议。如果不能立即解决，则必须在期限内制定整改计划。

第八，纠正火灾隐患，采取预防措施。

第九，消防车道的状况和火源。

第十，违反防火和电气规则。

第十一，掌握主要工人和其他雇员的防火知识。

第十二，对易燃易爆危险物品和场所执行防火防爆措施以及其他重要材料的防火安全措施。

第十三，消防（控制室）工作状态和设施操作记录。

第十四，消防安全标志的设置和完整性。

（二）消防安全三级检查制度

（1）主要检查级别由各个部门和组织领导和监督。

第一，每位员工每天检查一次自己的位置和当地区域的消防安全状况，以消除自己可以避免的火灾危险。无法排除的风险必须及时报告。否则，该职位的部门或联系人负责。

第二，消防员每天检查并记录消防设备，设施和设施的消防安全。消防员每天还要检查施工现场的消防安全。

第三，安全主管每周向检查主任报告检查情况。

（2）二次检查由管理办公室组织和执行。

第一，管理办公室的负责人每周组织物业部门和其他部门检查辖区内的设备和材料（特别是易燃易爆物品）。

第二，检查各部门消防部门的绩效，解决并纠正火灾隐患，并为员工提供安全培训。

第三，每月向公司消防部门报告管理办公室的消防安全情况。

（3）第三阶段检查由公司总经理进行。

第一，公司总经理或总经理有权对其他部门，特别是每年的“新年”，“春节”，“五一”和“第七”进行重大检查或现场检查。对于重大安全检查，公司的消防员（总经理）必须至少每年进行一次全面检查。

第二，我们检查各管理部门对消防安全系统的实施情况，着重于消防安全管理和关键领域的实施情况，赞扬和奖励好与坏的批评。

第三，检查每个管理办公室的消防局和设备操作。

各级检查应认真填写《消防日检查登记表》和《消防每周检查，每月检查，季度检查和年度检查记录》，并将这些记录提交消防中心保存。

（4）火灾隐患的纠正系统

第一，火灾隐患包括潜在的火灾隐患和可能导致火灾的侵权行为。

第二，隐性风险的纠正遵循以下原则：不能将团队和职位转给部门，部门转给公司以及将公司转为优秀原则。

第三，按照上级规定实行隐患登记，整改和注销制度。重大火灾隐患的“三改”（即固定人员，固定措施，固定时间）整治方案。

第四，对于历来遗留下来的隐患，物业公司将计划并分步进行未来的重建和发展，有关部门将与物业公司合作采取安全措施。

第五，如果发现该地区的各种设施和设备存在差异或其他问题而违反消防监视法规，则必须立即查找原因并及时处理，应立即解决的检查员应以书面形式提出。报告或发布火灾隐患的纠正通知，并在期限内进行纠正。

第六，要修改公安机关及上级主管部门出具的火灾隐患整改通知书，物业公司必须监督实施，并迅速作出反应。

第七，如果物业公司发现火灾隐患，将在通知后及时发布不定额罚款，部门经理将在罚款上签字并留作以后参考。

第八，对于消防部门和安全部门发布的火灾隐患整改通知书中提到的用户所识别的火灾隐患或风险，必须实现“四个决定，三个未付”。

①“四个决定”应确定隐性风险的性质，如主要隐性风险，一般性隐性风险，不安全问题和不安全因素，并根据隐性风险的性质确定换向措施及相应的措施。有必要采取整改措施。负责“原则”的主管实施整流器，设置实施整流的时限，并根据已校正的潜在隐患因素确定解决隐患所需的最短时间。

②“三个未付款”是指团队可以解决的非付款部门，该部门可以解决的非付款部门以及管理部门可以解决的管理部门。

③危险整改通知书的使用规则如下。

a. 接到火灾隐患变更通知后，所有部门和国外建设部门必须在通知规定的期限内进行整改。

b. 本部门或外国建筑部门不能拒绝接受火灾隐患整改通知，如被拒绝，一切后果将由当事方承担。

c. 收到安全部发布的火灾隐患整改通知书后，未实施整改的部门和建设部门有权予以处罚。

d. 对于部门和国外建设部门不履行对火灾隐患的纠正通知的，由当事人对发生的事故负责。

e. 对于逾期的更正，该党承担全部责任。

f. 消防整改通知书必须由首席消防官和消防员签署。

④应严格按照消防部门的要求解决火灾隐患。解决方案完成后，必须将其报告给管理中心的安全部门和消防部门。

第九，在完成火灾隐患的修改后，修改部门或代表必须记录该修改并将其提交给消防员以供签名以进行验证和存储。还需要在各种业务，装饰和建筑工地中执行整流要求。

四、消防管理及检查作业指导书

如表 10–3 所示为某物业管理单位消防管理及检查的作业指导书，内容充实，步骤详细，可供相关人员借鉴参考。

表 10–3　某物业管理单位消防管理

步骤	作业内容	相关作业记录
消防检查	1）对消防设备和灭火设备及灭火器材的完好情况和工作状态进行检查 2）检查安全出口、通道是否畅通，防火门是否关闭 3）检查有无危险品、易燃易爆品存放在辖区内 4）检查装修，施工单位明火作业有无许可证，现场有无负责人，是否配备灭火器材 5）检查施工单位是否有私拉、乱接的电线、电缆等 6）秩序维护部组织每月对辖区整个消防安全进行一次月检，填写消防检查记录	消防检查记录
消防管理制度	1）日常防火工作由秩序维护主管负责安排、调度 2）严禁损坏、挪用消防器材，禁止将消防水民用 3）严禁占用、堵塞辖区的任何通道、楼梯通道或其他安全疏散口，严禁损坏任何消防设备及各种防火开关 4）严禁封闭或损坏安全疏散指示标志、事故照明设备和消防标志等 5）控制携带易燃、易爆等物品进入辖区和储存 6）各单位应严守防火规范，严禁将烟头及其他带火物品投向窗外。最后离开房间前，检查并保证烟头已熄灭，并把全部还在开启的电器关闭	
火灾处置的基本原则	1）牢记处置程序，现场指挥员要冷静沉着，切勿慌乱 2）通信联络保持畅通，情况汇报要有序，切勿在对讲机中乱喊乱叫、干扰正常联络，确保指令的迅速转达 3）动作要快，争分夺秒，注意整体协同作战，互相支援保护 4）以快速疏散人员、保证人员生命安全为主要任务，最大限度地减少人员伤亡	

续表

步骤	作业内容	相关作业记录
火警、火灾的处置流程	火警、火灾事故的处置一般有四步骤：报警、确认、疏散、灭火	消防检查记录
火灾操作流程	1）报警：火警电话为119，由发现火灾人员或接群众报警队员报警，将着火地点、起火物资、火势大小、起火原因等报告清楚，填写值班记录 2）报告班长，通知工程人员切断着火处的电源、气源开关，同时通知管理处 3）监控中心发出火警信号，停止电梯动作；启动紧急广播引导客户疏散，消防控制中心启动所有消防灭火系统 4）告知相关消防负责人着火地点，义务消防队赶到着火地点集中 5）疏散转移被困人员、物资 6）将易燃、易爆物品迅速转移到安全地带 7）组织人员扑救火的同时，各岗位人员坚守岗位，禁止无关人员进入火灾现场，负责引导消防车到位停放 8）指挥本公司其他人员（在岗人员、配电房、监控、消防中心、坚守岗位）防止火势蔓延 9）如火势太大，着火层无法通到，应将客户顺通道向上疏散到避难室等待求援，着火层以下的客户顺通道疏散至零层离开火区，疏散时应逐个通知，不得遗漏，保证所有客户全部疏散 10）多余人员根据实际情况合理安排，投入灭火工作 11）如消防队到达现场，现场指挥员应立即将火场情况和灭火扑救工作情况向消防队负责人报告，指挥权移交灭火指挥员。本公司所有人员服从消防队负责人指挥，做好协调作战工作 12）火灾扑灭后，应在公司领导指挥下做好善后工作，包括外围警戒、人员救护、保护火灾现场，协助调查火灾原因，拍照、存档事件报告 13）消防负责人将火灾情况记录于安全部要事记录	安全部要事记录、值班记录

五、不同类型物业的防火措施

（一）一般物业的防火措施

根据“预防为主、防消结合”的原则，防火措施的实行是消防安全管理工作的重点，物业用户和物业管理人员都应遵守下列的防火措施。

1）严禁乱拉、乱接临时用电线路，电气线路须维修时应及时找管理处安排施工。

2）严禁在物业内烧废纸、杂物，乱丢烟头或燃放烟花爆竹等。

3）不准改变、拆除、封堵消防设施和消防通道。

4）请勿在社区的以下区域吸烟或使用明火。

①电梯厅和电梯轿厢。

②机房，机房，控制中心和配电室。

③石油仓库，液化气室及周围环境以及其他易燃易爆场所，地下停车场。

④设有烟雾探测器的底部。

⑤装修，建设和运营现场。

⑥严禁其他带有火，烟标志的部件以及主要消防部件。

5）业主不得在社区内储存和生产易燃，易爆或化学反应性物品。

6）定期检查和维修电器和连接线，以防设备过载，短路，电线连接不良，绝缘性能差等情况，迅速调整业主的维护。应该。

7）请勿在仓库和过道中安装仓库，存储杂货或阻塞进出通道。

8）严格装饰和批准防火批准程序，以确保每个楼层都具有必要的防火设施。

9）严禁在公共场所使用易燃装饰材料，必须在室内严格控制和处置易燃材料。

10）配备了用于紧急警报等火灾报警的必要设备。

11）经理应熟悉自动自动喷水灭火系统的一般位置，并在听到自动喷水灭火系统警报时立即向消防部门官员和安全部门报告,并向中心主任报告。当液压降到零时，必须检查液压表并通知工程部门办公室。

12）管理人员应熟悉消防设备的存放位置以及使用方法，如果发现消防设备无效或损坏，请立即将其报告给安全管理总监。

13）如果高管从建筑物中冒出浓烟或燃烧的气味，应立即检查并向消防部门和安全部门报告。如果由于短路而引起火灾，则必须先关闭电气开关，如果没有发生火灾，则应立即通知消防部门和管理办公室，一旦发生火灾，警报会立即响起并报告给消防队疏散人员。到达后，将被引导到现场并移交给消防员，因此，在撤离时，应尽可能关闭门窗以避免火势蔓延，应避免走火通道并且不要乘坐电梯。

14）消防人员离开现场后，警卫人员应恢复巡逻工作，并特别注意对火场的保护。

（二）商场的防火措施

1）禁止在业务运营中存储任何类型的易燃易爆物品，包括少量易燃物品（烟草和酒精），包括纸箱和纸盒等其他物品。

2）商场的仓库（特别是酒库）应有专人负责，仓库的载物应整齐，并应有足够的消防通道。仓储人员应经常检查，以防因漏电或通电而引起火灾。

3）员工离开家时应关闭电源，并在离开前锁上橱柜门和房间门。

4）购物中心内严禁吸烟，以免发生任何火灾。

5）禁止存放易燃易爆物质。

6）请勿在大型购物中心扔掉纸和其他可燃物。

7）无法在商场内随机抽出临时电源线或使用电暖气。

（三）地下车库的防火措施

1）准时清理车库和停车场中的垃圾和废物，以防止起火。

2）禁止在车库和车库内堆放各种包装，纸，汽油和其他可燃产品。

3）用于汽车清洁和汽车内部灰尘的物品应放在有盖的金属桶中并定期清洁，禁止将其丢入车库或停车场。

4）禁止修理和维护车库和停车场中的车辆。

5）车库和停车场严禁吸烟。

6）有秩序地停放车辆，并保持远离，不要将其停放在过道中。

7）及时撤离车辆，在发生火灾时组织救援，并立即向警察报告。

（四）用户办公室的防火措施

在建筑物中，将带有地板防火门的防火区设置为边界点，并且每个防火区均配备了消防员。加强对监控中心的监控和日常检查。

（五）会展中心的防火措施

会展中心是一个集会议、演出、放映于一体的多功能建筑，活动时人流密度高，其舞台设备功率大，局部发热量较大，因此应杜绝电气设备超负荷运行，避免电气着火事故发生。会展中心内严禁吸烟，在醒目位置悬挂各类防火标示牌，活动进行前，管理人员应提前到位，对会展中心进行全面检查；活动进行中，管理人员与设备维护人员共同坚守现场，确保消防通道畅通无阻；活动结束后，及时全面检查会展中心内外，对不必要使用的用电设备一律切断电源，消除隐患。

（六）食堂的防火措施

食堂有很多火灾隐患，除了严格按照公司法规进行管理外，还必须加强消防检查，尤其是对于容易在烟雾探测器，温度探测器和手术室中污染的喷头。为了保持设备和设施的正常运行，请经常清洁，并定期检查和清理摊位排气管中的油性灰尘，以免摊位起火。经常检查燃气管道和点火装置。此外，应邀请天然气公司的专家定期检查和调整或更换不合格的零件。严禁操作电动机械将食物视为潮湿或浸没的物品。电力或不必要的电力。

（七）机房的防火措施

机房是主要的消防区域，应安装专门的消防人员，以定期检查和维护消防设备及其他电气设备，以防止电气设备超载并防止电气火灾。严格禁止在机房内吸烟，并且要注意各种防火标志。

1. 消防泵房的防火措施

1）严禁非工人进入泵房，不允许私人游客进入泵房。

2）严禁将有毒物质放入泵室。

3）禁止在泵房内吸烟。

4）不能在泵房内使用火源，如有必要，消防部门必须对火进行处理。

2. 电梯机械室的火灾预防措施

1）严禁在电梯机房内吸烟，禁止存放各种油，纸和易燃易爆物品，严禁将电梯机房用作仓库或其他车间两次。是的

2）定期清洁电梯机房，电梯机顶和电梯井底，并及时清除羊毛，纸屑和垃圾等易燃物。

3）请勿使用汽油等易燃液体清洁零件。使用易燃液体清洁组件时，重要的是不要正确处理火，布等，而要采取有效的废物处理方法。

4）未经许可，严禁明火操作，如果需要明火操作，必须先获得部门负责人的签字和确认，然后才能获得安全部的消防许可。

5）将消防设备存放在指定区域。机房员工应熟悉消防设备的位置，熟悉消防设备的使用并应对初起火灾。

3. 地下，机器地板和设备之间的防火措施

1）严格禁止在机房内使用烟雾或火焰。如果必须使用火焰，则必须由部门负责人签名并在操作前获得安全部门的防火许可。

2）员工必须严格遵守操作规程，严禁存放各种易燃化学危险品。

3）必须严格实施移交系统并保留工作记录。员工应随时注意设备的操作，如果发现问题，请立即进行维修。

4）发生火灾时，工作人员应执行工作并及时打开和关闭各种设备。

5）不要阻塞过道，也不要在门口和过道中堆放物品。

6）严禁随意移动消防设备。

第三节　消防培训与演习

一、消防知识的培训制度

1）消防法规和消防知识不断发布在设施的公共关系部分，并邀请消防小组定期举办消防班。如果该物业被占用，则必须向每个所有者发出《消防知识手册》的副本，

同时，与一些消防设备供应商联系，以为该物业提供定点服务。建议业主建造一个灭火器。

2）公司旨在每年至少两次为财产使用者服务，包括有关物业防火活动，便携式灭火器的使用，火灾紧急通道的位置以及紧急情况下的疏散方法的各种法规。进行消防宣传和教育培训。

3）管理办公室每个月的第一个星期一早晨

每个班级和小组的安全和消防学习时间，学习内容是安全的 .

有必要详细记录消防管理法规，内部消防管理系统以及设备和设施的运行方式。

4）管理办公室的负责人每月检查一次安全防火记录，并签字确认。

5）在安全和防火活动当天发现的安全和火灾隐患必须由每个团队在活动记录中进行注册和更正。

6）专职和兼职消防员必须在参加考试之前接受消防知识和消防技能的培训，并且只能在通过考试后才能服役，并每年检查一次其资格。训练速度应达到100%。

7）员工培训包括：学习防火理论；善于使用一般的灭火设备；进行全面的消防演习。

8）中央控制室的操作员必须参加并有资格获得市消防协会组织的消防室操作管理培训。开始工作之前，需要获取合格的证书。责任，义务。

9）消防部门必须至少每年进行一次消防安全培训和演习，培训内容还应包括组织和指导人员疏散的知识和技能。

二、消防理论知识

（一）燃烧的基本知识

（1）燃烧条件

1）可燃物。在空气，氧气或其他氧化剂中可能发生燃烧反应的物质称为可燃物质，例如木材，纸张，汽油，酒精，氢，乙酸，钠，镁等。根据化学成分，可燃物可分为有机可燃物和无机可燃物，并且根据材料条件可分为气体可燃物，液体可燃物和固体可燃物。其他可燃材料的易燃性有所不同。即使在某些条件下，同一易燃材料的易燃性也会随条件而变化，而在其他条件下也会易燃。例如，铁和铝是空气中的阻燃物质，但它们在纯氧气中会严重燃烧。

2）燃烧助剂。可以帮助和支持易燃物质燃烧的物质称为燃烧支持物质，例如空气，氧气，氯酸钾，过氧化钠，硝酸，浓硫酸等。发生火灾时，空气是主要的燃烧助剂。有时应该指出的是，可燃物和助燃材料合而为一，这些材料在燃烧过程中会发生分解反应。例如，硝酸甘油的爆炸就是一个典型的例子。

3）点火源。可以引起易燃物质燃烧的所有热能源都称为点火源（也称为点火源）。点火源可以是火焰或热物体，并且可以转换为热能，化学能，电能和机械能。

电气火灾花，火盆起火，烟头和来自电子开关的蜡烛，电短路和静电是常见的点火源。金属与金属，金属与岩石之间的碰撞和摩擦产生的火星会点燃易燃气体，易燃液体蒸汽，棉花，干草和其他物质。雷电是一种非常强大的放电现象，火花通常是木质结构和森林的点火源。

这三个条件在燃烧过程中是必不可少的，被称为三个燃烧元素的总和。如果发生燃烧，则火焰必须包含自由基，并且当自由基消失时，就不可能维持燃烧。从这个意义上讲，维持燃烧必须具备四个条件：可燃物，助燃剂，点火源和自由基。

（2）建立防火措施和灭火方法的依据

维持燃烧的四个条件是制定防火措施和采取灭火方法的基础。

1）有几种类型的防火措施。

①易燃控制。如果工厂中可能存在易燃气体，则应使用通风措施将其除去，对于易燃气体和液体设备，应尽可能避免使用易燃材料。跑，跑，滴，漏。

②关闭空气。包含易燃易爆物质的生产过程必须在密闭设备中进行，如果物质具有异常危险，则必须保护完全惰性的气体。对于某些特殊物质，磷（例如煤油中的硝酸盐）存储在水中。

③移开点火源。防爆电器用于可能产生易燃气体的场所，禁止所有着火。

2）有几种灭火方法：

①隔离。从燃烧的可燃物质中清除未燃烧的物质，如果没有足够的可燃物质，将会着火。

②如何cho死。窒息是空气的阻塞，以防止易燃物质获取足够的氧气以停止燃烧。例如，在容器设备中注满水蒸气或惰性气体，在已燃烧的建筑物和设备中堵塞孔，使燃烧表面起泡沫等。

③冷却方法。冷却方法是指降低燃烧物的温度，当可燃物的温度低于点火点时，燃烧停止。用火灭火时，主要采用冷却方法。

④抑制方法。该方法的原理允许灭火剂参与链反应，从而使燃烧过程中产生的自由基消失，并形成稳定的分子或低活性自由基以终止链反应。其他灭火剂，例如1202、1301、1211，属于这种灭火剂。

（3）燃烧分类

由于热源的生成方式和特性不同，燃烧具有不同的形式，因此燃烧分为三种类型：

1）强制拍摄。强制点火（也称为点火或点火）是指整个可燃物通过局部燃烧，燃烧以及可燃材料的软层被诸如火花，热物体，点火源之类的可燃物质传播。大多数火灾都是以这种方式发生的。

2）加热时自燃。加热的自燃，也称为热的自燃，是指通过直接的外部燃烧而没有外部火焰的燃烧过程。

3）化学自燃。化学自燃是指在没有外部热源的情况下系统中发生某种化学反应而产生热量，升高系统温度并燃烧的现象。

自燃和化学自燃统称为自燃，两者之间的区别是热源。在消防安全方面，化学自燃是隐藏的，通常在着火前不容易发现。

（4）燃烧中热烟气的一般毒害作用

燃烧过程中产生的所有气体和固体物质都称为燃烧产物，在大气中漂浮的空气中所见的燃烧产物通常称为烟。在燃烧过程中产生并不再继续燃烧的物质称为完全燃烧产物。可以继续燃烧的物质称为不完全燃烧产物。

据统计，火灾中有40%的死亡是由烟和有毒气体直接造成的，超过50%是由中毒造成的。因此，了解火源燃烧产物对人体的毒害作用对保护人们的生命具有重要意义。

热烟对燃烧的常见毒性作用包括缺氧，热气体对呼吸道的热损害以及热烟进入呼吸道的阻塞。

1）缺氧。人们总是呼吸，吸入氧气和呼出二氧化碳。通常情况下，空气中的氧气含量为21%（体积比），在火场处，由于易燃物质的燃烧，火场处的氧含量会降低，尤其是在封闭的环境中，例如冬天，封闭的空间。火灾现场的氧气迅速下降。如果空气中的氧气含量为12% –16%，则会出现头痛，呼吸急促和脉搏加快等症状。如果氧气含量从9%到14%，则判断力降低，发生na，出现紫色斑点。如果氧气含量为6%至10%，则人会失去知觉并引起痉挛。

2）高温气体对呼吸系统造成的热损害。由于着火现场的大量可燃材料，着火迅速发生，着火气体的温度迅速升高。根据常见的室内火灾加热曲线，火灾5分钟后，火灾中心温度可升高到500℃以上。人呼吸系统的鼻，气管和肺泡组织非常脆弱。只要吸入气体的温度超过70℃，气管和支气管的粘膜就会充血，出血和起泡，组织坏死和肺扩张，肺水肿。

3）烟灰的毒性作用。火灾中的烟尘由碳颗粒，焦油滴和灰尘组成，这些灰尘会在房屋倒塌和天花板掉落时发生。当烟灰进入呼吸道时，会阻塞并刺激内部粘膜，其作用取决于烟灰的温度和直径，其中温度最高，直径较小且化学毒性强的烟灰是对呼吸道的最严重损害。

（二）火灾的蔓延

火焰蔓延不仅是火焰导致各种可燃材料燃烧的结果，而且是通过各种传热通道（热传导，热辐射，热对流等）或风，风，熔融材料的液滴，可燃材料的热量积聚的结果。如果水溅出或掉下，火势会迅速蔓延。

1）火在地板上水平蔓延。建筑物房间的火灾通常始于一个地方，并且整个地板都被点燃了，因为内壁的门没有挡住火灾，并且火灾通过门和走廊沿地板的水平方向蔓延开来。

从内壁的门流入走廊的热空气由燃烧产生的压力和热烟道气本身的浮力驱动。热空气穿过内壁的门，走廊，然后穿过相邻房间的门到达相邻房间。如果防火室的门或相邻房间的门没有打开，它将控制火势在地板上的水平扩散。如果走廊中有易燃的内部材料，热空气会迅速点燃，将火势水平散布在地板上。

如果一层上有多个防火区域，则通常仅在同一防火区域中进行这种水平扩展。

2）火势垂直于建筑物蔓延。这种传播方式通常有两种渠道。一个是在底部和垂直轴上的孔，另一个是通过外壁窗口的孔。

建筑物具有许多垂直竖井和开口，例如楼梯间，电梯竖井，管道竖井，钢丝竖井，垃圾竖井等，因为它们需要诸如上下通道连接和垂直管道交叉口等特征。穿过建筑物的大部分部件，例如烟囱，由于在发生火灾时垂直竖井的强大抽气作用，会迅速将烟气散布到高层。热烟气从垂直轴向上扩散的速度为 3 到 5m/s。

如果防火室中的温度很高，如果烟道气中含有过多的未燃烧气体，则热烟道气将从外壁窗中排出，然后形成火焰，从而使火势蔓延到上层。

（三）火灾的历程

火灾通常经历三个阶段：点火过程，火灾阶段以及火灾崩溃和灭火阶段。

1. 点火过程

是由于各种“来源”引起的点火过程而发生的，例如火花，火花，灼热物体的表面摩擦或冲击，电气设备中的静电放电或电气火灾花，以及集中阳光和累积热量的缓慢氧化（缓慢氧化）。燃烧称为自然燃烧，闪电或闪电。

以柴火为例，它是火灾中最常见的可燃材料，其着火过程是木材干燥以及加热至 110℃之前自由水的损失。175℃分解化学结合的水和 185℃它开始分解并在 230℃开始。碳化和燃烧在 300℃以上开始。300℃称为木柴。

2. 火灾阶段

每次着火通常需要 5 到 15 分钟，其中局部燃烧并且温度上升不同步。威胁。如果此时可以将其扑灭，可以在发芽阶段将火清除。火灾后，着火点的可燃物燃烧并进入盛放阶段。不同种类的可燃物，数量和氧气供应将使火势以不同的方式继续燃烧，从而对建筑物造成不同的破坏。

1）闪烁。闪络是指蒸汽和空气的混合物在易燃液体表面上的短期和短期燃烧。这种燃烧不会持续，因为新的蒸汽来不及补充。除非发生其他燃烧，否则闪火基本上对建筑物无害。但是，闪络是爆燃危险的警告，不应掉以轻心。

2）爆燃。爆炸是由火药或爆炸性气体混合物引起的快速燃烧，有时在瞬间。爆燃的主要损害来源是冲击波。轻微损坏会损坏玻璃，损坏门窗，并且砖墙的微裂纹小于5毫米。损坏程度与冲击波和建筑结构的强度有关。

3）持续燃烧。可燃物在供氧条件下完全燃烧，可燃物的范围和持续时间与可燃物的种类，数量，装载方式，位置和供氧情况有关。建筑物持续燃烧造成的损坏主要是高温灼伤，烟雾损坏等，该材料会因光线破裂或掉落而倒塌。持续燃烧通常是火灾中最繁荣的阶段，也是建筑物遭受最严重破坏的阶段。

4）代理。烟雾是由某些自熄性可燃物引起的火灾，这些可燃物的氧气供应不足，燃烧材料紧密堆积，经常伴有烟雾或油污。烟雾也可能源自局部或一般火灾。强烈的烟雾和大量的炭黑由于着火现场的浓烟和重有毒气体而难以扑灭。对建筑物的损坏主要是由于高温隔热过程中建筑材料的分解所致，可能需要几天的时间。

5）间歇性热冲击。虽然通常不认为是火灾，但是建筑物的损坏与火灾相同，但是在某些生产过程中会发生间歇性的热冲击（例如，给高温炉门等装料）。因此，需要注意这种现象。

3. 火灾崩溃和灭火阶段

由于可燃物质的耗尽或氧气供应不足，或者经过一段持续的时间，或者由于采用了多种灭火方法，火势逐渐减弱或熄灭，并且火场的温度逐渐降低，导致火势减弱和扑灭。表示。舞台。有时，扑救困难（高层建筑，地下设施，仓库或水资源不足，难以到达等）导致灭火和灭火的持续时间更长。

火灾的倒塌和熄灭阶段是接近火灾尽头的阶段，但是会发生建筑物前一阶段的损坏。消防人员的突然冷却，结构应力和变形可能随时导致建筑物倒塌，从而导致严重的人身伤害，因此在此阶段必须特别小心。

三、消防演习

为了迅速，安全和彻底地扑灭火灾，消防员必须坚持每日进行消防管理培训，并结合日常和常规培训。物业公司应根据实际情况进行年度消防演习，以确保消防和灭火功能的整体运行，从而确定消防和灭火计划是否科学。此外，锻炼可以确定物业使用者的心理承受能力，该设施是否可以运转。演习结束后，消防员必须及时总结经验，找出不足之处，改进今后的工作，提高物业公司的预防火灾，灭火和自救的能力。进行消防演习时，建议请公安消防部门指导，协助进行审查和总结，并提供改进方法或手段。

1. 消防演习管理规定

1）每年年初，消防队长都要准备消防演习计划，并在安全经理批准后，向公司安全委员会报告。

2）消防演习必须全员参加，任何人不得缺席，演习过程中必须精神饱满，认真对待。

3）消防演习结束后，必须写出书面总结报告。

4）消防演习当中必须注意安全，避免意外事故。

5）消防演习方案应包括以下内容：

①机构：消防队，疏散信息队，联络队，安全救援队，技术支持队。

②负责人的责任。

③警报和警报程序。

④初始消防程序和措施。

⑤通讯，安全保护和救援程序和措施。

⑥所需设备。

⑦通知。

6）消防演习要确定以下内容：

①提前三天发布通知，以通知当地的社区代表。

②在周六和周日尽量安排。

③运动前，必须检查和维护相关设备。

④人员和材料已经落实。

⑤申请使用相关场所和房间。

⑥需要做清楚的标志，以防止人们在运动等过程中登上电梯或停留在冒烟的楼梯上。

7）演练完毕后应进行总结，并不断完善预案和演练；恢复有关设施，清理有关场地。

2. 消防演习的准备工作

（1）参加消防演习的人

1）物业公司和公司领导的消防官。

2）每个部门的员工。

3）来自各个部门的志愿消防员。

4）财产的每个客户及其雇员或财产使用者的消防官。

（2）消防组织和准备步骤

财产消防演习的组织是公司安全部门的职责，并由其他部门协调。准备消防演习的步骤如下：

1）安全部应准备消防演习计划，并将其提交给消防管理副总裁进行审查，并提交给消防队长批准。

2）安全部应在进行消防演习之前的两周内对现有的保安人员进行消防演习，以行使团队成员的耐心和意愿。

3）安全部将派专人培训参加消防演习的所有团队成员，以掌握各种消防设备的性能和使用。

4）公司在进行消防演习之前检查消防设施和设备，以确保在这些设施上正常使用现有的消防设备。

5）确定消防演习的日期和时间后，将提前一周向客户发送一封信，通知建筑物的所有者，建筑物中的公司或所有者委员会必须提供参与演习的人员名单。

3. 消防演习的具体工作

（1）警报步骤

警报程序主要由安全部门负责。

1）发生火灾时，第一将火的位置报告给中央消防室，然后中央消防室的工作人员会派遣保安人员到现场，立即检查现场并在火灾现场监视并安装监控摄像头。

2）在确认火灾警报为真后，应立即向安全部门经理或消防控制中心代表报告，迅速集合各部门的志愿消防人员，赶赴火灾现场进行消防和救援行动。如果火灾太大而无法扑灭，请立即向总经理报告，致电“119”以报告警报并启动火灾应急程序。

（2）消防部门的相关工作

总经理召集公司相关人员组成“培训，消防组，疏散指导组，电信联络组，安全保护组，救护组和后勤支持组”的“六个小组”。它是这样的：

1）总部业务。指挥官的总指挥是管理办公室的总经理，副指挥官是管理办公室的总经理，指挥官是安全部门的经理，成员是各个部门的经理，工作场所是消防局，电话是 X X X X X X X X

①指挥部（代替未履行职责的专员，由负责的主管代替）应立即去消防中心（在某些情况下，例如首次起火），迅速有效地到达消防现场的适当位置可以自己下达临时命令（按照本地命令），总经理的命令。

②安全负责人动员灭火队拨打火警电话“119”，停止灭火，并派人到消防队到达十字路口。

③发出指导以指导房地产用户。根据现场的火灾情况，使用紧急广播或电话指

示疏散指导小组在现场撤离。

④我订购了一个防火设施。

⑤在失火的情况下，动员公司各个部门的员工寻求灾难，并与消防员一起灭火。

⑥扑灭大火后，已派出更多的警卫人员保护现场，并等待公安机关和消防部门的调查。

2）消防队。消防行动队长是安全部门的主管，安全小组长是自愿消防队的负责人。消防队的任务是扑灭大火并防止其蔓延。

①消防区的单位指挥官和志愿者消防员应立即使用灭火器和消火栓灭火。

②保安组工作人员接到通知后立即前往消防站。

③着火区附近单位的有关人员按照统一命令及时将可燃物运到安全地点，以防止火势蔓延，遵守命令。

④消防员中心应根据火灾情况和命令操作消防站。

3）疏散指南的动作。疏散指导小组由数名客户服务负责人和数个客户服务部门组成，联系人是客户服务部门的值班经理和每个客户的管理代表，他们必须指导物业用户疏散到消防安全通道中的安全场所。避免拥塞损坏。

①火灾发生后，疏散指导人员立即着火并组织了疏散工作。

②其他邻近单位的疏散主任应做好疏散准备。

③安全团队保留疏散命令，并将人员送到门口，以防止其他人再次进入。

④中央控制室向建筑物用户广播，在紧急情况下，中央控制室可以直接开始紧急广播以撤离。

4）与沟通联络小组合作。沟通联络小组由一个中央控制室，两个消防部门联络小组和每个客户服务代表组成，他们是公司的副总经理，负责对小组与总部之间的情况进行沟通和反馈。

①发生火灾警报后，请立即与中央消防部门或消防控制人员联系。

②接到警报并确认火灾后，消防中心立即通知安全经理和总公司总部集合消防中心。

③中央消防局负责人和各单位的联络联络组应随时将消防局信息通知总部，并转发总部指挥。

④每个部门的总部成员和消防人员可以与中央控制室的联系电话和手机号码保持联系，以便于访问。

5）安全小组任务。安全保护团队是安全团队的副手，由几名安全人员组成，以保护财产进入并防止非法元素造成的损害。

①财产发生后，现场保安人员立即将保安人员放在门前和地下车库的入口处，

以防止外来者进入。

②帮助难民疏散和安置。

③指挥和引导消防车，并停在适合灭火的地方。

④疏通人员，以免阻塞道路。

⑤必须让用户知道何时将停在火场附近的车辆移开以避免损坏。

6）救护车队的工作。救护车队的负责人是负责救助伤者的秘书长。

①及时抢救受伤人员。

②准时致电“120”急救中心，造成重伤。

7）后勤支持团队。后勤支持小组由工程部门的几名成员组成，负责人是工程部门的经理或主管，必须提供灭火器，断电工具和救援工具。

①用火运输灭火器和其他救援工具。万一发生大火，有必要向灭火器提供湿毛巾。

②检查消防设施是否正常运行。

③以适当的方式对消防局进行故障排除。

5. 演习有效性的总结

每次进行消防演习后，安全部必须以书面形式总结消防演习的影响和不利之处。有关部门负责收集房地产用户对消防演习的反馈，并填写消防演习记录表。审核后存档。

第四节　消防设施设备管理

一、房屋固有消防设施的管理

房屋中的固有消防设施主要有防火门、消火栓、消防水泵、消防水箱、消防电梯、火灾自动报警设备等，另外还有安全疏散设施，如火灾事故照明和疏散指示标志等，以及电气防火安全设施，如熔断器和防雷装置等。

1. 防火门的管理

防火门是一种移动式防火隔板，防火门通常安装在防火墙，前室，通道和楼梯中。防火门是重要的防火设备，是有效阻火并确保员工安全疏散的重要设施之一。

根据燃烧性能，防火门可分为不燃防火门和防火防火门。按照开门方式，可分为平门，推拉门，吊门（升降门）和卷门。

在中国，防火门分为三个阶段。甲级应耐火 1–2 小时，主要是双面薄钢板，主要用于防火隔断的入口，填充硅酸钙板和陶瓷棉；乙级应耐火。0.9h，其结构是单面或双面钉石棉板和厚木板的钢板，一些木材主要在耐火电梯前室的楼梯，前室和门口处采用耐火淬火材料处理。0.6h，主要用于检查管道井门。

在安装，使用和维护防火门时，需要注意以下几点：

1）发生火灾时，无法关闭门，防火门必须自动关闭并提供自动闭门器。目前，自动闭门器分为液压式和弹簧式，电子闭门器有一个缓冲油泵，可缓慢关闭门。用于防火门的自动闭门器大多是单向打开的液压门弹簧和单管弹簧铰链，这些类型的自动闭门器不应安装在通道中（防火条件）。侧面），以免在发生火灾时受热损坏。始终注意自动闭门器的灵敏度和有效性，如果损坏，请及时更换。

2）为便于通过，必须固定常开防火门。通常，有电磁发射开关或易熔合金，门固定在墙的两侧。发生火灾时，将切断电源或为磁铁通电以拉动锁舌或合金燃烧。激活弹簧后，门将自动关闭。值得注意的是，发生火灾时，迷茫的人们无法打开门而轻易进入烟花，因此不能用钩子或门卡固定门，以免失去通道和楼梯的安全疏散。

3）通常将用于特殊疏散楼梯的防火门锁定，以防止盗窃，而电磁门锁可用于解决火灾和盗窃问题。发生火灾时，可以远程控制烟雾探测器或火灾控制室以打开电路，通过磁力将锁舌拉出并推开门。也可以设置一个简单的机械推杆门锁。一推门，门内的人就会打开，而当人们外出时，门会反弹并关闭。从外部进入时，必须用钥匙将其打开，以防止滥用者进入建筑物。

4）一些双扇防火门有一个咬合孔，可以将其关闭，因此，如果将其上下颠倒关闭，则无法关紧，需要安装音序器来控制门的前后步骤。

5）如果需要用手打开防火门的门把手，则火灾可能会阻止门打开。因此，必须采用推杆门锁，并且只能通过用手推动或按压主体来打开门。

6）请勿用地毯或室内家具堵塞防火门，在发生火灾时迅速打开并关闭门。

2. 消火栓的管理

消火栓是提供灭火水的重要设备，分为室内消火栓和消火栓。

（1）室内消防栓管理

室内消防栓是建筑物中的固定消防栓供应设备，包括消防栓和一箱消防栓。室内消火栓和消火栓箱通常位于楼梯，走廊和内墙上。该盒子有一个水管和一个水枪，水枪连接到消火栓出口，消火栓连接到建筑物的消防水源。着火时，将手轮转到打开方向，水流将排出水流。

室内消火栓由手轮，阀盖，阀杆，阀体，阀座和接口组成。使用室内消火栓时，第一打开消火栓箱，卸下水管和水枪，然后将消火栓手轮转到打开位置以关闭水。

维护消火栓时，应注意以下事项：

1）定期检查室内消火栓是否损坏。

2）验证接口垫片是否齐全。

3）消火栓阀杆应充满润滑剂。

4）进行定期排水检查，以确保发生火灾时及时打开消防栓。

如果需要一个室内消火栓盒，请根据防火门的打开方式打开门锁。如果消防栓上没有紧急按钮，请拉动拉环，然后顺时针旋转手柄以打开门。打开箱门，取下水枪，按水泵启动按钮，转动消火栓手轮以打开消火栓，插入水软袋并注入水。

灭火后，需要洗干水水软袋，将其缠绕或折叠放在盒子中，将水枪固定在枪架上，安装盒子锁并关闭盒子门。

像室内消火栓一样，消防水带卷盘是建筑物的固定灭火设备。消防水带惊险装置通常安装在与室内消火栓给水管相连的分支水管中，主要由旋转，支撑和转向部分组成。旋转部件包括转盘，摆臂和轮壳支架。主要功能是将卷轴从壁盒中摆出，并使水管膨胀和收缩。一些零件包括排水管，进水管，水封套和连接件。除了开关和喷涂功能外，它还可以防止泄漏。使用消防水带卷盘时，请遵循以下步骤。打开水软袋卷盘盒门，然后将卷盘向外旋转 90° 。打开排水阀，拉出水软袋并喷水灭火。

通常，应该定期检查卷轴，水枪和水软袋是否损坏，以及阀和卷轴是否可以平稳旋转，如果发现问题，则需要及时修理。

定期检查消火栓箱门是否损坏，门锁是否可以灵活打开，密封圈是否损坏，水软袋转盘负载框架是否损坏以及箱体是否生锈。如果发现问题，必须及时更换和修理。

（2）户外消防栓管理

室外消火栓连接到城市的水管网络，它可以从消防车中抽水，并用水软袋或水枪将其连接以直接灭火。地下有两种类型的消防栓。地下消火栓适用于温暖的气候，而地下消火栓适用于寒冷的气候。

1）地面栓。地栓主要由弧形阀座，阀座，排水阀，法兰连接开关杆，阀体和接口组成。如果在地面上使用了消火栓，则将消火栓扳手放在开闭头顶部的竖井头后面，并逆时针转动消火栓钥匙以打开阀门，然后水就会从出口流出，顺时针转动消火栓钥匙，阀门将关闭并且水将不再它不会流入插座。

地面消火栓的维护应每月一次或在重大假期之前进行，检查消火栓一次，清除开闭杆顶端的杂物，在柱头上放一个专用的消火栓钥匙，确保合适，然后旋转开闭杆。填充润滑剂。用纱布擦去排水螺纹上的锈，并确保内部橡胶垫圈没有损坏。打开消防栓以检查供水，排水后将其关闭，并检查是否漏水。如果发现问题，必须及时修复。

2）地下消火栓。地下消火栓的功能类似于地下消火栓，并为消防车和水枪提供压力，但它们安装在地下。

地下消火栓安装在地下，不易冻结或损坏。

地下消火栓的使用可以指地面消火栓。但是，地下消防栓的目标尚不明确，因此应在地下消防栓附近放置一个清晰的标志。

（3）消火栓的使用规定

1)消火栓是灭火的专用设施,不得挪作他用。不使用消防主阀时,请勿将其打开。

2）消火栓的使用须由使用人填写如表10–4所示的消防水动用申请单和如表10–5所示的消防水停用审批单。

表10–4　消防水动用申请单

日期	
运用时间	
动用消防水理由	
动用消防水申请责任人	
工程部意见	
安全部意见	
公司领导意见	

表10–5　消防水停用审批单

日期	
停用时间	
停用位置	
停用申请人	
停用原因	
工程部意见	
公司领导意见	

3）安全部门将设立消火栓和自动喷水灭火系统的管理者，并且该管理者将每月至少一次检查，签署和验证为消火栓和自动喷水灭火系统配置的设备。

4）工程部门每周维护一次，以确保消防栓和自动喷水灭火系统的正常使用。

5）工程部门应在消防栓和自动喷水灭火系统的位置上做清楚的标记，并指明水系统的方向。

6）使用消火栓的基本方法如下。万一发生火灾，请第一估计消火栓与消火栓之间的距离，迅速丢弃水软袋，然后将消火栓的接口与适配器对准并拧紧喷枪。握住喷枪头并对准枪头，同时枪头连接到水软袋接头，并且水阀打开。如果距离很短，则可以使用消防软盘线圈，第一拉动软盘线圈，同时打开水阀，然后打开水枪阀，将喷嘴对准使用中的消防员。

3. 消防水泵的管理与维护

消防泵是确保室内供水网络压力和流量的机械设备，必须满足以下要求并定期维护以确保持续供应消防水：

1）消防泵组必须有多于两个的吸水管，如果其中一根发生故障，其余的吸水管仍应能够满足消防用水的要求。高压供水系统中的每个消防泵必须有自己的独立吸入管。

2）为便于检查和维护，消防泵的进水管和出水管通常应放置在泵房的底部，阀门应放置在方便的地方并应标明开关标志。

3）消防泵的吸入管的直径不应小于消防泵进水口的直径。

4）消防泵应使用其自身的灌溉用水引流，以确保及时供水，通常应在接到警报后 5–8 分钟内开始工作。在正常情况下，为了正常运行，必须将内燃机的动力提供给两个动力源或设备。

5）消防泵必须直接连接到动力单元，如果遇到困难，可以使用 4 V 皮带传动。

6）通常，固定式消防泵应配备备用泵，备用泵的工作能力应不小于工作泵。

7）消防泵的排水管应装有止回阀和排水阀，以进行测试和检查。

8）在正常操作中，维持高压供水系统中压力的消防泵必须严格监视或巡逻，以确认异常噪音或振动以及轴承温度是否超过可接受的值（最高 75℃）。仪表是否正常大气泵和临时高压供水系统，动力设备等消防泵的灌溉条件应保持良好状态，并在发生火灾警报后立即启动。

9）检查，补充和更换润滑剂更换所有已变色或被铁弄脏的油。

10）检查包装是否完好，泵体是否泄漏，溢流或沙眼，泵轴是否泄漏或溢流。

11）外观干净，油漆和徽标没有损坏。

12）阀门可以灵活地打开和关闭，而不会堵塞或紧密关闭，也不会在内部和外部泄漏。

13）阀体和手柄未损坏，阀杆已润滑且外观清洁。

14）止回阀是柔性的，没有泄漏。

15）压力表的指针灵活，指示正确，刻度盘干净，位置易于查看，牢固，良好，并且阀门和接头不防水。

4. 消防水泵接合器的管理

消防水水泵结合器是用于高层建筑的自行提供的消防设施，用于连接消防车和电动泵以将消防水输送到建筑物的管网。消防车通过适配器的接口将水送至建筑物的消防供水系统，该系统可使建筑物内的室内消火栓或其他灭火器获得足够的压力来扑灭另一层火灾。

共有三种类型的消防水水泵结合器：地面消防水水泵结合器，地下消防水水泵结合器和墙壁消防水水泵结合器。这三种类型的消防水泵结合器安装在不同的位置。地面消防水泵结合器的插头和连接器高于地面，目标物清晰易用。地下消防水泵结合器安装在地面上，不占用空间。在寒冷地区，墙壁消防水泵结合器安装在建筑物墙壁的根部，只有三个接口和装饰性标志裸露在外。在安装，使用和维护消防水水泵结合器时，应注意以下几点：

1）按照指定要求进行安装。使用消防泵接头的消防供水管道应与生活用水管道分开，以防止污染生活用水（如果没有分离条件，则在使用过程中应断开连接）。为了防止泄漏，必须密封所有部件的连接和地下管线的连接。安装后，应检查管道的高度，闸门和排水阀的开度应灵活，并应对规定压力进行水压试验。排水阀和安全阀溢流口应与下水道中的其他排水口连接，使用后将剩余的水排出。

2）在操作过程中，第一打开井盖，关闭排水阀，然后松开外螺纹接口的阀盖，连接水管以从消防水管供水。使用后，打开排水阀，盖好井盖，拆下水管，然后在固定接口上拧紧阀盖。

3）消防泵结合器必须由人维护并定期维护，以确保在使用过程中能够正常运行。旧的密封件必须及时更换。使用消防水泵结合器以防止埋入压力。

5. 消防水箱的管理

当建筑物的室外供水网络不能始终确保室内水管中有足够的水压时，将安装消防水箱。低层室内消防水箱应将室内消防用水量存储10分钟以上。高层建筑中消防水箱的存储容量如下：I类建筑物必须至少为18m3，II类建筑物和I类住宅建筑物必须至少为12m1，II类住宅建筑物必须至少为6m3。消火栓箱的安装高度必须满足安装在最不利位置的室内消火栓的水压。

如果将同一个水箱与水和其他水一起使用，则必须采取技术措施以防止将水用于其他目的，例如使其他水的排水口高于水位。但是，当前存储在水箱中的灭火水的数量可以根据表面的下部来计算。

如果消防员水箱的安装高度不能满足最不利的消火栓的水压，则可以将固定消防泵或气动水箱设置为分压。使用气动水箱时，必须确保灭火水的量和压力。如果使用固定式消防泵，则需要安装按钮以在水压不足的情况下从消防栓处远程启动消防泵，并且还必须在消防水箱的出口管道上安装止回阀以防止增压水再次进入水箱。

6. 消防电梯的管理

消防电梯是高层民用建筑的特殊消防设施。常规的电梯在被火关闭时通常会停止使用电源，但是消防员在扑灭大火并造成伤害时必须使用电梯。因此，高层建筑配备有消防电梯，这要求消防员在发生火灾时迅速到达消防员处进行消防操作，以减少火灾造成的损失和人员伤亡。

我国需要超过 12 层的超高层建筑，塔式住宅，单元房和门廊房，以及高度超过 32 米的两层超高层建筑（主建筑面积必须小于 $1500m^2$）。有两部 1500 至 4500 平方米的电梯，三部 4500 平方米及以上的电梯，必须安装在不同的防火区域。

如果建筑物着火，则所有电梯必须带到二楼；如果二楼着火，则电梯应停在该楼层附近，人员疏散后，电梯将被锁定和停止，并且消防员操作消防员。我会的快来进行消防救援。消防员可以按下控制按钮或将特殊键插入开关，消防员可以回到地面并由消防员使用。为了充分发挥潜力，消防电梯也可以用作服务电梯。

在安装，使用和维护消防电梯时，应注意以下几点：

1）消防电梯应在前室加以保护，以防止烟雾和火势进入井道和车辆。同时，前室是消防员进行消防的基地，也是残疾人的临时庇护所。因此，为了促进上述功能的实现，不应将消防电梯的前室改道或堆放成其他目的的碎屑。

2）消防电梯车辆的大小应能够容纳担架和几个人，因此承载能力应大于 1500kg，车辆长度应大于 $1.5m \times 2.0m$。完美的汽车配备有各种设施，例如通讯和操作控制，并且内部装饰必须不可燃或不可燃。另外，应提供应急电源和应急照明设备。此类设备必须在正常时间得到适当的保护，以防止丢失或损坏，以免影响其使用。

3）消防电梯的井道和机房应分开安装，普通电梯井与机房相邻的电梯间的隔墙应为防火墙，隔墙的门应为甲级防火门。井道的底部应设置排水装置，以使大量的消防水流入井道的底部，而不影响井道的正常运行。在某些情况下，有必要在顶部安装通风孔，以排除烟雾进入井道。此外，禁止在轴上使用电缆，易燃外壳和涂层作其他用途。

4）专用控制按钮是消防电梯的独特设备，因此应经常检查它们，以确保它们始终保持敏感和有效。同时，通往消防电梯的通道必须保持清洁。

5）除非紧急情况，否则请勿使用紧急按钮操作消防电梯，并检查消防电梯是否损坏。

7. 火灾自动报警设备的管理

火灾警报系统由火灾探测器，区域警报和自动警报组成。发生火灾时，火灾探测器将火灾信号转换为电信号，并将其传递给区域警报，然后由区域警报将其发送到自动警报。

（1）火灾自动报警的维护

自动火灾警报器是超高层建筑和重要建筑群中必不可少的重要消防设施。该设备必须由特殊人员维护并实施 24 小时工作制。无关的员工不得随意触摸手以使整机处于正常工作状态。

1）火灾自动报警装置的报警位置以及该装置相应的火灾监控地点的布置清晰。

2）应根据常规检查系统对设备的正常使用进行严格检查，以确保其稳定运行。

3）请勿在火灾探测设备下方安装覆盖探测空间的设施，例如屏蔽玻璃和帘板，以防止警报系统正常运行。定期检查，测试，检测和维护自动火灾报警系统。

4）日常检查事项：检查火灾报警功能（例如火灾报警功能和故障功能）是否正常，以及手动检查装置以查看指示灯是否损坏。

5）每周检查表：执行主电源和备用电源的自动转换测试。

6）半年检查：对所有火灾探测器进行故障模拟实验，并及时更换损坏的火灾探测器。目视检查电缆，接线盒和设备以清洁灰尘。

警报器不可避免地会发出少量错误警报，因为自动火灾警报器将继续运行，因此一旦警务人员收到警报，他必须关闭噪音并立即奔赴现场。可以采取消防措施，启动其他外部灭火设备，并将其报告给消防部门及其人员。

（2）自动烟雾警报器的常规故障排除

火灾自动报警设备生产线复杂，技术要求高，每个生产厂的产品结构和生产线形式差异很大，因此故障种类很多。除常见故障外，自动火灾报警设备的维护还应由专业维护人员进行。

火灾报警系统的常见故障和检查方法是：

1）主电源故障。检查输入电源是否异常，保险丝烧断以及接触不良。

2）备用电源有故障。检查充电设备，电池是否损坏以及接线是否断开。

3）感应电路故障。检查火灾探测器的电路接线是否完好无损，是否有人拆除了火灾探测器，以及终端监控器是否损坏。

4）错误警报。检查火灾探测器的探测区域是否有干扰，例如蒸汽和灰尘，这会影响火灾探测器的正常运行。如果有干扰，请消除干扰。

经常误报且没有影响正常运行的其他干扰的火灾探测器应及时更换。如果不能暂时排除故障，应立即通知相关的专业维修人员，以便尽快恢复火灾探测器的正常运行。

（3）火灾自动报警的常见报警原因

火灾自动报警设备常见报警原因如表 10–6 所示。

表 10–6　火灾自动报警设备常见报警原因

序号	报警设备名称	原因
1	离子烟感探测器	1）报警设备现场相对湿度是否过大（95%） 2）报警设备现场是否有气流或风的条件存在 3）报警设备现场是否有大量粉尘、水雾滞留 4）报警设备现场是否有腐蚀性气体存在 5）报警设备现场是否产生醇类、醚类、酮类等有机物质 6）报警设备现场是否有烟雾滞留
2	光电烟感探测器	1）报警设备现场是否有大量粉尘、水雾滞留 2）报警设备现场是否产生油雾和蒸气 3）报警设备现场是否产生黑烟 4）报警设备现场是否在正常情况下产生烟
3	温感探测器	报警设备现场温度超过预定值（68℃）
4	手动报警器	1）报警设备人为动作 2）模块发生故障
5	玻璃报警器	1）报警设备人为动作 2）模块发生故障 3）挡板玻璃松动或掉下
6	水流指示器	1）喷头动作喷水 2）管网滴、漏水 3）设备弹簧松动 4）人为动作
7	压力开关	1）自动喷水灭火系统动作 2）模块发生故障 3）人为动作
8	监察点	1）水泵启动 2）模块发生故障 3）人为动作
9	可燃气体探测器	1）可燃气体泄露 2）模块发生故障

（4）火灾自动报警系统维护标准火灾自动报警系统维护标准如表 10–7 所示。

8．应急灯和疏散指示灯的管理

为防止触电并通过电气设备和线路扩大火势，有必要在火灾时切断火势和火区或整个建筑物的电源，并且在没有应急灯和疏散指示器的情况下，人们会感到恐慌。混乱可能会导致不必要的人员伤亡以及表演的后果。实践表明，安全疏散，应急灯和疏散指示器至关重要。需要安全的疏散指导，尤其是在超高层建筑和拥挤的地方。

表 10-7　火灾自动报警系统维护标准

序号	项目	内容	周期
1	报警控制盘	1）测试指示灯、系统、复位功能 2）检查联动、手动指示灯状态 3）检查主电源、备用电源指示灯状态 4）检查报警设备故障点位原位原址、失效点位地址 5）检查打印机的状态、性能 6）检查现场设备动作指示灯	每班
2	探测器	1）目测探测器安装牢固情况，倾斜角度不大于 30° 2）检查探测器现场周围有无新增加的具有黑烟、相对湿度大于 95%、气流速度大于 5m/s、大量粉尘水雾滞留等的施工、作业等活动以及新增设的采暖、送风设施等 3）目测探测器水平距离 0.5m 内无遮挡物，垂直距离内无遮挡物 4）采用专用仪器抽样 10% 试验探测器的动作及确认灯显示	每季度
3	声光报警器	1）目测声设备安装牢固情况 2）试验声音及光照度	每季度
4	水流指示器	1）目测水流指示器、防护罩安装牢固情况 2）测试、调整复位装置 3）检查导线连接端子连接情况 4）试验报警功能及信号显示 5）目测、紧固监视模块安装牢固情况	每季度
5	压力开关	1）目测压力开关安装牢固情况 2）试验报警功能、信号显示 3）试验启动水泵功能、信号显示	每季度
6	主备电源	对备用电源进行 1 ~ 2 次充放电试验，进行 1 ~ 3 次主电源和备用电源自动切换试验	每季度
7	电梯	强制电梯降于首层试验	每季度
8	消防电话	现场消防电话与中控室进行通话试验	每季度
9	现场电源	进行非消防电源强切试验	每季度
10	探测器	全部清洗，并作响应阈值及其他的必要功能试验	每 3 年

1）除了在疏散楼梯，人行道，消防电梯及其前面的房间以及人口稠密的区域内安装应急照明设备外，万一发生火灾，配电室，消防控制室，消防泵房，自备发电机室等也不应停电。必须安装道路应急灯。

2）疏散指示器应在通道的墙壁和拐角处，楼梯通道上方，圆形通道中。它是绿色的，可以通过烟火轻松辨认该颜色。

3）目前，中国常用的应急灯是便携式应急灯。通常，它们挂在墙上，处于充电状态，断电后可以发光，可以用手将其取下。此外，实践中还使用由荧光涂料制成的应急灯，着色剂为硫化锌，可以存储和发射光能，并且荧光不具有放射性。

4）在主要通道中疏散的应急灯的照度应至少为0.51xo，这是消防员，消防泵房，配电室和自备发电机室中的应急灯的最低照度，该零件在运行时的最低照度是正常的。与照度相同。

5）万一着火影响了疏散的安全，必须在外表面增加防护措施，以防止紧急照明和疏散指示器迅速燃烧。

6）紧急检查和疏散指示器应经常检查和维护，如果灯泡已关闭或损坏，则应修理并更换灯泡，以使灯泡保持良好状态。

7）未经许可，不得卸下和进入各楼层的应急灯和疏散指示灯，也不得卸下。

8）检查人员每天检查一次应急灯，包括应急灯是否正常点亮，玻璃表面是否损坏，安装是否正确以及测试按钮是否仍处于点亮状态。如果发现异常，请立即通知维修部门。

9）保持应急灯清洁，表面无划痕和裂纹。

10）每三个月执行备用电池点亮测试，持续一个半小时，以对电池进行放电和充电，以延长电池寿命。

9. 熔断器的管理

保险丝是一种保护装置，用于防止配电线或配电单元的电路短路和过载。保险丝的主要成分是由铅，锡，锋利的锌，铜和其他金属制成的金属保险丝。除金属保险丝外，保险丝还具有支撑保险丝和保护壳的接触端子。

保险丝的低熔点，高电阻和小横截面将使电流超过额定值并产生更高的热量，这将产生更多的热量并更快地破裂，从而保护电路和电气设备。

根据保险丝着火的风险，需要采取以下安装和维护措施：

1）为保险丝选择保险丝时，保险丝的额定电流必须与要保护的设备兼容。

2）通常，应在改变电源线，支路和导体横截面的地方安装保险丝，以便可靠地保护线路的每个部分。

照明电路保险丝的额定电流应略大于实际负载电流，并且一般不应超过负载电流的2倍，但不大于仪表的额定电流和安全断开导体的电流。

3）为防止在熔断保险丝时燃烧周围的可燃材料，应将保险丝安装在有火灾危险的房屋外。否则，必须将其密封并留下易燃的建筑部件。

4）经常清除灰尘以保持保险丝清洁。

5）在存在爆炸危险的地方，不得安装通用保险丝。

二、灭火器的使用与管理

灭火器是一种便携式灭火器，它可以由人移动，并且可以根据内部压力喷洒填充的灭火剂来灭火。由于结构简单，操作方便，用途广泛，对初期灭火具有明显的影响。因此，该灭火器成为群众的常规灭火器。

1．灭火器的使用和维护

1）灭火器应安装在通风良好，干燥清洁的地方，不要暴露在烈日下，靠近热源的地方或没有剧烈振动的地方。

2）灭火器应放置在清洁的地方，以易于接近，不影响安全疏散，也不要使通道敞开。

3）经常检查灭火器，测试内容如下：

①喷嘴未堵塞。如果堵塞，应及时清洗。

②检查环境温度是否在 –10 ~ 50℃之间。

③压力表的指针是否在绿色区域中（例如，检查并补充以确定红色区域的原因）。

④零件完整（未拧紧，变形，腐蚀或损坏）。

⑤不应损坏可见部分的腐蚀层（如果轻微剥落，请修理），应将明显的腐蚀现象送到专业部门进行维护和压力测试。

⑥即使铅封损坏（使用灭火器后，也必须按照规定进行补充，并且必须进行密封测试以重新提供密封）。

4）应及时进行定期检查和维护，以检查喷嘴和喷管是否堵塞，腐蚀或损坏。

5）灭火器由消防部门统一填充。

6）除非紧急情况，否则请勿使用灭火器，拔下灭火器的电源或更改其位置。

2．灭火器分类

（1）按灭火剂类型划分

1）灭火器。水灭火器主要是水，也有少量的添加剂。灭火器和增强型液体灭火器均为水灭火器。

2）泡沫灭火器。气泡灭火器的灭火剂是气泡液体。根据泡沫灭火器的不同类型，泡沫灭火器可分为蛋白质泡沫灭火器，氟蛋白泡沫灭火器，脑膜泡沫灭火器和耐溶剂泡沫灭火器。

3）干粉灭火器。干粉灭火器的灭火剂是干粉。根据填充式干粉灭火器的不同类型，干粉灭火器可分为碳酸氢钠干粉灭火器，钾盐干粉灭火器，氨基干粉灭火器和磷酸 phospho 干粉灭火器。

4）卤代烷灭火器。

5）二氧化碳灭火器。二氧化碳灭火器的灭火剂是加压的液化二氧化碳。

6）酸碱灭火器。

（2）除以灭火器的重量和移动量

1）手提式灭火器。便携式灭火器的总重量小于 28 千克，容量约为 10 千克。

2）背包灭火器。背包式灭火器的总重量为 40 公斤或更小，容量为 25 公斤或更小。

3）手推车灭火器。推车式灭火器的总重量超过 40 公斤，容量不足 100 公斤，配备有轮子和其他驱动装置，灭火装置由人力推动和拉动。

（3）加压法除

1）气瓶灭火器。在这种类型的灭火器中，灭火剂由从存储压缩气体的气瓶发出的加压气体驱动。

2）储存灭火器。在这种类型的灭火器中，灭火剂由与灭火器存储在相同容器中的压缩气体或灭火蒸气的压力驱动。

3. 灭火器

洁净水灭火器中充满了洁净水，并且经常向水中添加适量的添加剂，例如防冻剂，湿润剂和增稠剂，以提高消化性能。

使用灭火器的方法是举起它。保持灭火器垂直于燃烧的物体 10 米。此时，气瓶的致密膜被刺穿，二氧化碳气体进入气瓶，以使清洁的水从喷嘴中排出。此时，应立即用一只手抬起灭火器，用另一只手支撑灭火器的下环，喷洒水，然后朝最强烈的燃烧区域燃烧。随着灭火器的喷射距离变短，操作员必须逐渐接近燃烧对象，以便始终将水流喷射到燃烧现场，直到火熄灭为止。在喷涂过程中，灭火器应始终垂直于地面。请勿将其倒置或侧放。否则，加压气体将泄漏，并且不会喷射灭火剂。

4. 空气泡沫灭火器

泡沫灭火器，也称为机械灭火器，是指装有泡沫灭火剂的灭火器。它主要用于扑灭汽油，煤油，柴油，植物油，油脂等 B 类物质的早期燃烧。它也可以用于扑灭木材，竹子，棉花，纺织品，纸张等 A 类材料的早期起火。其中，半溶剂型气泡灭火器可以扑灭甲醇，丙酮，丙酮等极性溶剂的着火。泡沫灭火器无法扑灭真实设备和轻金属火灾。

泡沫灭火器根据泡沫储液和净水的混合顺序分为两种。预混合型是指将气泡储存液和水在灭火器中预混合并包装在一起。分流型是指气泡存储溶液和水在灭火器中分别包装，并在使用两种液体时按比例混合。根据不同的加压方法，泡沫灭火器可分为两种类型：压力储存型和气体储存瓶型。泡沫灭火器应按照 GN11 进行标记。

第一，如何使用泡沫灭火器。

如果使用泡沫灭火器，则应迅速将灭火器手柄置于火上。注意不要过度倾斜灭火剂，请勿将其翻转过来。确保两种药物均未事先喷雾。距离燃烧的物体约 6m，第一取下安全销，用一只手抓住打开的压力手柄，用另一只手握住喷枪，密封灭火器，然后从喷枪喷出空气。射击后，应该转到最强烈的燃烧位置。如果可燃液体灭火熄灭，并且在易燃液体流动的情况下燃烧，则喷射的泡沫应远距离覆盖燃烧的液体。在容器中燃烧易燃液体时，必须将泡沫喷在容器的内壁上，并用沿壁流向易燃液体表面的液体覆盖泡沫。切勿将气泡直接喷在易燃液体的表面上，因为喷射流的冲击会导致可燃液体从容器中冲出，扩大了燃烧范围，使灭火变得困难。扑灭固体火焰时，应将喷射指向最强烈的燃烧点，并且随着有效喷射距离变短，用户应逐渐接近燃烧区域并喷射泡沫，直到燃烧材料关闭。在使用过程中，始终牢牢握住打开的压力手柄，不要松动，也不要将灭火器倒置或水平使用。否则喷雾将停止。

第二，维护泡沫灭火器。

1）灭火器应放在干燥通风的地方，以防止钢瓶弄湿。避免阳光直射和强热。

2）灭火器的存放环境温度应为 4 ~ 5℃。

3）灭火器应按照制造商规定的要求和检查间隔定期检查，并应由受过训练的人员进行。

4）打开灭火器后，应根据需要进行补充。

5）在每次补充灭火器之前，必须按照规定对主要压力组件（例如气瓶）进行静水压测试。静水压测试失败的零件无法通过焊接或其他方式进行维修。

6）由维护部门修理的灭火器必须具有消防部门的认可标志，并注明维护单位的名称和维护日期。

7）需要经常擦拭灰尘并保持喷嘴打开。

5. 干粉灭火器

干粉灭火器是指装有干粉灭火剂的灭火器，主要用于扑灭易燃液体，可燃气体和电气设备的初火，主要用于加油站，车库，实验室，变电室和煤气中。车站，液化加油站，油库，船舶，车辆，工矿企业和公共建筑。

干粉灭火器按加压方式分为蓄压式和储气瓶式。干式干粉灭火器的加压气体通常为压缩氮气或空气，并且储气干粉灭火器的气瓶中装有加压的液化二氧化碳。根据气瓶的位置，气瓶类型的干式灭火器可分为两种：内置式和外部式。

第一，是一种便携式干式灭火器。

1）使用方法。如果使用便携式干式灭火器，则必须迅速将便携式灭火器的手柄赶到火场，并且灭火器应放置在距着火点约 5m 的地方。在户外使用时请注意防风。使用前，将灭火器倒置，以松开管内的干粉。如果使用内置或压力存储的干粉灭火器，请先卸下安全销，用一只手握住喷嘴并用另一只手稳固按动手柄，干粉将从喷嘴中排出。使用外部干粉灭火器时，用一只手握住喷嘴，用另一只手握住提升环和手柄，将干粉从喷嘴中排出。在粉末喷涂过程中，干粉灭火器应始终竖立，因此请勿上下颠倒放置。

用手轮打开气瓶，逆时针旋转，将其转到最高位置，然后提起灭火器。当使用灭火器或带喷雾水软袋的高压灭火器时，切勿单手按压和释放手柄。否则喷雾将停止。

扑灭易燃和可燃液体火时，干粉灭火器应面向火焰的腰部，如果在火下流动并燃烧的液体火，火焰源和火焰源，直到火焰被完全扑灭。如果易燃液体在容器中燃烧，则用户必须在火焰的根部摇动火焰，以覆盖容器的整个开口表面。当火焰从容器中冒出时，用户必须继续喷涂直至火焰完全熄灭。扑灭容器中的易燃液体火时，必须注意不要将喷嘴对准液体表面，以防止易燃液体因射流的冲击而燃烧并着火。如果易燃液体在金属容器中燃烧的时间过长，并且容器的壁温高于可燃液体的自燃闪点，则在扑灭大火后很容易重新点燃。

当使用干粉灭火器扑灭坚硬的可燃火时，必须前往最苛刻的燃烧位置并左右着火。如果条件允许，用户可以沿着灭火材料的四个周边搬运灭火器，以将干粉灭火剂均匀地喷洒在燃烧材料的表面上，直到火焰完全熄灭为止。

2）维护。便携式干粉灭火器应放置在靠近保护区的干燥，通风良好，可及的区域。必须注意避免潮湿和阳光直射，灭火器的连接不得松动，并且喷嘴塞盖不得脱落，以确保密封性能。便携式干粉灭火器应根据制造商的要求定期检查，如果发现灭火剂结块或储气能力不足，则必须更换灭火剂或更换供气装置。

手提式干式灭火器在打开后必须重新装满。补充剂应由受过训练的人员根据制造商规定的要求和方法进行，灭火剂的类型和重量不得随意更改，应对充气的气瓶进行气密性测试。

干粉灭火器应在其设计压力的 1.5 倍下进行静水压测试，再充电 5 年或再充电。维修过的灭火器必须具有消防部门认可的标记，注明维修单元的名称和维修日期。

第二，推车式干粉灭火器。

1）使用方法。台车式干式灭火器通常由两个人操作。使用灭火器时，必须迅速将其从灭火器中拉出或推出，并在距灭火点 10 米处停止。一个人需要修理灭火器，然后卸下安全销并迅速打开二氧化碳气瓶。然后用一只手握住喷枪枪管，用另一只手扳动扳机，将喷嘴对准火焰的根部并喷洒粉末以扑灭火焰。

2）维护检查。确保框架的旋转部分松动，并且操作灵活可靠。务必检查干粉是否有结块，如果发现有块状，请立即更换灭火剂。定期检查二氧化碳气体的重量。如果重量减少 1/10，则必须立即补充气体。检查密封件和安全阀装置。如果发现事故，则必须在使用前进行修理。

使用 5 年的干粉储罐必须通过 2500kPa 液压测试，二氧化碳气瓶已经通过 22.5MPa 液压测试，测试通过后可以再次使用。每两年，需要进行一次液压测试。

6. 二氧化碳灭火器

二氧化碳灭火器适用于扑灭 600V 以下的贵重设备，档案，材料，器皿，仪表，油脂和电气设备的早期着火。

（1）便携式二氧化碳灭火器

1）体系结构。便携式二氧化碳灭火器由钢瓶，瓶头阀和喷雾系统组成。

2）使用方法。当使用二氧化碳灭火器时，按下手柄会打开二氧化碳灭火器的密封，并且在蒸气压力的作用下，液态二氧化碳通过虹吸管和喷雾连接管从喷嘴中排出。在灭火器中消化的是二氧化碳和固体的混合物，这是一种可携式氧气的二氧化碳。当二氧化碳（例如雪花）被燃烧材料遮盖时，会立即蒸发（升华），从而提供恒定的冷却效果。

如果使用的是便携式二氧化碳灭火器，则可以用手柄携带它，或者将其放在肩膀上，然后迅速冲入火中。将灭火器放到距灭火器着火点约 5m 的地方，用一只手握住喇叭形喷雾器的手柄，将喷雾器对准火焰，用另一只手按手柄以释放二氧化碳。对于没有喷雾水软袋的二氧化碳灭火器，必须将喇叭拉起 70° 至 90° 。

在抑制分散的液体着火时，应在火焰中向远处喷洒二氧化碳射流，并且在较大的燃烧区域，操作员可以左右移动喷嘴，直到着火。从容器灭火时，工人必须从容器顶部向容器中喷洒，但不能使二氧化碳直接接触液体表面。否则，将易燃物质从容器中冲洗掉，这将扩大火势。

使用便携式二氧化碳灭火器时，请注意以下几点：在喷涂过程中，灭火器应直立放置。不要平放或倒置使用。不戴防护手套时，请勿用手直接握住喷涂机或金属。防止冻伤的管道；如果在室外使用，则应选择向风向喷洒。在室外强风环境中使用时，喷出的二氧化碳气体会吹散，从而降低灭火效果。在狭窄的室内空间使用时，灭火后，工人必须迅速撤离以防止因吸入二氧化碳而引起的事故；在用二氧化碳灭火后，打开门窗通风并防止窒息。

（2）推车式二氧化碳灭火器

1）体系结构。推车式二氧化碳灭火器的结构基本上与便携式二氧化碳灭火器的结构相同。主要区别是用于固定和携带灭火器的附加推车。打开装置完全是手轮，并且已经安装了瓶头阀。

2）使用方法。使用推车式二氧化碳灭火器时，通常应两个人一起工作。第一拉或推灭火器，并在离火约 10 米处停下来。一个人迅速拉出头盔，然后逆时针旋转手轮以将手柄轮打开到最大位置，另一人迅速拉出喇叭形喷管，伸出喷管，并用两只手将手柄握在带喷枪筒的喷管根部面对火焰喷射器，灭火方法与便携式灭火器相同。

3）维护。二氧化碳灭火器不应放置在加热或加热设备附近或暴露于强烈阳光下，并且储存温度不应超过 42℃。

每年检查一次重量便携式灭火器的年泄漏量不得超过灭火器额定费用的 5% 或 50g（以较小者为准）。配方费的 5%。如果超过规定的泄漏量，则必须在维护后根据规定的电荷量对其进行充电。

每五年进行一次静水压测试。之后，应每两年进行一次检查，例如水压测试。

灭火器打开时，必须为其充电。维护和补充应由专业部门进行。小心处理，以免在运输过程中受到影响。

7. 酸碱灭火器

第一，覆盖。

酸性碱性灭火器适合于 A 类材料（例如木材，纺织品，纸张等）的早期火灾，并且 B 类材料或 C 类可燃气体或 D 类轻金属火灾不可用于扑灭活物。

第二，如何使用它。

如果使用酸性灭火器，则需要抬起气瓶顶部的起重环并迅速奔向着火源。请勿将灭火器放在肩膀上或倾斜太多。确保将两种灭火剂预先混合好，不要喷洒。将灭火器倒置，使其与燃烧的物体相距约 6m，并摇动几次以加速两种液体药物的混合。一只手握住起重环，另一只手握住底环在枪管下方，然后喷洒。喷气式飞机驶向最猛烈的燃烧点。同时，当减小喷射距离时，使用者必须前进到燃烧的地方。

三、自动灭火系统的管理

1. 自动喷水灭火设备

自动洒水设备可分为自动洒水设备，自动喷雾水冷却设备和自动喷雾水设备。自动喷水冷却装置和自动喷水灭火装置的喷射滴较小，自动喷水灭火装置的喷射滴较大。喷雾冷却和灭火性能优于喷雾水灭火设备，但是喷雾需要更高的喷雾力。

第一，是自动洒水灭火器。

自动洒水灭火系统由自动洒水头，给水器，警报阀和水源组成。它主要用于扑灭一般的固体材料灭火和冷却设备，不适用于可燃，可燃的液体灭火和气体灭火。

二是自动喷水冷却设备和灭火设备。

自动喷水冷却设备和灭火设备主要由自动喷头，水管，报警阀，水泵和水源组成。本设备使用压力供水或泵将一定压力的压力通过供水管线和报警阀发送到自动洒水头，并且在打开自动洒水头时喷洒水。

自动喷雾水冷设备和灭火设备使用较少的水，并使用具有优异冷却和灭火效果的喷雾水来冷却和灭火。

自动喷水灭火设备可有效扑灭固体物质火灾，对车库，汽车修理室，浸没式电力变压器和配电室的火灾具有出色的灭火效果。自动喷雾灭火装置还可以保护高层建筑的屋顶钢构件。由于喷射水的粒径很小，它可以在燃烧区快速蒸发，并具有良好的冷却和窒息效果，从而可以迅速扑灭各种物质的火（那些遭受火和爆炸的物质除外）。

另外，喷洒的水是高度绝缘的，这使得扑灭电气设备的火灾更为有效。

第三，检查，维护和维护洒水设备。

为了使洒水设备保持良好状态，有必要建立各种系统，特别的人必须检查和维护设备。

1）喷嘴检查和维护。如果喷嘴被腐蚀，泄漏或堵塞，则必须检查所有喷嘴并更换不符合要求的喷嘴。

始终保持喷嘴清洁，以使灰尘起绝热作用，并且不会影响喷嘴性能。清除灰尘时，请勿用酸或碱溶液或热水或热溶液擦拭。可以用扫帚清除灰尘。为了轻松形成水垢的灰尘，例如喷漆雾状颗粒，水泥粉等，只能逐级或批量更换喷嘴以进行集中清洁。

在严重腐蚀的情况下，可以使用蜡涂层，铅镀层或防腐蚀涂层处理喷嘴。无论使用哪种方法，都必须根据腐蚀性气体的性质和温度来确定。使用镀铅和油漆时，请勿将铅和油漆应用于温度感应元件，而只能应用于喷嘴主体，突出壁和防溅盘。

2）管道检查和维护。如果在管道系统中发现腐蚀，则应在管道系统中进行压力测试。如果管路系统被锈蚀，水垢或异物堵塞，则应及时清洗。应从外部开始清洁工作，以增加水流量和流速，并洗净室外管网的沉积物，应选择管末端的消火栓作为排水管。

有两种清洁室内管道的方法：

①如何洗。第一从支管末端移开喷嘴，安装适当的截止阀，连接水管，进入下水道或室外，然后排出大量水以排出沉积物。

②《反税法》。用压缩空气或水从支管末端引入自来水，使其穿过支管，主支管，主管和主管，然后将沉淀物通过主阀的排水管排入下水道。

与这两种方法相比，反冲洗方法避免了堵塞支管的沉积物。

通常，请使用具有不同支撑的管道，以防止管道系统泄漏。拆卸和拆卸喷嘴时，必须根据操作规定选择合适的工具。请勿通过直接拧紧喷嘴的突出壁来拧紧或拧紧螺钉。通常，应在管道上涂两层防腐涂料，视腐蚀程度而定，应每 3–5 年重新涂漆一次，使用镀锌钢管的管道系统，如果发现局部腐蚀，则可以用热沥青喷涂。然后用纱布绷带包好。

3）检查供水。

①喷淋系统的管网应根据设施的设计进行充水和充水，使最不利点的水压大于0.1mPa，气压为0.03 ~ 0.05mPa，以免损坏供水设施。预定位置。定期测试并检查最终排放装置的流量特性和其他功能。

②检查蓄水池中是否有沉淀物沉积。金属结构蓄水装置的内壁应涂防锈漆，一般应每三年清洗一次。

③应定期操作水泵，以检查其运行状态和性能；对于离心泵，应检查供水装置，并打开排水阀，以防止在水泵测试期间水流入管道系统。

④使用动力作为泵的动力时，请检查紧急停电措施，并使用动力作为内燃机时，检查内燃机和燃料存储装置的运行状况，并保留运行3小时所需的燃料。必须有一个金额

4）检查报警阀。报警阀应定期检查和测试。测试方法是打开警报校准旋塞并测量发出声音所需的时间。第一次测试可能需要很长时间，而第二次测试通常应在1分钟以内。如果关闭后警报检查旋塞继续发出声音，则可能发生以下三个错误。

①校准旋塞可能没有完全关闭，必须关闭。

②警报阀阀座的圆形水箱中积聚了障碍物，阀盘未关紧，水继续通过圆形水箱流入警报水管。为此，可以打开校准旋塞和排放阀以排放许多障碍物。

③如果报警阀板下方的橡胶垫老化或起皱，则水箱无法密封，必须拆卸并更换以进行维修。

5）自动喷水灭火系统维护标准。自动喷水灭火系统维护标准如表10–8所示。

表10–8　自动喷水灭火系统维护标准

序号	项目	内容	周期
1	水源	测试供水能力	每年
2	蓄水池、高位水箱	检测水位及消防水不被他用的措施	每月
3	消防气压给水系统	检测气压、水位	每月
4	设置储水设备的房间	检查室温是否不低于 –5℃	寒冷季节每日
5	储水设备	检查结构材料	每两年
6	电动消防水泵	启动试运转	每月
7	报警阀	进行放水试验，检查启动性能	每季
8	水源控制阀、报警控制装置	目测巡检完好状况及开闭位置	每日
9	系统所有控制阀门、电磁阀	检查铅封、链锁的完好情况	每月
10	室外阀门井中控制阀门	检查开启状况	每季

续表

序号	项目	内容	周期
11	水泵接合器	检查完好状况	每月
12	水流指示器	试验报警	每两月
13	水力警铃	放水试验其功能	每月
14	末端试水装置	检查最不力点喷头压力、放水试验系统报警功能，测试水流量	每月
15	高位水箱、水池	清除箱内浮游生物、物体、糊状物体	每年
16	喷头	检查完好状况、清除异物	每月

2. 二氧化碳灭火设备

扑灭二氧化碳大火的原理是降低易燃或受保护空间周围的氧气浓度，以使它们不达到支持燃烧的浓度。如果大气中的二氧化碳含量超过 15%，会导致窒息而死亡；当其含量达到 30% –35%时，它会逐渐扑灭普通物质的燃烧火焰；当达到 43.6%时，汽油蒸气等它可以抑制易燃气体爆炸。

二氧化碳灭火设备可分为两类：完整的灭火设备和局部使用的设备。

第一，完整消防设备

完全灭火器是指在室内固定有二氧化碳喷嘴的设备，着火后可使室内空间达到二氧化碳灭火浓度的要求，防护量少且适于密封。房间扑灭大火时，现场不应有人，以免中毒。

完整的灭火装置包括气瓶，煤气管，分配管，自动喷水灭火装置和警报启动设备。如果房间发生火灾，探测器第一会发出火灾警报，然后启动器会打开钢瓶的启动阀和相应的分配阀，以使钢瓶中的二氧化碳通过分配阀进入管道，进入燃烧室，最后注入二氧化碳。给火浇水。

第二，区域应用设备。

局部应用设备是指在受保护的空间（或机器和设备）中具有固定的二氧化碳喷头的设备，并且该区域在要求的时间内达到要求的二氧化碳灭火浓度。

局部使用的设备仅在保护区的某些区域或仅在特定的设施中排放二氧化碳灭火剂。如果被保护物体很大程度地打开而无法关闭，则整个设备将没有消化作用，或者被保护物体的尺寸很大，因此不仅会消耗二氧化碳的数量，而且还会危及生命。在某些情况下，更适合使用本地应用程序设备。

局部应用设备包括钢瓶，管道，自动喷水灭火装置或短消化道。如果在保护区内发生大火，则通过手动启动设备将钢瓶打开，并将二氧化碳进入管道，并从喷嘴或短消化道中喷出以扑灭大火。

（3）二氧化碳灭火设备的维护与管理

应该使用二氧化碳灭火设备进行每周检查，以检查设备泄漏，管道系统是否损坏，所有控制开关的设置是否正确以及所有自动和手动控制阀是否损坏和完整。易于使用。

每年至少检查一次消防设备，并且每年至少两次检查自动检测和报警系统。

年度检查时请注意以下几点：

1）二氧化碳气瓶。检查气瓶的涂层是否腐蚀和剥落，气瓶的数量是否合规以及二氧化碳的存储量是否满足要求。

2）瓶头阀。检查瓶头阀是否松动，变形，损坏和生锈。先导阀，气动阀活塞杆和活塞是否被推到工作位置，闸阀的闸阀切口是否弯曲或有缺陷，闸刀薄膜之间的距离是否恒定，薄膜距离是否正常是否工作，电动防爆阀的雷管是否潮湿（每四年更换一次），电磁阀是否损坏或生锈，可移动铁芯是否被锈蚀，电磁阀，防爆电动阀导线是否损坏，端子是否松动或掉落，安全阀（阀座）的排放阀是否被灰尘等堵塞。

3）管道系统。变形，腐蚀，管道和连接部件损坏，每个螺纹连接处松动或漏气，管道止回阀的止回阀位置和方向不正确，安全阀接地插座，安全阀和止回阀堵塞是否安装牢固

4）选择阀门。检查阀体是否损坏和变形，控制管的连接是否可靠，是否有裂纹，端子是否完全固定，损坏或脱落。

5）喷嘴。检查喷嘴是否变形，损坏或生锈，喷嘴是否松动或丢失，喷嘴是否打开且没有灰尘；如果喷嘴带有垫圈，请检查喷嘴是否损坏。

6）操作控制器。无论控制箱是否损坏，门和其他门是否被轻轻关闭，油漆是否流失或生锈，自动和手动变速器的操作灵活可靠，转换过程中指示灯均能正确打开以及控制箱门的功能特性确保有一个描述性标签。

对于新安装的设备或安装后未经过长时间检查的设备，必须对管道上的压缩空气或二氧化碳进行检查和短期短期射流测试。如有必要，可以进行短暂的喷雾试验以确定灭火剂的释放时间，达到灭火剂浓度，灭火剂分布和停留时间。在执行此测试之前，应该执行以下操作：关闭控制面板的电源，组装瓶头释放装置和连接至测试头的工作管线，并卸下其他未参与操作的气瓶以及与测试气瓶连接的其他无关气瓶。操作管道并密封接头零件和管帽或密封板。确保以上所有条件均符合测试要求，然后打开控制面板的电源。

3. 干粉灭火系统

干粉灭火系统主要用于扑灭易燃气体和可燃易燃液体的火灾，也适用于扑灭电

气设备中的火灾。根据干粉灭火系统安装地点的要求，干粉灭火系统分为自动干粉灭火系统，半自动干粉灭火系统和手动干粉灭火系统。

自动干粉灭火系统由干粉罐，动力缸，减压阀，粉体管道，喷嘴和火情探测器，启动缸和警报器组成。如果要保护的物体被照亮并且温度升高到一定值，则火灾探测器会发出信号，指示开始打开气瓶并同时发出蜂鸣声。此时，气缸中的气体开始打开先导动力缸，先导动力缸中的高压气体流入集气管，管路中的压力迅速上升，其余的动力缸同时打开。高压气体减压后，进入干粉罐。同时，集气器中的少量少量气体进入气动放大器，另一些进入恒压变送器。当干粉罐中的压力上升到指定压力时，恒压变送器会向气动放大器发出信号以使其工作。气体通过放大器推动气缸，球阀打开，从而使来自干粉箱的粉状气体混合物通过喷嘴注入到要保护的表面。也可以使用手动方法直接打开动力缸，排出高压气体，对干粉罐施加压力并喷涂干粉。

氮气气瓶用于大型干粉灭火设备，而二氧化碳气瓶用于小型灭火设备。

半自动干粉灭火系统的配置与自动干粉灭火系统的配置基本类似，不同之处在于没有警报，也没有连接灭火设备。如果要保护的物体着火，则操作员必须操作灭火设备的控制装置来灭火。

手动干粉灭火器的操作原理和操作与手推车干粉灭火器相同。

干粉灭火系统的日常维护和保养应执行以下操作：

1）应在设备区域内设置详细的用户手册，操作员必须遵守操作规程并检查所有部件是否损坏。

2）日常护理应严格而周到。干粉灭火系统的喷粉时间通常约为 1 英寸，因此，如果设备的一部分暂时发生故障，则整套设备将发生故障，从而造成不必要的损失。

3）干粉灭火剂应按照指定的品种和数量进行填充，不得随意更改。

4）干粉灌装最好在晴天进行，在雨天不要使用过多，灌装一次后应立即密封，以防潮湿，以延长使用期限。

5）定期检查动力缸的压力值是否在指定范围内，如果低于规定值，请查找泄漏原因，并立即进行更换或修理。检查喷嘴的位置和方向是否正确，喷嘴上没有灰尘以及密封圈是否损坏。经常检查阀门，减压器和压力表是否处于正常状态。每两到三年应打开干粉灭火剂并取样，如果发现有团聚，则应取出干粉灭火剂进行干燥，研磨和充电。

4．固定式泡沫灭火系统

固定式泡沫灭火系统由消防泵，泡沫液罐，比例混合器，泡沫管道和泡沫发生器（或泡沫喷嘴）组成。

（1）固定泡沫灭火系统的分类

固定式泡沫灭火系统可根据启动方法的不同分为自动泡沫灭火系统和半自动泡沫灭火系统。

1）自动泡沫灭火系统。该灭火系统与自动报警设备相连。如果受保护物体起火，则火灾探测器将第一报警并打开控制阀，让水箱中的水通过管道打开泵，发送水流报警启动器，然后发送泡沫混合物。气泡发生器可产生用于消化的气泡。

2）半自动泡沫灭火系统。万一被保护的物体着火，主管必须迅速关闭泵，启动泵，打开泵的出水阀，然后将泡沫比例混合器的指针旋转到所需的泡沫体积指数。在水泵的压力下，混合器可以将泡沫液体与水按比例混合，然后将泡沫液体通过泡沫管道输送到泡沫发生器，以产生泡沫进行消化。

（2）维护固定的泡沫灭火系统

1）消防泵应每周运转一次，以使其正常运行。

2）阀门应经常打开和关闭，以方便使用。在冬季，需要对管道和阀门等组件采取防冻措施。

3）泡沫配料混合器和泡沫发生器应保持清洁和完好无损，损坏的零件应及时修理或更换。

4）泡沫比率混合器和泡沫发生器使用后应用水冲洗，并每年涂一次防水涂料。

5）应确保适当的供水和足够的供水设施。

6）消防泵站应配备熟悉所有设备操作并建立可以严格执行该设备的系统的专业人员。

四、消防联动系统的管理

1. 消防联动系统的管理规程

1）消防联动监控中心须设专人 24h 不间断值班，并严格做好各种记录。

2）消防联动系统维修保养责任人须持消防上岗证上岗，按计划定期进行维修保养，确保整个系统发挥正常功能。

3）消防设施仅用于消防目的，严禁将其用于其他目的，并且必须妥善存放专用工具和专用设备。

4）如果在消防联动系统中发现了警报，则必须立即查明原因并根据操作程序进行处理，必须立即消除所发现的故障，并且必须详细记录系统中的任何警报或措施。

5）消防监控中心应保持整洁，严禁人员进入监控室。

2. 消防联动系统的日常巡查

1）检查显示器上的各种显示是否正常。

2）确保火灾报警柜的接口松动并且接线没有损坏。

3）擦拭设备，确保墙壁和设备没有灰尘，水和油渍。

4）检查火灾报警柜上的灯是否烧坏，按钮开关是否位于正确的位置，以及说明是否正确。

5）检查每个火灾报警设备和火灾反馈设备的正常功能。如果发现故障，请立即检查并修复。

2．消防联动系统的维修养护

第一，消防联动系统的维修养护计划表

消防联动系统的维修养护计划表如表10–9所示。

表10–9 消防联动系统的维修养护计划表

序号	维修养护项目	维修养护内容	维修养护时间	备注
1	联动柜	电源按钮开关控制器的功能检查，显示屏、输入输出模块检查，接线点检查	每周	
2	报警部分	烟感探测器、温感探测器、手动报警按钮、消防广播检查，消防对讲电话、警铃、控制模块、线路检查	半月一次	
3	反馈部分	消防水泵试运行，主备电源检查，水池水位、消火栓检查，管道阀门检查	半月一次	
4	其他	清洁卫生，备件专用工具清洁	半月一次	

五、其他消防设备的管理

1．消防监控系统的管理

（1）火灾监控系统管理系统

1）管理中心的消防系统主要监视建筑物的消防设施和设备的状况，并在发生火灾时自动执行火灾和救灾。

2）消防监视中心的工作人员应监视建筑物24h的消防系统，如果发出警报，请立即通知现场安全警察以检查并确认未使用超出标准的警报。报告，确定原因，消除缺陷并恢复系统

3）当电梯被迫着陆时，立即指示电梯中的乘客保持镇静并配合疏散工作。

4）将对消防系统进行定期检查，并及时消除问题，以确保系统正常运行。

5）如果设备出现故障，监控中心的人员应立即将维护情况通知工程部门。

6）值班员工应清洁消防中心，地面，墙壁和设备上没有灰尘，水和油渍。

7）工程部门作为火警设备的维护单位，负责火警设备的日常维护，资产管理部

门与员工合作监督实施情况。

8）物业管理和安全部门定期对物业消防系统进行模拟测试，以确保消防设备处于良好状态。

9）如果出于维护或其他原因（例如手动 / 自动等）希望暂时更改防火系统的状态，资产管理部门将以书面形式通知安全部门，并安排防火措施，以便有必要确保消防安全。

10）将机房温度设置为 5 ~ 40T，并对其进行监控。

11）除参与检查员和部门日常活动的人员外，无关人员不得进入控制中心，并且由于各种原因，进入控制中心必须得到部门人员和主要地点的许可。要注册，应该访问注册表。访客在控制中心的停留时间不得超过 20 分钟。

12）将火，易燃易爆危险品，宠物和雨具放入控制中心，并且不要让水，尘土或其他可能损坏抗静电设备并污染控制中心环境的人员进入。未成年人，精神病医生和饮酒者不得进入护理中心。

13）进入控制中心之前，请关闭大功率无线电和相关设备。

14）未经相关部门主管批准，请勿进入控制中心进行探视，录像和其他活动。

2. 紧急广播系统的维修养护

1）根据维护计划执行系统维护。

2）维护之前，请关闭系统。

3）清洁磁头，压紧辊和记录基座的绞盘。

4）清洁记录仪的机头和机械零件。

5）检查开关背面的端子，插头和面板按钮。

6）清洁放大器散热器上的灰尘。

7）维护后，选择要测试的地板并填写消防中心设备清单。

3. 消防排烟系统和正压鼓风机的维护

1）根据维护计划维护系统和设备。

2）手动转动风扇以检查密封性。

3）检查风扇叶片并清除表面上的灰尘。

4）加油，然后检查并拧紧风扇端子。

5）清除控制箱内部和外部的灰尘，并检查控制箱内部的组件。

6）检查风扇和风道的柔性连接，如果损坏，请立即进行更换。

7）手动启动风扇以检查操作。

8）维护完成后，填写消防风扇检查表。

4. 防火卷帘的维护与保养

1）根据维护计划进行系统维护，并将其记录在设备的日常维护表中。

2）清除卷帘门电机和传动链表面的灰尘，并用润滑剂填充。

3）检查控制箱的组件，固定接线盒，并清洁控制箱和表面。

4）检查手动开关控制箱并清洁按钮上的灰尘。

5）检查卷帘上的上下行程开关，并在开关滑轨上加油。

6）检查电动制动器的手动开关和手动启动器。

7）检查手动上升和下降防火阀的操作，并调节上下行程开关的位置，以便可以在适当的位置打开或关闭百叶窗。在测试过程中，应防止在卷闸门的顶部或底部打孔。

8）在卷帘门附近触发烟雾检测系统或温度检测系统，验证自动着陆功能，消防中心的监控人员在联锁平台上测试遥控着陆功能。

第五节　火灾处理

一、火警管理

1. 警报管理

管理办公室的所有员工应增强对消防的认识，并立即向其主管和消防部门报告异常情况。

1）手动报警。如果员工发现冒烟，着火和其他热味并感觉到异常声音或异常热量，则应当心并立即进行检查，如果发现并确认有火灾，应立即通知他们（电话，热线电话）或直接联系消防中心向办公室经理（或现场代表）报告。

2）火灾警报监视主机警报。警报主机发出火灾警报后，消防中心的工作人员立即使用对讲机通知警报区域内最近的检查员，赶赴现场进行确认。检查员立即奔赴检查现场，发现并确认了大火，立即在消防中心确认了大火（电话，热线或面对面通知），并将其报告给管理办公室的经理（或现场代表）。

3）当警报人发出警报时，警报源的名称，身份，部门，火场，燃烧材料，火的大小，是否有人在火场或危险品以及接收警报的人的名字。需要清楚，准确地报告。

4）在报警时，报警员应立即按下最近的火灾报警按钮，并使用附近的灭火设施和设备扑灭初起的火灾，如果发生大火，请及时撤离。

2. 警察

1）如果响起火警，请立即前往地下火控室并检查以下控制面板。

①消防水带卷盘和火警玻璃按钮系统。如果是消防水带卷盘或火灾报警玻璃，

如果火灾显示面板显示地板上的消防泵已启动，则应立即去地板上查看是否有火灾报警。如果不小心关闭了火警并按了的手，请前往火警控制室，插入控制键以停止警钟，关闭消防泵开关，并通知工程部门更换损坏的玻璃。

②感应烟头。如果是感应烟雾报警器，则必须立即前往现场检查火灾，如果发生火灾，请告知工作人员火灾的地点和位置，等待消防车到达并将消防员带到火灾现场。

如果感应烟头因其他任何原因引起火灾，请立即通知警钟控制中心（消防车可能已启动）并按时停止警钟，但不要恢复照明灯并在现场等待消防队。只有确认团队后才能恢复。如果无法恢复需要更换，请致电报警控制中心显示列表，恢复更换后，可以将列表从列表中删除。

③消防喷淋水闸。此方法与感应烟头相同。

2）警务人员在电话上收到火灾警报时，必须询问其姓名，身份，火灾地点，燃烧材料和火灾大小等，并立即联系管理办公室经理（或现场代表）。请保持联系并通知负责人。

3）管理办公室的经理（或现场代表）收到火灾报告后，奔赴火灾现场并下令进行命令。

3．确认火灾警报

巡逻警卫或管理人员在火灾监控中心接到保安人员的电话，并赶赴报警现场进行确认，并遵循以下规则：

1）如果警报场所是公共场所，请直接前往警报场所进行检查。

2）如果警报位置在办公大楼中，请先按门铃，向用户简要说明原因，然后输入警报位置进行检查。

3）如果警报位置在购物中心内，请与购物中心管理人员一起输入警报位置进行确认。

4）如果警报位置在停车场中，请输入警报位置并与停车管理人员联系。

5）如果报警地点在购物中心内的独立商店中且商店被锁定，则主管和购物中心主管应及时报告，并且到达购物中心的主管和监督者是否将在现场检查后开始检查。

6）如果警报位置在办公设备上并且设备已锁定，则必须在工作时间内报告主管，并且在管理员到达后将检查锁定管理员。

7）若观察到已上锁的场所内有明火或烟雾，则必须破锁进入该场所检查，排除险情后加锁，并通知用户。

8）确认中应随时与消防监控中心联系，并报告确认情况。

4．火警通报

1）确认起火时，应将火灾情况通报有关部门和人员，疏散通报必须根据火灾情况决定是部分通报还是全部通报。通报的次序为：第一是着火层，第二是着火层以上各层，最后是着火层以下的楼层。

2）通报的方式为警铃通报和消防广播通告。

二、火灾处理部门的职责

物业一旦发生火灾事故，管理处所有部门都要立即采取行为，执行自己职责范围内的任务，参与排除消防安全事故的行动中，不同的部门其消防应急的职责不同。

1．消防监控中心的职责

1）当从火情监控中心的监控设备发出火警信号时，值班人员应立即将现场警报通知巡逻警官，如果警报错误，则应将其清除并记录下来。应要求。警卫人员试图尽可能详细地了解消防和燃烧材料的特性，并立即将灭火系统设备放在该区域的地板上并投入使用。

2）如果被识别为火灾警报，则应及时报告给安全部门的经理（或值班经理），描述警报的位置，火灾大小和燃烧材料。

3）在报警地板上安装监视摄像机进行监视，并及时向电价经理报告情况。

4）火灾监控中心代表迅速向火灾中心报告了“119”火灾报警电话，指出发生火灾的设备的位置，电话号码，火灾楼层和燃烧材料，并记录了火灾报警过程。

5）通知应急小组。

6）通知现场的消防区代表。

7）通知工程人员到现场。

8）指示安全人员组织紧急警卫，他们将赶赴火场并立即开始周围安全和交通控制的工作。

9）立即从发生火灾的地方断开电源，并确认紧急疏散电源正常。如果无法立即切断电源并保证了应急系统的电源，则应立即通知工程部门，为了迅速切断消防人员所在的地区的电源并打开应急照明设备，必须派遣电工。

10）立即通知消防员关闭火源所在区域的燃气开关，并将其发送给维修人员以切断燃气。

11）立即通知液压工程师，在消防泵房中等待，并被告知手动启动消防泵（如果发生自动故障）。

12．报告官和安全官。

13）激活紧急火灾广播，通知用户紧急疏散，打开所有安全通道，并指示用户按顺序疏散。

14）检查电梯是否被困如果电梯被困，请向管理员报告，并使用电梯对讲机使被困人员感到舒适。

15）按照现场指示，关闭通风设备，切断非消防用电负载，并准备启动消防泵和喷雾泵。

16. 消防员中心应立即在交通交叉口指派一名专人，将消防员和消防员引向消防员。

17）监视和保护建筑物周围的走廊，注意其他安全事件，并发现可疑人员应立即停车并通知周围的安全人员。

18）确保在消防中心的警报电话被阻塞，并且在没有特殊情况（紧急工作除外）的情况下不要使用该警报电话，进行紧急呼叫时，呼叫必须简单明了。

19）在正常情况下，消防系统应处于自动状态，并且每月应进行一次自动或手动操作检查，以确保设备处于良好状态。如果发生故障，请立即通知工程维护人员或维护部门进行维护。

20）在每个班次中，确保各种信号正常并仔细记录，如果有异常，请告知读者是否无法处理。

21）必须确保火灾自动报警系统连续运行，未经批准不得关闭系统。故障（屏蔽）检测器，关闭和启动模块必须经过部门主管的批准。

22）严格监视设备的运行，快速而准确地处理警报，并根据相关程序创建各种记录。火灾后，应按照有关计划进行处理。

23）控制控制中心的消防设备，并严格遵守操作程序，未经许可，请勿使用拆卸，修理，功能，用途，软件和其他设置。不行保留相关图纸和材料，不要涂鸦或涂鸦。

2. 工程部的职责

1）工程部责任人为工程部主管。

2）接到警报后，官员们带着应急灯，机房和管道的钥匙迅速跑到现场，按照指示参加了消防工作。

3）及时关闭火场和患病区的所有通风，并切断非火力电源。

4）检查火源和消防泵的运行，并立即修理和疏散发生故障的消防设备和设施。

5）执行电梯控制，以救出困在电梯中的人员。

6）在与消防队合作期间，应确保消防队抵达后其他地区重要设备的正常运行，例如柴油发电机，档案馆，指挥所，配电室，UPS 设备。火源和系统。

7）检查不间断供水和电源（备用电源和应急电源）。

8）及时组织消防设备和灭火器的供应，以根据消防部门的需要协助消防队。

9）火灾扑灭后，协同其他部门做好善后工作。

3. 安全部的职责

1）安全部责任人为安全部主管。

2）安全部在岗保安员在接到火警通知后应立即赶赴火灾现场，持灭火器灭火。

3）外围警卫必须立即加强建筑物周围道路和消防站周围的巡逻和边界，警告其他安全事件，请可疑人员，并指示无关的车辆离开火场。

4）十字路口的警卫人员将向消防车打招呼，以使其在建筑物内外顺利通过，并通过将车辆引导至室外消火栓源将消防员引向消防现场。

5）相邻的安全人员将指导观众，以防止人员进入建筑物并根据火灾隐患疏散消防队。

6）如果救援过程确认火灾保险不会造成伤害，请保护设施的关键机房和设备。

7）在公共安全消防队到达后，消防员迅速组织公司所有战斗人员向公共安全消防队报告火灾，交出指挥，并配合消防活动。

8）阻止逃离火场人员重返火场。

9）秉着“先救人，后救物”的原则实施救援。

10）保护好现场使用的消防器材能够正常使用。

11）火灾被扑灭后，应协同其他部门做好善后工作。

4. 客户服务部的职责

1）客户服务代表是部门经理。

2）负责急救志愿者提供急救药品和设备，根据伤病人员的情况，按照现场统一指示通知急救中心，并及时运送伤员和救护车物资准备你的车做

3）尽可能了解火灾情况，安慰受惊的人，并耐心回答业主提出的问题。

4）接应安置好从上层疏散下来的人员。

5）火灾扑灭后，协同其他部门做好善后工作。

三、火灾应急处理

在财产管理过程中，由于管理不当或其他不可预见的原因引起的火灾，可能给物业公司和财产使用者造成巨大的经济损失，甚至危及人身安全。因此，做好消防安全工作非常重要。下面主要介绍发生一般火灾时的基本消防方法，救生疏散方法和材料保护方法。

1. 消防原则和注意事项

1）发生火灾时，值班人员应保持头部清洁，安静，并在报警时说明并及时报告火灾发生的地点，电话号码和火灾的特征。同时，配置现场人员执行救援操作：

①关闭电源，关闭燃气，转移易燃易爆物品；②请按照科学方法进行处理，如不能切断火力，不能用水灭火。④不要让罪犯有破坏性行为的机会。

2）使用现有的灭火设备扑灭大火，而又不浪费时间，灭火，避免严重的人身伤害或经济损失。

在组织和指挥消防及自救行动时，我们确保大多数人的安全，及时阻止火势蔓延，消除疏散路线，房屋（地板）和火源上的火灾威胁必须注意必须保护周围区域的前提。工作人员撤离到安全区域。

3）应急小组必须在火灾发生后 3 分钟内到达现场控制火灾并扑灭大火，自愿消防队必须在火灾发生后 5 分钟内到达现场扑灭火灾，其他人员必须在火灾发生后 10 分钟内扑灭火灾跑到现场

4）所有员工必须无条件遵守领导和主管的安排，并按照分工和各自的职责执行救援和救援行动。如果有居民被困在野外，“先有人员，再有财产”营救。如果房间里没有人并且无钥匙门打开，则管理办公室的负责人将打破门并决定是否进入房间。之后，行政办公室负责向房地产用户解释。

5）召集人必须及时将火灾通知居民。疏散人员必须第一将人员和手术人员疏散到疏散室上方，然后再将人员疏散到人员下方。先撤离。严禁使用普通电梯进行疏散。如果提供消防电梯，则必须优先考虑老年人和不舒服的人乘坐消防电梯。

6）在小火的情况下，警卫人员可使用灭火器或消防栓将火扑灭，但在电路引起火警的情况下，切勿在灭火前使用水和切断电源。检查灭火材料，并根据各种灭火材料采取适当的灭火措施。由电气故障引起的火灾必须扑灭 1211 灭火器或其他阻燃材料。应当点燃汽油，柴油和其他材料，并应使用 1211 灭火器进行灭火。

7）使用灭火器时，必须将其对准灭火区域并喷洒。使用水枪时，请尽可能靠近火源使用避难所，充分发挥水枪的作用并改善消化效果。

8）如果员工发现火源，请尽可能使用灭火设备扑灭火灾的起因，但不会危害自己。如果无法控制火势，请使用最近的消防梯前往一楼的空地，并及时向消防队报告消防局的情况。

9）逃生时，要根据地形进行爬网，要经过火焰时，要用水或毯子弄湿衣服，然后冲去。

10）当班员工留在原处并关火，直到相关员工赶到现场。

11）员工必须了解并了解出口，火灾警报器，灭火器，消火栓和灭火器的使用位置以及通往灭火通道的主要通道和路径。

12）请勿阻塞防火通道，并确保消防设备处于良好状态。

13）火灾发生后，管理部门将安排人员协助有关部门查明起火的原因和损失，

并帮助重新安置。管理部门消防工作负责人应当写明火灾事故的详细记录，并以书面报告形式上报主管。主管机构。

2. 灭火的基本方法

根据燃烧原理，所有灭火方法的原理是将灭火剂直接喷洒在燃烧物体上或在火源附近的材料上喷洒灭火剂，以使火焰的热辐射不会引起新的火灾。

（1）冷却灭火方法

灭火的原理是将灭火剂直接喷洒在燃烧材料上，降低燃烧的温度和着火点并停止燃烧。或在着火源附近的材料上喷涂灭火剂，以免由于火焰辐射的影响而形成新的闪点。冷却消解是主要的消解方法，其中水或二氧化碳通常用作灭火剂。在燃烧过程中，灭火剂不参与化学反应。此方法是物理消化方法。

（2）隔离防火方法

隔离灭火装置是将燃烧材料与周围未燃烧的材料隔离开来，阻碍可燃材料的供应，并在没有可燃材料的情况下停止燃烧。具体方法如下。

1）清除火源附近的易燃，可燃，爆炸和燃烧支持材料。

2）关闭易燃气体和液体管道阀门，以减少和防止易燃材料进入燃烧区。

3）阻止散落的易燃易燃液体。

4）拆除靠近火源的易燃建筑物，以形成一个空间区域，以防止火势蔓延。

（3）灭火器扼流圈

窒息是一种灭火方法，可防止空气进入燃烧区或用非燃烧区和不可燃材料稀释空气，以确保其不能为燃烧提供足够的氧气。具体方法如下。

1）用易燃或不燃材料覆盖易燃材料，例如沙子，水泥，湿麻袋和湿被子。

2）用喷水，干粉和泡沫等灭火剂覆盖燃烧材料。

3）用水蒸气或氮气或二氧化碳等惰性气体在容器和设备中注满火。

4）关闭防火建筑物，设备和孔。

5）将不燃气体或液体（二氧化碳，氮气，四氯化碳等）喷入易燃区域或不燃物。

（4）灭火方法

灭火是指通过将化学灭火剂注入燃烧区以参与燃烧反应并结束连锁反应来停止燃烧。可以这种方式使用的灭火剂是干粉泡沫和卤代烷烃。

4. 火灾疏散的程序和措施

第一，疏散。

1）在明确的分工消防指挥官的特定组织下，对参加消防的志愿消防队负责。负责办理登机手续。如果需要救援该地区的某人，则必须接待并安置在火灾现场撤离的居民，并且情绪必须稳定。

2）疏散顺序如下。从火灾上方的地板和火场地板开始。年轻人通过安全楼梯疏散，残疾人可以被迅速护送到火庇护所。在炉子下面安慰居民，并尽量不要四处走动。

第二，疏散措施和要求。

疏散和保护材料是消防的另一项重要任务，需要疏散或保护威胁火势的各种材料以及贵重物品，车辆，设备，书籍和档案馆。根据消防部门的具体情况，目标是尽可能避免或减少国家和私人财产的损失。

1）如果直接的物质威胁（例如火，烟，雾等）无法保护重要的材料，尤其是应撤消拥有者宝贵的非疏水性材料，必须立即对其进行救助和撤离。

2）如果存在产生易燃，爆炸或有毒气体的危险，则必须撤消或加强防护措施。

3）消防人员应接近火源，并清除或撤离任何可能影响灭火的材料。

4）疏散或隔离可能导致火势蔓延的材料。

5）通常，第一在向下的风向撤离并保护贵重，易爆和有毒物质，然后在向上的火焰和火撤离并保护威胁较小的材料。一般用品。

6）万一发生火灾，请用水枪遮盖疏散通道和人员。

7）某些疏散和材料保护方法应根据具体情况进行。允许一个或几个人一起移动或连续移动。炸掉贵重物品中的爆炸物以防止碰撞引起的损坏或事故。必要时需要局部保护的材料和设备。帆布，被子等可以使用耐火材料（例如石棉板）与火焰分开冷却。

8）撤离的材料不应阻塞通行道路，并应存放在安全的地方，以免受到烟，水，火等威胁，以防止损失和损坏。

5. 火灾救助的程序和措施

第一，搜索方法和顺序。

积极救助有火灾危险的所有者是消防的首要任务。当居民受到火灾威胁时，第一，人类的使命和现有消防部队的规模将组织战斗人员营救人员，同时部署特定单位扑灭火灾。如果足够，应将主力部队投入救援行动。

1）在火灾现场寻找人主要取决于如何大喊，触摸和看见，并需要深入，详细的观察和判断，以便快速行动，保持镇静和安全。

2）通往门窗的入口，走廊和通道，夜间搜索的重点是在床附近，床下和床附近，孩子们经常躲在角落，门和橱柜，桌子上。搜索床下和其他物品时，请特别注意房间的每个角落。

第二，引导自助。

未陷入火中的居民应鼓励或指示消防员沿着楼梯向下走，如果他们无法从预定的消防梯撤离，请前往屋顶等待。必须通过广播，室内电话等通信设备将被救援或疏散大火包围的居民通过屋顶，立交桥和与周围建筑物相连的其他区域围困至安全区域，以告知其自救方法。有几种自我构造方法：

1）用床单，帘板，桌布等制作救生绳，将一端固定在窗框上，然后沿着绳索下降，蹲下窗框，坐在墙的突出部分上等待救援。

2）两人相互合作，并通过继电器降落到下一层。

3）关闭门窗，堵塞孔以防止烟雾进入房间，用水冷却门窗以使其冷却，清除该区域中的可燃物，防止火势蔓延并留在房间内进行救援。

4）使用外墙上的墙叠，裂缝，水管和避雷针直达下一层。

5）如果在室内和室外都有生活用品，请使用救生装置进行自己的救援，例如救生圈，下降的救援袋，跳跃的救援垫等。

6. 火灾应急处理的其他措施

（1）防烟排烟

为了增加超高层建筑的初始视线并减少烟雾扩散，必须采取措施防止烟雾和烟雾，以确保人身安全并加快消化过程。

1）启动供气和排烟设备，并为撤离楼梯和走廊保持静压排烟措施。

2）打开自然通风窗以疏散楼梯。

3）关闭防火区域中的所有防火门和百叶窗。

4）所有乘客电梯都降低到一楼，被锁定并禁止使用。

5）使用喷雾流将烟雾排出。

6）用湿毛巾遮住口鼻，并擦拭地面以防止冒烟。离开烟雾时，应注意不要在防火地板下打开过多的门窗，以防止重物掉落。

（2）防爆措施

灭火过程中的防爆问题包括防爆和加热爆炸性材料的防爆。因此，灭火时，请注意以下几点：

1）迅速将可能受到火灾威胁的易燃易爆物质移出建筑物。

2）增强液化气储罐和有火灾危险的新储油罐的冷却。

3）打开防火门时，站在敞开的一侧，并用水慢慢打开门。

4）为了扑灭房间内的大火，必须注意正确的喷雾方向，以免发生爆炸。

（3）通讯

为了便于指挥官的意图和计划好的消防疏散应急计划，内部和外部社区，消防部门以及消防员和指挥官与前后方保持沟通，这与早期灭火的有效性有关。

1）不应阻止建筑物中的自动电话，并且每个办公室应有专门的代表，可以接听电话并及时发送消息。

2）指挥官使用对讲机与消防员，消防员上方的所有楼层以及工程部门（水和电力）保持联系。

3）建立负责口头沟通的沟通人员，但只有熟悉每个部门位置且负责每个部门的人员才能建立。

7. 火场逃生的十二个要诀

“只有绝望的人，没有绝望的处境。”当面对冒烟和熊熊的火焰时，只要冷静而明智地使用的救援知识并逃离消防部门，就可以大大挽救自己。因此，如果了解更多有关消防队自救的提示，则可以在困难的情况下过第二人生。

1）第一条：逃避排练。每个人都应该了解工作，学习或居住的建筑物的结构和逃生路线，并在必要时组织紧急逃生预告，以熟悉消防设施以及如何从建筑物自身的救援中逃脱。如果以这种方式发生火灾，将无法逃生。

2）第二条：熟悉环境并秘密记住出口。当在不熟悉的环境中（例如进入酒店，购物中心或娱乐场所）时，请注意疏散通道，安全出口和楼梯方向以确保自己的安全，以便在关键时刻尽快离开现场。

3）第三条：通道的出口未阻塞。发生火灾时，楼梯，通道，安全出口等是最重要的逃生路线，不应有障碍物，也不应放置杂物或锁，以便在紧急情况下可以安全，快速地通过。

4）第四条：关闭小灯并使他人受益。着火时，如果火势不大，不会对人造成大威胁，并且如果有足够的灭火设备，例如灭火器，消火栓等，则应尝试控制和扑灭小火并且不要惊慌。

5）第五条：冷静，迅速撤离。在突然起火的情况下，在冒烟和起火的情况下，必须第一冷静下来，迅速确定危险和安全的地方，确定如何逃生，并尽快撤离危险区域。不要盲目跟随人流而彼此拥挤。撤离时，请注意朝着明亮或室外空间奔跑并在地板下奔跑。

6）第六条：不要处于危险之中，不要使用贪婪的东西。在火灾现场，生命至关重要。如果处于危险中，则必须尽快撤离。那些逃避危险的人不应重返危险。

7）第七条：简单的保护，鼻子钝了。逃到吸烟路径，以防止因烟雾中毒而窒息。为了防止浓烟进入鼻腔，可以用毛巾和口罩盖住鼻子并排空鼻子。烟雾比空气轻，漂浮在顶部，撤离地面是避免吸入烟雾和滤除有毒气体的最佳方法。穿越防火区域时，应穿戴防毒面具，头盔和阻燃服等防护设备。总结并快点。

8）第八条：充分利用过道，以免进入电梯。根据规范标准设计和建造的建筑物具有两个或多个逃生楼梯，通道或安全出口。发生火灾时，应根据情况选择进入相对安全的楼梯。除了使用楼梯外，还可以使用建筑物的阳台，窗台，屋顶等爬到安全的地方。在水管和避雷线等建筑结构中，也可以通过滑下楼梯逃脱。在高层建筑中，在发生火灾的任何时候，电梯的电源系统都会被切断，或者电梯在热的作用下会变形。同时，由于电梯井道通过烟囱等直接连接到每个楼层，有毒烟雾直接威胁被困人员的生命，因此请不要逃逸到普通电梯上。

9）第九条：放慢速度，逃脱以帮助绳索。高层多层公共建筑通常配备有高空后裔或救生索，被困人员可以通过这些设施安全地离开危险楼层。如果没有这样的专用设施并且安全通道被阻塞，救援队将迅速使用其周围的绳索，或制作一条简单的救生绳索（例如床单，帘板，衣服等）并将其浸泡在水中。从窗台或阳台上沿绳索轻轻滑至底层或地面以安全逃脱。

10）第十条：疏散该地点，但得不到帮助。如果用手触摸门，门会变热，门会打开，火焰和烟雾会散发出来，逃生通道将被阻塞，短时间内不会有人被救出方法。第一，关闭面对火的门窗，打开面对火的门窗，用湿毛巾或湿布遮盖门缝，或用水浸湿水覆盖门窗，弄湿水。直到救援人员到达。

11）第十一条：轻轻投掷并寻求帮助。那些在烟火包围下暂时无法逃脱的人，应尽量留在阳台和窗户等可以避开烟火并容易找到的地方。白天，可以在窗户外面晃动鲜艳的衣服或在外面丢下令人眼花瞭乱的物品。在晚上，可以使用手电筒闪烁或不断敲打物体并及时发送有效的求救信号，以吸引救援人员的注意。由于消防员进入房间并沿着墙壁错开，因此必须将他们卷入墙壁或门中，以使当烟雾窒息失去救援能力时，消防员更容易找到并进行救援。也可以将房子滚动到墙上来堵住房子。

12）第十二条：跳出建筑物对生存不利，但具有技巧。冒着浓烟的人经常被困在极度恐惧中，几乎要崩溃，而恐慌会造成鲁莽的伤害，例如跳出建筑物并逃逸。如果指示消防员准备并越过救生气垫或地板不高（通常不超过四层），则无需跳楼，应使用跳楼方法。即使没有撤退，如果生命没有受到严重威胁，也必须冷静地等待消防员的救援。跳跃时，需要注意自己的技能。要徒手跳出建筑物，需要抓住阳台或窗框，下垂并自然下降，以最小化垂直距离。跳出建筑物可以幸免，但可能会伤害的身体，因此请当心。

8. 火场救人方法

消防救援是一项艰巨，复杂而细致的任务。除了救护人员的勇敢和坚强精神外，还必须提供有效的救援方法和措施。否则，不仅将能够完成消防救援工作，而且还会造成不必要的人员伤亡。因此，需要找出以下链接：

1）组建一支精明的救援队，该救援员应具有特定的火灾现场经验，出色的业务素质和丰富的身体经验。

2）有必要尽可能了解救援人员的状况。只有在情况明确时才能确定。在火灾现场进行救援行动的员工应调查火灾并了解内部人员，方可进入火灾现场救人，确定基本情况，被困人员人数，燃烧材料，建筑结构和火灾环境等。确定的救援路线，救援设备和安全保护措施。

3）仔细检查消防设备。在消防救援行动中，没有检查救援设备，因此进入消防救援时有时会发生各种事故。因此，在救人之前，必须严格检查口罩是否紧绷，氧气是否充足，是否稳定，戴好口罩后呼吸是否稳定，正常等，以确保没有问题。

4）必须事先进行锻炼以确保接触信号。消防救援行动需要几个单位的支持与合作。因此，为了维持进出消防部门和消防部门的消防队和救援队之间的通信，必须事先进行练习以确定各种联系信号（例如，被困在货物仓库中的人员的信号，消防部门的危险信号）。发生事故时采取紧急措施。

5）知道如何在高温高密度烟雾区中救人。救援通常是在高火焰，低烟和无指的情况下进行的。因此，戴上过滤口罩或用湿毛巾遮住口鼻，可以进入可见度高或有毒烟雾低的吸烟区。在该区域，佩戴隔离的防毒面具，并沿着承重墙或绳索缓慢行走。穿上具有良好阻燃性能的防护服，并沿罩子喷水枪进入高温区域并救人。

6）消防员还必须掌握救援措施。如果需要使用阻燃包装布，则必须先将烟熏和中毒的昏迷包裹在阻燃布中，然后用其他方法提起，支撑，抓住和救起它。轻度走路的人可以用湿毛巾或衣服遮住口鼻，并穿上阻燃布。救护人员将手伸到承重墙或绳索上。

四、常见火灾处理

1. 初步火灾处理

1）如果发现火灾，则所有员工和资产用户都有责任向资产火灾管理中心报告火灾。如果发现了第一场大火，员工必须采取各种措施来报告大火。当通过电话致电警察时，第一要描述火的位置，燃烧材料的类型，有人是否被火包围，着火情况和灭火措施，然后报告姓名和部门（部门）并补充中央控制室。请注意，只有获得许可后，才能仔细接听电话并挂断电话。

2）中央控制室的治安官接到消防控制中心的警报后，应立即前往消防设施以确认并执行火警信号处理程序。如果是虚假警报，则需要重置警报；如果发生火灾，则需要立即报告安全部门的经理（第二次报告工作经理），并密切监视警报位置的情况。

3）安全部门的经理或值班经理接到火灾报告后，立即通知总经理，并同时组织消防员，以便将灭火器尽快带到火场。如果火灾很小，现场人员应灭火，并确保相关人员使用消防梯进行安全疏散。

4）着火后，安全部门的经理或值班经理将留在火警现场，调查事故并指派人员采取纠正措施。

5）如果大火且不能灭火，或灭火无效，则警卫或值班经理应立即将灭火器撤离至安全范围，并向总经理报告，并向火灾报警器拨打“119”。执行消防应急程序。

2. 住宅建筑物的防火处理

（1）住宅建筑物中的灭火方法

1）煤气和液化石油气用具起火。在将燃气和液化石油气用具着火时，必须用灭火袋，被褥等覆盖灭火器，以扑灭大火。然后，必须关闭气体供应，然后用水将火区内的燃烧物扑灭。如果无法关闭气源，请立即将液化石油气罐移动到安全的地方并划出警告区域，禁止使用火焰。

2）厨房锅正在燃烧。如果油盘烧了，请将其盖在油盘上以将其关闭。请勿将油从锅中倒入另一个容器或地面中。

3）电器起火。如果电气设备着火，请先断开电源，然后使用干粉灭火器灭火。只能用水给电路供电。

4）孩子因着火玩耍。火灾引起的儿童大火主要发生在厨房，床下等处。灭火后，应迅速移走厨房中的液化气罐，以免由于高温而导致气罐爆炸。这会导致火势扩大，而水会扑灭火焰。

（2）住宅建筑物中的灭火预防措施

1）如果室内起火，请勿打开门窗，以免气体对流。火会蔓延开来。灭火后，应打开门窗以清除未燃烧的气体或烟雾，以免再次点燃。

2）如果有气体气味或异常气味，则必须关闭阀门以关闭气体供应，并立即打开门窗以除去可燃气体。请勿使用火焰测试，晚上请勿打开灯，以免因可燃气体爆炸或火灾而起火。

3）着火后，居民应在夜间进行救援，以唤醒邻居，请勿在不扑灭大火的情况下救助其财物，否则可能导致大火蔓延并造成人员伤亡。

3. 拥挤区域的火灾处理

商业和商业建筑物以及居民区都有一些方便工作和生活的辅助设施，包括医院，学校，幼儿园，商店，俱乐部和饭店。这些地方通常集中在劳动力中。一旦发生火灾，无法及时扑灭，人员伤亡和财产损失将增加。

（1）如何在人多的地方灭火？

1）在人口稠密的地方发生火灾后，请先关闭电源，关闭通风系统，打开所有入口和出口，尽快撤离人员并尽快开始灭火设备灭火。

2）燃烧医院，学校，实验室或实验室中使用的易燃物质或气体时，必须及时疏散未燃物质，并用湿布覆盖火区或关闭干燥的二氧化碳灭火器或水。围绕地面流动。灭火后，打开门窗释放可燃气体。

3）如果电气设备或电路中有火，请切断电源，然后使用灭火器将其关闭。

4）当大火威胁患者和学生时，应尽快撤离或营救他们，并将其撤离到安全的地方。

5）如果幼儿园或托儿所发生大火，必须迅速营救儿童并关闭消防部门。如果火势太大，无法撤离，请将孩子转移到安全室，等待消防队救援。

6）灭火时，从着火点清除或隔离不会着火的任何材料，以免火势蔓延。

（2）在拥挤的地方灭火时要注意的问题

1）如果化学药品和塑料燃烧，请注意防止气体和烟雾中毒。

2）根据疏散计划广播被困人员，以促进，引导，稳定，撤离被困人员，以免造成人群伤亡。

3）灭火时，必须沿着墙壁的根部移动，以免燃烧点上方的物体掉落或伤人。

4. 超高层建筑的火灾处理

高层建筑的特点是高层建筑众多，人员密度高，出口相对较小，给消防工作带来一定困难。为此，需要掌握一些在超高层建筑中灭火的方法。

高层建筑的消防，救援和撤离是一项艰巨的任务，因此消防员必须根据情况采用不同的方法，并及时进行撤离和救援，以避免和减少人员伤亡和财产损失。使用建筑物中的现有设施，使用消防电梯安全疏散，使用室内防烟楼梯，普通楼梯，封闭楼梯，室内阳台，走廊和室内断路器进行疏散。用真空吸尘器疏散疏散袋。这是节省疏散时间并提高疏散效率的重要方法。

每天都需要组织房地产用户，以充分利用紧急情况下的所有有利条件，并学习如何选择正确的逃生方式。以下是一些常见的转义方法：

（1）使用内部设施的逃生方法

1）使用消防电梯撤离，但发生火灾时，将无法乘坐常规电梯。

2）使用室内防烟楼梯，普通楼梯和封闭楼梯逃生。

3）使用建筑物的阳台，走廊，住所，后裔，救生员，安全绳等进行逃生。

4）使用游客楼梯逃生。

5）使用墙壁旁边的落水管逃生。

（2）不同地区和不同条件的人逃脱的方式

1）如果地板的某个部位起火并开始蔓延，请注意广播通告，广播将告诉防火地板以及安全疏散路线和方法。当火警响起时，不要惊慌或盲目行动。同时，广播机构应注意建筑物内是否有不同国籍和不同国籍的用户，如果有必要在广播中使用该语言，请告知用户该楼层，哪部分火灾发生以及安全疏散路线和方法。

2）如果房间发生火灾，并且门被火堵住，并且房间人员不能被疏散，则可以通过阳台或走廊将其转移到附近的不开火房间，然后再通过房间疏散。

3）晚上，当火灾警报器响起时，应该第一手动检查门是否很热，如果门变热，则火焰会冲入房间。不热，必须以正常方式逃离房间。如果在楼梯或过道上冒了浓烟后需要立即停止燃烧，请不要试图避开火焰，选择一个容易被人发现的地方，并向消防员寻求帮助。

4）如果在某个建筑物区域等着火区域发生火灾，则地板上的火会阻塞楼梯，地板上的任何人都无法撤离楼梯。昏昏欲睡的人可以撤离到建筑物的顶部，然后在附近的未射击楼梯上撤离到地面。

5）当焰火的走廊或楼梯被烟火阻塞时，被困人员可能会向救援人员发出信号，使其尽可能靠近街道，阳台和其他容易看见的地方，并发出呼叫并下楼。应该发送救援人员可以及时找到的小物件，手电筒等。

6）在充满烟雾的房间和走廊中，人们最好将其头部尽可能靠近地板，并在必要时将其弯曲。

7）如果被困在三楼以下的低层，有发生火灾的危险，并且没有其他方法可以救自己时，可以将床垫地板，毯子和其他柔软的物体扔到建筑物的地板上。窗户移到一个柔软的物体上，逃脱了。

（3）自助和逃生方法

1）在每层楼上使用灭火设备，例如干粉灭火器，泡沫灭火器或水枪灭火和逃生。

2）互相帮助，一起逃跑，疏散和避开虚弱，生病，残障，孕妇，儿童，不熟悉环境的老人。

3）磁性结构。发生火灾时，请积极使用附近的容易逃生的设施和物体并对其采取行动，例如用马桶水弄湿墙壁和门，以防止火灾蔓延。

（4）逃生时需要注意的事项

1）不要因为恐慌而报警。进入高层建筑后，请注意通道，警铃和灭火器的位置，并在发生火灾时立即响起或呼叫警报器。

2）如果在大火后发现通道受阻，则必须关闭门并打开窗户以逃生。

3）不能盲目地从窗户跳下。如果无法被卡住并着火离开房间，请用湿毛巾遮住鼻子以停止冒烟，请耐心等待救援，并向警方寻求帮助。

4）无法逃脱到普通电梯。

5）不能在浓烟弥漫时站立行走，应在地上爬行，避免呛烟或中毒。

5. 火灾的善后与灾后恢复工作

火势完全熄灭后，保安员负责现场警戒，保护现场，并协助消防部门查明火因，统计损失，向上级提交事故报告。

（1）灾难受害者的安置

客户服务中心负责准备食物和饮料，为灾难受害者的临时生活做准备，并根据具体情况与医院和其他部门联系。

（2）网站保护和责任

安全部门负责保护现场。灭火后，所有相关人员必须根据各自的职责分工进行善后工作，并尽快恢复其他地方，需要保护的地方除外。安全部负责创建和报告 HP 关于火灾事故的调查报告，概述消防操作，并向在消防方面表现出色的人员提出表扬和赔偿。

（3）工程维护

熄灯后，景镇与自来水公司，煤炭 = 燃气公司和电力公司建立了联系。关闭自动自动喷水灭火装置，以便及时对阀门进行淋浴，更换损坏的自动喷水灭火装置或其他灭火设备，并使所有灭火设施恢复正常。根据灾难现场的情况进行维护或重建。

（4）火灾事故调查程序

1）处理早期火灾警报。

①拍摄场景照片。

②请退后一步。

③调查事故原因。

④检查火灾负责人的财务责任。

⑤向受影响的客户致歉。

⑥记录事故。

2）扑灭大火后处理。

①保护现场并防止未经授权的人员进入现场。

②拍摄场景照片。

③要求消防部门调查起火原因。

④描述并向受影响的客户致歉。

⑤评估火灾造成的损害，组织讨论灭火计划的可靠性和有效性，并在必要时进行纠正。

⑥保安人员组织保安人员检查被救货物的收集情况并将其存放在仓库中。

⑦安全部门的经理应召集参与火灾和救援行动的部门的代表，以总结火灾后的经验和教训。

工程团队必须对消防设施和设备进行检查和清点，如果损坏的设施和设备无法修理，则必须提交其他申请。

⑨安全部门保留事故记录。

3）引起火灾的常见原因分析。引起火灾的常见原因包括：

①如果不关闭烟头，其他物品会着火。

②易燃易爆物品存放不当。

③如果用电不当，会产生火花。

④电器不合格。

⑤货物自燃。

4）事件调查报告的两份副本，一份由安全部提交，另一份由财产总署提交。

五、大型火灾处理

1. 大型火灾的处理程序

对于大型火灾的处理，管理处应成立大型火灾处理分队，该分队由指挥部、灭火行动组、疏散引导组、通信联络组、安全防护组、救护组、后勤保障组等组成。发生火灾时，各分组应听从指挥部的指挥，负责各自职责范围内的火灾处理工作。

2. 指挥部的组成及工作程序

（1）总部的配置

指挥官是行政办公室的总经理，副总裁是行政办公室的总经理，秘书处的主任是安全部门的经理，成员是各个部门的经理。该位置是消防站。电话号码是XXXXXXXXX。

（2）总部工作程序

1）被主管替换而未履行职责的总部人员，应在收到火灾报告后立即前往消防中心，查明火灾情况，及时动员他们，节省人员，撤离货物并扑灭火灾。准备像这样工作。

2）在发生首次火灾的情况下，可以根据具体情况，在火灾现场的适当位置直接配置临时命令，以便快速有效地指挥火灾并遵循总经理的指示。

3）安全部门的经理动员了消防行动小组来控制火势并防止火势蔓延。指示疏散用户，使用紧急广播或电话通知疏散向导现场疏散指示，按“119”报警并派人到十字路口等待消防队。启动消防设施。

4）如果失火并着火，将动员公司各部门工作人员救灾，并与消防队一起灭火，并采取必要的措施。

5）灭火后，组织保安人员封锁现场，等待警察和消防员调查。

3. 消防队的组成和工作程序

（1）消防队编队

消防运营团队由几名安全团队成员组成，负责安全的官员和团队负责人是自愿的消防团队负责人，负责扑灭大火并防止其蔓延。

（2）消防队的工作程序

1）消防员单位指挥官和自愿消防员必须立即使用灭火器和消火栓扑灭初起的火灾。

2）安全小组的后备人员接到通知后，立即将火扑灭。发生火灾时，服务人员应遵守防毒面具，消防服和命令。

3）灭火区域内相邻单位的有关人员将按照统一的命令将可燃材料移至安全地点，以防止火势蔓延并遵守命令。

4）消防员中心应根据火灾情况和命令操作消防局。在确定火灾现场的情况时，应进行“三项调查和三项观察”：第一，检查是否有人被困在火灾现场，第二，检查燃烧材料，并对火场进行三项调查。在自然方面，第二部分着重于建筑物的结构和道路，第三部分着重于环境，重点，人员和道路。

5）使用消火栓喷洒水流时，应将水流喷洒在火焰的根部。即，应将水流喷洒在燃烧的物体上。如果看不到火焰，请不要盲目注水，请根据枪支的燃烧情况及时更换喷嘴。

6）如果使用干式灭火器，可以与燃烧的火焰根部平行喷洒，如果燃烧区的火焰面积较大，则可以将干式灭火器停在灭火器上游5米处或侧风处，以完全扑灭灭火剂。覆盖记录区域。当用受保护的物体喷洒在燃烧的物体上时，必须高高站立。否则，扑灭大火不容易。

7）如果电气设备在可燃材料附近引起火灾，应在正常情况下尽快切断电源并切断电源，但在重要的情况下，请迅速有效地使用干粉灭火器以控制火势。可以抑制它。

8）检查火源时，请注意不要缓慢打开门。第一尝试门温度。如果温度很高，请检查是否有起火。如果此时房间中有人，则必须第一救助这些人。在打开灭火门之前，有必要做好灭火准备。打开门时，请勿直接指向门。

9）为了灭火器的安全，将电梯运行到一楼，关闭电梯门，并关闭电梯电源。

4. 疏散引导组的组成及工作程序

（1）疏散指南组配置

疏散指导小组由多个客户主管和客户服务部门组成，他们是客户服务部门的轮班经理和每个客户的管理代表，他们指导用户撤离到消防通道中的安全场所。避免拥塞损坏。

（2）疏散指导小组的程序

1）发生火灾后，疏散指导小组人员和消防队疏散人员应立即前往消防现场组织疏散工作，其他邻近避难所的疏散人员应协助疏散消防装置并进行工作。准备疏散设备以维持疏散命令，将人员送到门口，并防止他们再次进入避难所。

2）控制室向客户广播。在紧急情况下，可以直接开始紧急广播，以便从中央控制室撤离。迅速将火场撤离至非工作人员，根据安全出口通道和火场疏散通道撤离至安全场所或撤离场，及时报告火灾现场情况，注意不要将人员困在火场上。

3）用户疏散说明疏散程序应从壁炉地板上方的地板开始，以使暂时不需要疏散的用户感到舒适，请安全疏散消防部门或地板人员并检查是否漏水。从消防疏散梯撤离到二楼的指南如果不能从消防疏散梯撤离到二楼，请用屋顶的风进行疏散以等待救援，然后盖上水枪盖。

4）应根据火灾现场的具体情况处理各种受到火灾威胁的材料，但应避免或减少财产损失。在正常情况下，存在爆炸和中毒的危险，必须第一撤离并保护有火和风向的贵重材料。撤离的物料不应阻塞通道，应存放在没有烟，火，水等威胁的安全地方，并进行保护以防止物料损失和损坏。

5．通信联络组的组成及工作程序

（1）组织传播经理组

通讯组由中央控制室的一名人员，消防部门的两名通讯通信经理和每位客户服务经理组成，他们是管理办公室的副总经理。意见回馈。

（2）工作组的联系程序

1）发生火灾后，发现火情的人应立即向中央消防室或行政人员报告。接到警报并确认火灾后，消防中心立即向安全部门的经理和公司负责人报告，并通知总部的其他人员聚集在消防中心。中央消防官和每个单位的联络联络员将在总部通知消防部门并随时转发其总部信息。总部和各部门的管理负责人应将联系方式和手机号码保留在中央控制室中，以便于联系。

2）发生火灾时，联络小组应与总部总部以及与建筑物内外的总部，消防部门以及消防区域保持联系，以促进计划中的紧急疏散应急计划。每个团队都应该有一个专人接听电话并及时发送消息。

总部，消防部门和附近区域的员工通过对讲机进行通信。通讯员必须熟悉每个部门的位置和每个部门的负责人。

6．安全防护组的组成及工作程序

第一，配置安全保护组

安全保护小组由几名安全人员组成，负责人是安全小组的副主席，必须保护财产的出口并避免受到非法因素的破坏。

第二，安全团队的工作程序

1）建筑物失火后，现场安全员应立即前往建筑物入口和地下停车场入口，以防止未经授权的人员进入并帮助撤离的人撤离。

2）清除障碍物，指示所有无关车辆离开火场，劝说行人撤离火场，维护房地产交通秩序，会见消防队，与消防队战斗创造有利条件并指导消防车不合适。消防位置。

3）防止消防员进入火区，将疏散人员直接带离危险区，不管理从火场撤离的材料，并指导消防员前往火区以完成消防队的消防程序。保持它。

除消防部门外的安全任务如下：禁止任何人员进入消防部门，防止犯罪分子混乱，也没有机会保护消防设备，将人员疏散到安全区域并有序疏散。拜托请引导人群。

4）对物业内停车场停靠的车辆，要及时通知物业用户驶离物业，以免损坏。

7. 救护组的组成及工作程序

第一，组建救护车队。

救护车队由工程部总维修部的几人，总务部的几人和财务部的几人组成，主任是负责抢救受伤人员的秘书长。

第二，救护队的工作程序。

1）积极救助有火灾危险的人员是消防的主要任务。根据救援行动的规模和现有的灭火能力，如果有人受到火灾的威胁，则必须第一构造一个灭火器来救助人员并部署一定的力量来灭火，而在不充分的情况下，则要救援工作中的主要力量。

2）消防人员的疏散应从消防部门开始，然后在消防局（或消防局上方）的建筑物中进行疏散，应及时救助受伤人员，并立即救出重伤人员。呼叫“120”应急中心，并将其发送到应急救援中心。

3）不要尴尬或逃避安抚不在炉子上或不在炉子下的人，并按照说明进行操作。

4）被困人员应获悉自救措施，并引导他们通过无线电和室内电话等通讯工具逃生。在不使用乘客电梯疏散人员或阻塞疏散通道的情况下，不允许疏散人员。员工应检查该号码，仔细检查，并检查是否所有被困人员均已获救。除现场急救外，受伤人员应立即送医院救治。必要时，被救人员应随身携带。设备，工具，例如安全绳，手电筒等。

8. 后勤保障组的组成及工作程序

第一，组织后勤支持团队。

后勤支持团队由工程部门的几名人员组成，负责人是工程部门的经理或主管，必须提供水，灭火器和救援工具。

第二，后勤保障小组的工作程序。

1）将灭火器和其他工具带到火上。万一发生大火，有必要向灭火器提供湿毛巾。

确保消防设施正常运行，及时解决问题。

2）后勤保障的内容是：①保证水源供应不间断；②提供支援项目，保障灭火器材的供应。

参考文献

［1］国家安全生产监督管理总局信息研究院，中国职业安全健康协会．消防安全常识［M］．北京：煤炭工业出版社．2018.

［2］清大东方教育科技集团有限公司．消防安全基础教程［M］．北京：中国人民公安大学出版社．2018.

［3］清大东方教育科技集团有限公司编．古建筑消防安全培训教程［M］．北京：中国人民公安大学出版社．2018.

［4］清大东方教育科技集团有限公司编．社会福利机构消防安全培训教程［M］．北京：中国人民公安大学出版社．2018.

［5］罗静，仝艳民，王晓波，张林，嗨学网考试命题研究委员会．消防安全技术综合能力王道七［M］．徐州：中国矿业大学出版社．2018.

［6］嘿学网考试命题研究委员会组编；罗静，仝艳民，王晓波编著．消防安全案例分析王道七［M］．徐州：中国矿业大学出版社．2018.

［7］清大东方教育科技集团有限公司．住宅物业消防安全培训教程［M］．北京：中国人民公安大学出版社．2018.

［8］陈永胜主编．消防执勤训练安全典型案例评析［M］．上海：上海科技教育出版社．2018.

［9］清大东方教育科技集团有限公司著．社会消防安全教育培训系列丛书港航单位消防安全培训教程［M］．北京：中国人民公安大学出版社．2018.

［10］清大东方教育科技集团有限公司．社会消防安全教育培训系列丛书政府及职能部门消防安全培训教程［M］．北京：中国人民公安大学出版社．2018.

［11］清大东方教育科技集团有限公司．社会消防安全教育培训系列丛书消防安全责任人与管理人培训教程［M］．北京：中国人民公安大学出版社．2018.

［12］清大东方教育科技集团有限公司．社会消防安全教育培训系列丛书高层民用建筑消防安全培训教程［M］．北京：中国人民公安大学出版社．2018.

［13］清大东方教育科技集团有限公司．社会消防安全教育培训系列丛书微型消防站培训教程［M］．北京：中国人民公安大学出版社．2018.

［14］高学淼 .2018 年注册消防工程师资格考试辅导教材消防安全技术实务记忆一本通［M］. 北京：中国环境科学出版社 .2018.

［15］郭艳丽编 . 武警学院统编教材化工消防安全技术基础［M］. 北京：中国人民公安大学出版社 .2018.

［16］清大东方教育科技集团有限公司编 . 车站、港口、机场候车船、机场所消防安全培训教程［M］. 北京：中国人民公安大学出版社 .2018.

［17］陕西省地方电力（集团）有限公司安全监察部，陕西省地方电力（集团）有限公司咸阳供电分公司，陕西省地方电力（集团）有限公司培训中心组编；陕西省地方电力（集团）公司安全监察部组编 . 供电企业安全隐患排查治理图例范本输电部分变电部分配电部分消防、车辆及其他［M］. 西安：西北大学出版社 .2018.

［18］李永新 . 专职消防员招聘考试辅导教材一本通［M］. 北京 / 西安：世界图书出版公司 .2018.

［19］窦宇翔主编 . 消防安全技术实务［M］. 郑州：河南人民出版社 .2018.

［20］窦宇翔主编 . 消防安全案例分析［M］. 郑州：河南人民出版社 .2018.

［21］注册消防工程师资格考试研究院 . 消防安全案例分析［M］. 广州：广东人民出版社 .2018.

［22］注册消防工程师资格考试研究院编 . 消防安全技术实务［M］. 广州：广东人民出版社 .2018.

［23］郝勇，彭培瑾主编 . 消防安全技术实务［M］. 成都：电子科技大学出版社 .2018.

［24］陕西省公安消防总队编 . 陕西消防安全年鉴［M］. 西安：三秦出版社 .2018.

［25］陈同刚主编 . 地铁消防安全管理［M］. 天津：天津科学技术出版社 .2018.

［26］张露主编 . 消防安全防范读本［M］. 郑州：河南人民出版社 .2018.

［27］崔洪伟主编 . 消防安全管理手册［M］. 哈尔滨：黑龙江美术出版社 .2018.

［28］任清杰主编 . 消防安全保卫［M］. 西安：西北工业大学出版社 .2018.

［29］本书编委会编 . 消防安全案例分析［M］. 北京：中国建筑工业出版社 .2018.

［30］郝勇，彭培瑾主编 . 消防安全案例分析［M］. 成都：电子科技大学出版社 .2018.

［31］薛婷婷主编 . 消防电气施工质量管理实务［M］. 北京：中国人民公安大

学出版社 .2018.

[32] 注册消防工程师资格考试辅导用书编写组编 . 消防安全技术实务 [M]. 北京：知识出版社 .2018.

[33] 注册消防工程师资格考试辅导用书编写组编 . 消防安全案例分析 [M]. 北京：知识出版社 .2018.

[34] 环球网校消防工程师考试研究院组编 . 消防安全案例分析 [M]. 北京：中国石化出版社 .2018.

[35] 消防安全管理手册 [M]. 北京：化学工业出版社 .2018.

[36] 环球网校消防工程师考试研究院组编 . 消防安全技术实务 [M]. 北京：中国石化出版社 .2018.

[37] 李思成 . 注册消防工程师考试点石成金一本通专业精讲及高频考点分析详解 [M]. 北京：知识产权出版社 .2018.

[38] 戴明月主编 . 消防安全管理 300 问 [M]. 北京：化学工业出版社 .2018.

[39] 董恩伏 . 消防安全知识指导手册 [M]. 沈阳：辽宁人民出版社 .2018.

[40] 消防局 . 公共消防安全调研文集 [M]. 北京：中国社会科学出版社 .2018.

[41] 内蒙古电力（集团）有限责任公司编 . 供电企业消防安全评价 [M]. 北京：中国电力出版社 .2018.

[42] 注册消防工程师资格考试研究院编 . 消防安全技术综合能力 [M]. 广州：广东人民出版社 .2018.

[43] 樊晓华 . 消防安全知识学习手册 [M]. 北京：中国劳动社会保障出版社 .2018.

[44] 郝勇，彭培瑾主编 . 消防安全技术综合能力 [M]. 成都：电子科技大学出版社 .2018.

[45] 陈祖朝 . 消防安全知识连环画 [M]. 北京：中国环境科学出版社 .2018.

[46] 本书编委会 . 建筑工程消防安全知识 [M]. 北京：中国建筑工业出版社 .2018.

[47] 注册消防工程师资格考试辅导用书编写组编 . 消防安全技术综合能力 [M]. 北京：知识出版社 .2018.

[48] 环球网校消防工程师考试研究院组编 . 消防安全技术综合能力 [M]. 北京：中国石化出版社 .2018.

[49] 消防安全知识读本 2018 版 [M].2018.

[50] 关月玲 . 安全教育书系消防安全知识 [M]. 咸阳：西北农林科技大学出

版社 .2018.

［51］亨丽埃特・维希 . 儿童情境认知体验书勇敢无畏的消防队［M］. 杭州：浙江教育出版社 .2018.

［52］国家安全生产监督管理总局信息研究院 . 家庭安全知识手册［M］. 北京：煤炭工业出版社 .2018.

［53］《社区安全知识手册》编写组 . 社区安全知识手册［M］. 北京：煤炭工业出版社 .2018.

［54］清大东方教育科技集团有限公司编 . 保安员消防安全培训教程［M］. 北京：中国人民公安大学出版社 .2018.

［55］本书编委会 . 消防工程师 2018 年教材消防安全案例分析［M］. 北京：中国人事出版社 .2018.

［56］消防工程师资格考试研究组编 . 消防安全技术综合能力高分题库［M］. 沈阳：辽宁大学出版社 .2018.

［57］消防工程师资格考试研究组编 . 消防安全案例分析高分题库［M］. 沈阳：辽宁大学出版社 .2018.

［58］消防工程师资格考试研究组编 . 消防安全技术实务高分题库［M］. 沈阳：辽宁大学出版社 .2018.

［59］罗静，仝艳民，王晓波编著 . 消防安全技术实务王道七［M］. 徐州：中国矿业大学出版社 .2018.

［60］张娣 . 消防安全技术综合能力一书通关［M］. 北京：机械工业出版社 .2018.